LA EPISTOLA A LOS ROMANOS

LA EPISTOLA
A LOS ROMANOS

por

C. E. B. CRANFIELD

Profesor emérito de teología,
Universidad de Durham, Inglaterra

1993
NUEVA CREACION
BUENOS AIRES — GRAND RAPIDS
Y
WILLIAM B. EERDMANS PUBLISHING COMPANY

Copyright © 1993 Nueva Creación
filial de Wm. B. Eerdmans Publishing Co.
255 Jefferson Ave. S.E., Grand Rapids, Michigan 49503

Nueva Creación, José Mármol 1734 — (1602) Florida
Buenos Aires, Argentina

Título original en inglés: *Romans, A Shorter Commentary*
(primera edición 1985; reimpresa en agosto de 1988; reimpresa
con pocas correcciones, 1991; Copyright T. & T. Clark Ltd., 1985),
la que, a su vez, es una versión abreviada de
A Critical and Exegetical Commentary on the Epistle to the Romans,
que integra la serie *International Critical Commentary*
(T. & T. Clark Ltd.).

Traductor: David R. Powell

Impreso en los Estados Unidos
Printed in the United States of America

Library of Congress Cataloging-in-Publication Data

Cranfield, C. E. B.
[Romans, a shorter commentary. Spanish]
La Epistola a los Romanos / por C.E.B. Cranfield.
p.   cm.
Includes index.
ISBN 0-8028-0922-7 (pbk.)
1. Bible. N.T. Romans — Commentaries.   I. Title.
BS2665.3.C7318   1993
227'.1077 — dc20   93-26630
CIP

Tabla de contenido

Prefacio vii

Abreviaturas ix

Introducción xi

Análisis de la epístola xvii

   I   La fórmula inicial de la carta 1

   II Pablo y la iglesia romana 11

   III Se anuncia el tema de la epístola 17

   IV La revelación de la justicia que es de Dios
       por la fe sola: exposición sobre «el que es
       justo por la fe» 25

   V La vida prometida a quienes son justos por
      la fe: exposición sobre «vivirá» 93

   VI La incredulidad de los hombres y la
       fidelidad de Dios 203

   VII La obediencia a la cual son llamados
        quienes son justos por la fe 275

   VIII Conclusión de la epístola 339

Indice de temas selectos 363

Prefacio

La generosa acogida dada a mi comentario en dos tomos sobre la Epístola a los Romanos en el *International Critical Commentary* me ha llevado a pensar que una versión más corta, menos detallada, sin alusiones al griego, quizás fuese bien recibida tanto por algunos estudiantes que no conocen el griego como por un público más amplio. Uno de los rasgos alentadores de los tiempos actuales es el hecho indudable de que hay muchísimas personas en muy diversas partes del mundo que anhelan recibir ayuda para el estudio de la Biblia.

Agradezco a la editorial T. & T. Clark Ltd. por haberme permitido hacer uso libremente de materiales contenidos en el comentario más amplio. También le debo agradecimiento a mi amigo Ian S. McCulloch, de Durham, por su muy valiosa ayuda y asesoramiento en una etapa inicial y decisiva de esta empresa, y por su constante aliento hasta su fin; a Gary Lee, del cuerpo editorial de la firma Wm. Eerdmans Publishing Company, por su atenta y experta lectura de todo el manuscrito, la cual ha dado como resultado numerosas mejoras; y a mi esposa, que, como siempre, me ha apoyado permanentemente y ha preparado el índice analítico sin quejarse, a pesar de verse sometida a gran presión dado el poco tiempo disponible, y en momentos muy inconvenientes para ella.

La traducción de la carta de Pablo que se ha usado es virtualmente idéntica a la que hice para el comentario más completo. Se emplean bastardillas en la traducción para indicar las palabras que no tienen equivalente en el griego, y que se han agregado a fin de completar el sentido.

Para una comprobación detallada de buena parte de lo que sigue el lector tendrá que recurrir al comentario más completo. Dicha obra contiene, además, abundante información bibliográfica. Aquí me limito a mencionar sólo seis comentarios adicionales: C. K. Barrett, *A Commentary on the Epistle to the Romans* (Black's NT Commentaries), Londres, 1957, reimpreso muchas veces; K. Barth, *A Shorter Commentary on Romans* (traducción inglesa de *Kurze Erklärung des Römerbriefes*, 1956), Londres, 1959; M. Black, *Romans* (New Century Bible), Londres, 1973; F. F. Bruce, *The Epistle to the Romans* (Tyndale NT Commentaries), 2da. edición, Leicester, Inglaterra, 1985; en un nivel mucho más difícil, E. Käsemann, *Commentary on Romans* (traducción inglesa de *An die Römer*, 1973),

Londres, 1980, obra que incluso quienes (como yo) están en desacuerdo con ella en ciertos asuntos muy importantes deben estimar como un comentario de gran valor; y, para quienes leen el alemán, la magnífica obra de U. Wilckens, *Der Brief an die Römer* (Evangelisch-Katholischer Kommentar zum Neuen Testament), 3 volúmenes, Zurich y Neukirchen-Vluyn, 1978, 1980 y 1982.

A pesar de haberme dedicado a la Epístola a los Romanos de un modo particularmente serio durante más de un cuarto de siglo, sigo encontrándola invariablemente fresca y no puedo dejar de leerla con gusto. Es mi sincera esperanza que aumente constantemente la cantidad de personas que resuelvan ocuparse seriamente de ella, y que, al oir lo que ella tiene que decir, encuentren gozo, esperanza y fuerzas en el fiel, misericordioso y todopoderoso Dios del cual se ocupa, aun en estos oscuros, amenazantes y (para muchos) angustiosos días en los que nos toca vivir.

Durham, Inglaterra,   C.E.B.C
octubre de 1984

Abreviaturas

AV	Versión autorizada inglesa
BA	La Biblia de las Américas, 1986
BC	Sagrada Biblia, versión de J. M. Bover y F. Cantera Burgos
BJ	Biblia de Jerusalén, revisada, 1981
BLA	La Biblia Latinoamericana, 1972
CI	Sagrada Biblia, versión de F. Cantera Burgos y M. Iglesias González, 1975
JB	Biblia de Jerusalén (inglesa), 1966
LPD	El Libro del Pueblo de Dios, 1980
NC	Sagrada Biblia, versión de E. Nácar Fuster y A. Colunga, 5ª ed., 1953
NBE	Nueva Biblia Española, 1977
NEB	New English Bible, 1970
Nestle[26]	Nestle-Aland Novum Testamentum Graece, 26ª ed., Deutsche Bibelstiftung, Stuttgart, 1979 La 25ª ed., 1963, reimpresa en 1971, se indica así: Nestle[25]
PB	El Nuevo Testamento de Nuestro Señor Jesucristo, versión de Pablo Besson, 2ª ed., 1948
RSV	Revised Standard Version (inglesa), 1952
RV	Revised Version (inglesa), Nuevo Testamento, 1881; Antiguo Testamento, 1884
TA	Sagrada Biblia, versión de Félix Torres Amat, tomada de la Vulgata
VHA	Versión Hispano-Americana del Nuevo Testamento
VM	Versión Moderna de H. B. Pratt, revisada en 1929
VP	Versión Popular (*Dios Habla Hoy*), 1983
VRV1	Versión Reina Valera, rev. de 1909
VRV2	Versión Reina Valera, rev. de 1960
VRV3	Versión Reina Valera, rev. de 1977, de Ed. CLIE

Introducción

La excepcional importancia de la Epístola a los Romanos en la historia de la iglesia es algo perfectamente reconocido. Vez tras vez ha representado un papel decisivo en la renovación de la fe y la vida de los cristianos. Es sabio acercarnos a ella con una gran medida de expectativa. Esto no resulta fácil. Es algo que debemos reconocer sin reparos. Mas, si estamos dispuestos a ocuparnos de ella con seriedad y concentración, no cabe duda alguna de que hemos de ser ricamente recompensados.

Si bien son pocos hoy en día los entendidos serios que dudan de que Pablo sea el autor de toda la carta, con excepción de 16.24-27 y, desde luego, 16.22 (algunos exceptuarían, además, unos cuantos pasajes breves que consideran —a nuestro juicio injustificadamente— como glosas), existe bastante controversia acerca de la maraña de pruebas en torno a la relación entre los capítulos 15 y 16 y el resto de la epístola. Dichas pruebas incluyen, entre otros elementos: el hecho de que la doxología (16.25-27) se ubica en lugares diversos en la tradición textual: al final del capítulo 14, al final del capítulo 15, al final del capítulo 16, como también tanto al final del capítulo 14 como al final del capítulo 16; el hecho de que la bendición aparece dos veces en la gran mayoría de los manuscritos, en 16.20b y 16.24, aunque algunas autoridades antiguas la omiten en la primera cita, mientras que otras, algunas de las cuales son muy importantes, en la segunda; la omisión en uno de los manuscritos griegos (con algún apoyo adicional) de la frase «en Roma» en 1.7 y de «que estáis en Roma» en 1.15, es decir, de las únicas referencias explícitas a Roma en la epístola; y el hecho de que el capítulo 16 consiste en buena medida en saludos a individuos determinados.

De estas pruebas se ofrecen básicamente tres explicaciones: (i) que Pablo compuso originalmente 1.1-14.23, sin las referencias a Roma en 1.7 y 15, como carta general para circulación entre iglesias no fundadas por él, y a las que no había visitado, y que posteriormente la adaptó para mandarla a los creyentes de Roma mediante el agregado del material que ahora aparece después de 14.23, como también la inserción de las referencias a Roma en el capítulo 1; (ii) que Pablo compuso originalmente 1.1-15.33 y la mandó a Roma, y luego envió una copia de ella con el agregado del capítulo 16 a otra iglesia —generalmente se supone que se trata de la iglesia de Efeso—; y (iii) que Pablo compuso 1.1-16.23 para que fuese llevada a Roma.

Pocas dudas caben de que (i) debe rechazarse como altamente improbable. Por una parte, 1.8-13 contiene manifestaciones (particularmente los vv. 8 y 13) tan específicas que resultarían prácticamente inaceptables en una carta que no estuviese destinada a alguna iglesia en particular, o por lo menos a un grupo particular de iglesias. Una segunda objeción, incluso de mayor peso, es que 14.23 resulta sumamente insatisfactorio como terminación de la carta, aun con el agregado de la doxología de 16.25-27. Resulta extremadamente improbable que Pablo pudiera haberse conformado originalmente con terminar su carta en 14.23, y que sólo posteriormente, al adaptarla para Roma, haya pensado que el argumento estaba incompleto, por lo cual insertó 15.1-13 antes de agregar el material específicamente pertinente para los cristianos de Roma. La versión más corta de la epístola se ha de explicar más bien como obra de Marción, quien, según Orígenes, eliminó todo lo que sigue después de 14.23. Es perfectamente comprensible que, con las opiniones que tenía, se haya opuesto a 15.1-13, con su gran concentración de citas veterotestamentarias y afirmaciones tales como 15.4 y 8. La doxología, cualquiera sea su origen, probablemente fue agregada en primer lugar a este texto breve, porque se pensó que necesitaba algún tipo de conclusión. Las variantes en 1.7 y 15, que constituyen los puntos más fuertes a favor de (i), quizás puedan explicarse como el resultado de una tendencia de omitir referencias locales en el uso litúrgico.

Nos parece muy poco convincente el argumento (como apoyo para el punto (ii)) de que el capítulo 16 es más adecuado para Efeso que para Roma. Por ejemplo, la presencia de tantos saludos personales, lejos de favorecer a Efeso por oposición a Roma, señala lo contrario; porque (a juzgar por las otras cartas de su pluma) Pablo parecería haberse abstenido de mandar saludos a ciertas personas y no a otras en las iglesias que conocía, probablemente porque pensaba que era injusto mencionar a determinados individuos cuando todos eran amigos suyos; en cambio, al escribir a Roma, a la cual no había visitado todavía, el mandar saludos a los que conocía era el modo obvio de establecer contacto, y no resulta para nada sorprendente que muchas personas a las que había conocido en otros lugares se hubiesen encaminado a la capital imperial. Además, ¿es de suponer que no tendría nada más que agregar que lo que se dice en el capítulo 16, en caso de que realmente hubiese resuelto enviar a la iglesia de Efeso (donde había trabajado más que en ninguna otra parte) una copia de una carta escrita para otra iglesia? El argumento más fuerte a favor del punto (ii) es la posición de la doxología al final del capítulo 15 en un importante manuscrito griego primitivo. Pero no resulta muy difícil comprender cómo podría surgir una forma textual que terminase en 15.33. En el caso de que Pablo hubiese mandado alguna copia de Romanos a otra iglesia, en razón del interés general y la importancia de su contenido, no sería de sorprender que se omitiese el último capítulo por no ser de interés general; y en una fecha posterior alguien que hiciese una copia de Romanos para uso de su propia iglesia podría fácilmente haberlo omitido por la misma razón.

No cabe duda de que debería aceptarse la explicación (iii), según la cual Pablo compuso 1.1-16.23 para los cristianos de Roma, por cuanto da razón de todas las pruebas evidenciales del modo más convincente. No resulta sorprendente que la doxología (agregada originalmente a la versión más corta de Romanos a fin de proporcionar una conclusión para un documento con terminación obviamente insatisfactoria) haya llegado, debido a su valor intrínseco, a vincularse a las otras dos versiones textuales.

A esta altura podemos hacer referencia a Tercio (véase 16.22). En el mundo antiguo con frecuencia se le daba al secretario bastante libertad en la redacción de cartas; pero el carácter de Romanos es tal que podemos tener la seguridad de que Tercio escribió la epístola tal como Pablo la fue dictando, en forma completa, sin abreviar nada, o que primeramente hizo anotaciones en algún tipo de taquigrafía, y que luego la escribió debidamente.

Resulta virtualmente seguro que Romanos fue escrita durante los tres meses (mencionados en Hch. 20.2-3) que Pablo pasó en la provincia de Acaya. No hay otro lapso, dentro de los límites impuestos por las indicaciones de los capítulos 1 y 15, que sea tan adecuado como éste para escribir algo tan enjundioso y tan cuidadosamente meditado y compuesto como lo es Romanos. Lo más probable es que haya que identificar este período ya sea con los últimos días del año 55 d.C. y las primeras semanas del 56 d.C. o con los últimos días del 56 d.C. y las primeras semanas del 57 d.C. Al tener en cuenta la íntima relación de Pablo con la iglesia de Corinto, es altamente probable que tanto él como Tercio se encontraban en dicha ciudad o cerca de ella, conclusión a la que una cantidad de detalles de la epístola parecería ofrecer apoyo.

Es altamente probable que el evangelio se dio a conocer en Roma en fecha muy temprana, transmitido por la presencia de cristianos que acudían a la ciudad en el desempeño de sus funciones seculares corrientes antes que debido a alguna empresa de evangelización llevada a cabo con ese fin específico. Cierto es que la tradición posterior menciona a Pedro como fundador de la iglesia de Roma; sin embargo, ya que en su forma más primitiva la tradición asocia a Pablo con Pedro, al afirmar que ambos actuaron como fundadores, y dado que es evidente que Pablo no fue fundador de la iglesia romana en el sentido ordinario de la palabra, es probable que todo lo que se quiso decir originalmente fue que tanto Pedro como Pablo habían estado en Roma, que habían representado un papel significativo en la historia inicial de la iglesia romana y que, finalmente, habían sellado su ministerio apostólico mediante el martirio en Roma o en algún lugar aledaño. Eran, por lo tanto, en un sentido especial los apóstoles de la iglesia romana, la que estaba en posesión de sus restos mortales. En vista de que la Epístola a los Romanos no contiene ninguna referencia a Pedro, se puede considerar virtualmente seguro que no se encontraba allí cuando Pablo escribió la carta, y es sumamente probable que hasta ese momento no hubiese estado allí nunca.

Con respecto a la composición de la iglesia romana en el momento en que Pablo escribía, surge naturalmente la cuestión de si era predominantemente judeocristiana o predominantemente gentil. Algunos sostienen que los cristianos judíos constituían la mayoría. Más común es el punto de vista de que Pablo se dirigía fundamentalmente a una comunidad gentil. Pero la verdad parecería ser que resulta imposible decidir con alguna medida de certidumbre si en la época en que Pablo escribió la mayoría de los creyentes romanos eran gentiles o judíos, y que por lo tanto deberíamos dejar pendiente esta cuestión. Lo que está perfectamente claro es que tanto el elemento judeocristiano como el gentil eran considerables: es evidente que no se trataba de una mayoría aplastante y una minoría pequeña.

No sabemos cómo estaban organizados los cristianos romanos. Por la disposición de los saludos en el capítulo 16 parecería que había muchos grupos diversos. ¿Se reunían por su cuenta para el culto estos grupos? ¿Alguna vez se reunían todos juntos como una sola «iglesia de Dios que está» en Roma? En vista de los indicios que ofrece el capítulo 16, del hecho de que el vocablo «iglesia» no se usa nunca en Romanos con referencia a la comunidad cristiana de Roma en conjunto, como también del tamaño de la zona que abarcaba la ciudad de Roma, deberíamos considerar la posibilidad de que haya habido poca o ninguna organización central, y que Febe puede haber tenido que tomar contacto con una cantidad de iglesias separadas antes que sencillamente entregar la carta de Pablo al liderazgo de una sola iglesia unificada.

La ocasión en que fue escrita la epístola no ofrece dudas. Pablo había completado en oriente la obra misionera pionera que entendía corresponderle, y ahora se proponía primero llevar el producto de las colectas realizadas por las iglesias de Macedonia y Acaya a Jerusalén, y luego partir con destino a España para allí continuar sus labores misioneras. Esperaba poder visitar Roma de paso hacia occidente, pasar algún tiempo con los cristianos allí, y luego, renovado por la comunión con ellos, seguir viaje a su nuevo campo misionero con su bendición, su interés, y su apoyo. Todo esto resulta claro por 1.8-16a y 15.14-33. Que Pablo decidiese escribir en ese momento a los creyentes de Roma es justamente lo que se esperaría. Es obvio que resulta apropiado que los tuviera al tanto de la visita que esperaba hacerles y que les contara sobre su proyecto con respecto a España. También es lógico que se asegurase, o por lo menos preparase el camino para asegurar, el interés y la colaboración activa de ellos para la realización de estos viajes, como también para solicitar sus oraciones a su favor. Sentía la necesidad de presentarse, por cuanto la gran mayoría de los cristianos de Roma no lo había visto nunca. Resulta significativo que el encabezamiento de Romanos (1.1-6) sea mucho más largo que el de cualquier otra epístola paulina. Dado que para Pablo lo más importante en relación con un apóstol era el mensaje que se le había encomendado que proclamase, no es de sorprender que hubiese decidido que la mejor forma de presentarse sería incorporando en su carta un relato del evangelio como había llegado a entenderlo él.

Varias consideraciones de orden práctico probablemente lo llevaron a hacer que dicho relato fuese particularmente completo y esmerado. Ya hacía unos veinte años que predicaba el evangelio de Cristo, y es muy probable que haya tenido conciencia de haber llegado a un cierto grado de madurez en cuanto a experiencia, reflexión y conocimiento. Esto indicaba que el momento era adecuado para intentar, con la ayuda de Dios, esa ordenada presentación del evangelio. Es muy posible que haya pensado que, debido al tamaño y la importancia de la comunidad cristiana de Roma, y a su ubicación en la capital imperial (a la cual muchísimos cristianos de otras partes acudirían en algún momento de su vida), el marco formado por esta carta dirigida a los creyentes romanos sería particularmente adecuado — desde el punto de vista del beneficio para el mayor número posible de personas (tanto mediante la edificación de los creyentes como también mediante el ofrecimiento de orientación para la empresa misionera de la iglesia)—, para una presentación tan cuidadosa del evangelio. Posiblemente haya pensado, igualmente, que las semanas previas a su partida para Jerusalén ofrecían cierta promesa de relativa libertad y tranquilidad para organizar sus pensamientos.

Análisis de la epístola

I   *Sobrescrito, destinatarios y saludos (1.1-7)*
II *Pablo y la iglesia romana (1.8-16a)*
III *Se anuncia el tema de la epístola (1.16b-17)*
IV *La revelación de la justicia que es de Dios por la fe sola: exposición sobre «el que es justo por la fe» (1.18-4.25)*
    1 A la luz del evangelio no hay posibilidad de que los hombres sean justos delante de Dios de otro modo que no sea mediante la fe (1.18-3.20)
        (i) El hombre sometido al juicio del evangelio (1.18-32)
        (ii) El judío de ningún modo constituye una excepción (2.1-3.20)
    2 La manifestación de la justicia que viene de Dios en los acontecimientos evangélicos (3.21-26)
    3 Todo motivo para gloriarse queda excluido (3.27-31)
    4 El caso de Abraham como confirmación de la afirmación de que el gloriarse ha quedado excluido (4.1-25)
V   *La vida prometida a quienes son justos por la fe: exposición sobre «vivirá» (5.1-8.39)*
    1 Una vida caracterizada por la paz para con Dios (5.1-21)
        (i) Paz para con Dios (5.1-11)
        (ii) Cristo y Adán (5.12-21)
    2 Una vida caracterizada por la santificación (6.1-23)
        (i) Muerto al pecado, vivo para Dios (6.1-14)
        (ii) Elección entre amos (6.15-23)
    3 Una vida caracterizada por estar libre de la condenación de la ley (7.1-25)
        (i) Liberación frente a la condenación de la ley (7.1-6)
        (ii) Necesaria aclaración de lo que se ha dicho con respecto a la ley (7.7-25)
    4 Una vida caracterizada por la presencia del Espíritu de Dios (8.1-39)
        (i) La presencia del Espíritu (8.1-11)
        (ii) La presencia del Espíritu: el establecimiento de la ley de Dios (8.12-16)
        (iii) La presencia del Espíritu: el don de la esperanza (8.17-30)

(iv) Conclusión tanto de la sección V. 4 como también, y a la vez, de toda la argumentación anterior de la epístola (8.31-39)

VI *La incredulidad de los hombres y la fidelidad de Dios (9.1-11.36)*

1 Se presenta el tema de la división principal de la epístola (9.1-5)

2 Se demuestra que la incredulidad y la desobediencia de los hombres están dentro del marco de la obra de la misericordia divina (9.6-29)

3 Israel no tiene excusa, pero a la luz de las Escrituras podemos abrigar la esperanza de que el hecho de que los gentiles creen ha de provocar celos a Israel: la cita veterotestamentaria en el último versículo genera una nota de esperanza en el sentido de que, al tiempo que indica lo horrendo del pecado de Israel, al mostrar la bondad del Dios contra el cual han pecado, centra la atención, no en el pecado de Israel, sino en la bondad de Dios para con Israel (9.30-10.21)

4 Dios no se ha desechado de su pueblo (11.1-36)

    (i) El remanente según la elección de la gracia (11.1-10)

    (ii) El rechazo de la mayor parte de Israel no es para siempre (11.11-24)

    (iii) El misterio del misericordioso plan de Dios (11.25-32)

    (iv) Conclusión de esta división principal (11.33-36)

VII *La obediencia a la cual son llamados quienes son justos por la fe (12.1-15.13)*

1 Se enuncia el tema de esta división principal de la epístola (12.1-2)

2 El creyente como miembro de la congregación en sus relaciones con los demás miembros (12.3-8)

3 Exhortación en torno a una serie de asuntos poco relacionados entre sí (12.9-21)

4 La obligación del creyente para con el estado (13.1-7)

5 La deuda de amor (13.8-10)

6 Motivación escatológica de la obediencia cristiana (13.11-14)

7 Los «fuertes» y los «débiles» (14.1-15.13)

VIII *Conclusión de la epístola (15.14-16.27)*

I. La fórmula inicial de la carta

1.1-7

[1]Pablo, esclavo de Cristo Jesús, apóstol por el llamado *de Dios*, apartado para *la obra de proclamar* el mensaje de las buenas noticias de Dios, [2]que él prometió de antemano por medio de sus profetas en las sagradas escrituras, [3]acerca de su Hijo, que nació de la simiente de David según la carne, [4]que fue designado Hijo de Dios en poder según el Espíritu de santidad desde la resurrección de los muertos, Jesucristo nuestro Señor, [5]por el cual recibimos gracia y apostolado a fin de lograr, por causa de su nombre, obediencia de fe entre todos los gentiles, [6]entre los cuales os encontráis también vosotros, vosotros que sois llamados de Jesucristo, [7]a todos *los que estáis* en Roma amados de Dios, santos por el llamado *de Dios*: gracia a vosotros y paz de parte de Dios nuestro Padre y del Señor Jesucristo.

Los primeros siete versículos constituyen la fórmula inicial de las antiguas cartas griegas, considerablemente modificada y ampliada. El primer elemento de la fórmula (el sobrescrito o indicación de la identidad del remitente) es el más ampliado y abarca seis versículos. La razón de esto es la necesidad especial que tenía Pablo de presentarse a una iglesia en la que no es conocido personalmente y a la que espera visitar pronto. Al presentarse a los cristianos de Roma hace referencia, naturalmente, a su misión, y esto lleva a una definición altamente significativa del evangelio que tiene la misión de proclamar. Dicha definición, que se extiende hasta el final del v. 4, se presupone en los vv. 9, 15 y 16 cuando se hace referencia al evangelio. Lo que sigue en los vv. 5 y 6 tiene una conexión importante y obvia con las relaciones de Pablo con los cristianos de Roma y la visita que se propone hacerles. El segundo y el tercer elemento de la fórmula inicial (los destinatarios y el saludo) se encuentran en el v. 7. A cada uno de estos tres elementos se le ha asignado un rico contenido teológico, y la radical transformación de la fórmula inicial, de lo que es externo a la carta que la sigue a lo que constituye parte integrante de la carta, es algo que se ve muy claramente en Romanos.

1. Pablo se refiere a sí mismo como **esclavo de Cristo Jesús.** A un griego de la tradición clásica le resultaba casi imposible usar una palabra del grupo al que pertenece la palabra que aquí se traduce como «esclavo» sin experimentar, en alguna medida, una sensación de aborrecimiento. Pero en el antiguo Israel constituía un gran honor el que a alguien se le diera el título de «esclavo de Dios». Este título se usó en el caso de Moisés, Josué, David y los profetas. Para Pablo todo cristiano es un esclavo de Cristo (compárese, por ejemplo, 1 Co. 7.22s.; y sobre el uso que hace Pablo del lenguaje vinculado con la esclavitud en relación con la vida cristiana, véase lo que se dice sobre 6.15-23). Este término expresa la pertenencia total y la lealtad total que corresponden a la propiedad y autoridad totales que denota la palabra «señor» cuando se aplica a Cristo. Pero, como designación para sí mismo, la expresión «esclavo de Cristo» probablemente incluye, además de la confesión personal de entrega y compromiso, una referencia al ministerio especial del autor, en el cumplimiento del cual es, en un sentido especial, esclavo de Cristo.

El hecho de que con bastante frecuencia Pablo coloca «Cristo» delante de «Jesús» es una clara indicación de que no pensaba habitualmente en «Cristo» como un nombre propio simplemente (como lo han sugerido algunos entendidos), sino que, al usarlo, tenía conciencia de su significado («ungido», el equivalente griego de la palabra hebrea que hemos castellanizado como «mesías»). Parecería probable que aquí adoptó este orden con la intención de destacar en forma especial, desde el comienzo de la epístola, el hecho de que aquel, de quien era esclavo, venía a ser el cumplimiento de las promesas de Dios y de la antigua esperanza de Israel.

apóstol. No tenemos motivos para dudar de la sinceridad de Pablo cuando se reconocía a sí mismo como el más pequeño de los apóstoles, completamente indigno de ser llamado apóstol, porque había perseguido a la iglesia de Dios (1 Co. 15.9). Podemos tener la seguridad de que admitía francamente que él no era fuente de primera mano en lo tocante a la tradición histórica de la vida y las enseñanzas de Jesús, sino que él mismo dependía para su conocimiento, tanto de los detalles del ministerio de Jesús como de la sustancia de su enseñanza, de aquellos que habían sido apóstoles antes que él (Gá. 1.17). Pero al mismo tiempo aseveraba que la autoridad de su apostolado era igual que la de ellos, al basar su afirmación, al parecer, en los siguientes hechos: que también había visto al Señor resucitado (1 Co. 9.1), que había recibido su comisión directamente de Cristo mismo (Gá. 1.1; compárese Hch. 26.15-18), y que su comisión había sido confirmada divinamente por las señales apostólicas que acompañaban su ministerio (2 Co.

12.12). El uso de la palabra «apóstol» indica aquí que Pablo reclamaba la atención de la iglesia romana a lo que sigue en la carta sobre la base, no de su propia dignidad y sabiduría personales, sino de la comisión que había recibido de Cristo. El vocablo aleja la mirada de la persona del apóstol para centrarla en aquél al cual se debía como apóstol. Por consiguiente, se trata de un término sumamente humilde, como también, al mismo tiempo, de una expresión de la más augusta autoridad.

por el llamado *de Dios*. Se contrasta el llamado divino con la designación de sí mismo hecho por el hombre. No es sobre la base del presuntuoso egoísmo humano que Pablo es apóstol, sino sobre la base del llamado de Dios.

apartado para *la obra de proclamar* **el mensaje de las buenas noticias de Dios.** Pablo se sabe incluido entre los que han sido consagrados por Dios (compárese Gá. 1.15) para la tarea de proclamar el evangelio.

Particularmente importantes para entender el sustantivo griego representado aquí por «mensaje de las buenas noticias», como se lo emplea en el Nuevo Testamento, son pasajes veterotestamentarios tales como Isaías 40.9; 41.27; 52.7; 61.1; Nahum 1.15. En éstos las buenas nuevas aludidas se relacionan con la intervención del reinado de Dios, el advenimiento de su salvación. Pero hay también un interesante fondo pagano para el uso neotestamentario de esta palabra *euangelion*. Para los habitantes del Imperio Romano tenía asociaciones especiales con el culto ofrecido al emperador, dado que los anuncios de acontecimientos tales como el nacimiento de un heredero del emperador, el momento en que llegaba a la mayoría de edad, y su ascenso, constituían *euangelia*. Por lo tanto, hay en el uso cristiano de la palabra un contraste implícito entre ese evangelio, que puede llamarse «evangelio de Dios» con propiedad, y estos otros evangelios que representan las pretensiones desorbitadas de hombres que se promocionan a sí mismos. El mensaje de buenas nuevas que Pablo tiene que proclamar es la autorizada palabra de Dios. Su fuente no es otra que Dios mismo.

2. que él prometió de antemano por medio de sus profetas en las sagradas escrituras. Luego de definir que el mensaje de las buenas noticias era «de Dios», Pablo se propone ahora definirlo más ampliamente, por medio de una cláusula relativa, como el cumplimiento de las promesas de Dios hechas mediante sus profetas en el Antiguo Testamento. De este modo subraya su carácter fidedigno. Este versículo es, directamente, una afirmación acerca del evangelio comparable con declaraciones tales como la última parte de 3.21 y la repetición de la frase «conforme a las Escrituras» en 1 Corintios 15.3s. Es, también, indirectamente, una declaración sobre el Antiguo Testamento, una afirmación de que se lo debe entender como lo que señala hacia adelante, hacia el evangelio. De modo que el tema de la recta interpretación del Antiguo Testamento, tema al que Pablo se abocará a lo largo de toda la carta, aparece al comienzo mismo.

3-4. El hecho de que dos de los versículos más difíciles de toda la epístola aparezcan tan al comienzo constituye un agudo problema para el intérprete de Romanos preocupado por la posibilidad de que sus lectores se desalienten y abandonen mucho antes de que hayan tenido la oportunidad de sentirse cautivados por la carta. La inusual acumulación de dificultades en estos versículos es notoria.

El Nuevo Testamento griego de Nestle-Aland no tiene puntuación alguna al final del v. 2 ya que da por sentado que los vv. 3-4 forman parte de la cláusula relativa que comienza al principio del v. 2. Empero, resulta mucho más natural tomar los vv. 3-4, no como continuación de la cláusula relativa, sino como una tercera definición del mensaje de buenas nuevas (compárense VRV1/3, VM, BJ, BA, entre otras). Habiéndolo definido en primer lugar como «de Dios», con relación a su fuente, y luego por medio de la cláusula relativa v. 2, Pablo pasa a definirlo aun más mediante el recurso de indicar su contenido: se refiere al Hijo de Dios, Jesucristo nuestro Señor.

Es sumamente probable, si bien no es tan seguro como a veces se considera, que Pablo se esté valiendo aquí del lenguaje de una fórmula confesional ya existente. Parecería tener sentido que en este preciso momento, cuando se está presentando ante los cristianos de Roma, Pablo recalcase de este modo su concordancia fundamental con sus hermanos en la fe. Además, el hecho de que no exista otra referencia directa a la descendencia davídica de Cristo en las epístolas paulinas, excepto en 2 Timoteo 2.8, y el hecho de que Pablo no se valga en ninguna otra parte del verbo que se traduce aquí por medio del vocablo «designado», pueden tomarse como confirmación de este punto de vista. No está claro el que hubiera o no —en caso de ser acertada la hipótesis— alguna tensión entre la teología de esta fórmula y el pensamiento del propio Pablo. No hay por qué suponer que la intención original de la fórmula tenga que haber sido adopcionista*. De todos modos, lo que nos interesa en este momento es el significado paulino mismo, y para esto resultan decisivas las palabras **acerca de su Hijo**. El lenguaje es característicamente paulino (compárense, por ejemplo, v. 9; 5.10; 8.3, 29, 32; 1 Co. 1.9; 15.28; 2 Co. 1.19; Gá. 1.16; 2.20; 4.4, 6). Es claro que, tal como la usa Pablo con referencia a Cristo, la designación «Hijo de Dios» expresa nada menos que una relación con Dios que es «personal, ética e inherente» (C. A. Anderson Scott), lo que significa una real comunión de naturaleza entre Cristo y Dios. La posición de las palabras «su Hijo», que se encuentran fuera del paréntesis formado por las dos cláusulas relativas en

---

* El adopcionismo considera que Cristo es Hijo de Dios sólo por adopción.

estos versículos (en el griego son cláusulas en participio), parecería querer decir que el que nació de la simiente de David ya era Hijo de Dios antes de la acción que denota la segunda cláusula («que fue designado ... de los muertos»), e independientemente de ella.

que nació de la simiente de David. Si bien parecería que algunos de los judíos del período neotestamentario no consideraban que la descendencia de David fuese un requisito absolutamente esencial para el Mesías, resulta claro que la expectativa de que había de pertenecer a la familia de David estaba fuertemente arraigada. Estas palabras aseveran la descendencia davídica de Jesús en concordancia con el testimonio de otras partes del Nuevo Testamento (compárense Mt. 1.1, 2-16, 20; Lc. 1.27, 32, 69; 2.4; 3.23-31; Hch. 2.30; 2 Ti. 2.8; Ap. 5.5; 22.16). Pero tanto en Mateo como en Lucas se indica que José, a través del cual se traza la descendencia (Mt. 1.16, 20; Lc. 1.27; 2.4; 3.23), no era el padre natural de Jesús (Mt. 1.18-25; Lc. 1.34s.). La implicancia de los relatos es que la descendencia davídica es legal, no natural, y que descansa en el hecho de que José aceptó al niño como su hijo, y de este modo lo legitimó. Las referencias al hecho de que José le pusiera el nombre (Mt. 1.21, 25) son significativas, ya que el acto de dar el nombre equivalía a aceptar al niño como propio. El hecho de que José aceptara a Jesús como hijo le otorgaba todos los derechos legales de un hijo legítimo. (Las referencias a «sus padres» en Lc. 2.41 y 43 se pueden entender en este sentido.) El uso que hace Pablo aquí, y también en Gálatas 4.4 y Filipenses 2.7, de un verbo griego que, si bien puede tener el sentido de «nacido», más frecuentemente aparece con otros significados (tales como «llegar a ser», «acontecer»), en lugar del verbo griego más obvio (que a veces usa, por cierto, pero nunca en relación con el nacimiento de Jesús), posiblemente refleja la posibilidad de que tuviera conocimiento de la tradición del nacimiento de Jesús sin paternidad humana natural.

según la carne se entiende mejor, tanto aquí como en 9.5, con el significado de «como hombre», «por lo que hace a su naturaleza humana». Al usar esta frase Pablo da a entender que el hecho de la naturaleza humana de Cristo, con respecto a la cual lo que se acaba de decir es cierto, no es toda la verdad en cuanto a su persona. «Hijo de David» es una descripción válida en tanto es aplicable, pero el alcance de su aplicabilidad no es coextensivo con la plenitud de su persona.

que fue designado Hijo de Dios en poder según el Espíritu de santidad desde la resurrección de los muertos. La primera de las dos cláusulas relativas ha descripto al Hijo de Dios (a quien se refiere el mensaje de las buenas noticias) al hacer referencia al hecho de su nacimiento humano, destacando mediante una mención especial la relación con David en la que entraba de esta manera. Luego, la segunda cláusula relativa lo describe mediante una referencia a otro acontecimiento, a saber, su resurrección, si bien en este caso el acontecimiento mismo, como tal, no se especifica por el verbo sino mediante una frase dependiente. La cláusula contiene una cantidad inusual de elementos cuya interpretación se discute. Con respecto al primero, no existen grandes dudas en cuanto a que el verbo griego usado aquí deba entenderse con el significado de «designar» más bien que «declarar» o «indicar como», por cuanto no se ha propuesto ningún ejemplo claro de su uso en este último sentido, ni antes de la época del Nuevo Testamento, ni durante dicha época. Con respecto al segundo, parecería más acertado relacionar «en poder» con «Hijo de Dios» y no con el verbo. En apoyo de este punto de vista se puede decir que el sentido que resulta de tomar «en poder» con «Hijo de Dios» concuerda perfectamente, mientras que el sentido que resulta de tomar la frase con «fue designado», que sugiere la idea del adopcionismo, no concuerda bien, ni con la enseñanza de Pablo en otras partes, ni con la presencia de «su Hijo» al comienzo del v. 3. Entendemos, entonces, que la primera parte de la cláusula significa «que fue designado Hijo-de-Dios-en-poder» (es decir, por contraste con su aparente debilidad y pobreza como Hijo de Dios durante su existencia terrenal). Postergamos por ahora la consideración del tercer elemento («según el Espíritu de santidad»). Con respecto al cuarto elemento, de los significados que se han sugerido para la preposición griega traducida arriba como «desde», no cabe duda de que se debe preferir éste (en el sentido de «desde el momento de») o «a partir de» en lugar de «debido a». La glorificación de Cristo no se debió fundamentalmente a su resurrección; pero este último acontecimiento significó el comienzo de su vida glorificada. Con respecto al quinto, se han hecho varias sugerencias: que el genitivo plural griego tiene aquí el sentido de «de los muertos», omitiéndose la preposición con el fin de evitar la repetición de una palabra que se acaba de usar; que el plural se usa porque Cristo no fue resucitado para sí solo sino como las primicias de los muertos; que el plural se ha de explicar como un plural «generalizador» o «alusivo». Esta última sugestión tal vez sea la más sencilla; pero, en todo caso, está claro que aquí se hace referencia a la resurrección de Cristo mismo.

Volvemos ahora a la frase «según el Espíritu de santidad», que es el elemento más difícil de la cláusula, porque cada una de las tres palabras griegas que la componen es problemática. Diversos significados pueden sugerirse para «según»; es tema de discusión si la palabra «espíritu» se refiere al Espíritu Santo o a algo inherente a Cristo, su espíritu humano o su divinidad; y «de santidad» se explica de modos diversos: como un simple equivalente del adjetivo «santo», como referencia a la santidad trascendente de Cristo, o como referencia a la santificación que opera el Espíritu Santo. Se han sugerido interpretaciones muy diversas con respecto a la frase completa. La explicación que nos parece más probable es la de que la frase se refiere al Espíritu Santo, cuya santificación de los creyentes constituye evidencia de que Cristo ha sido designado Hijo-de-Dios-en-poder y que ahora está exaltado. En cualquier caso, ya sea que el genitivo griego traducido arriba como «de santidad» tenga como fin transmitir el sentido de «quien imparte santificación», o que se use simplemente como equivalente a «Santo» (quizá bajo la influencia de alguna expresión hebrea), para Pablo está presente aquí el pensamiento de la santificación. Podemos resumir lo que entendemos acerca de la segunda cláusula relativa: Pablo está afirmando por medio de ella que el que siempre ha sido el Hijo de Dios («su Hijo», al comienzo del v. 3), pero que a la vez entró, por su nacimiento humano, en una relación de parentesco con David, en lo que hace a su naturaleza humana, fue señalado como el glorioso Hijo-de-Dios-en-poder desde el momento de su resurrección. Este hecho atestigua la obra santificadora actual del Espíritu Santo en los creyentes.

Jesucristo nuestro Señor. Pablo completa su definición del mensaje de buenas nuevas, para cuya proclamación ha sido consagrado, al agregar el título completo de aquel que es su contenido. Designa a un Jesucristo glorificado que comparte la majestad y la autoridad de Dios, y a quien los que en él creen rinden culto de adoración. Una consideración completa de «Señor» aplicado a Cristo puede verse en el comentario sobre 10.9. Cuando se lo combina con «nuestro», como es el caso aquí, o con «mi», como en Filipenses 3.8, se destaca el sentido de compromiso, entrega y lealtad personales.

5. por el cual recibimos gracia y apostolado. Pablo, en particular, tenía razones para reconocer que fue por la mediación del Cristo resucitado y glorificado que él recibió el don. (Compárense 1 Co. 9.1; 15.8; Gá. 1.1, 12, 16; también Hch. 9.3ss.; 22.6ss.; 26.12ss.) La primera persona del plural probablemente se explique simplemente como una referencia a Pablo mismo (una especie de plural de redacción). Quizá se lo prefiriese aquí, en lugar de la primera persona del singular (que se usa en los vv. 8-16a, versículos que son más personales), porque cuadraba mejor a la afirmación formal de autoridad. Las sugerencias de que Pablo usó el plural porque estaba pensando en el hecho de que todos los cristianos han recibido la gracia, o porque quería asociar a los otros apóstoles con él como receptores tanto de la gracia como del apostolado, son mucho menos aceptables. Es posible que por «la gracia y el apostolado» se quiera decir dos cosas diferentes: la gracia (vale decir, el favor inmerecido de Dios, que es la base misma de la vida cristiana), y el apostolado (vale decir, el ministerio del apóstol); pero es mucho más probable que en este caso tengamos un ejemplo de la figura de lenguaje gramatical por la cual una sola idea se expresa mediante dos palabras, relacionadas por medio de una conjunción, y que el significado sea «la gracia del apostolado» o (en otras palabras) el ministerio de apóstol como un don de la gracia, al cual Pablo no se ha hecho acreedor por mérito propio alguno. Podemos comparar Hechos 23.6, donde «la esperanza y resurrección de los muertos» significa «la esperanza de la resurrección de los muertos».

a fin de lograr, por causa de su nombre, obediencia de fe entre todos los gentiles. El propósito para el cual le ha sido encomendado a Pablo este ministerio es que nazca entre todos los gentiles, para la gloria del nombre de Cristo, esa obediencia a Dios que consiste en fe. Entendemos que «de fe» es lo que los gramáticos llaman un genitivo de aposición. Esto parece tener más posibilidades de ser correcto que todas las otras sugerencias que se han hecho, por ejemplo, que significa «requerida por la fe», o que tiene carácter adjetival simplemente, por lo que sería equivalente a «creer». La sugerencia de que la palabra traducida «gentiles» debería tomarse en su sentido inclusivo de «naciones» es muy improbable. Aceptarla haría que la cláusula relativa que sigue no tuviese sentido. Pablo está pensando en su comisión especial a los gentiles (compárense, por ejemplo, 11.13s.; Gá. 2.8s.).

entre los cuales os encontráis también vosotros, vosotros que sois llamados de Jesucristo es, desde luego, gramaticalmente, una cláusula relativa dependiente de «gentiles»; no obstante, por lo que hace al pensamiento tiene, en realidad, carácter de paréntesis; porque una declaración acerca de las personas a las cuales Pablo se dirige no sería de esperar antes del «a» al comienzo del v. 7, y, ubicada donde está, interrumpe la fluidez de la fórmula inicial. El porqué de su inserción aquí no es difícil de adivinar. Pablo quiere indicar lo antes posible que la comunidad cristiana de Roma, aunque no fue fundada por él, se encuentra dentro de la esfera de su comisión apostólica, y que, por consiguiente, tiene derecho a dirigirse a ella de la forma en que lo está haciendo. Las palabras «entre los cuales os encontráis también vosotros» se toman con frecuencia como indicación clara de que la comunidad cristiana de Roma era en esa época predominantemente gentil; pero es igualmente posible que se refieran simplemente a su situación geográfica en el centro del mundo gentil. Sería razonable que Pablo considerase que incluso una iglesia predominantemente judía, si se encontraba en el corazón del Imperio Romano, estuviese dentro de la esfera de su responsabilidad. Los miembros son «llamados de Jesucristo», es decir, llamados por él (se debe rechazar la afirmación de algunos en el sentido de que el significado tiene que ser «de Jesucristo, llamados *por Dios*», sobre la base de que en otras partes de las epístolas paulinas, donde el sujeto de la acción es explícito, se dice que es el Padre y no Cristo el que llama).

7. a todos *los que estáis* en Roma amados de Dios, santos por el llamado *de Dios* es la parte de la fórmula inicial en la que se especifica a quiénes está dirigida la epístola: a todos los cristianos de Roma. El «todos» es enfático, y el énfasis se repite mediante el «todos» del v. 8. El amor de Dios para con ellos es la base de su existencia como creyentes. El vocablo griego representado aquí por «santo» es simplemente el adjetivo que significa lo mismo, usado como sustantivo. En la Biblia la «santidad» de Dios denota la autoridad absoluta con la cual aparece ante los hombres. Pero esta autoridad es la de aquel que se ha revelado a sí mismo como misericordioso y justo. Aplicado a Israel, el término «santo» expresaba el hecho de que constituía el pueblo especial de Dios. Su santidad derivaba del hecho de que Dios en su gracia lo había elegido, y comprendía la obligación, por parte de su pueblo, de tratar de ser y de hacer lo que concordaba con el carácter revelado de ese su Dios, mediante la obediencia a su ley. El uso que hace Pablo de «santo» descansa llanamente sobre sus fundamentos veterotestamentarios. Los que han sido llamados por el Dios santo son santos en virtud de su llamado, y por lo tanto son separados para la santidad de vida. Tal como lo usa Pablo, «llamado» denota el llamado efectivo de Dios: los llamados son los que han sido convocados por Dios y que, además, han respondido a la convocatoria.

gracia a vosotros y paz de parte de Dios nuestro Padre y del Señor Jesucristo es la salutación que completa la triple fórmula inicial. Se trata de un deseo (se podría agregar «sean con vosotros») lleno de profundo significado teológico y evangélico. En el Nuevo Testamento el vocablo «gracia» denota característicamente —y este es el significado que tiene aquí— el inmerecido amor de Dios revelado en Cristo, y, por consiguiente, puede decirse que sintetiza todo el evangelio en una sola palabra. «Paz» era, desde luego, el saludo común del mundo semítico. En el Nuevo Testamento, y por cierto que en Romanos, este término tiene diversos significados en diferentes lugares. Es probable que el concepto que se destaca aquí sea el de la paz con Dios (compárese 5.1-11), aun cuando es posible que Pablo esté pensando también en las bendiciones que resultan de la reconciliación con Dios. Las palabras siguientes indican la fuente de la cual Pablo espera que procedan la gracia y la paz para los cristianos romanos. La notable yuxtaposición de Dios y Cristo, si bien no es claramente por sí sola una prueba de que Pablo creía que Cristo fuera divino en el sentido más pleno, es, no obstante, un indicio significativo que apunta en esa dirección; además se la debe ver junto con muchos otros indicios en Romanos que señalan hacia la misma dirección. Las palabras «nuestro Padre» anticipan la enseñanza de 8.14-17.

II. Pablo
y la iglesia romana

1.8-16a

⁸Primero, doy gracias a mi Dios mediante Jesucristo por todos vosotros, de que *las noticias de* vuestra fe están siendo divulgadas en todo el mundo. ⁹Porque Dios, a quien sirvo en mi espíritu en *la proclamación del* evangelio de su Hijo, es mi testigo, de cuán incesantemente hago mención de vosotros ¹⁰siempre en mis oraciones, al pedir que, por cualquier medio, ahora por fin logre ir a vosotros, si es la voluntad de Dios. ¹¹Por cuanto anhelo veros, con el fin de impartiros algún don espiritual para que seáis fortalecidos, ¹²o más bien en vuestro medio ser consolado juntamente con vosotros, cada cual por la fe del otro, tanto la vuestra como la mía. ¹³Pero no quiero que seáis ignorantes, hermanos, del hecho de que a menudo me he propuesto ir a vosotros —pero hasta el presente he sido impedido— a fin de obtener algún fruto entre vosotros también, así como *he hecho* en el resto del mundo gentil. ¹⁴Soy deudor tanto a los griegos como a los bárbaros, tanto a los sabios como a los necios: ¹⁵de modo que mi vehemente deseo es predicaros el evangelio a vosotros también que estáis en Roma. ¹⁶ᵃPorque no me avergüenzo del evangelio.

La primera frase de las antiguas cartas griegas (después de la fórmula inicial) era con frecuencia de carácter piadoso e informaba al destinatario sobre la plegaria del escritor elevada a los dioses en su favor. Dicha plegaria era a veces una acción de gracias, pero más frecuentemente una petición. Generalmente se relacionaba con la salud de la persona. Formalmente el comienzo de Romanos se conforma a la convención de la época. Pero el carácter y el contenido de la acción de gracias de Pablo están lejos de ser convencionales. A continuación asegura a los cristianos romanos que ora incesantemente por ellos, y les cuenta acerca de sus vehementes deseos de visitarlos, que espera que por fin estén a punto de cumplirse.

8. Primero, doy gracias a mi Dios mediante Jesucristo por todos vosotros. Es muy probable que Pablo tuviese la intención de agregar a su primer punto algún tema más, pero que luego lo omitió, o puede haber usado el término con algún sentido semejante a «Por sobre todo» o «Desde ya». Acerca de una acción de gracias inicial por los destinatarios compárense 1 Corintios 1.4; Filipenses 1.3; Colosenses 1.3; 1 Tesalonicenses 1.2; 2 Tesalonicenses 1.3; Filemón 4: en Gálatas, significativamente, la acción de gracias está ausente, mientras que en 2 Corintios y Efesios adopta la forma de una «bendición» («Bendito *sea* el Dios y Padre...»). El «mi» imparte una nota personal que recuerda a algunos pasajes de los Salmos (por ejemplo, Sal. 3.7; 5.2; 7.1, 3; 13.3; 22.1, 2, 10). Sólo raras veces Pablo llama a Dios «mi Dios» de esta forma (en Fil. 1.3 y Flm. 4, con contextos semejantes a éste, y por lo demás únicamente en 2 Co. 12.21 y Fil. 4.19). Agradece a Dios por medio de Cristo, porque Cristo es Mediador no sólo para el acercamiento de Dios a los hombres sino también, como el Señor exaltado, para el correspondiente acercamiento a Dios en la adoración. Nótese el énfasis sobre el hecho de que las gracias son para todos ellos.

de que *las noticias de* **vuestra fe están siendo divulgadas en todo el mundo.** El hecho de que creen en Cristo, de que en la capital imperial también hay una iglesia de Jesucristo, se está divulgando ampliamente. Esto en sí mismo es suficiente para hacer brotar la acción de gracias de Pablo. Se da a entender que reconoce que se trata de la obra de Dios.

9-10. Porque Dios, a quien sirvo en mi espíritu en *la proclamación del* **evangelio de su Hijo, es mi testigo, de cuán incesantemente hago mención de vosotros siempre en mis oraciones.** Aquí, como parece ser también el caso en los otros ejemplos de juramentos de las cartas de Pablo, la verdad de la afirmación que se hace es tal que los lectores no pueden comprobarla por sí mismos, por cuanto se relaciona con su vida interior. El hecho de que apele a Dios como testigo es evidencia de la gran importancia que atribuye a que sepan que ora por ellos continuamente. La frase «en mi espíritu» se ha interpretado de diversas maneras; pero la explicación más probable es que se refiere al hecho de que su práctica de orar es un elemento de la parte íntima de su servicio apostólico, en contraste con la parte externa, que incluye actividades tales como la predicación. Partiendo de este punto de vista, lo oportuno de la cláusula relativa es evidente; porque, si su oración a favor de ellos constituye parte integrante, aunque oculta, de su servicio para Dios en la promulgación del evangelio, luego su anhelo de asegurarles que se trata de algo real se entiende perfectamente. Algunos (por ejemplo, BJ) no conectan «siempre en mis oraciones» con lo que precede, como hemos hecho nosotros, sino con lo que sigue. A favor de esta posición se puede argumentar que la presencia en la misma cláusula de dos adverbios tan similares en significado, como lo son «incesantemente» y «siempre», es un inconveniente. Pero pensamos que probablemente sea más correcto tomarlo con lo que precede (como hacen, por ejemplo, VRV2 y BA). Primero, porque si «en mis oraciones» no está conectado con lo que precede, no resulta claro que la frase «hago mención» se refiere a menciones durante la oración; y, segundo, porque, si bien se entiende que Pablo dijera que siempre menciona a los cristianos romanos cuando ora, parecería bastante improbable que llegara a afirmar explícitamente que cuando ora siempre pide que prosperen sus planes de visitarlos. (La redacción de NEB, que relaciona «en mis oraciones» con lo que precede y «siempre» con lo que sigue, parecería ser un trato más bien desdeñoso del griego, ya que en el griego «siempre» está antes de «en mis oraciones».)

al pedir que, por cualquier medio, ahora por fin logre ir a vosotros, si es la voluntad de Dios. Separadas por una coma de «siempre en mis oraciones», estas palabras indican un pedido especial que Pablo hace en sus oraciones por los cristianos de Roma, sin que ello quiera decir que nunca ora por ellos sin hacer este pedido especial.

11-12. Por cuanto anhelo veros, con el fin de impartiros algún don espiritual. El «Por cuanto» indica que lo que sigue en estos dos versículos, como también en los vv. 13-16a, tiene la intención de servir de explicación del deseo de Pablo de visitar a los cristianos en Roma. En 15.24 se menciona una consideración adicional. Su importancia es algo que no se puede poner en tela de juicio. Pero hacer a un lado ligeramente las razones indicadas en estos versículos del capítulo 1 como «razones sin peso» simplemente, e insistir en que «la razón fundamental» es la necesidad de Pablo de valerse de Roma como base para su misión a España, como lo hace Barrett, se nos antoja arbitrario. La palabra que aquí se traduce como «don» se usa en 12.6 para denotar un don o una dádiva especial otorgada por Dios a un miembro de la iglesia, para ser usada en el servicio de Dios y de los hombres. Dado que Pablo asocia este tipo de don muy íntimamente con el Espíritu —tanto que en 1 Corintios 14.1 el plural neutro del adjetivo que significa «espiritual» se usa solo para denotar tales dones—, y dado que en el versículo que estamos considerando el vocablo «don» está calificado por el vocablo «espiritual», resulta natural que nos preguntemos si aquí Pablo estaba pensando en un don de esta clase. Parecería más probable, empero, que se estaba valiendo de la palabra en el sentido más general para denotar una bendición o beneficio a ser impartido por Dios a los cristianos de Roma mediante su presencia entre ellos, y que el calificativo «espiritual» se agregó ya sea porque pensaba que la bendición habría de ser efectivizada por el Espíritu Santo, o —quizá más probablemente— para indicar, en un sentido más general (compárese su uso en 15.27), el tipo de bendición en que estaba pensando.

para que seáis fortalecidos. La esperanza de Pablo es que mediante la entrega del don sean fortalecidos, es decir, fortalecidos como cristianos, fortalecidos en fe y obediencia. Pero inmediatamente procura evitar un posible malentendido de lo que acaba de decir, al valerse del recurso de expresar nuevamente su afirmación de lo que anhela que se cumpla de modo tal de combinarlo con una idea complementaria: **o más bien en vuestro medio ser consolado juntamente con vosotros, cada cual por la fe del otro, tanto la vuestra como la mía.** El deseo de verlos con el objeto de ser el medio por el cual reciban una bendición sólo será entendido correctamente si se lo ve como parte de su deseo de que se logre un consuelo mutuo entre él y ellos. Pablo espera recibir a la vez que dar. Es indudable que resulta totalmente gratuito considerar que el v. 12 constituye una evidencia de la turbación de Pablo ante la falta de consecuencia entre sus planes de visitar una iglesia que él mismo no había fundado, y el principio que asienta en 15.20 («predicar de tal modo las buenas nuevas no donde Cristo ya había sido nombrado, a fin de no edificar sobre el fundamento de otro hombre»), o entenderlo como un intento de congraciarse con los cristianos romanos. No parecería haber razón lógica para negarnos a aceptar el versículo con su significado literal, como una sincera expresión de verdadera humildad. Viene al caso el comentario de Calvino: «Os ruego que observéis con cuánta humildad se presenta el corazón de este Santo Apóstol al decir que no rehusa ser fortalecido por los pequeños en sabiduría. Y no obstante, esto no lo dice hipócritamente, porque no existe alguien tan necesitado en la Iglesia de Dios que no pueda aportar alguna cosa en nuestro provecho; mas nuestro orgullo y nuestra malignidad nos impiden recoger ester fruto de uno y otro.»

13. Pero no quiero que seáis ignorantes (acerca del uso de esta fórmula, compárense 11.25; 1 Co. 10.1; 12.1; 2 Co. 1.8), **hermanos, del hecho de que a menudo me he propuesto ir a vosotros** indica que Pablo considera importante destacar que su persistente deseo de verlos lo ha sentido tan seriamente que en varias ocasiones lo ha llevado a hacer planes concretos para visitarlos. Lejos de sentirse turbado al tener que referirse a su intención de visitar esta iglesia, que no ha sido fundada por él, parecería sentir que el hecho de que no la ha visitado antes es lo que requiere explicación. **pero hasta el presente he sido impedido** es un paréntesis. Podemos comparar 15.22 («Por lo cual también he sido impedido estas muchas veces de ir a vosotros»), en el que el «por lo cual» puede tomarse como sugerencia de que la actividad de evangelización mencionada en los versículos que anteceden inmediatamente era la que había impedido que los visitara. **a fin de obtener algún fruto entre vosotros también, así como** *he hecho* **en el resto del mundo gentil** indica el propósito para el cual había planeado visitar Roma. Por «fruto» indudablemente debe entenderse el resultado esperado de sus labores apostólicas, el logro de nuevos conversos y el fortalecimiento de la fe y la obediencia de los que ya creían. Las cinco palabras finales probablemente interpretan correctamente el sentido, aun cuando el griego («el resto de los gentiles») podría entenderse con el significado de que la iglesia romana era mayormente gentil.

14. El sentido de **Soy deudor** es que Dios le ha impuesto una obligación en relación con los grupos que se mencionan. Tiene una obligación para con ellos, les es deudor, por haber sido designado por Dios para hacer algo por ellos, no por haber recibido un beneficio de ellos que merezca ser reconocido. **tanto a los griegos como a los bárbaros, tanto a los sabios como a los necios** es bastante más difícil de lo que a primera vista parece. Se han propuesto diversas interpretaciones. En vista de la referencia de Pablo a su misión gentil en el versículo precedente, probablemente deberíamos considerar que ambos pares se refieren simplemente a la suma del mundo gentil, y dejar de lado las interpretaciones según las cuales ambos pares, o uno de ellos, incluye a los judíos. Falta resolver si «los griegos» es idéntico a «los sabios», y «los bárbaros» a «los necios», o si los dos pares de Pablo representan dos grupos diferentes de la misma totalidad. Si bien el primer punto de vista ha tenido sostenedores desde tiempos antiguos hasta el presente, hay varias consideraciones por las que nos inclinamos a pensar que la segunda interpretación es más probable. Por una parte, la división en griegos y bárbaros estaba tan bien establecida que no hacía falta explicarla mediante otros términos. Por otra parte, «tanto a los sabios como a los necios» no resultaría particularmente ilustrativo como explicación de «tanto a los griegos como a los bárbaros», ya que sería apropiado solamente si se lo entendiera en un nivel puramente convencional. Si bien es cierto que Pablo, con bastante frecuencia, usa «sabio» y «sabiduría» de un modo más o menos irónico, no hay nada en el contexto que sugiera que está procediendo de esa manera en este caso. Mas, si «sabio» y «necio» se han de tomar en serio, difícilmente puedan usarse como sinónimos de «griego» y «bárbaro». Los griegos mismos sabían que había bárbaros sabios y griegos necios. ¡Con cuánta mayor razón podemos pensar que Pablo también lo sabía! Además, si al usar la palabra «bárbaro» en este caso realmente estaba pensando en algunos de los españoles menos romanizados a quienes esperaba evangelizar (15.24), ¿habría de describir a los bárbaros tan categóricamente como «necios»? Por lo tanto entendemos que con el término «griegos» se quiere decir todos los gentiles que están en posesión de la cultura grecorromana, y con «bárbaros» todo el resto de los gentiles (la palabra griega, de donde se deriva nuestro vocablo «bárbaro», era onomatopéyica en su origen, por cuanto representaba un intento de reproducir la impresión que hacían a los oídos de los griegos los que hablaban lenguas diferentes del griego; como la usa aquí Pablo, abarca todas las comunidades no helenizadas —excepto los judíos—, tanto dentro del Imperio Romano como fuera de él). El otro par (como lo entendemos nosotros) representa un grupo diferente de gentiles, divididos entre los que son inteligentes y cultos, por un lado, y, por el otro, aquellos que carecen de educación, y quizá también de inteligencia. Aquí ambos pares de vocablos parecerían usarse de un modo totalmente objetivo y real, sin la menor sugerencia de ironía, suficiencia, prejuicio o desprecio. Mientras en el primer grupo es probable que la idea sea la de comunidades, en el segundo se trata más bien de individuos.

15. De modo que indica que lo que se está a punto de afirmar es consecuencia de lo que se acaba de establecer en el v. 14. La vehemencia con la cual se expresa Pablo a esta altura tiene sus raíces en la obligación general que reconoce como suya. **mi vehemente deseo es predicaros el evangelio a vosotros también que estáis en Roma.** El sentido de la palabra «también» es: además de aquellos a quienes ya se lo ha predicado (compárense las últimas palabras del v. 13). La predicación del evangelio a que se hace referencia aquí no es la proclamación inicial a gente que no ha escuchado aún el mensaje, sino la predicación destinada a quienes ya son creyentes, con la perspectiva de lograr la profundización de su entendimiento y el fortalecimiento de su fe y obediencia.

16a. Porque no me avergüenzo del evangelio explica cómo es que Pablo desea vehementemente predicar las buenas nuevas también en Roma, y al mismo tiempo proporciona la transición hacia los vv. 16b-17. La forma negativa en que se expresa Pablo no se explica como una instancia de minimización (con el sentido de que en realidad Pablo estaba orgulloso del evangelio), sino como reflejo del sobrio reconocimiento del hecho de que el evangelio es algo de lo cual, en este mundo, los cristianos se sentirán constantemente tentados a avergonzarse. Podemos comparar Marcos 8.38; Lucas 9.26; 2 Timoteo 1.8. La presencia de esta tentación como rasgo constante de la vida cristiana es inevitable, tanto en razón de la continua hostilidad del mundo para con Dios, como asimismo en razón de la naturaleza del evangelio: el hecho de que Dios (porque decidió dejar espacio a los hombres para que pudiesen tomar una decisión personal de fe con libertad, en lugar de obligarlos) no ha intervenido en la historia para operar la salvación de los hombres con evidente poder y majestad, sino de un modo velado. Esto, inevitablemente, al mundo habría de parecerle debilidad y locura despreciables.

III. Se anuncia el tema de la epístola

1.16b-17

^{16b}**Porque es el poder salvífico de Dios para todo el que cree, tanto para el judío primero como para el griego. ¹⁷Porque en él la justicia de Dios está siendo revelada de fe a fe, tal como está escrito: «Pero el que es justo por fe vivirá».**

Este versículo y medio es, al mismo tiempo, tanto parte integrante de la expresión de Pablo en cuanto a su disposición favorable a predicar el evangelio en Roma, como también una declaración del tema teológico que va a desarrollarse en el cuerpo principal de la epístola. Esta sección pertenece en realidad al párrafo que comenzó con el v. 8, pero hemos optado por presentarla como una división principal independiente, a fin de que se destaque con mayor claridad la estructura lógica de la epístola.

16b. Porque es el poder salvífico de Dios. La razón que explica por qué a Pablo no lo domina la tentación de sentirse avergonzado del evangelio, sino que se gloría en él y vive para proclamarlo, es que sabe que se trata del omnipotente poder de Dios mismo encaminado a lograr la salvación de los hombres.

En las cartas de Pablo «salvar» y «salvación» se refieren en primer término al futuro de Dios, a lo que empieza con la venida de Cristo en gloria, su segunda venida, como se la llama con frecuencia. Esto resulta explícito en 1 Corintios 5.5 («...que el espíritu sea salvo en el día del Señor Jesús»), pero también resulta claro en Romanos 5.9s.; 13.11; 1 Corintios 3.15; Filipenses 1.28; 2.12; 1 Tesalonicenses 5.8s.; 2 Tesalonicenses 2.13. Lo que podría llamarse el contenido negativo del evangelio se indica en 5.9: es la salvación de la manifestación final de la ira de Dios (en cuanto a lo que Pablo quiere decir con «la ira de Dios» véase el comentario sobre 1.18). Pero hay también un contenido positivo. Es la restauración de la gloria que les falta a los hombres pecadores (compárese 3.23). Tocante a este aspecto resulta iluminador notar la correspondencia entre la salvación en 5.10 y la glorificación en 8.30, y notar, además, cómo se describe en Filipenses 3.21 la obra de Cristo en función de Salvador (Fil. 3.20). Mientras que generalmente se habla de la salvación en futuro, Pablo puede usar el tiempo pasado en relación con ella (así en 8.24 tenemos la afirmación «fuimos salvos», lo cual, no obstante, tiene la limitación de la frase «en esperanza»), por cuanto el acto decisivo de Dios por medio del cual se ha asegurado la salvación final del creyente ya se ha cumplido. También usa el tiempo presente (como en 1 Co. 1.18; 2 Co. 2.15) para describir la actitud presente del creyente de aguardar y luchar esperanzadamente, actitud que tiene como meta la salvación.

Lo que Pablo está diciendo aquí, entonces, es que el evangelio es el poder efectivo de Dios, en su accionar en el mundo de los hombres, para lograr la liberación ante su ira en el juicio final, y la nueva disposición en la gloria de Dios la cual ha sido perdida por el pecado: se trata de una salvación futura que revierte su esplendor hacia el presente de quienes la han de compartir. El evangelio, el mensaje de las buenas noticias, existe en virtud de su contenido, de su tema, vale decir Jesucristo. Es él mismo quien constituye su efectividad.

para todo el que cree. La respuesta que pide el mensaje es la expresión de la fe: fe en dicho mensaje y, en consecuencia, fe en el Cristo que es su contenido, y en Dios que ha actuado en él, y cuyo poder es el mensaje. Para todos los que responden con fe el evangelio obra en forma efectiva para la salvación. Aquí es importante notar que la fe de que se habla no es algo que existe independientemente del evangelio. No se trata de una cualidad que algunos hombres ya poseen en sí mismos antes de enfrentarse con el evangelio. Adquiere existencia sólo como respuesta al evangelio (o a la sombra del mismo en el Antiguo Testamento). Además, no es —como la respuesta del hombre al evangelio— una contribución de su parte que, como cumplimiento de una condición impuesta por Dios, hace que el evangelio pueda actuar para salvación. En ese caso, la fe sería ella misma, en último análisis, una obra meritoria; en cambio, forma parte de la esencia misma de la fe (como la entiende Pablo) el hecho de que es contraria a todo merecimiento humano, todo intento humano de plantearle exigencias a Dios. La fe es la apertura al evangelio que Dios mismo opera. Dios no sólo enfoca el mensaje hacia el oyente, sino que él mismo se encarga de abrir el corazón del oyente al mensaje. El «todo el que» toca una nota que se hace oír vez tras vez en toda la epístola.

tanto para el judío primero como para el griego subraya y explica ese «todo el que». La palabra «tanto» dirige la atención a la igualdad fundamental entre judíos y gentiles («griego», cuando se usa por contraste con «judío», significa «gentil»; este uso es diferente del que encontramos en el v. 14), igualdad que el evangelio pone de manifiesto. El evangelio es el poder salvífico de Dios tanto para unos como para otros por igual. Al mismo tiempo, «primero» indica que el judío tiene cierta prioridad. El modo en que Pablo entiende este «tanto» y este «primero», y la forma en que los mantiene unidos, se hará crecientemente evidente a medida que seguimos al autor paso a paso a través de la epístola.

17. Porque en él la justicia de Dios está siendo revelada de fe a fe. Estas palabras tienen por objeto servir de explicación y confirmación del v. 16b: el evangelio es el poder salvífico de Dios para todo aquel que cree, porque en él la justicia de Dios está siendo revelada ... Se usa el tiempo verbal presente porque se trata del concepto de la revelación en la incesante predicación del mensaje. En la predicación Dios mismo está revelando su justicia. Hay acuerdo general en que el v. 17 constituye un versículo clave de la mayor importancia, y que resulta, además, absolutamente fundamental para la comprensión de Romanos. Lamentablemente, sin embargo, su interpretación es tema de discusión. La dificultad radica en la palabra «justicia». Esta representa un sustantivo griego que pertenece a un grupo de palabras relacionadas.

La complicación reside en el hecho de que algunos miembros de este grupo de palabras griegas se usaron en la versión griega del Antiguo Testamento para representar algunos miembros de un grupo de palabras hebreas mayormente, pero no totalmente, correspondientes, y en este proceso los campos de significación se modificaron mucho. Actualmente la generalidad de los entendidos acepta que el uso que hace Pablo de ellos ha sufrido en buena medida la influencia de la transformación así operada. Esta influencia es más marcada en el caso del verbo que en VRV2 se representa sistemáticamente en todo el Nuevo Testamento con la palabra «justificar»; porque ninguna de las veces que Pablo usa este verbo griego (aparece quince veces solamente en Romanos) tiene una explicación aceptable sobre la base del uso del griego no bíblico. Debido a su uso en el Antiguo Testamento griego este verbo había adquirido un sentido forense, «absolver», «acordar condición de justo a». En el caso del adjetivo correspondiente (como ocurre con el correspondiente adjetivo hebreo) es preciso reconocer que Pablo lo usa tanto como en su sentido ético griego característico como en sentido forense. Con el sustantivo (que es lo que tenemos aquí) la situación es más difícil todavía. Aun cuando haya acuerdo en que en un caso particular tiene sentido forense (como creemos que es el caso aquí), todavía tenemos que preguntarnos si lo que se quiere significar es la acción de absolver (de otorgar la posición de justo) o la condición que resulta para el objeto de la acción, vale decir, la condición de haber sido absuelto (la posición de justo ya otorgada).

Se trata de un asunto que se discute ardientemente en relación con la frase «la justicia de Dios» en este versículo. (Con bastante frecuencia se plantea en otros términos, a saber, si «de Dios» es en este caso un genitivo subjetivo, en cuyo caso significaría que «justicia» debe denotar la acción, o un genitivo de origen, en cuyo caso significaría que «justicia» debe denotar la condición resultante del objeto de la acción.) Los argumentos principales que se aducen en apoyo del primer punto de vista (que «la justicia de Dios» significa aquí el acto de Dios de justificar, absolver, otorgar la condición de justo en relación con su persona) son:

(i) que el hecho de que «ira» en el v. 18 se refiere a una actividad de Dios sugiere que «justicia» en el v. 17a probablemente se refiera igualmente (en vista del paralelismo de la estructura entre el v. 17a y el v. 18) a esa actividad;

(ii) que, en razón de la relación entre el v. 17a y el v. 16b, la presencia de la frase «el poder ... de Dios» en el v. 16b aconseja tomar «la justicia de Dios» en el v. 17a con referencia a una actividad de Dios, al poder salvífico de Dios en acción;

(iii) que en el Antiguo Testamento el correspondiente sustantivo hebreo, cuando se usa con referencia a Dios, se refiere a una actividad de Dios, la actividad de su poder salvífico;

(iv) que la expresión «justicia de Dios» había adquirido el sentido de término técnico, en algunos círculos judaicos, para la justicia salvífica de Dios, que abarca su fidelidad real y triunfante para con el pacto y la creación, su misericordia perdonadora, su derecho de reclamar la obediencia de los hombres. Se sostiene que Pablo adoptó, radicalizó y universalizó este término técnico judío.

A primera vista estos argumentos resultan impresionantes, pero ninguno de ellos es concluyente en absoluto. Con respecto a (iii) y (iv) puede decirse que, si bien es cierto que naturalmente la expresión de Pablo «la justicia de Dios» ha de entenderse a la luz del lenguaje de la justicia del Antiguo Testamento y del judaísmo tardío, no hay razón para suponer que él tiene que haber usado el lenguaje que adoptó, exactamente en la misma forma en que había sido usado. Debemos aceptar la posibilidad de que haya usado lo que adoptó con libertad y originalidad.

Ahora tenemos que considerar lo que se puede decir en apoyo del otro punto de vista, a saber, que «la justicia de Dios» significa aquella condición de justicia del hombre ante Dios que es resultado del acto justificador de Dios. Los principales argumentos son:

(i) que hay varias menciones de «justicia» en las cartas de Pablo que parecerían ofrecerle sólido apoyo. Una está en 10.3 («Pues, dejando de reconocer la justicia de Dios, y procurando establecer la suya propia, no se sometieron a la justicia de Dios»). Aquí resulta natural, por cierto, tomar la primera frase «justicia de Dios» con el significado de posición de justicia puesta a disposición por Dios como regalo suyo, en contraste con «la suya propia», es decir, una posición de justicia adquirida por sus propios esfuerzos, y entender la segunda mención de la frase en el mismo sentido que la primera. Compárese Filipenses 3.9, donde «una justicia mía propia, *en verdad* aquella que es de [griego: «de» con sentido de procedencia] la ley» se opone a «la que es por la fe en Cristo, la justicia que es de [griego: «de» con sentido de procedencia] Dios por la fe»; y también 1 Corintios 1.30; 2 Corintios 5.21; Romanos 5.17.

(ii) que resulta extremadamente difícil ver cómo se puede considerar que fuese natural que Pablo usara la expresión «de fe a fe» aquí, si pensaba que «la justicia de Dios» era una acción realizada por Dios. En cambio tiene sentido si «la justicia de Dios» denota la posición de justicia otorgada por Dios.

(iii) que la cita de Habacuc (v. 17b) habla a favor de este punto de vista, ya que enfoca la atención sobre el hombre justificado, y no sobre el acto de Dios de justificarlo.

(iv) que considerar que la «justicia de Dios» se refiere a la posición de justo dada por Dios concuerda mejor con la estructura del argumento de la epístola, en la que 1.18-4.25 explica las palabras «el que es justo por la fe» y 5.1-8.39 la promesa de que el que es justo por la fe «vivirá». Si se examinan cuidadosamente 2.13; 3.20, 28; 4.2, 13; 5.1, 9, 19, se verá que la atención se centra en la posición que resulta de la acción de Dios y en aquellos a quienes se acuerda la posición, más que en la acción divina en sí misma.

No cabe duda de que esta contienda ha de continuar. La cuestión no ha sido dilucidada en forma concluyente todavía. Mas, teniendo en cuenta los argumentos que acabamos de indicar, estimamos que la interpretación según la cual «Dios» es un genitivo de origen, y «justicia» denota la posición justa otorgada por Dios, es mucho más probable que la que considera que «Dios» es un genitivo subjetivo y que «justicia» denota la acción divina de justificar.

Las palabras «de fe a fe» se han interpretado de diversas maneras en el curso de los siglos; pero la explicación más probable parecería ser que constituyen simplemente un modo enfático de decir «de [= desde] la fe» (o «por la fe»), donde la frase «a fe» tiene un efecto similar a «solamente» en la frase «por fe solamente». Si bien la estructura de la oración gramatical da a entender que se debería conectar la frase con la expresión verbal «está siendo revelada», la cita de Habacuc que aparece después y la comparación de 3.21 y 22 con 1.17a sugieren con fuerza, si no en forma concluyente, que corresponde conectarla con «la justicia de Dios». En ese caso el sentido de la oración completa, como la entendemos nosotros, puede indicarse de la siguiente manera: Porque en él (es decir, en el evangelio tal como se lo está predicando) se está dando a conocer (y de este modo ofreciendo a los hombres) una posición de justicia delante de Dios, posición de justicia que es un don de Dios y enteramente por fe. La frase explica y confirma la afirmación que se hace en el v. 16b (de que el evangelio «es el poder salvífico para todo el que cree»): al revelar y hacer accesible justamente este don de una posición de justicia ante su presencia, Dios actúa en forma poderosa para salvar.

tal como está escrito: «Pero el que es justo por fe vivirá». Como confirmación de lo que acaba de decir, Pablo cita Habacuc 2.4b. El sentido del hebreo original indica que el justo será preservado con vida como consecuencia de su fidelidad (es decir, su firme lealtad). Probablemente se trataba de una referencia al pueblo judío en contraste con sus opresores paganos, y la vida a que se refiere probablemente fuese la supervivencia política; pero es probable que se haya hecho sentir muy temprano una tendencia a entender la oración con referencia al individuo. La Septuaginta (es decir, la versión griega más importante del Antiguo Testamento) tiene, en lugar de «por su fe», «por mi fe», frase esta que podría significar ya sea «por mi fidelidad [vale decir, «la de Dios»]» o «por fe en mí [vale decir, «en Dios»]». Pablo no conserva ni el «mi» ni el «su», y entiende la afirmación del profeta a la luz del evangelio. Tal como la usa él, «fe» tiene el mismo sentido que el que tiene en la primera parte del v. 17 y «vivirá» no se refiere a la supervivencia política, sino a la vida con Dios, la que es, únicamente ella, vida verdadera, esa vida que el creyente comienza a disfrutar aquí y ahora, y que disfrutará en su plenitud más adelante. Una idea del significado de «vivirá» puede obtenerse al estudiar 2.7; 4.17; 5.17, 18, 21; 6.4, 10, 11, 13, 22, 23; 7.10; 8.2, 6, 10, 13; 10.5; 12.1.

Todavía tenemos que averiguar si se ha de conectar «por fe» con «vivirá», como en Habacuc, o con «el que es justo», como sugirió Beza, el sucesor de Calvino. Esta sugerencia ha sido adoptada por muchos intérpretes desde entonces. Dos argumentos pueden invocarse a favor de la primera alternativa: que Pablo tiene que haber sabido que en Habacuc «por fe» estaba relacionado con el verbo, y que, si Pablo quiso decir que la frase «por fe» debía vincularse con «justo», tendría que haberla colocado entre «el que es» (frase que representa el artículo determinado griego) y «justo», de conformidad con el uso griego. Pero estos argumentos no son concluyentes en modo alguno. Al primero se le puede contestar que Pablo trata el texto del

Antiguo Testamento con bastante libertad en otros casos; al segundo que no resultaba antinatural adherir al orden gramatical original aun cuando la intención fuese que se entendiesen las palabras de otro modo. A favor de la segunda alternativa puede decirse que no cabe duda de que ofrece una conexión mucho más satisfactoria entre el v. 17b y el v. 17a; que concuerda con la estructura de la epístola en forma extremadamente adecuada, por cuanto puede decirse que 1.18-4.25 constituye una exposición de «el que es justo por fe» y que 5.1-8.39 es una exposición de la promesa de que dicho hombre «vivirá»; que la relación entre la justicia y la fe se hace explícita en 3.22; 4.11, 13; 5.1; 9.30; 10.6. Llegamos a la conclusión de que Pablo quería, casi seguramente, que se relacionara «por fe» con «el que es justo» y no con «vivirá».

IV. La revelación de la justicia que es de Dios por la fe sola: exposición sobre «el que es justo por la fe»

1.18-4.25

Esta es la primera y la principal contribución de Pablo para dilucidar la afirmación de 1.17 de que la justicia de Dios está siendo revelada en el evangelio de fe a fe, como también para ofrecer una exposición de la cita de Habacuc en el mismo versículo: «Pero el que es justo por la fe vivirá». Su aporte se divide en cuatro partes o secciones.

El propósito de la primera sección (1.18-3.20) parecería ser el de ofrecer apoyo a la frase «de fe a fe» del v. 17a, y la limitación de la frase «el que es justo» por medio de las palabras «por la fe» en el v. 17b, al mostrar que ante Dios no puede haber otro tipo de justicia para los hombres sino aquella que es por la fe.

La segunda sección (3.21-26) es la médula de toda la división principal que va de 1.18 a 4.25. Su propósito es establecer la verdad de la frase «está siendo revelada» en 1.17a, establecer que la justicia de Dios realmente está siendo revelada en la actualidad, cuando quiera y dondequiera se predica el evangelio. Esto lo hace al describir la revelación que se ha efectuado en el pasado, la revelación de la justicia de Dios en los acontecimientos evangélicos mismos. Sin esa revelación inicial no podría haber una auténtica revelación de la justicia de Dios en la predicación de la iglesia; mas, por cuanto la justicia de Dios efectivamente se ha manifestado en los acontecimientos evangélicos, queda demostrado el hecho de que está siendo revelada en la predicación del evangelio, como también el hecho de la existencia del «que es justo por la fe».

La tercera sección (3.27-31) aclara algo que está implícito en la segunda: el intentar gloriarnos y jactarnos, lo que equivaldría a pretender exigirle algo a Dios en mérito a nuestras obras, queda totalmente eliminado.

La cuarta sección (4.1-25) confirma la tercera al mostrar que, según las Escrituras, ni siquiera Abraham tenía derecho de gloriarse.

1. A la luz del evangelio no hay posibilidad de que los hombres sean justos delante de Dios de otro modo que no sea mediante la fe

1.18-3.20

Es frecuente que se pregunte —y es natural que así sea— si el cuadro extremadamente tenebroso ofrecido aquí de la vida humana no es tremendamente injusto. Por cierto que si leemos esta sección como la valoración del historiador acerca de la condición moral de sus contemporáneos, de manera semejante a lo que se hace cuando se intenta realizar una evaluación relativa, y luego procedemos a compararla con las valoraciones morales de otras épocas, hechas por otros, el resultado será totalmente injusto para los contemporáneos de Pablo. Pero la verdad es que Pablo no está intentando ofrecer una valoración de esta clase en absoluto. Lo que dice ha de entenderse a la luz de 1.16b-17 y 3.21-26. En otras palabras, lo que encontramos aquí no es un juicio de Pablo sobre sus contemporáneos, sino el juicio que hace el evangelio acerca de los hombres, es decir, de todos los hombres: el juicio que el evangelio mismo pronuncia, que Pablo ha oído, y al que él mismo se ha sometido. Cierto es que Pablo ha adoptado muchos pensamientos y expresiones del judaísmo tardío. Empero ha transformado lo que ha adoptado, al emplearlo para un fin radicalmente diferente: en lugar de una polémica entre un grupo de seres humanos y otro, se trata del testimonio de una acusación universal expresada contra todos los hombres (exceptuado únicamente a Cristo), que sólo puede reconocerse (y a la que sólo es posible someterse) a la luz del evangelio. La sección pinta al hombre tal como aparece a la luz de la cruz. No se trata solamente de una descripción de hombres particularmente malos, sino la verdad íntima que a todos nos alcanza, tal como somos en nuestra intimidad.

(i) El hombre sometido al juicio del evangelio

1.18-32

[18]Porque la ira de Dios está siendo revelada desde el cielo contra toda clase de impiedad e injusticia de los hombres que tratan de suprimir la verdad con su injusticia; [19]porque lo que es conocible de Dios está manifiesto entre ellos, por cuanto Dios se lo ha hecho

manifiesto. [20]Porque sus atributos invisibles se ven claramente desde la creación del mundo, siendo percibidos por medio de las cosas que él ha hecho, incluso su eterno poder y divinidad, de modo que están sin excusa, [21]porque, aunque han conocido a Dios, no lo han glorificado como Dios ni le han dado gracias, sino que se han vuelto inútiles en sus razonamientos, y su corazón falto de comprensión se ha entenebrecido. [22]Pretendiendo ser sabios, se han mostrado necios, [23]y han cambiado la gloria del Dios inmortal por la semejanza de la forma del hombre mortal y de aves y cuadrúpedos y reptiles. [24]Por lo cual Dios los entregó, en *su abandono a* la lujuria de su propio corazón, a la inmundicia, de modo que entre ellos sus cuerpos son deshonrados.

[25]Ellos realmente han cambiado la verdad de Dios por la mentira, y han adorado y servido a la criatura en lugar del Creador, que es bendito para siempre. Amén. [26]Por lo cual Dios los ha entregado a pasiones que traen deshonra: por cuanto sus mujeres han cambiado la relación natural por la que es contraria a la naturaleza, [27]y así también los hombres, habiendo abandonado la relación natural con la mujer, han ardido en su lujuria unos por otros, hombres con hombres, perpetrando desvergüenzas y recibiendo en sus propias personas el debido pago de su autoengaño.

[28]Y, como no han estimado conveniente tomar en cuenta a Dios, Dios los ha entregado a una mente reprobada, a hacer cosas que son moralmente malas, [29]llenos de toda clase de injusticia, perversidad, implacabilidad, depravación, llenos de envidia, homicidio, rivalidad, traición, malicia, susurradores, [30]calumniadores, aborrecedores de Dios, insolentes, arrogantes, jactanciosos, inventores de formas *novedosas* del mal, desobedientes a los padres, [31]sin entendimiento, sin lealtad, sin afecto natural, sin piedad. [32]Conocen el justo decreto de Dios de que quienes practican tales cosas merecen la muerte; no obstante, no solamente las hacen sino incluso aplauden a otros que las practican.

No cabe duda de que en esta sección Pablo tiene presente principalmente a los gentiles. Pero se puede poner en tela de juicio el que hagamos justicia a su intención si suponemos —como lo han hecho muchos intérpretes— que estos versículos se refieren exclusivamente a ellos. En el v. 18 el apóstol usa el término genérico «hombres», mientras que en ninguna parte de esta sección usa «gentiles» o «griegos». Al describir la idolatría de los hombres en el v. 23 se hace eco del lenguaje del Salmo 106.20 y de Jeremías 2.11, el primero de los cuales se refiere al culto israelita del becerro de oro, y el segundo al hecho de que Israel abandonó al Señor en pos de otros dioses, en una época muy posterior. Además, la enseñanza principal de 2.1-3.20 es justamente que el judío, que se cree capacitado para juzgar a los gentiles, hace él mismo las mismas cosas por las que los condena a ellos (compárese 2.3). La implicancia parecería ser que Pablo mismo pensaba que, al describir —como por cierto lo estaba haciendo en 1.18-32— la obvia pecaminosidad de los paganos, estaba también, de hecho, describiendo a la vez la pecaminosidad básica del hombre caído como tal, la realidad interior de la vida de los judíos, no menos que la de los gentiles. Lo acertado de este punto de vista queda confirmado por el hecho de que el «Por lo cual» al comienzo de 2.1, que ha desconcertado a los comentaristas, se vuelve (si tenemos en cuenta esta suposición) perfectamente claro: si 1.18-32 declara, efectivamente, la verdad acerca de *todos* los hombres, luego se sigue naturalmente que el hombre que se erige en juez de los demás no tiene excusa. Entendemos, entonces, que estos versículos constituyen la revelación del juicio del evangelio contra todos los hombres, lo cual deja al descubierto no sólo la idolatría del paganismo antiguo, tanto como del moderno, sino también la idolatría instalada en Israel, en la iglesia, y en la vida de cada creyente.

18. Porque la ira de Dios está siendo revelada. El «Porque» se ha explicado de diversas maneras. Algunos, que creen a pie juntillas que la ira de Dios y la justicia de Dios deben forzosamente oponerse entre sí, han llegado a insistir en darle a la conjunción griega que normalmente significa «porque» el sentido de «pero». En ciertas circunstancias especiales la palabra griega puede, efectivamente, adquirir fuerza adversativa, pero esas circunstancias no aparecen en este caso. La explicación más natural es, seguramente, que el «Porque» indica la relación de la sección 1.18-3.20 con la afirmación de 1.17 de que la justicia de Dios está siendo revelada en el evangelio predicado «de fe a fe». El hecho de la revelación de la ira de Dios ante el pecado de los hombres demuestra que no puede ser que ellos adquieran una posición justa delante de Dios si no es por la fe sola.

La referencia a la ira de Dios ha desconcertado y preocupado a muchos. Así, por ejemplo, C. H. Dodd sostenía que Pablo no tenía la intención de indicar una reacción personal de Dios, sino «un inevitable proceso de causa y efecto en un universo moral», sobre la base de que sería censurable atribuir a Dios «la irracional pasión de la cólera». Sin embargo, ni siquiera la ira humana es siempre irracional. La persona que está enterada, por ejemplo, del tremendo alcance de la injusticia y la crueldad del *apartheid*, y no siente cólera ante tamaña iniquidad, no es una persona buena: por su falta de ira pone de manifiesto su falta de amor. Dios no sería el Dios verdaderamente amoroso, que en realidad es, si no reaccionara ante nuestra maldad con ira. Su ira no es algo que sea inconsecuente con su amor; por el contrario, es expresión de su amor. Es, justamente, porque nos ama de modo absolutamente verdadero, serio y fiel, que evidencia su ira para nosotros en nuestra pecaminosidad. Pero desde luego es preciso tener presente que la ira de Dios no es igual a la del hombre pero mayor y más efectiva. Nuestra ira, aun en su forma más justa y pura, está siempre comprometida, y más o menos distorsionada, por nuestra propia pecaminosidad. Solamente la ira de Dios es la ira de la perfecta bondad, la ira enteramente seria. El intento de Dodd de despersonalizar la realidad que la Biblia denota con la frase «la ira de Dios» debe ser rechazado de plano.

Las palabras que estamos considerando exigen la discusión de una tercera cuestión: el significado de «está siendo revelada». De la lectura de los vv. 18ss. podríamos fácilmente colegir que Pablo está pensando que la revelación de la ira de Dios se deja ver en las frustraciones, vanidades y desastres observables que resultan de la impiedad y la injusticia humanas. Pero Pablo mismo se ha ocupado de ofrecer una indicación bastante clara (por el paralelismo —tanto en el lenguaje como en la estructura— entre los vv. 17 y 18) de que no es esa su intención. En el v. 17 ha afirmado que la justicia de Dios está siendo revelada en el evangelio, vale decir, en la constante proclamación del evangelio. Esta afirmación presupone a su vez una revelación previa de la justicia de Dios en los acontecimientos evangélicos mismos (revelación a la cual se refiere el tiempo verbal perfecto «se ha manifestado» en 3.21). Dado el paralelismo, el modo más natural de enfocar el v. 18 es entender que significa que la ira de Dios también se está revelando *en el evangelio*, es decir, en la constante proclamación del evangelio, y reconocer que por detrás de esta revelación (y como base de ella) de la ira de Dios en la predicación está la previa revelación de la ira de Dios en los acontecimientos evangélicos. La interpretación del v. 18 que se sugiere por el paralelismo que hemos mencionado, se confirma por el hecho de que el sentido que se obtiene de este modo es profundamente paulino, y por el hecho adicional de que mediante ésta los capítulos iniciales de Romanos adquieren un carácter mucho más integrado que lo que sugieren otras interpretaciones. Las dos revelaciones a las que se ha hecho referencia en estos dos versículos, por tanto, constituyen dos aspectos del mismo proceso. La predicación del evangelio es, al mismo tiempo, tanto la revelación de la posición de justicia ante Dios para los hombres como también la revelación de la ira de Dios ante el pecado humano. Es ambas cosas, por cuanto los acontecimientos evangélicos mismos, que la predicación presupone, fueron ambas cosas. Con respecto a la ira de Dios, llegamos a la conclusión de que, para Pablo, su plena significación no se ha de ver en los desastres que acontecen a los hombres pecadores en el curso de la historia;

su realidad sólo se conoce plenamente cuando se la ve en su revelación en Getsemaní y en el Gólgota.

El propósito de la frase **desde el cielo** probablemente sea simplemente el de destacar la tremenda seriedad de «la ira de Dios», como, en efecto, la ira *de Dios* equivale a subrayar la frase «de Dios».

contra toda clase de impiedad e injusticia de los hombres que tratan de suprimir la verdad con su injusticia indica el objeto hacia el cual está dirigida la ira de Dios. En la predicación del evangelio no sólo se descorre el velo que oculta la realidad de la ira divina, sino que su objeto también recibe realce, evidenciando su verdadero carácter. Algunos han entendido «impiedad» en el sentido de violación de los cuatro primeros mandamientos del Decálogo, e «injusticia» como violación de los seis restantes; pero es más probable que ambas palabras se hayan usado como dos expresiones de la misma cosa, combinadas conjuntamente a fin de ofrecer una descripción más acabada y completa de ella, que lo que hubiera podido ofrecer uno de dichos vocablos por separado (en cuyo caso «impiedad» daría realce al hecho de que todo pecado es un ataque a la majestad de Dios, e «injusticia», el hecho de que se trata de una violación del justo orden de Dios). Las palabras que aparecen a continuación ofrecen la más penetrante y aleccionadora caracterización de la esencia de la naturaleza del pecado. El pecado es siempre un asalto a la verdad, es decir, la verdad fundamental de Dios como Creador, Redentor y Juez, la que, dado que es la verdad, se debe tomar en cuenta y resolver, si es que el hombre no ha de vivir en vano. Es un intento de suprimirla, eliminarla de la vista sepultándola, borrarla de la memoria; pero forma parte de la esencia del pecado el que jamás pueda ser sino un mero *intento* de suprimir la verdad, intento que invariablemente resulta infructuoso e inútil en última instancia.

19. porque. El término griego es diferente del que se traduce así en el. v.18. Resulta difícil determinar si este versículo tiene como fin ofrecer la razón de la ira de Dios (para así vindicar la ecuanimidad de Dios) o justificar el lenguaje de la cláusula anterior (en nuestra traducción una relativa, aunque en el original es una cláusula con valor de participio) mediante la demostración de que los hombres realmente poseen un conocimiento suficiente de la verdad como para justificar que se diga que procuran suprimirla. La última elección parecería ofrecer una secuencia mental mejor articulada; pero el sentido general del pasaje no resulta sustancialmente afectado por la decisión que se adopte al respecto.

lo que es conocible de Dios. El que «conocible», y no «conocido» o «se conoce», sea la traducción correcta está casi fuera de duda. Esta frase no se ha de entender como que sugiere la creencia de que el hombre caído es capaz —en sí mismo— de un conocimiento de Dios, en el sentido de un conocimiento consciente de él. Más bien se la debe interpretar con el significado de «Dios, en la medida en que es objetivamente cognoscible, es decir, conocible en el sentido de ser experimentable» (véase más abajo sobre «aunque han conocido a Dios» en el v. 21).

está manifiesto. Se ha producido una verdadera manifestación de lo que es conocible en cuanto a Dios. Dios (en la medida en que es factible que sea conocido) está realmente manifiesto.

Los dos vocablos griegos que siguen pueden significar ya sea **entre ellos** o «dentro de ellos»; pero el primer significado parece ser la traducción más acertada en el contexto (el v. 20 hace que resulte improbable que se trate de una referencia (ni exclusiva ni principalmente) a la existencia y funcionamiento de las capacidades interiores de los hombres como manifestación de Dios, mientras que el v. 21 indica que la revelación no ha sido aprehendida íntimamente por ellos). Entre ellos y a su alrededor, como también en su propia existencia como criaturas (incluido, naturalmente, lo que es interior tanto como lo que es exterior), Dios aparece en forma objetivamente manifiesta. La creación toda declara a Dios.

por cuanto Dios se lo ha hecho manifiesto se agrega con el fin de dejar aclarado que el hecho de que Dios aparezca en forma manifiesta en su creación constituye una deliberada autorrevelación de parte de Dios, y no algo que de algún modo sea independiente de su voluntad.

20-21. Porque sus atributos invisibles se ven claramente desde la creación del mundo, siendo percibidos por medio de las cosas que él ha hecho, incluso su eterno poder y divinidad ofrece, justamente, una explicación del v. 19b; pero resulta más natural entender el «Porque» inicial como indicación de la relación de los vv. 20-21 en conjunto con los vv. 18-19, y no como la relación entre el v. 20a y el v. 19b únicamente. La combinación de «invisibles» y «se ven claramente» constituye una paradoja llamativa, e indudablemente deliberada. Desde el comienzo mismo de la creación efectuada por Dios la autorrevelación divina ha continuado sin interrupción —objetivamente— en lo que ha creado. Al observar el universo creado los hombres siempre han tenido a la vista el eterno poder y la eterna divinidad de Dios, aun cuando en sí mismos son invisibles; porque el Creador se ha expresado en forma real y verdadera, si bien en medida limitada, naturalmente, en el mundo creado. Se puede decir acertadamente que quien contempla la obra maestra de un Rembrandt está realmente contemplando a Rembrandt mismo; porque el artista se ha expresado en su pintura. Esta ilustración, si bien inadecuada, quizá nos ayude a entender lo que nos quiere decir Pablo.

de modo que están sin excusa. El resultado de la automanifestación de Dios en su creación no es un conocimiento natural de Dios de parte de los hombres, independiente de la autorrevelación divina en su Palabra (conocimiento válido si bien limitado), sino que simplemente hace inexcusable su ignorancia. La verdad es que ha llevado a cabo (y se sigue llevando a cabo) una verdadera autorrevelación de Dios, y los hombres deberían haber reconocido al Creador, aunque lo cierto es que no lo han hecho. Se han visto constantemente rodeados por todas partes por las evidencias del eterno poder y divinidad de Dios, al tiempo que las han poseído dentro de sí mismos, pero no han permitido que ellas los llevaran a un reconocimiento de su persona.

porque hace lugar a una afirmación (que incluye los vv. 22 y 23 además del v. 21) como explicación de «de modo que están sin excusa». Retoma el pensamiento de la última parte del v. 18 y lo aclara. Los vv. 19 y 20 ya han demostrado que el hecho de que Dios se ha manifestado a los hombres los priva de toda excusa, y este concepto se retoma en las cinco palabras que siguen. Pero, por lo demás, los vv. 21-23 centran la atención en la conducta por la cual (habiendo contado con la automanifestación de Dios) no tienen excusa, esa conducta a la cual se ha aludido en las últimas palabras del v. 18.

aunque han conocido a Dios: vale decir, han conocido a Dios en el sentido de que, al tener conciencia del mundo creado, en realidad han tenido conciencia —objetivamente—, en forma constante, si bien impensada, de Dios mismo. De hecho han experimentado a Dios —su sabiduría, su poder, su generosidad— en cada momento de su existencia, aun cuando no lo han querido reconocer. Es por él que la vida de los hombres se ha visto sostenida, enriquecida, protegida. En este sentido limitado han conocido a Dios toda la vida.

no lo han glorificado como Dios ni le han dado gracias. Al haber experimentado la automanifestación de Dios, deberían haberlo glorificado y haberle dado gracias; pero no lo han hecho. Las cinco últimas palabras destacan, para su mención especial, un elemento en particular de la glorificación debida. Deberían haber reconocido a Dios como la fuente de todas las cosas buenas que han disfrutado y, por ello, haberle demostrado su gratitud.

sino que se han vuelto inútiles en sus razonamientos. La vanidad en la que se han sumido es la consecuencia inevitable de haber perdido contacto con la realidad. Esto se deja ver, en particular, en su modo de pensar, que adolece de una falla fatal: una desconexión básica de la realidad, que se manifiesta en la incapacidad para reconocer y glorificar al Dios verdadero.

y su corazón falto de comprensión se ha entenebrecido. Pablo se vale de la palabra «corazón» para denotar el ser interior del hombre como sujeto pensante, dotado de voluntad y de sentimientos. Su calificación como «falto de comprensión» sugiere que se trata, en especial, del elemento intelectual de su vida interior. Resulta importante no entender mal lo que dice Pablo. No hay en la afirmación ninguna idea de desprecio por la razón. Los cristianos que menosprecian el intelecto y los procedimientos del pensamiento racional no tienen derecho de invocar el apoyo de Pablo. Pero lo que se dice aquí equivale a un sobrio reconocimiento del hecho de que el intelecto del hombre comparte la naturaleza caída del hombre total; no está eximido de alguna manera de la corrupción general. A pesar de su naturaleza caída debe ser altamente valorado, aunque no se lo debe considerar como árbitro imparcial, capaz de permanecer alejado de la influencia del ego para aportar un juicio perfectamente objetivo. El cristiano debería tener conciencia no simplemente de los indicios más obvios del oscurecimiento de la razón humana, algunos de los cuales se reconocen ampliamente, sino también de los innumerables modos sutiles y ocultos en que los procedimientos del pensamiento racional están expuestos a ser desviados y distorsionados. (Véase más adelante lo expresado sobre «una mente reprobada» en el v. 28 y sobre «la renovación de vuestra mente» en 12.2.)

22. Pretendiendo ser sabios, se han mostrado necios destaca el contraste entre las pretensiones humanas y los hechos tal como son. Compárense 1 Corintios 1.21, como también las descripciones en Génesis 3.6ss. y 11.4ss. sobre una supuesta sabiduría que resulta no ser sino necedad.

23. y han cambiado la gloria del Dios inmortal por la semejanza de la forma del hombre mortal y de aves y cuadrúpedos y reptiles. Hay aquí reminiscencias del lenguaje de la versión griega de Salmo 106.20 y Jeremías 2.11, aunque Pablo use el término «gloria» en forma distinta al uso que tiene en dichos textos. En el versículo que nos ocupa, «gloria» se ha de entender mejor como referencia a aquella automanifestación del Dios verdadero de la que se habla en los vv. 19-20. Quizá resulte demasiado obvio como para requerir mención el que la idolatría, que se manifiesta en formas cada vez más horrendas, es la característica más llamativa de la vida de todas las naciones desarrolladas del mundo moderno.

24. Por lo cual indica que lo que se relata en este versículo es la respuesta de Dios a la perversidad de los hombres, que se acaba de describir en los vv. 22-23. **Dios los entregó** suena como un estribillo en estos versículos (compárence los vv. 26 y 28). El verbo griego que corresponde a «entregó» no tiene necesariamente el sentido de algo definitivo, como podría entenderse sobre todo en versiones que emplean el vocablo «abandonar» (p. ej. NBE, LPD). Resulta significativo que el mismo verbo griego se utilice en 8.32 con respecto a la entrega que Dios hace de su Hijo para que muera por nosotros. Si bien este hecho de ninguna manera pone en duda la seriedad de lo que se quiere decir con «entregó» o «abandonó», en este caso, por cierto que debiera ponernos en guardia ante la posibilidad de suponer ligeramente que Pablo debe haber querido decir que Dios abandonó a estos hombres para siempre. El significado que quiere darle Pablo seguramente es, más bien, que Dios deliberadamente les permitió seguir su propio camino a fin de que aprendieran a odiar la necedad de una vida alejada de la verdad divina. Se trataba de un acto de juicio y misericordia de parte de Dios, el que hiere con el objeto de sanar (Is. 19.22); y durante todo ese tiempo en que experimentan el abandono divino Dios se preocupa y se ocupa de ellos.

en *su abandono a* **la lujuria de su propio corazón** indica la condición en que realmente se encuentran los hombres, y describe la naturaleza de la vida de quienes no reconocen criterio alguno superior a sus propios deseos extraviados; y **a la inmundicia** indica el estado al que han sido entregados. **de modo que entre ellos sus cuerpos son deshonrados.** Es probable que corresponda tomar el griego como forma consecutiva, vale decir, como expresión del resultado de haber sido entregados a la inmundicia.

25. Algunos lo relacionan íntimamente con el v. 24, en cuyo caso se toma la primera palabra griega con un sentido semejante a «en vista de que ellos». Parecería mejor seguir a quienes ven una ruptura entre los vv. 24 y 25, y traducir esta primera palabra griega como **Ellos realmente.**

Las palabras **han cambiado la verdad de Dios por la mentira** repiten el sentido general del v. 23. Podemos comparar esto con «que tratan de suprimir la verdad con su injusticia» en el v. 18. Para el uso de «mentira» en conexión con la idolatría véase, por ejemplo, Isaías 44.20. Entendemos que «la verdad de Dios» aquí significa la realidad que consiste en Dios mismo y su autorrevelación, y «la mentira», la total necedad de la idolatría. La oración termina con las palabras **y han adorado y servido a la criatura en lugar del Creador, que es bendito para siempre. Amén.** Al modo judío, Pablo agrega a su referencia a Dios una bendición (de Dios).

26-27. Por lo cual Dios los ha entregado. Compárese con el comienzo del v. 24. Estos versículos se relacionan con el v. 25 de modo semejante a la relación entre el v. 24 y los vv. 22-23. **a pasiones que traen deshonra** se corresponde con la frase «a la inmundicia» del v. 24.

por cuanto sus mujeres han cambiado la relación natural por la que es contraria a la naturaleza, y así también los hombres, habiendo abandonado la relación natural con la mujer, han ardido en su lujuria unos por otros, hombres con hombres, perpetrando desvergüenzas y recibiendo en sus propias personas el debido pago de su autoengaño. El «por cuanto» del comienzo indica que los vv. 26b-27 son la explicación y fundamentación del v. 26a. Es probable que Pablo haya elegido mencionar a las mujeres antes que a los hombres con el fin de dar mayor énfasis a la perversión masculina, haciendo referencia a ella en la parte final de la oración, y ocupándose de ella más detalladamente. Con «natural» y «contraria a la naturaleza» Pablo claramente quiere decir «de conformidad con la intención del Creador» y «contraria a la intención del Creador», respectivamente. No es imposible que Pablo tuviese algún conocimiento de la gran importancia que para el pensamiento griego tuvo la «naturaleza» durante siglos; el que tuviese conocimiento de su uso en la filosofía contemporánea popular es muy probable. Pero el factor decisivo en el uso paulino de ella es su doctrina bíblica de la creación. Para él denota ese orden que se manifiesta en la creación divina, y ante el cual los hombres no tienen excusa alguna por el hecho de no reconocerlo y respetarlo (compárese lo que se dijo sobre los vv. 19 y 20). Desde tiempos antiguos se ha comprendido que el «debido pago de su autoengaño» está referido, muy probablemente, a la perversión sexual misma, que es consecuencia del abandono del Dios verdadero de parte de ellos, más que a una consecuencia necesaria o apropiada, pero no especificada, de dicha perversión sexual. El hecho de que la antigua sociedad griega y la romana no sólo trataban la pederastia indulgentemente, sino que tendían a glorificarla como superior, incluso, al amor heterosexual, es tan conocido que no requiere mayor elaboración aquí. Pocas voces se levantaron en contra de esta actitud. Era común, también, en el mundo semítico, aunque para los judíos era abominable. Pablo, claramente, compartía el aborrecimiento que experimentaban sus connacionales judíos. Pero la negativa de aceptar que la perversión no es en realidad tal cosa no es de ningún modo incompatible con una actitud comprensiva y compasiva hacia quienes se encuentran atrapados por una perversión sexual; y quienes tengan alguna familiaridad con el contenido de la Biblia difícilmente alentarán dudas en cuanto a la forma en que ella condena cualquier inclinación, de parte de seres pecadores, a juzgar a otros pecadores con espíritu duro y de propia complacencia. Mt. 10.15 y 11.23s. pueden citarse en esta conexión.

28. Y, como no han estimado conveniente tomar en cuenta a Dios, Dios los ha entregado a una mente reprobada. La primera de estas dos cláusulas es más o menos paralela a los vv. 22-23 y 25. Las primeras cuatro palabras de la segunda cláusula repiten las afirmaciones al comienzo de los vv. 24 y 26, mientras que «a una mente reprobada» se corresponde con «a la inmundicia» en el v. 24, y «a pasiones que traen deshonra» en el v. 26. «Tomar en cuenta a Dios» quiere decir conocerlo en el sentido de reconocerlo, entenderse con él, tomarlo en cuenta en los asuntos prácticos de la vida personal: va mucho más allá que el tipo de conocimiento a que se alude con el verbo «conocer» en el v. 21. Con «mente reprobada» compárese la última cláusula del v. 21. Lo que sigue deja aclarado que Pablo se refiere, principalmente, a la mente en relación con sus funciones morales. La «mente reprobada» es aquella que está tan corrupta que resulta totalmente inadecuada como guía confiable ante decisiones morales. La frase **a hacer**

cosas que son moralmente malas es paralela, básicamente, a la última cláusula del v. 24 («de modo que entre ellos sus cuerpos son deshonrados»). Aquí el original incluye la forma negativa de una expresión que en su forma positiva (con el significado de «deber») constituía un término ético técnico muy usado por los estoicos* (aunque ya había sido usado antes de que se fundara la escuela estoica). Es un ejemplo interesante de la disposición de Pablo a valerse de la terminología ética gentil de la época.

Los vv. **29-31** comprenden una lista de vicios dispuestos en tres grupos diferenciados, siendo el final del primer grupo la palabra «depravación», y el final del segundo la palabra «malicia». En varias epístolas neotestamentarias aparecen listas, tantos de virtudes como de vicios. También las hay en la literatura antigua extrabíblica, tanto judaica como pagana. Sólo algunos de los elementos que componen la lista requieren comentario aquí. **implacabilidad** representa un vocablo griego que denota una implacable agresividad que no toma en cuenta los derechos de los demás ni consideraciones humanitarias. A veces se la asocia con los vicios sexuales, y el sexo es una de las esferas en las que se manifiesta con frecuencia, aunque la palabra misma nunca denota simplemente lujuria. El vocablo traducido **malicia** tiene, según algunos comentaristas, el sentido especial de adoptar la peor orientación en todo; pero los dos pasajes de Aristóteles a los que se apela en busca de apoyo para esta interpretación poco la justifican. Con toda seguridad que Pablo usó la palabra en su sentido general corriente de malicia o malignidad. **susurradores**, calumniadores: ambas palabras se refieren a personas que se dedican a destruir la reputación de los demás mediante la tergiversación; pero los susurradores son los más peligrosos, ante los cuales no hay, virtualmente, ninguna defensa humana. Es probable que **aborrecedores de Dios** sea la versión correcta aquí, aun cuando para algunos significa «odiados por Dios» (el sentido que tiene en el griego clásico). La sugestión de que habría que vincular la frase con «calumniadores» como adjetivo calificativo parecería poco probable, aunque sólo fuese porque arruinaría la estructura cuidadosamente equilibrada de la lista en griego. **insolentes** describe a quienes, seguros de su propia superioridad en lo que hace a poder, riqueza, posición social, fortaleza física, capacidad intelectual o de otro orden, tratan a los demás con insolente desdén, y de este modo insultan la majestad de Dios. **inventores de formas** *novedosas* **del mal** es, en el original, una sucinta frase formada por dos palabras. Basta pensar en la larga y vergonzosa historia del ingenio de los hombres volcado a descubrir

---

* Fundada por Zenón de Citio (335-263 a.C.), esta escuela filosófica tuvo profunda influencia en el pensamiento y la vida del mundo grecorromano, influencia que se extendió mucho más allá de los que pertenecían formalmente a ella. Uno de sus representantes más conocidos fue Marco Aurelio Antonino, emperador romano en 161-180 d.C.

métodos cada vez más terribles de torturar a sus semejantes, y en la capacidad inventiva con la que en el último medio siglo se han perfeccionado en forma creciente terribles métodos de destrucción masiva, para comprender que esta frase está lejos de representar una «expresión curiosa», como le ha parecido a algún comentarista.

32. Conocen el justo decreto de Dios de que quienes practican tales cosas merecen la muerte; no obstante, no solamente las hacen sino incluso aplauden a otros que las practican. Estas palabras han desconcertado a los lectores desde la antigüedad, y la dificultad que se ha experimentado ha perturbado en alguna medida la tradición textual, como puede comprobarse consultando el aparato textual de alguna edición del Nuevo Testamento griego. Quiere decir que el hecho de aprobar el mal obrar de otros es prueba de mayor depravación que el hecho mismo de obrar mal. Con frecuencia se ha sostenido —y algunos comentaristas todavía lo hacen— que esto no es cierto. Pero son muchos los que han argumentado acertadamente que la verdad es que es cierto que el hombre que aplaude y alienta a quienes practican cosas vergonzosas, aunque él mismo no las practique, no sólo es tan depravado como los que las practican, sino que, con frecuencia —si no siempre— es más depravado que ellos en realidad. Porque quienes aplauden y alientan las acciones viciosas de otros contribuyen en forma deliberada al establecimiento de una opinión pública favorable al vicio, y de este modo promueven la corrupción de una multitud incontable; y no tienen que soportar las poderosas y violentas presiones que con frecuencia tienen que soportar quienes cometen las acciones. De modo que parecería razonable considerar, por ejemplo, que más dignos de culpabilidad que los sudafricanos blancos que apoyan el *apartheid*, quienes desde pequeños han vivido sometidos a presiones y los prejuicios sociales larga y profundamente establecidos, son aquellas personas que, en Gran Bretaña y otros países totalmente libres de tales presiones, condonan o cierran los ojos ante el problema, y están dispuestas a obtener beneficios económicos de dicho régimen, ayudando así a cubrir con un manto de aparente respetabilidad esa monstruosa deshumanización, y a contribuir en forma más efectiva a su mayor atrincheramiento.

(ii) El judío de ningún modo constituye una excepción

2.1-3.20

[1]Por lo cual no tienes excusa, hombre, quienquiera que seas que juzgas *a otro*; porque en aquello en que juzgas al otro te condenas a ti mismo; porque tú haces las mismas cosas, tú que te eriges como juez. [2]Pero sabemos que el juicio de Dios se pronuncia con justicia contra los que practican tales cosas. [3]¿Y crees tú, tú hombre que juzgas a los que practican tales cosas y sin embargo las haces tú mismo, que escaparás al juicio de Dios? [4]¿O desprecias tú la riqueza de su bondad y clemencia y paciencia, negándote a ver que la bondad de Dios tiene como fin conducirte al arrepentimiento? [5]Mas estás acumulando para ti, a causa de tu obstinación y corazón impenitente, ira en el día de la ira y de la revelación del justo juicio de Dios, [6]quien recompensará a todo hombre según sus obras, [7]a los que mediante decidida perseverancia en la buena obra buscan gloria y honor e inmortalidad *dará* vida eterna, [8]pero para los que son egoístas y desobedecen la verdad pero obedecen la injusticia habrá ira y furia. [9]Habrá tribulación y angustia como la porción de todo hombre individual que obra lo que es malo, tanto del judío primero como también del griego, [10]pero gloria, honor y paz para todo el que obra lo que es bueno, tanto para el judío primero como también para el griego. [11]Porque no hay parcialidad con Dios.

[12]Porque, mientras todos aquellos que han pecado en ignorancia de la ley también perecerán aun cuando no tuvieron la ley, todos aquellos que han pecado conociendo la ley serán juzgados sobre la base de la ley; [13]porque no son los oidores de la ley quienes son justos con Dios, sino que los hacedores de la ley serán pronunciados justos. [14]Porque cuando gentiles que no poseen la ley por naturaleza realmente hacen las cosas que la ley exige, ellos mismos, aunque no poseen la ley, son ley para sí mismos. [15]Realmente ofrecen prueba del hecho de que la obra que la ley exige está escrita en su corazón, y su propia conciencia les testificará y sus pensamientos entre ellos mismos los acusarán o incluso excusarán [16]en el día en que Dios juzgue los secretos de los hombres por medio de Cristo Jesús según el evangelio que yo predico.

[17]Pero, si tú tienes el nombre de «judío» y te amparas en la ley y te glorías en Dios [18]y conoces su voluntad y puedes discernir las cosas que son esenciales, siendo instruido en base a la ley, [19]y estás confiado en que tú eres guía de los ciegos, luz de los que están en oscuridad, [20]educador de los necios, maestro de los inmaduros, teniendo en la ley la personificación del conocimiento y la verdad; [21]tú, pues, que enseñas a otro, ¿no te enseñas a ti mismo? Tú que predicas que uno no debería robar, ¿robas? [22]Tú que dices que uno no debería cometer adulterio, ¿cometes adulterio? Tú que aborreces los ídolos, ¿cometes sacrilegio? [23]Mientras tú te glorías en la ley, deshonras a Dios al transgredir la ley. [24]Porque el nombre de Dios es blasfemado entre los gentiles por vuestra culpa, tal como dice la escritura.

[25]Porque la circuncisión es realmente provechosa, siempre que practiques la ley; pero si eres transgresor de la ley, tu circuncisión se ha vuelto incircuncisión. [26]Si, pues, un hombre incircunciso observa los justos requisitos de la ley, ¿acaso su incircuncisión no le será contada como circuncisión? [27] Y el hombre que es en virtud de su nacimiento gentil incircunciso pero que cumple la ley te juzgará a ti, quien, a pesar de toda tu posesión de la escritura y la circuncisión, eres transgresor de la ley. [28]Porque no es el *judío* exterior el que es judío *en el sentido más pleno*, ni es *la circuncisión* exterior en la carne la que es circuncisión *en el sentido más pleno*; [29]sino que *es* el judío interior *quien es judío en el sentido más pleno*, y *es* la circuncisión del corazón (forjada por el Espíritu y no meramente cuestión de cumplimiento de la letra de la ley) *la que es circuncisión en el sentido más pleno*. La alabanza de este hombre no es de los hombres sino de Dios.

[1]¿Qué ventaja tiene entonces el judío? O ¿qué provecho hay en la circuncisión? [2]Mucho en todo sentido. Primero, que a ellos les fueron confiados los oráculos de Dios. [3]¿Qué, pues? Si algunos no han respondido con fe, ¿su falta de fe hará ineficaz la fidelidad de Dios? [4]¡Dios no lo quiera! Más bien confesamos que Dios es verdadero, y todos los hombres mentirosos, tal como dice la escritura: «...a fin de que seas reconocido como justo en tus palabras y venzas cuando contiendas». [5]Pero si nuestra injusticia en realidad pone de manifiesto la justicia de Dios, ¿qué hemos de decir entonces? ¿Es injusto Dios en que inflige su ira *sobre nosotros*? (Estoy dando expresión a pensamientos que son muy humanos.) [6]¡Dios no lo quiera! Porque en ese caso, ¿cómo juzgará Dios al mundo? [7]Pero si la verdad de Dios ha sido más abundan-

temente manifestada, para gloria suya, por medio de mi mentira, ¿por qué soy todavía juzgado como pecador? [8]¿Y decimos, entonces (como infamemente afirman ciertas personas que decimos), «Hagamos lo malo, para que de ello surja lo bueno»? Los que así nos calumnian están merecidamente condenados.

[9]¿Qué, pues? ¿Tenemos ventaja nosotros *los judíos*? No en todo sentido; porque ya hemos acusado tanto a judíos como a griegos de que están todos bajo pecado, [10]tal como testifica la escritura:

«No hay nadie que sea justo, ni siquiera uno,
[11]   no hay ninguno que tenga entendimiento,
       no hay nadie que busque a Dios.
[12]Todos se han apartado, juntamente se han vuelto inútiles;
       no hay nadie que muestre bondad,
       no, ni siquiera uno solo.

[13]Sepulcro abierto es su garganta,
       con sus lenguas acostumbran engañar,
     el veneno de áspides está debajo de sus labios.
[14]   Su boca está llena de maldición y amargura.

[15]Veloces son sus pies para derramar sangre,
[16]   la destrucción y la miseria señalan sus caminos,
[17]y el camino de la paz no han conocido.
[18]   No hay temor de Dios delante de sus ojos.»

[19]Pero sabemos que todo lo que la ley dice lo habla a los que poseen la ley, con el fin de que toda boca sea cerrada y todo el mundo sea culpable delante de Dios. [20]Porque ninguna carne será justificada delante de él sobre la base de haber hecho lo que la ley exige; por cuanto por medio de la ley *viene* el conocimiento del pecado.

Está claro que en 2.17ss. Pablo está apostrofando* al judío típico; pero no hay ninguna indicación explícita antes del v. 17 de que esté pensando en los judíos. De modo que surge el siguiente interrogante: ¿En qué punto vuelve Pablo su atención hacia ellos? ¿Será en el v. 17? ¿O ya está pensando en los judíos desde el comienzo del capítulo? Algunos intérpretes sostienen

---

* Apostrofar es valerse de un apóstrofe, que es una figura retórica en la que el que habla o escribe interrumpe súbitamente lo que está diciendo o escribiendo y se dirige directamente a alguna persona o cosa, ya sea presente o ausente.

que en los vv. 1ss. Pablo está pensando en los moralmente superiores entre los gentiles; otros, que se trata de un concepto enteramente general, que abarca a todos, sean judíos o gentiles, los que son propensos a juzgar a sus semejantes. Estamos de acuerdo con los que piensan que es más probable que Pablo tuviese en mente a los judíos ya desde 2.1.

Esta sección se divide en seis parágrafos. En 2.1-11 Pablo, valiéndose de un apóstrofe, declara que quienes condenan a otros, cuando ellos mismos hacen exactamente las mismas cosas, no tienen excusa. No deben pensar que van a escapar al juicio de Dios, quien, como testifica la Escritura, dará a cada hombre según sus hechos, juzgando a todos los hombres, judíos y gentiles por igual, sin acepción de personas. El segundo parágrafo (2.12-16) contiene la primera referencia directa y explícita de la epístola a la ley, y destaca el hecho de que el conocimiento de la ley no constituye en sí mismo defensa alguna contra el juicio de Dios. En el tercer parágrafo (2.17-24), ahora apostrofando al judío típico por nombre, Pablo llama la atención a las desastrosas contradicciones que caracterizan su vida.

En el cuarto parágrafo (2.25-29), Pablo se refiere a uno de los fundamentos de la confianza judía que no se ha mencionado antes: la circuncisión. La circuncisión aprovecha si uno obedece la ley, mientras que si uno es transgresor de la ley, la circuncisión se ha vuelto incircuncisión; y, a la inversa, la incircuncisión de un hombre incircunciso la será contada como circuncisión, si hace lo que la ley exige. Ni esto, ni la distinción que Pablo hace a continuación entre el judío exterior y el judío interior, y entre la circuncisión externa y la circuncisión del corazón, deben entenderse sin referencia a 3.1-4; 4.9-12; 9.1-11.36. El hecho de que Pablo dé la respuesta que ofrece en 3.2 a los interrogantes de 3.1, y el hecho de que en 3.4 rechace con firmeza la sugerencia de que la falta de fe de Israel hará inefectiva la fidelidad de Dios, deberían impedir que entendamos el v. 25b como que la circuncisión de los judíos desobedientes queda sencillamente anulada (aunque con frecuencia es así como se lo entiende). Pablo no ha dicho que la circuncisión del transgresor no aprovecha para nada; no le ha quitado el carácter sacramental a la circuncisión, aunque por cierto ha indicado que ella no logra hacer que el hombre quede fuera del alcance del juicio de Dios. Lo que señala el v. 25b es, al parecer, que sería posible que un judío circuncidado se encuentre, en razón de su desobediencia, en una relación negativa ante el propósito de Dios en la historia. (Sobre esto y la distinción entre el judío exterior y el interior en v. 28s., véase más adelante —además de las notas sobre los versículos— lo que se dice en los capítulos 9 al 11.)

El quinto parágrafo es 3.1-8. Pablo reconoce que lo que ha dicho en 2.25-29 puede fácilmente entenderse mal, como si los judíos no tuvieran, después de todo, ningún privilegio y que no hay provecho alguno en la circuncisión. En los primeros cuatro versículos de este parágrafo, por consiguiente, procura encarar esta posible mala interpretación. Pero en el curso de procurar obviar esta posible interpretación errónea se expone a otro malentendido, y, dándose cuenta de ello, hace una digresión y se aleja de su argumentación en los últimos cuatro versículos del parágrafo con el objeto de protegerse.

Con el comienzo del sexto y último parágrafo de la sección (3.9-20), Pablo vuelve a su argumento después de la digresión de los vv. 5-8. Mientras lo que se dijo en los vv. 2-4 realmente significa que la realidad y la grandeza del privilegio de los judíos no se han de negar, estaría mal inferir que están en ventaja en todo sentido en forma absoluta. En un sentido, en particular, no tienen ninguna ventaja; por lo que concierne a poder exigirle algo a Dios en virtud de sus méritos, están exactamente en la misma situación que los gentiles, y no tienen, al igual que ellos, absolutamente nada que reclamar. El hecho de que todos los hombres por igual están sometidos al poder del pecado se confirma luego mediante la cadena de citas veterotestamentarias de los vv. 10-18. Lejos de imaginarse exceptuados de la condenación divina de la pecaminosidad humana, los judíos deben aceptar sin la menor duda que ellos también están incluidos, por cuanto lo que se dice en las Escrituras se refiere en primer lugar, y primordialmente, al pueblo de las Escrituras. Además, si los judíos no constituyen excepción, luego está claro que toda la humanidad ha de aparecer culpable delante de Dios. No hay posibilidad alguna de que los judíos sean justificados por Dios en mérito a la obediencia a la ley; el efecto de la ley es el de revelar la pecaminosidad de los hombres.

1. Por lo cual es una frase que ha preocupado mucho a los comentaristas. La dificultad radica en que, presuponiendo que 1.18-32 se relaciona exclusivamente con los gentiles, ha resultado imposible explicar 2.1 satisfactoriamente como continuación lógica de 1.32 (porque, ¿cómo puede seguirse del hecho de que *los gentiles* caen bajo la condenación declarada en 1.18-32 que *el judío* no tiene excusa si juzga?). Mas, tan pronto como se reconoce que 1.18-32 no se refiere exclusivamente a los gentiles, la dificultad desaparece. **no tienes excusa, hombre, quienquiera que seas que juzgas a otro.** Dado que el evangelio revela el hecho de la pecaminosidad universal de los hombres, quien se erige en juez de otros no tiene excusa, no tiene base alguna sobre la cual afirmarse. Es indudablemente cierto que la verdad así declarada tiene pertinencia para el moralista pagano, el magistrado civil, los ministros de la iglesia; pero casi no caben dudas de que Pablo estaba pensando especialmente en el judío típico. La redacción en segunda persona del singular se usa en este versículo y los siguientes con el fin de agregarle fuerza (compárense 2.17ss.; 8.2; 9.19s.; 11.17ss.; 13.3s.; 14.4, 10, 15, 20-22).

porque en aquello en que juzgas al otro te condenas a ti mismo; porque tú haces las mismas cosas, tú que te eriges como juez se toma, naturalmente, en el sentido de que el hombre que juzga a sus semejantes está por ese hecho condenándose a sí mismo dado que es culpable de las mismas clases de mal obrar que el hombre al que juzga. Barrett ha objetado esta interpretación con el argumento de la superioridad moral real de los judíos y también la de los filósofos moralistas gentiles (no acepta que esto esté dirigido exclusivamente a los judíos). Ha sugerido que lo que Pablo quiere decir es más bien que el acto de juzgar es en sí mismo un intento de ponerse en el lugar de Dios y, por consiguiente, la misma idolatría, esencialmente, que se manifiesta en los pecados mencionados en la última parte del capítulo 1. Pero resulta demasiado sutil, y su objeción se contesta si reconocemos que la frase «las mismas cosas» no se ha de tomar necesariamente como indicación de que el juez peca en exactamente las mismas formas. Hay, por ejemplo, más de un modo de quebrantar el séptimo mandamiento, como se ve en Mateo 5.27s.

2. Pero sabemos que el juicio de Dios se pronuncia con justicia contra los que practican tales cosas no se ha de tomar como la respuesta imaginaria del judío representativo a quien se dirige Pablo, como lo entiende Dodd, por ejemplo, sino como una declaración de Pablo mismo en cuanto a lo que sabe que comparten él y la persona a la cual se dirige. Hay otros casos en los que aparece el vocablo «sabemos»: 3.19; 7.14; 8.22, 28; 2 Corintios 5.1; 1 Timoteo 1.8. En cada caso inicia una declaración que el escritor puede suponer que tendrá aceptación general de parte de aquellos a quienes escribe o en quienes está pensando.

3. ¿Y crees tú, tú hombre que juzgas a los que practican tales cosas y sin embargo las haces tú mismo, que escaparás al juicio de Dios? está estrechamente conectado con los vv. 1 y 2, de cuyo lenguaje se hace eco. Aplica la verdad expresada en el v. 2 a la persona a la cual está dirigido el v. 1. En vista de dicha verdad, ¿realmente se considera un caso especial dicha persona, con derecho a escapar del juicio de Dios? Por cierto que había judíos que así creían, como lo demuestra, por ejemplo, Sabiduría 15.2.

4. ¿O desprecias tú la riqueza de su bondad y clemencia y paciencia, negándote a ver que la bondad de Dios tiene como fin conducirte al arrepentimiento? no es una interpretación diferente de la que se expone en el v. 3 tocante a la actitud del judío, sino más bien una afirmación diferente y ampliada con respecto a ello. La presuposición del judío de que va a escapar al juicio de Dios equivale a despreciar su bondad. Donde VRV1 tiene «ignorando» nosotros hemos traducido «negándote a ver», porque resulta claro que la cláusula que inicia no tiene como fin la atenuación de la culpa de la persona a la que está dirigida, sino que sirve para clarificar el término «desprecias». El que «la bondad de Dios tiene como fin conducir ... al arrepentimiento» era un concepto muy bien establecido en el judaísmo, como lo demuestra, por ejemplo, Sabiduría 11.23; 12.10, 19; pero se tendía a relacionarlo más bien con su aplicabilidad en el caso de los paganos, no tanto a los judíos.

5. Mas estás acumulando para ti, a causa de tu obstinación y corazón impenitente, ira en el día de la ira y de la revelación del justo juicio de Dios. Es posible relacionar las últimas quince palabras del versículo (como se las traduce aquí) con «estás acumulando», y por consiguiente considerar que caracterizan la época actual, durante la cual se está llevando a cabo la acumulación, como la época de la ira de Dios y de la revelación de su justo juicio. Esto estaría en concordancia con el uso del tiempo verbal presente («está siendo revelada») con referencia a la ira de Dios en 1.18. El pensamiento de Pablo sería que aun ahora, cuando efectivamente la ira de Dios y su justo juicio están siendo revelados a medida que se predica el evangelio, la persona a la que él se está dirigiendo no puede pensar en nada mejor que hacer que seguir acumulando ira sobre sí a causa de su actitud farisaica e impenitente. Pero, teniendo en cuenta lo que dicen los vv. 6-10, parecería más natural relacionar las últimas quince palabras del versículo estrechamente con la palabra «ira», a fin de entenderlas como indicación del momento en que se ha de experimentar la ira (a saber, en el juicio final). Los vv. 6-10 constituyen, entonces, una explicación de «la revelación del justo juicio de Dios».

6. quien recompensará a todo hombre según sus obras refleja el lenguaje de Salmo 62.12; Proverbios 24.12. La Escritura afirma repetidas veces —en el Nuevo Testamento con igual insistencia que en el Antiguo— que el juicio de Dios se hará según los hechos de los hombres. La cuestión de la compatibilidad de esta afirmación con lo que Pablo dice en otras partes (por ejemplo, en 3.20a, 21s., 28) en relación con la justificación se tendrá que discutir a la luz de los vv. 6-11 en conjunto, ya que la declaración sumaria de este versículo se elabora en los vv. 7-10 y luego se confirma en el v. 11. Con todo, aquí podemos decir que sería poco sabio dar por sentado que «según sus obras» se debe considerar como equivalente a «según sus méritos» o —expresándolo en otras palabras— que se le debe dar un sentido legalista.

7-8. a los que mediante decidida perseverancia en la buena obra buscan gloria y honor e inmortalidad *dará* vida eterna, pero para los que son egoístas y desobedecen la verdad pero obedecen la injusticia habrá ira y furia explica el v. 6, dividiendo su «todo hombre» en dos categorías opuestas de hombres, e indicando cuál es la recompensa que corresponde en cada caso. El significado del v. 7 y, en particular, de «la buena obra» se considerará más adelante (cuando podamos echar una mirada restrospectiva sobre los vv. 6-11 en conjunto). En cuanto a «desobedecen la verdad pero obedecen la injusticia» será suficiente comentario comparar 1.18 («de los hombres que tratan de suprimir la verdad con su injusticia»). La frase griega representada por «son egoístas» se ha interpretado de diversas maneras. Consiste en una preposición con el significado de «fuera de» seguida por un sustantivo abstracto, que se podría usar en el sentido de «egoísmo», y probablemente sea mejor entenderlo así en este caso. La sugestión de Barrett de que «Pablo quiere por medio de esta palabra describir los motivos ... de quienes consideran sus obras como logros propios, completos en sí mismos, por medio de los cuales pueden adquirir derechos» seguramente edifica demasiado sobre la etimología (el sustantivo abstracto griego está relacionado con otro sustantivo que significa «sirviente contratado») como para ser convincente.

9-10. Habrá tribulación y angustia como la porción de todo hombre individual que obra lo que es malo, tanto del judío primero como también del griego, pero gloria, honor y paz para todo el que obra lo que es bueno, tanto para el judío primero como también para el griego está dispuesto de modo que forme un quiasmo o esquema *a b b a* con los vv. 7 y 8, donde las primeras cuatro palabras del v. 9 corresponden a las últimas cuatro del v. 8, el resto del v. 9 a la primera parte del v. 8, «gloria, honor y paz» en el v. 10 a «vida eterna» en el v. 7, y el resto del v. 10 a la primera parte del v. 7. La idea general de los dos versículos anteriores se repite. Para el énfasis sobre la pertinencia, tanto para el judío como para el gentil, de lo que se está diciendo, como también, y al mismo tiempo, sobre la prioridad especial del judío, se puede recurrir a las notas sobre 1.16 y 3.1-2, 9.

11. Porque no hay parcialidad con Dios se agrega como confirmación de lo que se ha dicho en los vv. 6-10. Compárense Gálatas 2.6; Efesios 6.9; Colosenses 3.25; también Hechos 10.34.

Estamos ya en posición de analizar los vv. 6-11 en conjunto, y de procurar decidir cómo se ha de entender el pasaje. La dificultad con que tenemos que enfrentarnos aquí aparecerá nuevamente en los vv. 12-16 y 25-29; y en cada uno de estos tres pasajes estrechamente vinculados entre sí es lo que podríamos llamar el elemento positivo (es decir, los vv. 7 y 10, 13b y 14a, y 26) el que resulta particularmente problemático. De las numerosas interpretaciones que se han sugerido bastará que mencionemos sólo cinco aquí:

> (i) que Pablo no es consecuente, y, mientras en otras partes sostiene que Dios justificará «en mérito a la fe» o «por medio de la fe» (3.30) y que nadie será justificado en mérito a sus obras, aquí está expresando la idea de que el juicio final será según los *méritos* de los hombres y

que habrá quienes (tanto judíos como gentiles) se habrán *ganado* la aprobación divina por la calidad de su vida.

(ii) que aquí Pablo está hablando en forma hipotética, dejando a un lado el evangelio, y argumentando desde las presuposiciones del judío, a quien está apostrofando* (así será —tomando como base las presuposiciones del propio judío— el juicio), con el fin de demostrar que su conducta actual (véanse los vv. 3 y 4) provocará —incluso siguiendo sus propias presuposiciones— un desastre.

(iii) que por «obras» en el v. 6 Pablo quiere decir fe o falta de fe, y que en los vv. 7 y 10 se está refiriendo a los cristianos, donde por «la buena obra» del v. 7 y «lo que es bueno» del v. 10 se entiende la buena obra consistente en la fe.

(iv) que en los vv. 7 y 10 Pablo se está refiriendo a los cristianos, pero que por «la buena obra» y «lo que es bueno» no quiere decir la fe de ellos en sí misma, sino su conducta como expresión de su fe, y en forma semejante por «obras» en el v. 6, la conducta de cada hombre como expresión ya sea de fe o de incredulidad.

(v) que Pablo tiene en cuenta la existencia entre los paganos, de algún modo misterioso, de una fe conocida sólo por Dios y que se refiere a ella (o a la conducta que es expresión de ella) en los vv. 7 y 10.

De estas interpretaciones (i) puede descartarse de inmediato. Aun cuando sería temerario, por cierto, asegurar que no hay inconsecuencias en las epístolas paulinas, la falta de consecuencia que esta explicación le atribuye a Pablo resulta indudablemente demasiado evidente como para que sea probable. A favor de (ii) se puede decir que, dado el caso de que se la acepte (junto con una interpretación de los vv. 12-16 y 25-29 siguiendo líneas semejantes), la línea de argumentación hasta el final de 3.20 parecería ser sumamente sencilla; pero el hecho de que no hay indicación alguna en el texto de que lo que se está diciendo sea hipotético milita en contra. En general, (iv) parecería ser la explicación más probable a nuestro juicio.

Lo que Pablo quiere señalar después de los vv. 3-5 es que es un desatino que el judío pretenda confiar tranquilamente en el hecho de su conocimiento de Dios y su voluntad, como si un conocimiento que no remata en obediencia fuese suficiente, por cuanto el juicio de Dios ha de tener en cuenta las acciones de los hombres. El vocablo operativo en el v. 6 es «obras», y la importancia de las obras se subraya más todavía en el v. 13 (compárese el enfático «hacen» en el v. 14). De modo que en los vv. 7-10 el acento recae sobre el lado negativo, en la advertencia que contienen estos versículos para

---

* Para el significado de esta palabra, consúltese la nota anterior, p. 40.

el judío en su estado de complacencia. Esto se confirma con el v. 11. Por ende, la intención de los vv. 6-11 encaja perfectamente (y lo mismo puede decirse de los vv. 12-16 y de los vv. 25-29) en la función global de 2.1-3.20, que es la de mostrar que el judío no constituye una excepción al veredicto del evangelio de que ningún hombre —aparte, desde luego, de ese hombre único, Jesucristo— *merece* el favor de Dios. Pero al señalar esto en los versículos que nos ocupan, Pablo incluye a la vez el lado positivo correspondiente, anticipando de este modo el curso de su argumentación al hacer referencia (aunque no en forma explícita) a las obras del cristiano.

Es absolutamente vital para el buen entendimiento de estos versículos que se reconozca que la declaración del v. 6 no tiene sentido legalista —no se trata de una afirmación de compensación según los *merecimientos*—, y que no se supone en los vv. 7 y 10 que las personas a las que se hace referencia se *ganan* la vida eterna. A la "buena obra" no se la considera como la base de un derecho delante de Dios, sino como la expresión de fe y arrepentimiento. Así como la obra mala no sirve para obtener la salvación, tampoco sirve para ese fin la obra buena. La diferencia entre ellas es la diferencia entre la evidencia de apertura ante el juicio y la misericordia de Dios y la evidencia de la persistencia de un altivo y empecinado fariseísmo. La insistencia que vemos aquí en la necesidad de las obras, que debería compararse con lo que se encontrará en pasajes tales como Mateo 7.21 y 25.31ss., no tiene nada que ver con la idea de que se puede ser justificado en base a las obras, es decir, ganarse la justificación por las propias obras. No hay nada, entonces, en estos versículos que sea incompatible con la doctrina paulina de la justificación por la fe.

El v. **12** da comienzo a un nuevo párrafo dentro de la sección. La conexión conceptual con los vv. 1-11 es muy estrecha. Ahora se introduce, por primera vez en la epístola, una referencia directa y explícita a la ley (una referencia indirecta puede reconocerse en los vv. 1 y 3, porque es indudable que se espera que el lector se dé cuenta de que es sobre la base de su conocimiento de la ley que el judío cree que puede juzgar a otros). El punto principal que se destaca en este párrafo es que el conocimiento de la ley no constituye en sí mismo defensa alguna contra el juicio de Dios.

Porque, mientras todos aquellos que han pecado en ignorancia de la ley también perecerán aun cuando no tuvieron la ley, todos aquellos que han pecado conociendo la ley serán juzgados sobre la base de la ley. Las dos mitades de este versículo están coordinadas en el original, pero resulta claro por el versículo siguiente que el énfasis recae en la segunda mitad: por ello nuestro uso de la subordinación («mientras ...») en la traducción. No cabe duda de que aquí todas las referencias a la ley corresponden a la ley veterotestamentaria.

13. porque no son los oidores de la ley quienes son justos con Dios, sino que los hacedores de la ley serán pronunciados justos ofrece apoyo a la segunda mitad del versículo precedente y da expresión clara al punto principal de este párrafo. El hecho de que en este versículo se oponga el oir al hacer indica que «oir» no tiene el sentido fuerte que a menudo tiene en la Biblia (por ejemplo, Dt. 4.30; Jer. 11.3), sino que denota sólo ese oir que no se concreta en un tomar en cuenta y obedecer (compárense Stg. 1.22s., 25). Por cierto que los que son meramente oidores de la ley en este sentido estrecho no disfrutan de una posición de justicia delante de Dios. Los rabinos sabían perfectamente que el cumplimiento de la ley era lo decisivo, y no solamente el oir y tener conocimiento de ella; pero, aun cuando Pablo invoca una doctrina rabínica, le da un contenido nuevo. En el contexto de Romanos esta frase difícilmente pueda suponer que haya algunos que son hacedores de la ley, en el sentido de que la cumplen en la medida necesaria para ganarse la justificación divina. Más bien Pablo está pensando en ese comienzo de agradecida obediencia que se evidencia en quienes creen en Cristo, y que aunque muy débil y vacilante, y de ningún modo merecedora del favor divino, es, como expresión de humilde confianza en Dios, agradable a sus ojos.

14-16. Parecería que la explicación más natural del **Porque** al comienzo del v. 14 sea que lo que el mismo inicia se considera confirmación del v. 13b. El v. 13b parecería ser incompatible con «y también para el griego» en el v. 10; pero en realidad no es así, por cuanto, si hay gentiles de los que se puede decir que hacen las cosas que la ley requiere, luego el uso de la expresión «los hacedores de la ley» en el v. 13b no descarta al «griego» del v. 10.

cuando gentiles que no poseen la ley por naturaleza realmente hacen las cosas que la ley exige plantea nuevamente tanto los problemas comunes a los vv. 7, 10 y 13b como también el problema especial planteado por «y también para el griego» en el v. 10. Es interpretado de diversas maneras. Deben considerarse las sugerencias: (i) que lo que se piensa es que algunos gentiles paganos realmente cumplen, sobre la base de una ley natural, los requisitos de la ley de Dios, y por ello son merecedores de su favor; (ii) que Pablo habla en forma hipotética, siendo su propósito subrayar la igualdad esencial, delante de Dios, de judíos y gentiles; (iii) que se refiere a una fe secreta, oculta, que sólo Dios conoce, que existe misteriosamente en algunos corazones paganos, o a las obras por medio de las cuales ella se expresa; (iv) que se refiere a los cristianos gentiles. De esta última interpretación, igualmente, se pueden distinguir dos formas: (a) la que entiende la frase «realmente hacen las cosas que la ley exige» en relación con la fe de los cristianos gentiles, y (b) la que considera que se refiere a aquellas obras de obediencia que, si bien imperfectas e incapaces de merecer el favor de Dios, son expresión de la fe de sus corazones. De las interpretaciones que hemos enumerado se han de rechazar (i) como incompatible con 3.9, 20, 23 y (ii) por el hecho de que no hay nada aquí que sugiera que Pablo esté hablando en forma hipotética simplemente. La interpretación (iv), que ya se encuentra en el comentario latino más antiguo que nos ha llegado, y en Agustín, como también en el comentario breve de Barth, nos parece la más probable. Por otra parte, entre (a) y (b), según nuestro parecer se debe preferir (b).

La cuestión de si «por naturaleza» se debe vincular con las palabras anteriores o posteriores requiere consideración todavía. Generalmente se la ha relacionado con lo que le sigue, y comúnmente se ha entendido el significado de Pablo en el sentido de que algunos gentiles hacen las cosas que la ley de Dios exige como resultado de la ley natural que poseen. Pero una comparación con otros casos donde aparece el vocablo «natural» en las epístolas paulinas sugiere en este caso más bien una relación entre «por naturaleza» y las palabras precedentes. En consecuencia «gentiles que no poseen la ley por naturaleza», es decir, en virtud de su nacimiento (compárense especialmente el v. 27 de este capítulo, Gá. 2.15 y Ef. 2.3). Más todavía, de ser correcto que entendamos que «gentiles» se refiere a cristianos gentiles, contamos con un punto adicional a favor de la conveniencia de vincular la frase «por naturaleza» con lo que la precede. No sería acertado decir que los cristianos gentiles no poseen la ley, ya que como cristianos seguramente tendrían algún conocimiento de la ley veterotestamentaria. En cambio, decir que no poseen la ley por naturaleza, vale decir, en virtud de su nacimiento, sería acertado.

ellos mismos, aunque no poseen la ley, son ley para sí mismos. Las palabras «aunque no poseen la ley» no agregan nada nuevo, sino que simplemente retoman algo que ya se ha expresado en la cláusula anterior. «Son ley para sí mismos» es una expresión estereotipada que usaban los escritores griegos con referencia al hombre de virtud superior, al que no se consideraba necesitado de la guía o sanciones de una ley externa. Tal como se usa aquí, se la debe interpretar claramente en íntima relación con lo que sigue en el v. 15a. Los que entienden el v. 14a de conformidad con la primera o la segunda interpretación dadas toman estas palabras como afirmación del conocimiento que los gentiles a que se refieren tenían de esa ley moral innata en su naturaleza humana, esa ley que por otra parte reverenciaban. Pero, en el supuesto de que los gentiles a que se hace referencia fuesen cristianos, el sentido de estas palabras sería más bien que, aun cuando no se han criado en virtud de su nacimiento en posesión de la ley de Dios (como los judíos), ahora la conocen y realmente tienen en sus corazones el vehemente deseo de obedecerla (véase más en el comentario sobre el v. 15).

Realmente ofrecen prueba del hecho de que la obra que la ley exige está escrita en su corazón. Aquí «la obra que la ley exige» no significa la obra exigida como algo logrado, sino la obra exigida en el sentido de los mandamientos contenidos en la ley. Para el uso del singular compárese 8.4 («el justo requerimiento de la ley»). En ambos casos el singular probablemente tenía como fin destacar la unidad esencial de los requerimientos de la ley, el hecho de que la pluralidad de mandamientos no constituye una confusa y confundidora aglomeración, sino un todo reconocible e inteligible. El que «escrita en su corazón» sea una deliberada reminiscencia de Jeremías 31.33 es negado por muchos comentaristas, sobre la base de que el pasaje de Jeremías se refiere a una obra escatológica de Dios a ser efectuada en relación con Israel, mientras que el pasaje que estamos considerando se relaciona (pretendidamente) con un hecho no escatológico de la vida gentil. La expresión «escrita en el corazón» se explica, en consecuencia, como un modo particularmente enfático de indicar el carácter ineludible del requisito divino. Mas, tan pronto como se reconoce que los gentiles a quienes Pablo tiene en mente son cristianos gentiles, la objeción a que se vea aquí una referencia intencional a Jeremías 31.33 desaparece; porque está perfectamente claro que Dios realmente pensaba que sus promesas escatológicas ya estaban comenzando a cumplirse, por medio del evangelio, en la vida de los creyentes, tanto judíos como gentiles. Y la semejanza verbal aquí entre el griego original y la versión de la Septuaginta de Jeremías 31.33 —que es parte de un pasaje (Jer. 31.31-34) al cual Pablo hace referencia en otras partes (véanse 1 Co. 11.25; 2 Co. 3.2, 3, 6, 14; 6.16)— es tan marcada, que resulta difícil evitar la conclusión de que Pablo tiene presente el versículo de Jeremías. Entendemos, por lo tanto, que su idea es la de que se está cumpliendo, en estos gentiles que son creyentes en Cristo, la promesa de Dios de que había de establecer su ley creando en su pueblo un sincero y ardiente deseo de obedecerla.

y su propia conciencia les testificará y sus pensamientos entre ellos mismos los acusarán o incluso excusarán en el día en que Dios juzgue los secretos de los hombres por medio de Cristo Jesús según el evangelio que yo predico. En este versículo y medio tenemos una cantidad de dificultades.

La primera es el uso del vocablo «conciencia». Podremos pensar con mayor claridad acerca de esta cuestión si comprendemos adecuadamente desde el comienzo la distinción entre el uso de «conciencia» en el lenguaje corriente, en frases tales como «buena conciencia», «clara conciencia», «mala conciencia», por una parte, y por otra su uso para denotar una ley o un dador de la ley interior. C. A. Pierce hizo una importante contribución al estudio del Nuevo Testamento al demostrar la falacia del supuesto comúnmente aceptado del origen estoico del uso paulino del término griego *suneidesis* (la palabra aquí traducida «conciencia»), con su cuidadoso estudio y clarificación de los usos de ese y otros términos en el griego clásico, como también en el griego helenístico no cristiano.* Este autor ha mostrado que el uso de este grupo de expresiones para transmitir la idea de conocimiento compartido con uno mismo y, de allí, en particular, un conocimiento penoso, compartido con uno mismo, de haber hecho mal o (menos frecuentemente) el conocimiento —ya no penoso— de la propia inocencia, se encuentra vez tras vez en escritos griegos, tanto literarios como no literarios, a partir del siglo VI a.C. hasta el siglo VII d.C. Su origen no es filosófico sino popular. Es cierto, por supuesto, que *suneidesis* no está restringido de ningún modo a esto: además de funcionar como equivalente sustantivado de la expresión verbal que significa «conocer juntamente con uno mismo» puede también significar, en particular, simplemente «conocimiento» (donde el *sun-* del compuesto no tiene el sentido de «con» sino simplemente fuerza enfática). No obstante, por lo que hace al uso en este caso, pocas dudas caben, en vista del resto del v. 15, de que *suneidesis* se usa aquí en su sentido griego corriente de conocimiento compartido con uno mismo tocante al hecho de haber obrado mal o tocante a la propia inocencia. No hay, en la medida en que podemos comprobarlo, justificativo en las palabras de Pablo para identificar la «conciencia» de los gentiles con «la obra que la ley exige ... escrita en sus corazones». Tampoco se justifica (tomando como base una identificación de este tipo) ver aquí la idea de la conciencia como equivalente a ley interior o a dador de ley interior.

Hay una cantidad de interrogantes adicionales, interrelacionados entre sí, que el intérprete del griego original tiene que intentar resolver. Para muchos de ellos nuestra traducción ya contiene respuestas implícitas; pero no es más que justo para con el lector indicarlas aquí, aunque lo haremos en la forma más breve posible. La palabra griega que hemos vertido «y ... les testificará» es un participio (que podría referirse ya sea al presente o al futuro) de un verbo que puede significar tanto «dar testimonio junto con» (en este caso, se da a entender que hay por lo menos un testigo más, aparte del sujeto del verbo, y un dativo que lo acompaña, en caso de haberlo, indicará este otro testigo), o simplemente «dar testimonio», «testificar», «asegurar» (en este caso, un dativo que lo acompaña, en caso de haberlo, indicará al receptor del testimonio). Como no menciona ningún otro testigo, resulta natural tomar el verbo en el sentido de «testificar» y agregar «les» (o sea a ellos), sobre la base de «sus» (tercera del plural), como receptores del testimonio. En caso de que, como parecería natural, el testimonio de la

---

* *Conscience in the New Testament,* Londres, 1955.

conciencia y el hecho de que sus pensamientos los acusan o los excusan se deban considerar estrechamente vinculados, tomándose lo segundo como clarificación de lo primero, luego, parecería, en vista de la conexión de lo segundo con el v. 16 (las sugestiones que se han hecho sobre la forma en que el v. 16 puede desvincularse del v. 15 y relacionarse, en cambio, con el v. 13 o con el v. 12 nos parecen recursos desesperados), que tanto el testimonio de la conciencia como el que sus pensamientos los acusen o excusen deben entenderse como pertenecientes al futuro. Mientras que, para quienes entienden que la «conciencia» es una ley o un dador de la ley interior, una referencia futura resulta inaceptable. Nuestro modo de entender el uso de la palabra «conciencia» le proporciona un sentido satisfactorio. Cuando se lleve a cabo el juicio final, cuando el Dios que todo lo ve, para quien ningún secreto humano queda oculto, juzgue a los hombres —según el evangelio de Pablo, es decir, el evangelio que Pablo en común con otros predicadores cristianos proclama— por medio de Cristo Jesús, estos cristianos gentiles contarán con el testimonio del conocimiento que comparten consigo mismos del hecho de que han (ahora en el tiempo   presente) mostrado la obra de la ley escrita en sus corazones. Este testimonio se dará en medio de un tumultuoso debate entre pensamientos acusadores y excusadores. El hecho de que Pablo ponga «acusar» delante de «excusar», e inserte «incluso» delante de «excusar», sugiere que era consciente de que en este debate habrá más acusaciones que excusaciones. Estos cristianos sabrán, cuando aparezcan ante su Juez, que en su vida no cumplieron acabadamente las exigencias divinas. Sin embargo, en medio de toda esa dolorosa toma de conciencia de su pecaminosidad, sus pensamientos podrán a la vez recordarles que realmente creyeron en el perdón de Dios y que habían comenzado, aunque en forma débil y claudicante, a permitir que su vida fuese orientada hacia el camino de la obediencia.

17-20. Pero, si tú tienes el nombre de «judío» y te amparas en la ley y te glorías en Dios y conoces su voluntad y puedes discernir las cosas que son esenciales, siendo instruido en base a la ley, y estás confiado en que tú eres guía de los ciegos, luz de los que están en oscuridad, educador de los necios, maestro de los inmaduros, teniendo en la ley la personificación del conocimiento y la verdad. Estas palabras están al comienzo del tercer parágrafo de la sección 2.1-3.20 y forman una oración condicional para la que no hay cláusula principal, por lo que se interrumpe la estructura de la oración. El «pero» del comienzo señala un contraste, en el que la persona a la cual Pablo está apostrofando* se contrasta con aquellos a los cuales se refieren los vv. 14-16. Aquí, por primera vez, se indica en

---

* Para el significado de esta palabra, véase la nota, p. 40.

forma explícita que es al judío típico a quien se habla. En estos versículos Pablo parecería estar haciendo suyas, deliberadamente, demandas que en realidad estaban haciendo sus connacionales judíos, haciéndose eco del mismo lenguaje en que las estaban expresando ellos. No se debe pensar que se estaba expresando en forma meramente irónica. Si bien hay un elemento de ironía en cada uno de los detalles que describen al judío, hay a la vez «un sincero reconocimiento de la posición y la misión que de hecho se les ha encomendado a los judíos en la metrópoli gentil, como en todo el mundo gentil».*

El judío tiene toda la razón de preocuparse seriamente por la ley de Dios, de ir en pos de ella (compárese 9.31) con toda diligencia, y de confiar en ella como la palabra fiel y justa de Dios. Pero el problema está en que va en pos de ella «sobre la base de las obras» en lugar de «sobre la base de la fe» (compárese 9.32). Además confía en ella en el sentido de pensar que puede cumplirla de tal modo que coloque a Dios como deudor suyo, o de imaginar con suficiencia que el mero hecho de poseerla le acuerda seguridad contra el juicio de Dios. Por otro lado, jactarse o gloriarse en Dios es algo sumamente bueno, si se trata del tipo de jactancia que realmente le da a él la gloria: una jactancia verdaderamente humilde en la bondad y la misericordia divinas. Pero es una cuestión totalmente diferente, si se trata del tipo de jactancia egocéntrica, basada en un sentido de propia importancia. (Nótese que «te glorías» en el v. 17 representa la primera aparición en la epístola de un miembro del grupo de palabras griegas que tiene importancia considerable en las epístolas paulinas: en Romanos véanse el v. 23; 3.27; 4.2; 5.2, 3, 11; 15.17; y también 11.18.) El conocimiento y el discernimiento a que se refiere Pablo son considerados importantes y reales, aunque los ve como paradójicamente mezclados con un desastroso fracaso en lo que hace a comprensión (véase el comentario sobre 10.2 y 19). Por cierto que no se está expresando sólo irónicamente cuando se refiere a la confianza del judío porque formaba parte de la vocación divina del judío ser todo lo que Pablo enumera en los vv. 19-20; también es cierto que en alguna medida el judío era realmente todas esas cosas. La verdadera deuda de gratitud del gentil para con el judío no se ha de negar ni pasar por alto. Sólo cuando se examina a la luz de Dios lo que es y hace el judío se evidencia su total insuficiencia.

21-22. tú, pues, que enseñas a otro, ¿no te enseñas a ti mismo? Tú que predicas que uno no debería robar, ¿robas? Tú que dices que uno no debería cometer adulterio, ¿cometes adulterio? Tú que aborreces los ídolos, ¿cometes sacrilegio? Estas cuatro preguntas retóricas (todas de estructura similar, excepto que mientras la primera contiene la partícula

---

* K. Barth, *A Shorter Commentary on Romans*, Londres, 1959, p.37.

negativa y de esa forma anticipa —irónicamente— una respuesta afirmativa, las otras son formalmente preguntas abiertas) centran la atención en las vergonzosas inconsecuencias de la vida judaica. No es probable que Pablo haya pensado que alguna de las cuatro supuestas acusaciones, si se toman en sentido convencional y práctico, fuera cierta en el caso de todos los judíos, ni siquiera en el caso de la mayoría de ellos. Está pensando, más bien, en función de un entendimiento radical de la ley (compárese, por ejemplo, Mt. 5.21-48). Donde se entiende la absoluta seriedad de los requisitos de la ley, allí se reconoce que todos son transgresores, y que quebrantan todos y cada uno de los mandamientos. Tocante a la interpretación de la palabra griega que hemos traducido «cometer sacrilegio» hay diferentes opiniones. Algunos entienden que se trata de una referencia al uso de los judíos de objetos robados (ya sea por ellos o por otros) en templos paganos, y a la casuística que inventaba excepciones a la prohibición categórica de Deuteronomio 7.25-26. Pero es posible que lo que Pablo quiere contrastar con el aborrecimiento de la idolatría de parte del judío sea su acción, en la práctica, de sacrilegio contra el único Dios verdadero. De ser así, probablemente sea mejor no suponer que tiene en mente el saqueo del templo de Jerusalén, sino entender que está usando el verbo griego en el sentido más general de «cometer sacrilegio», y que está pensando no sólo en el comportamiento que es obviamente sacrílego sino también en formas menos obvias y más sutiles de sacrilegio.

23. Mientras tú te glorías en la ley, deshonras a Dios al transgredir la ley sintetiza los vv. 21 y 22. Así como hay una manera correcta de jactarse o regocijarse, pero también una incorrecta, así también ocurre con la ley. El gloriarse en ella en forma agradecida y humilde viéndola como la revelación de la misericordiosa voluntad de Dios está bien; pero está mal, decididamente, gloriarse en ella en el sentido de pensar en usarla como medio de colocar a Dios como deudor de uno y de considerar que el conocimiento que se tiene de ella otorga el derecho a menospreciar a los semejantes.

El judío tiene razón cuando se gloría en la ley, pero, lamentablemente, esto es, en buena medida, un modo incorrecto de gloriarse. La cláusula principal resume la situación indicada por medio de cuatro preguntas en los vv. 21 y 22. La conducta del judío, que desmiente su doctrina y su profesión, transgrede la ley divina, y como tal deshonra a Dios.

24. Porque el nombre de Dios es blasfemado entre los gentiles por vuestra culpa, tal como dice la escritura es una apelación al Antiguo Testamento en apoyo de lo que se acaba de decir. La cita es una adaptación de la versión griega de Isaías 52.5. El profeta se refería originalmente al vilipendio del nombre de Dios por los opresores de Israel debido a los infortunios de Israel. Las variantes de la versión griega en comparación con el hebreo hicieron más fácil el camino para que Pablo pudiese aplicar las palabras al vilipendio del nombre de Dios por los gentiles, debido a la desobediencia de la ley divina de parte de los judíos. Israel, cuya especial vocación consistía en santificar el nombre de Dios por su obediencia, y de este modo promover la gloria de su nombre, es en realidad la causa de que sea deshonrado.

El v. **25** da comienzo al cuarto párrafo de 2.1-3.20. **Porque la circuncisión es realmente provechosa, siempre que practiques la ley.** El «porque» indica la conexión entre los vv. 25-29 y lo que antecede. Uno de los principales fundamentos de la confianza judía no se ha mencionado hasta aquí: la circuncisión. Así, con el fin de completar esta parte de su argumentación, salir al encuentro de una objeción obvia del lado judío, y clarificar y confirmar lo que estaba diciendo, Pablo encara la cuestión de la circuncisión. Admite francamente que, en el caso del judío que hace lo que la ley exige, la circuncisión es de provecho. De esto no puede haber duda porque se trata de una institución indicada por el Dios verdadero, señal del pacto concertado por él con Israel, y prenda de las bendiciones de ese pacto.

Pero con las palabras **pero si eres transgresor de la ley, tu circuncisión se ha vuelto incircuncisión** Pablo desafía la suficiencia del judío que confía en la circuncisión. Sus palabras se toman generalmente con el significado de que, si el judío es transgresor de la ley, su circuncisión queda anulada; y, tomada aisladamente, esta frase podría indudablemente tener ese significado. Pero esta frase no está aislada. En 3.3 Pablo va a rechazar con vehemencia la sugestión de que la «falta de fe» de los judíos va a «volver inefectiva la fidelidad de Dios», y el tema principal del capítulo 11 va a ser que Dios no se ha desembarazado de su pueblo. Más todavía, se destaca el hecho —aunque es algo que no siempre se mira— de que Pablo no dice aquí (como podríamos esperar que hiciera en vista de la primera parte del versículo), «tu circuncisión no aprovecha para nada». Esto, en verdad, hubiera sido extraño en vista de 3.1.

Por lo tanto, parecería más conveniente entender que el v. 25b no significa que la circuncisión del judío ha sido anulada a la vista de Dios, sino que el judío se ha vuelto incircunciso de corazón. Llegó a ser alguien cuyo corazón está lejos de Dios, y cuya vida está en contradicción con su situación de miembro del pueblo del pacto. Y ahora, si bien sigue siendo miembro del pueblo especial al que Dios le sigue siendo fiel, se encuentra, en su existencia humana, ya no en una relación positiva sino negativa con respecto al propósito de Dios en la historia, y se encuentra fuera de esa «Israel dentro de Israel» a la cual se refiere Pablo en 9.6ss. (Véase más en los comentarios sobre los vv. 28 y 29 abajo.)

26. Si, pues, un hombre incircunciso observa los justos requisitos de la ley, ¿acaso su incircuncisión no le será contada como circuncisión? En el supuesto de que Pablo no está propiciando, simplemente por amor a la argumentación, una hipótesis que no espera que se cumpla, debemos entender que «observa los justos requisitos de la ley» no significa un cumplimiento perfecto de las demandas de la ley (porque, según Pablo, sólo un hombre —el Jesús circuncidado— logró hacer esto), sino una agradecida y humilde fe en Dios, y la vida volcada en la dirección de la obediencia, que es su fruto. Sobrentendemos que está pensando en los cristianos gentiles. La pregunta que anticipa una respuesta afirmativa es equivalente a una declaración positiva de que la incircuncisión de esa persona será contada por Dios como circuncisión, es decir, que a la vista de Dios se lo contará como miembro del pueblo de Israel.

27. Y el hombre que es en virtud de su nacimiento un gentil incircunciso pero que cumple la ley te juzgará a ti, quien, a pesar de toda tu posesión de la escritura y la circuncisión, eres transgresor de la ley. El significado de «juzgará» no es que el gentil ha de pronunciar sentencia contra el judío, sino que, probablemente, será testigo de la acusación, en el sentido de que su obediencia relativa constituirá prueba de lo que el judío tendría que haber sido y podría haber sido. Las palabras aquí representadas por «a pesar de toda tu posesión de la escritura y la circuncisión» son difíciles, y se han interpretado de diversas maneras. La palabra traducida aquí como «escritura» significa «letra». Es posible tomarla juntamente con «y la circuncisión» en el sentido de «circuncisión literal», aunque, a nuestro entender, la traducción que ofrecemos resulta más acertada. Es posible que Pablo haya usado esta palabra griega en particular no simplemente con el fin de destacar el carácter concreto de la Escritura, al ser algo escrito, visible, tangible, sino debido a que estaba consciente del carácter externo de la posesión de la Escritura por parte del judío (compárese el v. 29).

28-29. Porque no es el *judío* exterior el que es judío *en el sentido más pleno*, ni es *la circuncisión* exterior en la carne la que es circuncisión *en el sentido más pleno*; sino que *es* el judío interior *quien es judío en el sentido más pleno*, y *es* la circuncisión del corazón (forjada por el Espíritu y no meramente cuestión de cumplimiento de la letra de la ley) *la que es circuncisión en el sentido más pleno*. La alabanza de este hombre no es de los hombres sino de Dios. Estas palabras constituyen el punto culminante del parágrafo. Su expresión es marcadamente elíptica en el griego original. De allí las numerosas palabras en cursiva en la traducción, que no tienen equivalentes en el original. Aparentemente Pablo está trazando una distinción entre la persona que según todas las apariencias externas es judía y la persona que interiormente es judía. Sostiene que es esta última, y no la primera, la que es judía, en el sentido que le da Pablo al término aquí (lo que en realidad es se tendrá que considerar más abajo). A la luz de los vv. 25 y 26 se da a entender tanto que no todos los judíos que lo son exteriormente son judíos en el sentido especial, como también que no todos los judíos en el sentido especial son judíos exteriormente. Al mismo tiempo se traza una distinción similar entre la circuncisión exterior en la carne y la circuncisión del corazón. La idea de la circuncisión del corazón viene del libro de Deuteronomio (Lv. 26.41; Dt. 10.16; 30.6; Jer. 4.4; 9.26). Pablo define aún más esta circuncisión como (literalmente) «en espíritu, no en la letra». Por ello, lo más probable es que quiera indicar que la circuncisión del corazón no se logra por el mero cumplimiento de la letra del requisito legal, sino que es un milagro, obra del Espíritu de Dios.

La frase final probablemente contiene un intencional juego de palabras sobre la conexión entre el hebreo para «judío» y el verbo hebreo que significa «alabar» y sus derivados. Este juego de palabras se origina en Génesis 29.35 y 49.8, y es muy conocido en el judaísmo. Para el contraste entre la alabanza de Dios y la alabanza de los hombres podemos comparar Juan 5.41, 44; 12.43.

Es evidente que en estos versículos Pablo está en algún sentido negando el nombre de judío a los que sólo son judíos exteriormente y no, además, en forma secreta e interior, y al mismo tiempo dándoselo a los que son judíos secretos, interiores, pero que no lo son exteriormente en absoluto. ¿Está negando, entonces, que los judíos que en algún sentido no son judíos tengan parte alguna en las promesas hechas a Israel? ¿Está queriendo decir que en lo sucesivo el pueblo elegido de Dios consiste solamente en aquellos a quienes describe como judíos interiormente, vale decir, en los cristianos judíos junto con los cristianos gentiles, o, en otras palabras, que sólo la iglesia cristiana es heredera de todas las promesas? Tomados aisladamente estos versículos parecerían tolerar una construcción así. Por cierto que con frecuencia se los ha tomado en este sentido. Pablo ha aparecido como el padre de «los que han negado al pueblo judío sus privilegios y promesas como elegidos», simplemente «transfiriéndolos al cristianismo como la nueva Israel de Dios».[*] Pero estos versículos no se encuentran solos, y, si se han de interpretar a la luz de 3.1-4 y también de 9.1-11.36, difícilmente pueden transmitir este significado. Su verdadera explicación es más bien que en ellos Pablo está usando «judío» en un sentido especial limitado para denotar al hombre que en su existencia humana concreta se encuentra, en virtud de su fe, en una relación positiva con el propósito de Dios que se viene

---

[*] H. J. Schoeps, *Paul: the theology of the Apostle in the light of Jewish religious history*, Londres, 1961, p. 234.

desenvolviendo en la historia. Si bien sin duda los versículos dan a entender que muchos de los que exteriormente son judíos se encuentran fuera de lo que podríamos llamar «la Israel dentro de Israel», no se debe entender que signifiquen que quienes sólo son judíos exteriormente están excluidos de las promesas. (Véase más sobre esto en 3.1-4 y especialmente en 9.1-11.36.)

3.1 comienza el quinto párrafo de 2.1-3.20. **¿Qué ventaja tiene entonces el judío? O ¿qué provecho hay en la circuncisión?** no es una objeción que se pueda tomar ligeramente. Lo que se acaba de decir en el capítulo anterior, y particularmente en los vv. 25-29, bien podría parecer querer decir que no hay ventaja alguna del judío sobre el gentil, y ningún provecho en la circuncisión. Mas, si esta fuera realmente la implicancia del argumento de Pablo, hubiera puesto en tela de juicio el carácter fidedigno del Antiguo Testamento, o la fidelidad de Dios mismo; porque, según el testimonio del Antiguo Testamento, Dios eligió a esta nación de todos los pueblos de la tierra para que fuese su pueblo especial, y le dio la circuncisión como señal del pacto que había hecho con ella. Si, luego, no hay ninguna ventaja para el judío y ningún provecho en la circuncisión, se llegaría a la conclusión o que el Antiguo Testamento es un testigo falso o, de otro modo, que Dios no ha sido fiel a su palabra. Lo que se plantea es nada menos que la cuestión de la credibilidad de Dios.

2. Mucho en todo sentido. Según un comentario ampliamente consultado, la respuesta lógica, sobre la base de la argumentación del propio Pablo, hubiera sido «¡Absolutamente ninguna!», y la respuesta que en realidad dio Pablo se ha de explicar en razón de su fariseísmo y su patriotismo profundamente arraigados. Pero la respuesta de Pablo no es incompatible, realmente, con lo que ha venido diciendo. «Mucho en todo sentido» no es una afirmación de que el judío aventaja al gentil por lejos en todo tipo de ventaja que uno pudiera imaginarse, sino más bien una afirmación de que el judío ha tenido una ventaja, una prioridad, una preeminencia, que en todo sentido es grande e importante. Lo que significa esta preeminencia se vuelve evidente por la referencia, en la última parte del versículo, a uno de sus aspectos. Es el hecho de que la elección especial de Israel que hizo Dios, el hecho de que es por medio de esta nación que se ha celebrado el pacto de Dios con la humanidad, el hecho de que fue en la carne judía que había de concretarse la redención del mundo, cosa que ya se ha llevado a cabo. De la grandeza de esta preeminencia no puede haber —dentro del marco de la fe bíblica— duda alguna. Pero esta tremenda preeminencia jamás incluyó la exención del juicio de Dios; en realidad, significaba que los judíos se encontraban siempre en una posición delicada en relación con dicho juicio (compárese Am. 3.2). Los que se encontraban más cerca del proceso de elaboración del propósito salvífico de Dios podían ser ciegos y sordos y no comprender. Cuando eran rebeldes a la gracia de Dios, esa gracia podía permitir que creyesen otros, que se encontraban lejos. Por tanto, entendieron mal su posición especial, particularmente cuando pensaron que constituía fundamento para manifestar suficiencia. Pero exponer la falsedad de la suficiencia de los judíos, y llamar la atención al hecho de que en su mayor parte ellos mismos se estaban excluyendo de una participación activa y voluntaria en la elaboración del propósito de Dios, no equivalía en modo alguno a negar la realidad de su preeminencia, que no descansa en la fidelidad de los hombres sino en la gracia y la fidelidad de Dios.

Primero, que a ellos les fueron confiados los oráculos de Dios. Parecería que Pablo estaba por mencionar otros aspectos de la «ventaja» judía y luego no lo hizo (compárese 1.8 para el «primero» que quedó colgado). En realidad ofrece una lista de privilegios judíos en 9.4-5. La expresión «oráculos de Dios» se ha entendido de diversas formas: como referencia a la ley, a las promesas hechas a Israel, tanto a la ley como a las promesas relacionadas con el Mesías, al Antiguo Testamento en conjunto, a la revelación que Dios hizo de sí mismo en la historia total de la salvación en el Antiguo Testamento y en el Nuevo. Quizá sea mejor tomarla en el sentido más amplio. A los judíos se les ha confiado la auténtica revelación de Dios para atesorarla y probarla y declarársela a la humanidad. Los hechos evangélicos y toda la historia de la salvación que los precedieron y los confirmaron de antemano se llevaron a cabo en el seno de este pueblo. Ellos han sido, por cuenta de la humanidad, los receptores del mensaje de Dios para esa humanidad.

3. ¿Qué, pues? Si algunos no han respondido con fe, ¿su falta de fe hará ineficaz la fidelidad de Dios? El sentido del versículo es que resulta impensable que la fidelidad de Dios a su pacto con Israel hubiese de volverse ineficaz, a pesar de la incredulidad de los judíos.

4. ¡Dios no lo quiera! es una fórmula de fuerte negación frecuentemente usada por Pablo (en Romanos aparece también en los vv. 6 y 31, y en 6.2, 15; 7.7, 13; 9.14; 11.1, 11), siempre después de una pregunta. **Más bien confesamos que Dios es verdadero.** El original significa literalmente «Pero dejad que Dios sea verdadero»; pero el imperativo griego tiene aquí fuerza declarativa, y se usa como rechazo de una sugestión totalmente falsa. En «verdadero» no cabe duda de que el pensamiento de la fidelidad de Dios a sus promesas es particularmente prominente, aunque estaría mal excluir referencias a otros aspectos de su verdad. **y todos los hombres mentirosos** tiene reminiscencias del Salmo 116.11. En contraste con la veracidad de Dios está la falsedad de los hombres. A la luz de la verdad divina todos los hombres deben reconocerse mentirosos.

tal como dice la escritura se refiere a la cita tomada del Salmo 51, que viene a continuación, y no a la reminiscencia precedente del Salmo 116.

«...a fin de que seas reconocido como justo en tus palabras y venzas cuando contiendas» representa una cita casi textual de la versión griega del Salmo 51.4b. Es una cláusula de propósito, que en el salmo probablemente no debiera tomarse como dependiente de la mitad anterior del versículo sino del v. 3: el salmista (David, según el título del salmo) reconoce y confiesa su pecado como si hubiese sido cometido contra Dios mismo, con el objeto de que por medio de su confesión, Dios sea reconocido como justo en su juicio. La cita sirve como apoyo del concepto general expresado por las palabras «más bien confesamos que Dios es verdadero, y todos los hombres mentirosos». También, entendida conjuntamente con la primera mitad del versículo del salmo, habla de la justicia de Dios por oposición a la pecaminosidad del hombre. Es posible que Pablo además tuviese en mente, en conexión con lo que acababa de decir en el v. 3, el hecho de que el caso de David (el autor tradicional del salmo) constituía un ejemplo destacado de la fidelidad de Dios, a pesar de su lamentable pecado.

5. Pablo se ha ocupado en los vv. 1-4 de la posibilidad de que se entendiese mal el contenido de 2.25-29 como que los judíos no tenían ninguna ventaja en absoluto. A esta altura, dándose cuenta de que podría hacerse una falsa inferencia de lo que ha dicho en los vv. 3-4, hace una digresión y se aleja de su argumentación por espacio de cuatro versículos (vv. 5-8). Su objeto es evitar otro posible motivo de interpretación errónea, peligro del cual la experiencia lo ha hecho particularmente sensible. **Pero si nuestra injusticia en realidad pone de manifiesto la justicia de Dios, ¿qué hemos de decir entonces?** llama la atención a la dificultad que se presenta en el caso de que fuese realmente cierto que la incredulidad de los judíos efectivamente sirva para evidenciar la fidelidad de Dios (o que la pecaminosidad de los hombres sirva en general para manifestar la justicia de Dios). **¿Es injusto Dios en que inflige su ira** *sobre nosotros*? indica la naturaleza de la dificultad. No se la presenta (como se podría esperar) en forma de objeción (si se quisiera hacerlo aparecer como la pregunta de alguien que hace una objeción se la hubiese presentado de esta otra forma: «¿No es Dios...?»), sino en forma de pregunta retórica que anticipa una respuesta negativa. Las palabras **(Estoy dando expresión a pensamientos que son muy humanos)** constituyen una disculpa por haber expresado, aunque con espíritu claramente desaprobatorio, un pensamiento característicamente humano en su necedad y debilidad. Tienen el efecto de subrayar el repudio de la idea de parte de Pablo.

6. ¡Dios no lo quiera! Porque en ese caso, ¿cómo juzgará Dios al mundo? Pablo rechaza como algo esencialmente absurdo la noción de que Dios sea culpable de injusticia, ya que equivale a una negación de lo que debe sostenerse como axiomático, que Dios será finalmente el Juez de todos los hombres. Que el Dios que juzgará al mundo es justo es la certeza fundamental de todo el pensamiento teológico. De hecho Dios no sería Dios en absoluto si no fuera justo.

7. Nuevamente aparece el concepto, que ya se expresó en el v. 5b en una forma que indicaba que era repudiado: esta vez en forma de objeción. **Pero si la verdad de Dios ha sido más abundantemente manifestada, para gloria suya, por medio de mi mentira, ¿por qué soy todavía juzgado como pecador?** ¿Cómo puede tomarse como justo el que un hombre sea culpado por su falsedad, cuando la verdad es que ella ha redundado para gloria de Dios? El uso de la primera persona del singular en este caso tiene sentido retórico simplemente.

8. **¿Y decimos, entonces (como infamemente afirman ciertas personas que decimos), «Hagamos lo malo, para que de ello surja lo bueno»? Los que así nos calumnian están merecidamente condenados.** Este es el significado del versículo, si es correcto nuestro punto de vista con respecto a su puntuación adecuada (como también en el caso del final del v. 7) y a su construcción. El versículo, como lo entendemos nosotros, consiste en una pregunta retórica (de la que se espera como respuesta «No») que sirve como réplica a la objeción expresada en el v. 7; un paréntesis (incorporado dentro de esta pregunta retórica) que se vincula con el hecho de que algunas personas sostienen que Pablo mismo enseña la actitud que aquí está re-pudiando; y finalmente una condenación de las personas a las que se refiere el paréntesis.

El v. **9** es el comienzo del sexto y último parágrafo de 2.1-3.20. Si bien hay variantes textuales, y se intentan distintas disposiciones de la puntuación del versículo, con seguridad que no habrá muchas dudas con respecto al texto y la puntuación que presupone nuestra traducción: **¿Qué, pues? ¿Tenemos ventaja nosotros** *los judíos*? **No en todo sentido; porque ya hemos acusado tanto a judíos como a griegos de que están todos bajo pecado.** Lo que es tema de controversia es cómo se ha de entender el versículo. Los problemas de interpretación están centrados en la palabra griega que nosotros hemos traducido como «¿Tenemos ventaja nosotros *los judíos*?» y las dos palabras griegas que hemos vertido como «No en todo sentido».

En el primer problema, la palabra griega es un verbo, que puede entenderse de tres maneras diferentes: (i) como la voz media* con fuerza de

---

* En griego, además de la voz activa y la pasiva, hay una tercera voz, la media, que expresa la idea de que la acción descripta tiene de algún modo ventaja o significación especial para el sujeto. En el presente del indicativo, la voz media y la voz pasiva son idénticas en forma.

voz media; (ii) como voz media con fuerza activa; o (iii) como voz pasiva. En la voz activa este verbo tiene el sentido básico de «sostener delante», pero se usa también en forma intransitiva con sentidos tales como «sobresalir», «proyectar», «tener el comienzo de», «destacarse». En la voz media significa «sostener delante de uno mismo», como se hace con un escudo, y por ello metafóricamente «adelantar como pretexto o excusa». De modo que, según (i), el significado quizá fuese «¿ponemos excusas?» o «¿prevaricamos?», en el que la primera persona del plural probablemente se refiera a Pablo mismo (compárese la primera persona del plural en la segunda mitad del versículo) antes que a los judíos; pero en contra de esto está el hecho de que se esperaría que se expresara un complemento directo (lo que se adelanta como excusa). Según (iii), el significado sería «¿Somos (los judíos) aventajados (por los gentiles)?», «¿Estamos (los judíos) peor (que los gentiles)?»; pero esto, aunque gramaticalmente resulta absolutamente inobjetable, es enteramente inadecuado para el contexto. Es casi seguro que corresponde aceptar el (ii), como hizo la Vulgata Latina: «¿Tenemos nosotros (los judíos) alguna ventaja por sobre ellos (es decir, los gentiles)?».

Con respecto al segundo problema de interpretación (el significado de las dos palabras que hemos traducido «No en todo sentido»), la Vulgata Latina (seguida por VRV1,2,3, VM, BJ, BA, por ejemplo) entendió que Pablo estaba empleando las palabras griegas (equivalentes a «no totalmente») en el sentido que naturalmente tendrían si se las pusiera en orden inverso, es decir como un negativo enfático; pero el hecho de que en los dos lugares donde se usan estas palabras juntas en las epístolas paulinas (1 Co. 5.10 y 16.12: en el primer caso en el orden «no totalmente» y en el segundo en el orden) inverso se utilizan en el orden que expresa correctamente su significado, sugiere que debe haberlas empleado correctamente también aquí. Si esta conclusión es acertada, entonces la interpretación «no totalmente», «no en todo sentido» se ha de aceptar aquí.[*] Pablo ha indicado en el v. 2 que el judío tiene una ventaja que es grande e importante en todo sentido. Ahora aclara que, si bien esto es cierto, no significa que el judío esté en ventaja en todo sentido. Hay por lo menos un sentido en el cual no tiene ninguna ventaja: no es menos pecador delante de Dios. Esto es lo que la última parte del versículo pone en claro. Apoya y explica la expresión «No en todo sentido» recordando que Pablo ya ha acusado tanto a judíos como a gentiles por igual de estar «bajo pecado». Esto es lo que desde luego ha hecho en 1.18-2.29. Esta es la primera vez que aparece el sustantivo «pecado» en Romanos.

---

[*] Como sostienen, por ejemplo, H. Lietzmann, M.-J. Lagrange, O. Michel, y E. Gaugler, entre otros comentaristas recientes.

Pablo lo concibe como un poder que se ha apoderado de los hombres y los controla. Su enseñanza sobre él se verá más plenamente en los capítulos 5-7.

10-18 se pueden tomar juntos. Constituyen un encadenamiento de citas del Antiguo Testamento en confirmación de la acusación que Pablo ha hecho contra los judíos y los gentiles por igual. **tal como testifica la escritura:**

> «**No hay nadie que sea justo, ni siquiera uno,**
> **no hay ninguno que tenga entendimiento,**
> **no hay nadie que busque a Dios.**
> **Todos se han apartado, juntamente se han vuelto inútiles;**
> **no hay nadie que muestre bondad,**
> **no, ni siquiera uno solo.**

> **Sepulcro abierto es su garganta,**
> **con sus lenguas acostumbran engañar,**
> **el veneno de áspides está debajo de sus labios.**
> **Su boca está llena de maldición y amargura.**

> **Veloces son sus pies para derramar sangre,**
> **la destrucción y la miseria señalan sus caminos,**
> **y el camino de la paz no han conocido.**
> **No hay temor de Dios delante de sus ojos.**»

Este encadenamiento se ha armado con bastante cuidado y arte, a fin de formar una verdadera unidad nueva en base a una multiplicidad de extractos. Está dispuesto en tres estrofas: la primera (vv. 10-12) consiste en dos conjuntos de tres líneas, la segunda (vv. 13-14) y la tercera (vv. 15-18) consisten en dos conjuntos de dos líneas. La primera estrofa se basa en el Salmo 14.1-3, aparte de un posible rastro de reminiscencia de Eclesiastés 7.20 en la primera línea. Este pasaje-salmo parece haber sido elegido en razón de su testimonio del hecho de que todos los hombres sin excepción son pecadores. Lo que se dice se expresa en términos bastante generales, en su mayor parte, pero no exclusivamente, con referencia a la relación de los hombres con Dios. En la segunda estrofa se han usado tres fuentes diferentes (Sal. 5.9; 140.3; y 10.7). Se centra en el discurso del hombre, y la cantidad dedicada a este tema en relación con la longitud de todo el centón es notable. Podemos comparar el acento que se pone sobre la importancia del buen hablar en la Epístola de Santiago (1.19, 26; 3.1-12). Después de esta concentración en las palabras, la última estrofa dirige la atención a las acciones: al carácter fratricida de la conducta de los hombres. Las tres primeras líneas constituyen una síntesis de Isaías 59.7-8a, mientras que la fuente de la última línea es Salmo 36.1b. La afirmación de que «la destrucción y la miseria señalan sus caminos» indica los calamitosos resultados de sus actividades con poética capacidad evocativa: dondequiera que vayan, dejan tras sí un reguero de destrucción y miseria. En este contexto parecería natural entender que «el camino de la paz no han conocido» significa que no saben cómo hacer para lograr una paz verdadera entre ellos, aunque algunos comentaristas entienden que la referencia a la «paz» se relaciona más bien con la salvación. Finalmente, la última línea indica cuál es la raíz de sus malas acciones y de sus palabras malas: la esencia misma, de hecho, de su pecaminosidad. Con los ojos el hombre dirige sus pasos. De modo que decir que no hay temor de Dios delante de sus ojos es una forma figurada de decir que el temor de Dios no tiene parte en la dirección de su vida, que Dios no entra en sus consideraciones, que se trata de un ateo práctico, sea o no ateo teórico.

19. Para **Pero sabemos que** véase el comentario en 2.2. **todo lo que la ley dice** incluye, naturalmente, las citas de los vv. 10-18. Dado que ellas proceden de los Escritos y los Profetas, y no del Pentateuco, se entiende que aquí «la ley» se usa, como también en 1 Corintios 14.21; Juan 10.34; 15.25, y como con bastante frecuencia usaban la palabra hebrea equivalente los rabinos, para denotar el Antiguo Testamento en conjunto. Lo que indica **lo habla a los que poseen la ley** es que los judíos, muy lejos de imaginarse excluidos de su condena de la pecaminosidad humana, deberían aceptarla entendiendo que se aplica primero y principalmente a ellos. El pensamiento que sirve de base a la última cláusula, **con el fin de que toda boca sea cerrada y todo el mundo sea culpable delante de Dios**, es que, si los judíos, ese pueblo que al parecer podría considerarse exceptuado, en realidad no constituye ninguna excepción, entonces sin lugar a dudas la raza humana en su totalidad cae bajo el juicio de Dios. La referencia a la boca cerrada evoca la imagen del acusado ante el tribunal, quien, cuando se le da la oportunidad de hablar en defensa propia, permanece en silencio, abrumado por las pruebas acumuladas en su contra.

20. Porque ninguna carne será justificada delante de él sobre la base de haber hecho lo que la ley exige confirma, incorporando un eco del Salmo 143.2b, lo que se acaba de decir en el v. 19. Obedecer la ley en forma tan procedente como para merecer la justificación es algo que sencillamente no ocurre. **por cuanto por medio de la ley** *viene* **el conocimiento del pecado** se agrega para apoyar lo que antecede. No es cierto que haya hombres que cumplan tan acabadamente los requisitos de la ley como para ganarse la justificación. La verdad es más bien que la condición de todos los hombres es tal que el principal efecto de la ley en relación con ellos es el de poner de manifiesto su pecado como tal y a sus propias personas como pecadoras.

2. La manifestación de la justicia que viene de Dios en los acontecimientos evangélicos

3.21-26

Esta corta sección es, como ya se ha indicado, el centro y la médula de la división principal a la que pertenece. Podemos ir más lejos y decir que es el centro y la médula de Romanos 1.16b-15.13 en conjunto. Se destaca en razón del carácter distintivo de su estilo: se lee como una solemne proclamación. Notables son, en particular, los enfáticos «pero ahora» seguidos del tiempo perfecto («se ha manifestado»), la cantidad limitada de verbos finitos, especialmente en la última parte de la sección (en el griego hay uno solo, «propuso», en los vv. 24-26), la impresionante repetición de frases claves, y (en el original) el llamativo uso en los vv. 25 y 26 de frases preposicionales colocadas una tras otra sin conexión. Se destaca mucho más, por supuesto, en virtud de su contenido, porque proclama el hecho de que ya se ha llevado a cabo el acto redentor de Dios —acto único, decisivo, realizado una vez para siempre—, la revelación tanto de la justicia que es de Dios como también de la ira de Dios ante el pecado humano. Esta revelación efectuada una sola vez, que constituye la base de la continua revelación de la justicia (1.17) y de la ira (1.18) de Dios en la predicación del evangelio, ya tuvo lugar. Muestra que la médula del evangelio predicado por Pablo es una serie de acontecimientos pasados. No es solamente la crucifixión de Cristo —por cuanto la cruz por sí sola no hubiera constituido un acto salvífico de Dios— sino la crucifixión juntamente con la re-surrección y la exaltación del Crucificado: una serie de acontecimientos que constituyen el acontecimiento histórico por excelencia. Este, como el acto decisivo de Dios, resulta totalmente efectivo e irreversible. Atestigua el hecho de que aquello con lo cual tenemos que ver en el don de la justicia, de lo cual se ocupa Romanos, es nada menos que el costoso perdón divino. El perdón en términos más baratos hubiese significado el abandono divino de su fiel amor al hombre y la aniquilación de la verdadera dignidad del hombre como su criatura moralmente responsable. El perdón divino es totalmente digno de ese Dios justo, amante y fiel, que no insulta al hombre que creó, ni se mofa de él, fingiendo que su pecado no tiene importancia, sino que, en cambio, soporta él mismo el pleno costo de perdonarlo en forma justa y amorosa.

²¹Pero ahora la justicia de Dios, atestiguada por la ley y los profetas, se ha manifestado aparte de la ley, ²²a saber, esa justicia de Dios que es por fe en Jesucristo para todos los que creen. Porque no hay distinción alguna; ²³por cuanto todos han pecado y carecen de la gloria de Dios, ²⁴siendo justificados gratuitamente por su gracia por medio de la redención *realizada* en Cristo Jesús; ²⁵a quien Dios propuso para ser por *el derramamiento de* su sangre un sacrificio propiciatorio, *el beneficio a ser apropiado* por fe, con el fin de probar su justicia (*esto era necesario* debido al hecho de haber pasado por alto los pecados pasados ²⁶en la paciencia de Dios), con el fin, *digo*, de probar su justicia en el tiempo presente, para ser justo   aun al justificar al hombre que cree en Jesús.

21. Pero ahora indica el carácter decisivo que para la fe tienen los acontecimientos evangélicos. Esto se ve en su objetividad, como acontecimientos que tuvieron lugar en un momento de tiempo determinado en el pasado y que son enteramente distintos que la respuesta que los hombres dan a ellos, como también independientes de ellos. Se ha de entender que el «ahora» tiene su plena significación temporal: el contraste que marca el «pero» aquí es el que se da entre la situación antes y la situación después de una serie decisiva de acontecimientos.

la justicia de Dios se debe entender aquí en el mismo sentido que tiene en 1.17: una posición de justicia delante de Dios, que constituye el don de Dios.

atestiguada por la ley y los profetas es, formalmente, una declaración acerca de la justicia de Dios, aunque en realidad es tanto esto como también, y al mismo tiempo, una declaración acerca del Antiguo Testamento. Es así pues afirma no sólo que esta justicia que es don de Dios recibe el testimonio del Antiguo Testamento sino también que el Antiguo Testamento, si se lo entiende correctamente, debe tenerse como testigo de esta justicia: en otras palabras, del evangelio de Jesucristo. El pensamiento que se expresa aquí se encontrará repetidas veces en Romanos (compárese, por ejemplo, 1.2; todo el capítulo 4; 9.25-33; 10.6-13, 16-21; 11.1-10, 26-29; 15.8-12), aunque Pablo en ninguna otra parte usa el verbo que hemos traducido como «atestiguar» (VRV2 tiene «testificar») para expresarlo. Para Pablo este atestiguamiento del evangelio por parte del Antiguo Testamento tiene una importancia sumamente grande. Esto lo indica la forma solemne en que insiste en él aquí, en lo que constituye una de las grandes frases axiales sobre las que gira la argumentación de la epístola.

se ha manifestado. En 1.17 se usa un tiempo presente («está siendo revelada»), porque se hace referencia a la revelación que se lleva a cabo constantemente en la predicación del evangelio. Aquí el uso del tiempo pasado indica que se trata del concepto de la revelación (el verbo griego que se usa aquí es distinto del verbo que se usa en 1.17, aunque más o menos sinónimo) en los acontecimientos evangélicos mismos. Se ha preferido un tiempo perfecto, en lugar del aoristo, porque lo que se manifestó en dichos acontecimientos ha permanecido manifiesto invariablemente desde entonces.

aparte de la ley es una frase adverbial que modifica a «se ha manifestado». En 7.8 y 9 se usa para indicar la ausencia de la ley; pero difícilmente pueda tener ese significado aquí, dado que está claro que Pablo no pensaba que la ley estuviese ausente en el momento de la manifestación a que se hace referencia. Por el contrario, pasajes como Gálatas 3.13 y 4.4 sugieren que pensaba que estaba profundamente involucrada en los acontecimientos evangélicos. Las palabras se entienden más naturalmente en relación con las frases del v. 20 «sobre la base de haber hecho lo que la ley exige» y «por medio de la ley» como indicación de que la posición de justicia delante de Dios, de la que hablan los vv. 21 y 22, se ha manifestado como algo que no se ha logrado mediante el cumplimiento de la ley. En efecto, «aparte de la ley» equivale aquí en significación a «aparte de las obras de la ley» del v. 28 y a «aparte de las obras» de 4.6. Por cierto que es una actitud perversa apelar a estas palabras como prueba de que Pablo consideraba que la ley había sido superada y puesta a un lado por el evangelio, como pasada de moda y sin pertinencia.

22. a saber, esa justicia de Dios que es por fe en Jesucristo para todos los que creen ofrece una definición más precisa de la justicia aludida por Pablo: es por la fe en Cristo, y, más aún, es para todos los que responden con fe. Sobre «fe» véanse 1.5, 16, 17. Aquí por primera vez en Romanos se hace referencia explícita a Cristo como objeto de la fe. (No hay por qué dudar de que el genitivo griego representado por «en Jesucristo» sea objetivo. La sugestión de que es subjetivo —«la fe de Cristo»— resulta poco y nada convincente.)

Porque no hay distinción alguna apoya al «todos» precedente, pero a su vez es explicado y limitado por los vv. 23 y 24.

Los vv. **23** y **24** indican el alcance del v. 22b. No se los ha de entender como negación de la verdad afirmada en el v. 2 («Mucho en todo sentido», en respuesta a la pregunta «¿Qué ventaja tiene entonces el judío? O ¿qué provecho hay en la circuncisión?»; compárense 9.4s.; 11.17s., 28s.; y también el «primero» de 1.16b). Deben comprenderse como negación de que haya alguna distinción con respecto a «la justicia de Dios». Todos por igual pueden recibir esta justicia por la fe, y nadie tiene derecho a reclamarla en razón de mérito alguno, por cuanto todos por igual —tanto judíos como gentiles— han pecado y reciben la justicia como un don gratuito, totalmente inmerecido.

por cuanto todos han pecado y carecen de la gloria de Dios. El «todos» continúa el énfasis en la universalidad que ya se ha notado (compárense los vv. 9, 10, 11, 12, 20, 22). El v. 23 resume la argumentación de 1.18-3.20. «La gloria de Dios» probablemente signifique esa participación en la gloria divina, la que, según el concepto judaico, el hombre poseía antes de haberse alejado de su verdadera relación con Dios, y que será restaurada en el futuro escatológico (compárense 5.2; 8.18, 21, 30). Como resultado del pecado a todos los hombres les falta esta iluminación de la gloria divina. Aquí tanto el tiempo del verbo como el hecho de que su sujeto sea «todos» es algo que debe tenerse en cuenta. Claramente dan a entender que no solamente todos los demás hombres, sino también todos los creyentes, carecen todavía de esta «gloria de Dios». Intentos de suavizar esto, o de encontrarle una explicación, tienen el desastroso efecto de oscurecer la trascendente majestad de la gloria que habrá de ser nuestra. Esto no es lo mismo que negar que hay una gloria relativa que ya ilumina la vida de los creyentes. Pablo habla en otra parte de que éstos serán transformados «de gloria en gloria» (2 Co. 3.18), pero lo tajante de la distinción entre estas dos glorias no debe quedar desdibujado.

El v. 24 se explica más adecuadamente como una cláusula en participio dependiente del «todos» del v. 23, cuyo fin es indicar, como explicación adicional de «Porque no hay distinción alguna», el otro lado del cuadro presentado en el v. 23. En **siendo justificados gratuitamente por su gracia** «gratuitamente» y «por su gracia» se apoyan y se confirman mutuamente; la última frase señala el origen de su justificación en el inmerecido amor de Dios (sobre el significado de «gracia» véase el comentario sobre 1.7). La frase **por medio de la redención** es de interpretación controvertida. Algunos insisten en que la idea de un rescate pagado está presente aquí en el vocablo griego que hemos traducido «redención». Otros sostienen que el vocablo significa simplemente «liberación», «emancipación», sin ninguna referencia al pago de un rescate. Pero la fuerza de los argumentos que pueden aducirse por ambos lados es tal que no se justifica hacer —en el estado actual de la discusión— una afirmación rotundamente segura en relación con ninguno de los dos puntos de vista. El asunto debe quedar pendiente. Hemos preferido la versión «redención», que puede, aunque no necesariamente, sugerir la idea de que se hace un pago, antes que palabras como «liberación» y «rescate», que cerrarían el debate llevando a una conclusión o la otra. Lo que se puede decir con confianza acerca de esta frase es que ella indica que la posición de justicia del creyente se ha logrado por Dios mediante una concreta y decisiva acción llevada a cabo únicamente por él. Algo más en cuanto a la naturaleza y la significación de esa acción se descubre en las cuatro palabras que siguen y también en los vv. 25 y 26. Pero ya está claramente insinuada, por el hecho de que «por medio de la redención» está ligada a «siendo justificados», que la esclavitud de la cual esta acción de Dios ha redimido tiene que ser la esclavitud del pecado en el sentido de sometimiento a los efectos del pecado (es decir, a la condena divina, la ira de Dios, la condición de encontrarse en una posición de injusticia delante de él). *realizada* **en Cristo Jesús** indica que fue en el Mesías Jesús y por medio suyo, es decir, en su persona y obra y por medio de ellas, que Dios realizó su acción redentora. Aquí la idea es la del logro de la acción redentora en el pasado, no la de la disponibilidad de la redención en el presente mediante la unión con Cristo.

25-26. a quien Dios propuso para ser por *el derramamiento de* **su sangre un sacrificio propiciatorio,** *el beneficio a ser apropiado* **por fe, con el fin de probar su justicia** (*esto era necesario* **debido al hecho de haber pasado por alto los pecados pasados en la paciencia de Dios), con el fin,** *digo,* **de probar su justicia en el tiempo presente, para ser justo aun al justificar al hombre que cree en Jesús.** Estos versículos constituyen una única oración relativa dependiente de «Cristo Jesús» del v. 24. Consiste en lo que podemos considerar como su parte principal (hasta «por la fe») seguida por tres cláusulas de propósito que en conjunto sirven para aclarar el significado de la expresión clave «un sacrificio propiciatorio».

El verbo griego que hemos traducido como «propuso» aparece sólo tres veces en el Nuevo Testamento (en 1.13, aquí, y en Ef. 1.9). Los sentidos principales que puede tener, cuando se usa en la voz media (como es el caso en todas estas citas neotestamentarias), son: (i) «proponerse a uno mismo», «proponer»; (ii) «dar a conocer públicamente», «exhibir». Desde tiempos antiguos ambas posibilidades se han argumentado con respecto a esta mención. A favor de (ii) se ha argumentado que el contexto inmediato contiene una cantidad de términos que denotan publicidad, y se ha supuesto que lo que Pablo quiere señalar es que la cruz fue algo que se llevó a cabo a la vista de los hombres. Pero el hecho de que en los otros dos lugares en el Nuevo Testamento donde aparece el verbo claramente significa «proponer», y el hecho de que en ocho de las doce veces que en el Nuevo Testamento se emplea el sustantivo relacionado significa «propósito», hablan a favor de (i). Si bien es cierto que la idea de publicidad está presente en el contexto, una referencia al propósito eterno de Dios nos parece todavía más apropiada, justamente aquí, que una referencia al carácter público de la acción de Dios en la pasión de Cristo. Entendemos que por las primeras palabras del v. 25 Pablo quiere destacar que Dios es el origen de la redención que se efectuó en Cristo, y también que esta redención tiene su origen no en alguna nueva idea o impulso súbito de parte de Dios, sino en su eterno propósito de gracia.

Fue «por *el derramamiento de* su sangre» (literalmente, «en (o «por») su sangre») que el propósito de Dios había de concretarse. (Con esta referencia a la sangre de Cristo podemos comparar 5.9; Hch. 20.28; Ef. 1.7; 2.13; Col. 1.20; He. 9.11ss.; 10.19, 29; 13.12, 20; 1 P. 1.2, 19; 1 Jn. 1.7; 5.6; Ap. 1.5; 5.9; 7.14; 12.11; y también, por supuesto, Mt. 26.28 = Mr. 14.24 = Lc. 22.20; 1 Co. 11.25 y 10.16). En 5.9 «por su sangre» corresponde a «por medio de la muerte de su Hijo» del versículo siguiente, y en los pasajes citados arriba de Efesios y Colosenses el uso de «sangre» podría, tal, vez, explicarse simplemente como un modo de expresar la idea de la muerte; pero en 1 Corintios 11.25, los tres versículos sinópticos, y los pasajes de Hebreos, 1 Pedro y 1 Juan, está claramente presente una significación sacrificial, y parecería probable que en los otros pasajes citados arriba también esté presente la significación sacrificial en el uso de la palabra «sangre», ya sea que se la sienta más o menos fuerte. Pocas dudas caben de que esto es así en el versículo que estamos considerando.

Resulta conveniente postergar la discusión de la frase que sigue («un sacrificio propiciatorio»), hasta que hayamos considerado los restantes elementos de los vv. 25 y 26, dado que contribuyen a su clarificación.

El primero de ellos es *«el beneficio a ser apropiado* por fe». Tiene significación tanto positiva como negativa. Positivamente, indica que se requiere una respuesta de fe de parte de los hombres: el beneficio tiene que ser aceptado, apropiado, por fe. Pero también implica, negativamente, que no existe otro camino para apropiarse del beneficio sino la fe sola; toda idea de que se lo pueda conquistar queda excluida.

El segundo elemento es «con el fin de probar su justicia (*esto era necesario* debido al hecho de haber pasado por alto los pecados pasados en la paciencia de Dios)». La palabra «justicia» aquí y en el v. 26 debe referirse no a la posición justa que Dios da sino a la propia justicia de Dios, a pesar de la argumentación contraria de Nygren. La idea de la paciencia de Dios, de la forma en que pacientemente refrena su ira, es un tema familiar en el judaísmo. Pero el que Dios sencillamente pasase por alto los pecados sería algo totalmente incompatible con su justicia. No sería él el Dios bueno y misericordioso que en realidad es, si se hubiese conformado con pasar por alto los pecados indefinidamente, porque esto equivaldría a condonar el mal. Sería una negación de su propia naturaleza y una cruel traición cometida contra los pecadores. En realidad Dios ha podido detener su mano y pasar por alto los pecados, sin comprometer su bondad y misericordia, porque su intención ha sido constantemente ocuparse de ellos de una vez para siempre, decisiva y definitivamente, y en forma totalmente adecuada, por medio de la cruz. Pablo está diciendo, en estos dos versículos, que Dios se propuso (desde la eternidad) hacer de Cristo un sacrificio propiciatorio. El fin del sacrificio es que se establezca la realidad de la justicia de Dios, vale decir, de su bondad y misericordia, que serían cuestionadas si pasaba por alto los pecados cometidos hasta el momento de ese acto decisivo.

El tercer elemento es «con el fin, *digo*, de probar su justicia en el tiempo presente». Repite la idea principal del anterior con el agregado de «en el tiempo presente». El momento indicado es el período que abarca tanto la época de los acontecimientos evangélicos mismos, como también la época de su proclamación en la constante predicación del evangelio.

El cuarto y último elemento es «para ser justo aun al justificar al hombre que cree en Jesús». Dos cosas tienen suma importancia aquí. La primera es que Pablo dice que Dios *es* justo. Pablo reconoce que el que Dios demostrase su justicia era necesario no solamente por amor a su reputación sino por amor a su integridad esencial. Dios no *sería* justo en sí mismo, si no pudiera mostrarse justo. Es esencial —para que realmente *sea* el Dios justo, amoroso, misericordioso— que demuestre su justicia. La segunda cosa es que el vocablo griego *kai*, que puede significar ya sea «y» o «aun», aquí significa «aun». En otros términos, la última cláusula de propósito del v. 26 no indica dos propósitos diferentes: (i) que sea justo en sí mismo y (ii) que sea el que justifica. Señala, en cambio, un único propósito: que él sea justo en el acto mismo de justificar, es decir, que justifique con justicia, sin comprometer su propia justicia. Así interpretadas, las palabras permiten formarse una idea del significado más profundo de la cruz tal como la entiende Pablo. Que Dios perdonase el pecado de los hombres ligeramente —un perdón barato que hubiese significado que el mal moral no tiene mucha importancia— hubiera sido totalmente injusto, una violación de su verdad. También hubiera resultado profundamente carente de misericordia y amor para con los hombres, por cuanto hubiera aniquilado su dignidad como personas moralmente responsables. Pero Dios no insulta al hombre que creó con la sugerencia de que es de poca importancia lo que el mismo hombre en su momento más humano sabe perfectamente (considérense, por ejemplo, las grandes tragedias paganas de los griegos) es desesperadamente serio. El perdón logrado por la cruz es un perdón costoso, digno de Dios. Lejos de condonar la maldad del hombre, es, por cuanto comprende nada menos que el hecho de que Dios mismo lleva la intolerable carga de esa maldad en la persona de su propio Hijo amado, la revelación de la plenitud del odio que Dios siente hacia la maldad del hombre, al tiempo que es su real y completo perdón.

Volvamos ahora a «un sacrificio propiciatorio». Dado que la palabra griega que hemos traducido de este modo se refiere al propiciatorio (véase

Ex. 25.17-22) en veintiuna de las veintisiete veces que aparece en la Septuaginta, como también la única vez que aparece en el Nuevo Testamento (He. 9.5), debemos considerar seriamente la posibilidad de que Pablo la usara en ese sentido aquí, y que estaba pensando en Cristo como el antitipo del propiciatorio veterotestamentario. Desde tiempos primitivos se lo ha entendido así a Pablo, y este punto de vista es sostenido por muchos escritores recientes. Pero L. Morris ha demostrado que los argumentos que se han aducido en apoyo del mismo en realidad no son muy fuertes.* Así, el más fuerte de ellos (que se basa en el uso de la Septuaginta) se vuelve mucho menos tajante en el momento en que se comprende que la palabra griega de la que nos estamos ocupando, dondequiera que tiene el sentido de «propiciatorio» en la Septuaginta, se usa con el artículo determinado o con algún otro elemento determinado, y que siempre hay en el contexto algo que indica a cuál de las cosas que podría estar denotando se refiere. Aquí en Romanos 3 no hay nada en el contexto que pueda indicar, sin ambigüedad alguna, que el propiciatorio es lo que se tiene presente. Tampoco hay artículo determinado. Por otra parte, hay consideraciones que pesan marcadamente en contra de esta interpretación. Si bien hacer referencia a Cristo como sacerdote y víctima al mismo tiempo se trata de una paradoja comprensible, representarlo como el lugar del rociamiento a la vez que la víctima resulta excesivamente burdo y confuso. Más aún, parecería haber algo esencialmente improbable en la idea de que Pablo pudiera comparar a Cristo —para el cual, personalmente, la redención del hombre resultó infinitamente costosa, y para con el cual Pablo reconocía una deuda personal tan tremenda (compárese, por ejemplo, Gá. 2.20)— con algo que no era más que una parte inanimada del moblaje del templo. Sería más adecuado, por cierto, considerar al propiciatorio como tipo de la cruz. Por lo tanto, debe rechazarse el significado «propiciatorio».

Antes de intentar decidir entre las restantes posibilidades, conviene hacer referencia a la aseveración de Dodd: en las palabras del grupo al que pertenece el vocablo griego que nos ocupa, como se las usa en la Septuaginta, está prácticamente ausente la idea de propiciación o apaciguamiento, significado que según el criterio general expresan en el uso pagano. Dodd argumentaba que el concepto expresado es, más bien (donde el sujeto de la acción es humano), el de la expiación de pecados, o (donde el sujeto es Dios), el de que Dios es misericordioso, lleno de gracia, perdonador.** Mas, mientras que es indudablemente cierto que la idea de una ira de Dios caprichosa y vindicativa, y que exige aplacamiento por medio del soborno

---

* En *New Testament Studies 2*, 1955-1956, pp. 33-43.
**En *Journal of Theological Studies 32*, 1931, pp. 352-360.

de parte de los hombres, es extraña al Antiguo Testamento, de ninguna manera puede decirse que toda idea de ira divina le resulta extraña. Morris ha mostrado que en muchos pasajes, si no todos, en los cuales se usan palabras de este grupo en la Septuaginta está presente la idea de la ira de Dios.* (Dodd no prestó atención adecuada a los contextos en que aparecen las palabras.) En vista de este hecho, no podemos admitir que el concepto de la propiciación sea totalmente extraño a este grupo de palabras en la Septuaginta. En efecto, las evidencias sugieren que la idea de desviar la ira es básica para este grupo de palabras, en el Antiguo Testamento no menos que en el griego extrabíblico; lo distintivo del uso veterotestamentario es el reconocimiento, primero, de que la ira de Dios, a diferencia de la ira humana, es perfectamente justa, y por ello está libre de todo rastro de irracionalidad, capricho y espíritu vengativo; en segundo lugar, que en el proceso de evitar esta justa ira para con el hombre es Dios mismo quien toma la iniciativa.

De los significados que se han sugerido para esta palabra griega aquí, aparte de «propiciatorio», que ya hemos rechazado, en vista de lo que se acaba de decir, podemos dejar de lado como improbables aquellos que tienen el fin expreso de excluir la idea de la propiciación. La sugerencia más probable parecería ser «un sacrificio propiciatorio». Tomamos la declaración de Pablo, de que Dios propuso a Cristo como sacrificio propiciatorio, en el sentido de que Dios se propuso dirigir contra su mismo Ser, en la persona de su Hijo, el pleno peso de esa justa ira merecida por los pecadores. Esto lo hizo debido a que en su misericordia decidió perdonarlos y, siendo verdaderamente misericordioso, resolvió perdonarlos con justicia, es decir, sin de ningún modo condonar su pecado.

3. Todo motivo para gloriarse queda excluido

3.27-31

El sentido general de esta breve sección y su función en la estructura total de la división principal (su contribución a la clarificación de las frases «de fe a fe» y «por la fe» en 1.17) son bastante claros. Afirma que toda jactancia, es decir, todo intento de reclamar derechos a Dios sobre la base de las propias obras, queda excluida. En cambio, definir con precisión la articulación interna de la argumentación no resulta fácil. Nosotros entendemos la sección

---

* En *Expository Times* 62, 1950-1951, pp. 227-233.

de la siguiente manera: Se da a entender que la afirmación de que la jactancia
o glorificación de uno mismo ha sido excluida es una conclusión que se debe
obtener de lo que precede (ya sea los vv. 21-26 o todo el contenido de
1.18-3.26). Al mismo tiempo, se indica que la exclusión se ha logrado por
medio de la ley, no entendida en forma legalista, sino reconocida como la
ley de la fe que en realidad es. Como apoyo de las declaraciones de que la
jactancia ha sido excluida, y de que esto se ha logrado por medio de la ley,
Pablo apela al hecho de que los creyentes saben que los hombres son
justificados por la fe, aparte de las obras de la ley. Negar que son justificados
de este modo sería suponer que Dios es Dios de los judíos solamente. Esto
equivaldría a la negación de la verdad fundamental de que Dios es uno.
Puesto que él es el Dios uno y único, Dios de todos los hombres, con toda
seguridad que ha de justificar a judíos y gentiles por igual por la fe, y sólo
por la fe. La conclusión es que lo que se ha dicho acerca de la fe, lejos de
contradecir la ley, está perfectamente de acuerdo con ella, y por consiguiente
queda confirmada.

> [27]¿Dónde, pues, está la jactancia? Ha sido excluida. ¿Por qué clase
> de ley? ¿Por una ley de obras? ¡No, sino por la ley de la fe! [28]Porque
> consideramos que es por fe que el hombre es justificado aparte de
> las obras de la ley. [29]¿O es Dios *el Dios* de los judíos solamente?
> ¿No es *el Dios* de los gentiles también? ¡Por cierto que de los
> gentiles también!, [30]en vista de que Dios es uno, y él justificará la
> circuncisión sobre la base de la fe, y la incircuncisión por medio
> de la fe. [31]¿Invalidamos entonces la ley por *nuestra enseñanza
> acerca de* la fe? ¡Dios no lo permita! Más bien confirmamos la ley.

27. ¿Dónde, pues, está la jactancia? Ha sido excluida. Se sigue inevitablemente de lo que se ha dicho (sea que pensemos particularmente en
los vv. 21-26 o 1.18-3.26 en conjunto) que no puede haber duda en cuanto
a la posibilidad de que hombre alguno haga deudor a Dios. Esta conclusión
se establece por medio de la pregunta retórica, «¿Dónde, pues [es decir,
¿Dónde, si lo que se ha dicho es cierto], está la jactancia?», seguida por la
declaración «Ha sido excluida». El tiempo verbal de «ha sido excluida»
(aoristo en el griego) indica que la exclusión a que se hace referencia se ha
logrado para siempre. En vista de lo que sigue parecería que la referencia
no es simplemente al hecho de que lo que se ha dicho ha demostrado lo
absurdo de toda jactancia o glorificación semejante, sino a la exclusión
efectuada por Dios mismo (donde la forma pasiva oculta una referencia a la
acción divina). Esta puede verse ya sea en el sentido de que Dios ha hecho
inútil y absurda toda jactancia semejante por lo que él ha hecho en Cristo, o

—quizá con mayor probabilidad, en vista de las palabras que vienen enseguida— en el sentido de que ha demostrado, por medio de las escrituras veterotestamentarias, que resulta inútil y absurdo.

¿Por qué clase de ley? ¿Por una ley de obras? ¡No, sino por la ley de la fe! es difícil, y se ha interpretado de diferentes modos. Algunos explican la frase «ley de la fe» con una formulación motivada retóricamente, debido simplemente al deseo de equipararla con la frase «ley de las obras». Otros piensan que se refiere a una ley especial bajo la cual se encuentran los cristianos; compárense, además, «la ley del Espíritu de vida» en 8.2, «la ley de Cristo» en Gálatas 6.2, y la expresión «bajo la ley a Cristo» en 1 Corintios 9.21. Otros entienden que «ley» en este versículo tiene algún otro sentido y no el de «ley», como, por ejemplo, «principio», «norma ética», «sistema». Pero es probable que se deba aceptar lo que argumenta G. Friedrich, en el sentido de que por «ley de la fe» se entiende la ley veterotestamentaria.* Esta interpretación parecería cuadrar mejor en el contexto. Así podremos entender que lo que Pablo quiere significar es que la respuesta correcta a la pregunta «¿Por qué clase de ley [se ha excluido dicha jactancia]?» es «Por la ley de Dios (a saber, la ley del Antiguo Testamento): la ley de Dios, no entendida incorrectamente como una ley que dirige a los hombres hacia la búsqueda de la justificación como recompensa por sus obras, sino bien entendida, en el sentido de que convoca a los hombres a la fe».

28. Porque consideramos que es por fe que el hombre es justificado aparte de las obras de la ley se entiende más acertadamente en el sentido de que ofrece apoyo del v. 27 en general (es decir, tanto en su declaración básica de que la glorificación o jactancia ha sido excluida, como también en la declaración adicional de que es «por la ley de la fe» que ha sido excluida). El verbo «consideramos» se usa aquí para denotar un juicio basado en la fe, una convicción adquirida a la luz del evangelio (compárense 6.11; 8.18). Es más probable que el uso del plural, que podría explicarse como un simple recurso literario, se entienda como indicación de que dicha convicción es común a todos los creyentes. Las palabras «que es por la fe que el hombre es justificado aparte de las obras de la ley» resumen lo sustancial de los vv. 20a, 21-22, 24. Ahora el énfasis recae —en relación con el v. 27— en el hecho de que no es sobre la base de las obras que son justificados los hombres sino por la fe sola, más que (como en el v. 21) por el hecho de que dicha justificación esté efectivamente a disposición.

29-30. ¿O es Dios *el Dios* de los judíos solamente? indica la conclusión necesaria en caso de que no fuera cierto lo que se afirma en el v. 28. Si no fuera cierto, luego Dios no sería el Dios de todos los hombres, en el sentido

* En *Theologische Zeitschrift 10*, 1954, pp. 401-417.

de que desea y procura la salvación de todos con igual seriedad. Ningún judío de la época de Pablo se hubiese atrevido a cuestionar que Dios es el Dios de todos los hombres en el sentido de ser su Creador, su Rey y su Juez; pero Pablo da por sentado que Dios no es el Dios de ningún hombre sin ser al mismo tiempo su Dios de gracia y misericordia. De modo que a continuación de su pregunta agrega esta otra pregunta: **¿No es *el Dios* de los gentiles también?** a lo cual él mismo contesta con un rotundo **¡Por cierto que de los gentiles también!** Compárense 3.22 y 10.12. Sin cuestionar en modo alguno la realidad del lugar especial de Israel en los propósitos de Dios —lo cual se atestigua con la frase «para el judío primero» de 1.16b (compárense 2.9 y 10) y con pasajes tales como 3.2; 9.4s.; 11.1, 17ss.—, Pablo insiste en el hecho de que el propósito divino es un propósito de gracia y misericordia, igualmente válido para todos los hombres. En apoyo de su afirmación de que Dios es también el Dios de los gentiles, Pablo apela, con su **en vista de que Dios es uno,** al hecho fundamental de la unidad de Dios confesada en el credo de Israel, el *Shema*, que comienza con Deuteronomio 6.4. **y él justificará la circuncisión sobre la base de la fe, y la incircuncisión por medio de la fe** declara lo que para Pablo es el corolario que surge de la confesión de que Dios es uno: que justificará al judío y al gentil por igual por la fe sola. Es poco probable que la variación entre «sobre la base de» y «por medio de» en este caso sea otra cosa que puramente estilística (para lograr variedad), como ya lo reconoció Agustín hace muchos siglos.

31. **¿Invalidamos entonces la ley por *nuestra enseñanza acerca de* la fe? ¡Dios no lo permita! Más bien confirmamos la ley.** Algunos intérpretes han sostenido que este versículo debería conectarse con el capítulo 4 y entenderse como el comienzo de una sección nueva. Nos parece más natural entenderlo como la conclusión de 3.27ss., como hacen muchos otros intérpretes de Romanos. Con respecto al sentido de «invalidamos» y «confirmamos» en este versículo, es probable que Pablo esté reproduciendo en griego un uso del hebreo rabínico, y quiere decir que lo que venía diciendo acerca de la fe no es incoherente en manera alguna con la ley sino que, por el contrario, es perfectamente coherente con ella, y por consiguiente es confirmado por ella. El asunto que se introduce con el «entonces» en la primera mitad del versículo indica una falsa conclusión a la que Pablo reconoce que se podría arribar en base a lo que estaba diciendo. Se podría pensar que lo que se ha dicho de la fe no guarda concordancia con la ley, y la cuestiona. Pablo rechaza categóricamente esa lectura de la situación. Más bien, la verdad es que, bien entendida, la ley apoya o confirma la doctrina de la fe.

4. El caso de Abraham como confirmación de la afirmación de que el gloriarse ha quedado excluido

4.1-25

La función de esta sección es la de confirmar la verdad de lo que se dijo en la primera parte de 3.27. (Al mismo tiempo agrega también una contribución propia, particularmente en los vv. 17b-22, a la exposición sobre «por fe».) Si alguien tiene derecho de jactarse o gloriarse, ése es Abraham, según el criterio judaico. Así, si se puede demostrar que, según la Escritura, Abraham mismo no tiene derecho de gloriarse, se habrá demostrado que nadie tiene semejante derecho, que, efectivamente, la jactancia ha sido excluida.

El primer versículo inicia el tema de Abraham. El resto del capítulo se divide en cinco partes. En la primera (vv. 2-8) Pablo admite que, si Abraham fue justificado sobre la base de sus obras, por cierto que tendría de qué gloriarse. Luego procede a argumentar que, bien entendido, el mismo texto bíblico básico relativo a la justicia de Abraham (Gn. 15.6) da a entender que fue justificado aparte de sus obras. En la segunda (vv. 9-12) señala que, cuando a Abraham su fe le fue reconocida como justicia, todavía no había sido circuncidado, y demuestra su significación. En la tercera (vv. 13-17a) Pablo sostiene que la promesa de que Abraham sería heredero del mundo no le fue dada a Abraham y a su simiente con la condición de que fuese merecida mediante el cumplimiento de la ley, sino simplemente sobre la base de la justicia de la fe. La cuarta (vv. 17b-22) —aunque el v. 17b forma parte, gramaticalmente, de la frase que comienza con el v. 16, en razón de su contenido pertenece a lo que sigue— es una paráfrasis ampliada de Génesis 15.6. Aparte del v. 22, tiene como función extraer el significado de las palabras «y Abraham creyó a Dios». Por consiguiente, se trata de una declaración positiva relativa a la naturaleza esencial de la fe de Abraham. La quinta y última parte (vv. 23-25) subraya la pertinencia, para todos los cristianos, de la fe de Abraham como paradigma de la de ellos, y al mismo tiempo sirve de apropiada conclusión para toda la división principal que comienza en 1.18.

[1]¿Qué, pues, hemos de decir que ha encontrado Abraham, nuestro antepasado según la carne?
[2]Porque si Abraham fue justificado sobre la base de las obras,

luego realmente tiene derecho de gloriarse. Pero no es así cómo lo ve Dios; ³porque, ¿qué dice la escritura? «Y Abraham creyó a Dios, y le fue contado por justicia.» ⁴Ahora bien, si un hombre realmente tiene obras a su favor, su salario no le es contado como asunto de la gracia sino como deuda; ⁵pero al hombre que no tiene ninguna obra a su favor pero cree en el que justifica al impío, su fe le es contada por justicia, ⁶así como David también pronuncia la bendición del hombre a quien Dios acredita justicia aparte de las obras: ⁷«Benditos son aquellos cuyas iniquidades han sido perdonadas y cuyos pecados han sido cubiertos; ⁸bendito es el hombre cuyo pecado el Señor de ningún modo contará.» ⁹¿Se aplica, pues, esta bendición a la circuncisión *solamente* o también a la incircuncisión? Porque decimos: «A Abraham su fe le fue contada por justicia.» ¹⁰¿En qué circunstancias, pues, fue contada? ¿Cuando era circunciso o cuando todavía era incircunciso? No fue cuando era circunciso, sino cuando todavía era incircunciso. ¹¹Y recibió la señal de la circuncisión como sello de la justicia por fe que tenía cuando todavía era incircunciso, a fin de que fuera el padre de todos los que, en estado de incircuncisión, creen, de modo que la justicia les es contada, ¹²y también el padre de la circuncisión para los que no sólo pertenecen a la circuncisión sino también* caminan en los pasos de la fe que tenía nuestro padre Abraham cuando todavía era incircunciso.

¹³Porque no fue sobre la base del *cumplimiento de* la ley que la promesa le fue hecha a Abraham o a su simiente de que sería heredero del mundo, sino sobre la base de la justicia de la fe. ¹⁴Porque si son los *que tienen derecho* sobre la base de *su cumplimiento de* la ley los que son herederos, luego la fe ha sido hecha vana y la promesa anulada; ¹⁵porque la ley obra ira, mas donde no hay ley, allí tampoco hay transgresión. ¹⁶Por esta razón es sobre la base de la fe, a saber, con el fin de que sea según la gracia, para que la promesa tenga certidumbre de cumplimiento para toda la simiente, no solamente para la que es de la ley, sino también para la que es de la fe de Abraham, que es el padre de todos nosotros, ¹⁷ᵃtal como dice la escritura, «Padre de muchas naciones te he hecho»:

¹⁷ᵇdelante de Dios, en quien creyó, *el Dios* que da vida a los muertos y da existencia a las cosas que no son. ¹⁸El en esperanza contra *toda* esperanza creyó, de modo que llegó a ser padre de muchas na-

---

* Sobre la dificultad con respecto al griego en este punto, véase la nota sobre los vv. 11b-12.

ciones según la palabra que le fue hablada, «Así será tu simiente.» [19]Y sin debilitarse en fe consideró su propio cuerpo, que estaba *casi* muerto (porque tenía unos cien años), y el carácter mortecino de la matriz de Sara, [20]y sin embargo no vaciló en incredulidad con respecto a la promesa de Dios, sino que fue fortalecido en la fe, dando gloria a Dios [21]y estando plenamente persuadido de que tenía el poder para hacer lo que había prometido. [22]Es por ello que «le fue contada por justicia».

[23]Pero esta aseveración de la escritura de que «le fue contada» no fue escrita para él solamente, [24]sino para nosotros también, a quienes *nuestra fe* nos ha de ser contada, quienes creemos en aquel que levantó a Jesús nuestro Señor de los muertos, [25]que fue entregado por nuestros pecados y fue levantado para nuestra justificación.

1. ¿Qué, pues, hemos de decir que ha encontrado Abraham, nuestro antepasado según la carne? plantea la cuestión de Abraham como la objeción más obvia posible a la afirmación de que ha sido excluida la jactancia (3.27). El fin es que la verdad de dicha afirmación pueda ser decididamente confirmada por la siguiente demostración de que, según el testimonio de la Escritura, ni siquiera él tiene base para gloriarse, ya que también fue justificado sobre la base de la fe. Si alguien tiene derecho de gloriarse, según el concepto judío, ése es Abraham. Si se puede demostrar, de conformidad con la Escritura, que Abraham mismo no tiene derecho de gloriarse, luego toda jactancia ha quedado realmente excluida. La frase «según la carne» no se ha de relacionar con «antepasado» (menos todavía con «encontrado»), sino con «nuestro». No es cuestión de que tengamos otro antepasado que sea nuestro antepasado de otro modo que según la carne, sino que, si bien somos (es decir, los judíos) hijos de Abraham según la carne, él tiene otros hijos que son hijos suyos en otro sentido (compárense los vv. 11 y 16ss.).

2. Porque si Abraham fue justificado sobre la base de las obras, luego realmente tiene derecho de gloriarse. Estas palabras comienzan con «Porque» debido a que así se explica la relación de la pregunta que acaba de hacerse con el propósito de Pablo de confirmar la verdad de la declaración hecha en 3.27 de que la jactancia ha quedado excluida. Los judíos contemporáneos de Pablo estaban, por cierto, acostumbrados a suponer que Abraham había sido justificado en mérito a sus obras. Según el *Libro de jubileos* (segunda mitad del siglo II a.C.) 23.10, «Abraham fue perfecto en todos sus hechos con el Señor, y agradable en justicia todos los días de su vida». Según la oración de Manasés (de fecha incierta, pero quizá del siglo

I, ya sea a.C. o d.C.) en los apócrifos, Abraham no pecó. Con un punto de vista así resulta claro que tendría motivos para gloriarse. **Pero no es así cómo lo ve Dios** representa cuatro palabras griegas que significan literalmente «pero no hacia Dios». A veces se ha entendido a Pablo en el sentido de que simplemente quería limitar el alcance de la afirmación «luego realmente tiene derecho de gloriarse»: no lo tiene en relación con Dios (donde está implícita la aceptación de la idea de que sí lo tiene en relación con los hombres). Pero, por cuanto Pablo realmente rechaza la suposición de la cláusula condicional («si Abraham fue justificado sobre la base de las obras»), no es probable que hubiera persistido en limitar el alcance de la cláusula principal de esta oración condicional. Además, el concepto del derecho de Abraham de jactarse en relación con los hombres es totalmente inaplicable al contexto. La interpretación natural de estas palabras es, en realidad, que Pablo rechaza aquí la suposición de la cláusula anterior que comienza con «si». Cualquiera sea el punto de vista de los hombres en relación con esta cuestión, el punto de vista de Dios, como lo demuestra la Escritura (compárese el v. 3), no es que Abraham fue justificado sobre la base de las obras.

3. porque, ¿qué dice la escritura? presenta una cita veterotestamentaria para apoyar la última parte del v. 2. Que a la vista de Dios Abraham no fue justificado en base a las obras (y por ende no tiene derecho de gloriarse) resulta claro por Génesis 15.6. **«Y Abraham creyó a Dios, y le fue contado por justicia»** se cita según la Septuaginta, en la que la forma activa «le contó [o 'computó']» del texto hebreo ya ha sido reemplazado por la forma pasiva «le fue contado [o 'computado']». Este versículo, que se refiere al hecho de que Abraham creyó la palabra que Dios le dirigió, la promesa de Dios (Génesis 15.1, 4, 5), figuraba en forma prominente en el pensamiento y en la conceptualización judíos. Ya en 1 Macabeos 2.52 («¿No fue Abraham encontrado fiel en la tentación, y le fue contado por justicia?») la fe registrada se entiende como una acción meritoria de parte de Abraham, como lo indica el uso del término «hechos» (es la misma palabra griega que se traduce «obras» en Romanos 3.20, 27, 28; 4.2, y otras partes) en el versículo anterior. Las palabras atribuidas al rabino Semaías (alrededor del 50 a.C.) son más explícitas: «La fe con la cual su padre Abraham creyó en mí [se entiende que es Dios quien habla] merece que yo les divida el mar, como está escrito: 'Y creyó en el SEÑOR, y él se lo contó por justicia'» (*Mekilta* sobre Ex. 14.15). A partir de entonces se aceptó esta interpretación del versículo en el judaísmo rabínico. Típica es la afirmación que se hace en *Mekilta* sobre Ex. 14.31: «De modo que encontráis que nuestro padre Abraham se hizo heredero de este mundo y el venidero sencillamente por el mérito de la fe con la cual creyó en el SEÑOR, como está escrito: 'Creyó en el SEÑOR, y él se lo contó por justicia'», texto que contiene la significativa expresión «mérito de la fe». Resulta evidente que para el judaísmo rabínico, Génesis 15.6 no constituía en absoluto prueba de que Abraham no fue justificado sobre la base de las obras. Al apelar a esa cita en apoyo de su argumento de que Abraham no fue justificado en base a las obras y no tiene derecho de gloriarse delante de Dios, Pablo estaba apelando deliberadamente al versículo de la Escritura que sus connacionales judíos generalmente tomaban como claro apoyo del punto de vista diametralmente opuesto. El que lo haya hecho resulta altamente significativo, pero de ningún modo sorprendente. Es evidente que resulta esencial para la credibilidad de su argumento que no pasase por alto un texto que para muchos judíos parecía ser la prueba concluyente de lo contrario de lo que estaba tratando de demostrar. Dicho texto, desde cualquier punto de vista, es de importancia capital en el relato bíblico de Abraham. Si se lo interpretaba debidamente debía demostrar que confirmaba el punto de vista que sostenía Pablo. Esto es lo que se dedica a hacer en los vv. 4-8, destacando la significación de las afirmaciones contenidas en Génesis.

4-5. Ahora bien, **si un hombre realmente tiene obras a su favor, su salario no le es contado como asunto de la gracia sino como deuda; pero al hombre que no tiene ninguna obra a su favor pero cree en el que justifica al impío, su fe le es contada por justicia** ha sido explicado de diversos modos. Según Barrett, la interpretación que hace Pablo de Génesis 15.6 gira en torno al uso del verbo que significa «contar» o «computar». Por ello coloca la palabra «contado» entre comillas en su traducción del v. 4, y en su comentario dice que el primer paso de Pablo consiste en «ampararse en el verbo 'contar'». Entiende que la argumentación de Pablo se basa en el supuesto de que «contar» va unido adecuadamente a «creer» y «gracia», pero no a «obra» y «deuda», de modo que «dado que a Abraham se le *contó* [acreditó] la justicia, no puede haber hecho obras, sino que tiene que haber sido receptor de la gracia». Pero esta explicación no tiene en cuenta el hecho de que Pablo mismo usa «contar» en el v. 4 con «como deuda» a la vez que con «asunto de la gracia». Más todavía, no está claro en absoluto el que la explicación de Pablo sobre Génesis 15.6 realmente gira en torno a la palabra que hemos traducido «contar». Resulta muy significativo que en el otro pasaje paulino que apela a Génesis 15.6, o sea, Gálatas 3.6ss., la atención se centra en la palabra «creyó». Además, con seguridad en el presente pasaje el enfático contraste entre «si un hombre realmente tiene obras a su favor» y «al hombre que no tiene ninguna obra a su favor pero cree» indica que Pablo se apoya en el vocablo «creyó» antes que en «fue contado». Esta conclusión se confirma por el hecho de que el significado de «creyó» en

Génesis 15.6 se aclara aún más mediante el agregado de «en el que justifica al impío» después de «cree» del v. 5.

La mejor explicación de la exposición de Pablo de Génesis 15.6 en estos dos versículos es indudablemente la que entiende que gira en torno al hecho de que el versículo de Génesis no hace ninguna mención de obra alguna de Abraham sino simplemente se refiere a su fe. Si se hubiera aludido a alguna obra, en ese caso el acreditársela a Abraham como justicia hubiese sido una cuestión de «deuda» y «salario»; pero el que su fe le fue contada por justicia no puede sino ser asunto de «la gracia», es decir, si su fe se entiende (de conformidad con el contexto de este versículo en Génesis) como su confianza en la promesa divina (compárense Gn. 15.1, 4-5). Mas, una vez que se ha destacado la significación de «creyó» en Génesis 15.6, resulta claro de inmediato que el verbo «computar» o «contar» (tal como se usa en este versículo) tiene que significar un acreditar que no constituye recompensa por mérito, sino una decisión de la gracia divina, gratuita e inmerecida.

El hecho de que Pablo complete «cree» con «en el que justifica al impío» resulta altamente significativo. Decir que Abraham era una persona que no tenía derechos ante Dios sobre la base de las obras («al hombre que no tiene ninguna obra a su favor») equivale a decir que era impío, pecador (podemos comparar la equiparación de la justificación aparte de las obras con el perdón de pecados en los vv. 6-8). La fe que él tenía en Dios era, por lo tanto, necesariamente fe en el Dios que justifica al impío. Que precisamente Dios hace esto es, justamente, el significado de su gracia (compárese «como asunto de la gracia» en el v. 4). Podemos reconocer en las palabras «el que justifica al impío» un reflejo del lenguaje de Exodo 23.7; Proverbios 17.15; 24.24; Isaías 5.23; pero resulta equivocado decir, como lo hace Barrett, que ellas «describen a Dios como si estuviera haciendo lo que el Antiguo Testamento prohíbe». En la Septuaginta todos estos pasajes se refieren a jueces humanos: se les prohíbe absolver al culpable, particularmente por amor a los sobornos. Por cierto que resulta suficientemente obvio que la justificación de los impíos a que se refiere Pablo es algo totalmente diferente de las cosas sobre las cuales el Antiguo Testamento advierte a los jueces humanos. Por lo que hace al texto hebreo de Exodo 23.7, la última parte del cual es una declaración divina, «no justificaré al inicuo», da testimonio de una verdad que de ningún modo queda contradicha por el perdón al cual alude Pablo. Este no es un perdón barato destinado a condonar la iniquidad, sino el perdón costoso, justo y verdaderamente misericordioso «por medio de la redención *realizada* en Cristo Jesús», que se ha de entender a la luz de 3.24-26.

6-8. Es muy probable que aquí Pablo esté aplicando conscientemente un principio exegético rabínico; pero es de suma importancia comprender que este argumento no es sólo verbal sino sustancial. La validez de su apelación al Salmo 32.1-2 para contribuir a interpretar Génesis 15.6 no es solamente cuestión de la presencia de un término común («computar» o «contar») en ambos lugares. Su apelación al pasaje de los Salmos tiene validez interna y sustancial, por cuanto el que Dios compute justicia al hombre «aparte de las obras» es, en efecto, equivalente al perdón de su pecados.

así como David también pronuncia la bendición (no «bienaventuranza», porque esta es otra palabra griega) **del hombre a quien Dios acredita justicia aparte de las obras.** Por medio de la cláusula relativa, que reúne el pensamiento de los vv. 4 y 5, Pablo hace la conexión entre el pasaje que está a punto de citar y Génesis 15.6, identificando el perdón de pecados con el reconocimiento de justicia aparte de las obras.

«Benditos son aquellos cuyas iniquidades han sido perdonadas y cuyos pecados han sido cubiertos; bendito es el hombre cuyo pecado el Señor de ningún modo contará» sigue exactamente la versión de la Septuaginta del Salmo 32.1-2. El verbo «cubrir», que se usa para la idea de cubrir el pecado en sentido malo (de ocultar en lugar de confesar) en Job 31.33 y Proverbios 28.13, y en buen sentido (con referencia a una acción humana) en Proverbios 10.12 y 17.9, se usa aquí para denotar el perdón divino, como también en el Salmo 85.2.

9. **¿Se aplica, pues, esta bendición a la circuncisión** *solamente* **o también a la incircuncisión?** es el comienzo de la segunda parte de 4.2-25. Podemos suponer que en general los rabinos de la época de Pablo darían por sentado que la bendición pronunciada en el Salmo 32.1-2 se aplicaba exclusivamente a los judíos. Con **Porque decimos: «A Abraham su fe le fue contada por justicia»** Pablo comienza su respuesta a la pregunta anterior, completándola en los vv. 10-12. El «Porque» inicial puede explicarse como implicación de un «También a la incircuncisión» no expresado. Pablo apela ahora nuevamente a Génesis 15.6 para interpretar el Salmo 32.1-2.

10. **¿En qué circunstancias, pues, fue contada? ¿Cuando era circunciso o cuando todavía era incircunciso? No fue cuando era circunciso, sino cuando todavía era incircunciso.** La condición de Abraham, en el momento en que su fe le fue contada por justicia, era la de incircunciso; su circuncisión no se relata sino dos capítulos más adelante (en Gn. 17.1ss., donde se dice que tiene noventa años de edad; en 16.16 se dice que tenía 86 cuando nació Ismael, lo cual ocurrió algún tiempo después de lo que se registra en 15.1ss.; según la cronología de los judíos la circuncisión de Abraham tuvo lugar 29 años después de la promesa de Gn. 15.6). Por lo tanto, si se debe interpretar el Salmo 32.1-2 con ayuda de Génesis 15.6, se sigue que la bendición pronunciada por el salmo no puede limitarse a los que pertenecen a la circuncisión.

11a. Y recibió la señal de la circuncisión como sello de la justicia por fe que tenía cuando todavía era incircunciso afirma tanto que Abraham recibió la circuncisión, como también que la justicia ya le había sido computada antes de que fuera circuncidado, y por ello constituye base tanto para el v. 12 como también para el v. 11b. La palabra griega traducido como «señal» es la misma que se usa en la Septuaginta en Génesis 17.11, donde la versión revisada inglesa (RV) tiene «prenda». La circuncisión es una señal externa, algo que justamente señala la realidad de aquello que significa: el pacto concertado por Dios con Abraham y su simiente según Génesis 17.11. Aquí las palabras de Pablo la caracterizan como el sello, vale decir, la autenticación, la ratificación y garantía, externa y visible, de la justicia por la fe de que ya disfrutaba Abraham cuando todavía era incircunciso. (Es bastante probable, aunque no totalmente seguro, que la costumbre de hacer referencia a la circuncisión como sello ya estaba bien establecida en el judaísmo en la época de Pablo.) Las palabras implican que la circuncisión de Abraham, si bien no le otorgaba una posición de justicia, no obstante era de valor como testimonio externo y visible de la posición de justicia que ya poseía.

11b-12. a fin de que fuera el padre de todos los que, en estado de incircuncisión, creen, de modo que la justicia les es contada, y también el padre de la circuncisión para los que no sólo pertenecen a la circuncisión sino también caminan en los pasos de la fe que tenía nuestro padre Abraham cuando todavía era incircunciso. La intención de Dios al hacer que Abraham se circuncidase era que fuese el punto de unión entre todos los que creen, sean circuncisos o incircuncisos. Abraham era, por una parte, en virtud de haber sido él justificado mientras era todavía incircunciso, padre de todos los que a pesar de ser incircuncisos creen, y, por otra parte, en virtud del hecho de que posteriormente recibió la circuncisión, padre de todos los que, siendo circuncisos, no sólo han sido circuncidados sino que a la vez son creyentes. Rasgo desconcertante del v. 12 es la presencia del artículo determinado delante de la palabra griega (se trata de un participio) representada por «caminar», que tiene el efecto de dar a entender que se trata de un grupo totalmente distinto del que se acaba de mencionar. Pero esto no sólo es opuesto a lo que parece ser el claro sentido de la oración; también se descarta gramaticalmente por la posición del artículo determinado anterior, en el griego, en relación con las palabras representadas por «no» y «sólo». Dado que la objeción a la presencia de esta palabra griega, sobre la base del sentido del pasaje, se confirma así por el hecho perfectamente objetivo de su falta de consonancia con la gramática de la oración (aspecto que con frecuencia no se tiene en cuenta), parecería que con justicia podemos considerarla como un simple error, ya sea de un copista muy primitivo, o de Tercio, o de Pablo mismo, y por lo tanto ignorarla en la traducción.* Se debe tener presente que, si bien aquí ocupa la atención de Pablo el parentesco con Abraham que depende de que se comparta su fe, no tiene la intención de negar la realidad del parentesco con Abraham «según la carne» (v. 1) en el caso de los judíos que no comparten su fe, ni de dar a entender que dichos judíos quedan totalmente al margen de las promesas (compárese lo que se dijo sobre 2.28-29).

13 es el comienzo de la tercera parte de 4.2-25. Ha sido interpretado de distintas maneras, pero probablemente convenga entenderlo siguiendo las líneas indicadas por la traducción: **Porque no fue sobre la base del** *cumplimiento de* **la ley que la promesa le fue hecha a Abraham o a su simiente de que sería heredero del mundo, sino sobre la base de la justicia de la fe.** La declaración de Pablo aparece en marcado contraste con la suposición rabínica de que todas las promesas fueron hechas a Abraham sobre la base de su cumplimiento de la ley (la que, según ellos, ya era conocida y cumplida acabadamente por él, aun cuando todavía no había sido promulgada), y con la comprensión que tenían ellos de la fe de Abraham como obra meritoria en sí misma. Con respecto a las palabras «o su simiente», se ha sugerido que Pablo quizá esté pensando en Cristo como la verdadera simiente de Abraham (compárese Gá. 3.16); pero en vista de los vv. 16 y 17 no parecería probable que sea así. Más bien, su idea, cuando adopta la expresión «tu simiente» que aparece vez tras vez en el registro de las promesas de Dios a Abraham (Gn. 12.7; 13.15-16; 15.5, 18; 17.8; 22.17-18) se vincula con todos aquellos de los cuales se dice en los vv. 11 y 12 que Abraham es su padre. En ninguna parte del Antiguo Testamento se expresa la promesa a Abraham en términos parecidos, ni remotamente, al de «que sería heredero del mundo». Lo que se promete en los diversos pasajes de Génesis es una progenie innumerable, la posesión de la tierra de Canaán, y que todas las naciones de la tierra serían bendecidas (o se bendeciría a sí mismas) en Abraham o en su simiente. Pero el judaísmo comenzó a interpretar la promesa a Abraham en forma mucho más amplia.

---

* Normalmente se debería ser extremadamente cauto en cuanto a aceptar una enmienda conjetural, es decir, una lectura que no tiene ningún apoyo en la tradición textual del Nuevo Testamento (manuscritos griegos, versiones antiguas, etc.) ya que, por lo que hace al Nuevo Testamento, la enorme riqueza de los testimonios primitivos en torno al texto es tal que, en general, se debe dar por supuesto que es altamente improbable que la lectura original no haya sobrevivido en ninguno de ellos. Pero la verdad es que el caso presente - el incómodo artículo determinante tiene el apoyo unánime de la tradición textual - parecería ser excepcional.

Así, por ejemplo, Eclesiástico 44.21 contiene las palabras: «Por lo tanto le aseguró por un juramento ... que ... exaltaría su simiente como las estrellas, Y haría que heredasen de mar a mar, Y desde el Río hasta lo último de la tierra». Tal vez el mejor comentario sobre el significado de la promesa, como la entendía Pablo, lo proporcione 1 Corintios 3.21b-23 («Porque todas las cosas son vuestras; sea Pablo, o Apolos, o Cefas, o el mundo, o la vida, o la muerte, o las cosas presentes, o las cosas por venir; todas son vuestras; y vosotros sois de Cristo; y Cristo es de Dios»). Fue la promesa de la restauración definitiva, a Abraham y su simiente espiritual, de la herencia humana (compárese Gn. 1.27-28) que se perdió por el pecado. Ahora podemos pasar a explicar el «Porque» del comienzo del versículo como indicación de la introducción de una consideración adicional para apoyar lo que ya se ha dicho a modo de prueba de que Abraham no constituye una excepción a la declaración de 3.27 de que la jactancia ha sido eliminada.

14. Porque si son los *que tienen derecho* **sobre la base de** *su cumplimiento de* **la ley los que son herederos, luego la fe ha sido hecha vana y la promesa anulada.** Este versículo también se ha entendido de varias maneras. La interpretación más simple y la más natural, especialmente en razón del v. 15, es indudablemente la que considera que el punto de vista de Pablo (expresado para apoyar lo que acaba de decir en el v. 13) es que, si fuera cierto que son los que tienen derecho a la herencia sobre la base de su cumplimiento de la ley los que son herederos, la fe sería vana y la promesa nada más que letra muerta. Sería así ya que, dada esta condición, no podría haber herederos, excepto Cristo mismo, por cuanto no habría nadie, salvo él, que tenga derecho de exigirle algo a Dios sobre la base de su obediencia.

Si la interpretación del v. 14 que se ofrece arriba es aceptada, luego la relación entre la primera mitad de **15** y el v. 14 resulta perfectamente clara. **porque la ley obra ira** confirma el v. 14 al llamar la atención al hecho de que la ley no es algo que el hombre podría esperar cumplir tan adecuadamente como para establecer un derecho ante Dios. Su verdadero efecto, siendo los hombres lo que son, consiste en provocar la ira divina al convertir su pecado en transgresión consciente y así hacerlo mucho más pecaminoso. Podemos comparar 3.20b; 5.20a; 7.7-13; Gálatas 3.19a. **mas donde no hay ley, allí tampoco hay transgresión** se agrega con el fin de aclarar la primera mitad del v. 15. Estas palabras ponen de manifiesto la característica esencial de la situación que se da ante la ausencia de la ley, con el objeto de indicar cuál es el proceso por el cual el advenimiento de la ley obra ira: convertir el pecado en transgresión consciente. (La ley, al mostrarles a los hombres, con claridad ineludible, que lo que están haciendo es contrario a la declarada voluntad de Dios, le da a la decisión de ellos de seguir haciéndolo el carácter de desobediencia consciente e intencional, de deliberada rebelión contra

Dios; en la Biblia «transgresión» denota el acto de desobedecer mandamientos concretos.)

16. Las dos palabras iniciales de este versículo en el original griego (literalmente, «Debido a esto» o «Por esta razón») pueden referirse ya sea, retrospectivamente, al v. 15 o al v. 14 (si el v. 15 se entiende como un paréntesis), o a los vv. 14 y 15 juntos, y por lo tanto significan «Por lo cual», o pueden referirse a algo que está más adelante. En vista del «con el fin de que» que viene casi inmediatamente después, es indudable que es preferible entender que se refieren a lo que está por delante, como en la traducción: **Por esta razón es sobre la base de la fe, a saber, con el fin de que sea según la gracia, para que la promesa tenga certidumbre de cumplimiento para toda la simiente, no solamente para la que es de la ley, sino también para la que es de la fe de Abraham.** El pronombre neutro tácito tanto en «[ello] es sobre la base de la fe», como en «[ello] pueda ser según la gracia» puede referirse a «la promesa» (v. 13) o a «la herencia» (entendida de «herederos» en el v. 14), o —y es probable que esto sea lo más conveniente— podemos entender que Pablo está pensando en algo más abarcador, el plan de salvación divino. Dios ha hecho que su plan de salvación dependa, por el lado del hombre, no del cumplimiento de su ley, sino solamente de la fe, con el fin de que, por el lado suyo, pueda ser de conformidad con la gracia.

Con respecto al segundo propósito indicado en este versículo, es decir, «para que la promesa ... la fe de Abraham», tenemos que decidir si se pone el acento principal sobre «certidumbre de cumplimiento» o sobre «para toda ... la fe de Abraham». Si recae sobre la primera frase, entonces lo que se está recalcando en la declaración sobre el propósito divino es que la promesa ha de tener seguro cumplimiento en lugar de ser una promesa hueca (como lo hubiera sido, si el plan de Dios hubiese tenido que depender del cumplimiento de la ley por los hombres). En cambio, si recae sobre la segunda, entonces lo que se está destacando es que la promesa puede ser para toda la simiente, en lugar de ser solamente para la que pertenece a la ley. De estas alternativas, la primera encaja mucho mejor en el contexto, porque la implicancia del v. 15 no es la de que sólo parte de la simiente de Abraham habría de heredar sino que ninguno habría de heredar, si la herencia se limitara a «los *que tienen derecho* sobre la base de *su cumplimiento de* la ley». El hecho de que «para toda» reciba un realce considerable al ser ampliado en las palabras que siguen (incluida la apelación a Gn. 17.5, que se cita en los vv. 17 y 18) no significa que tiene que ser el pensamiento principal que Pablo quiere expresar aquí. Más bien se trata de un pensamiento secundario, pero, una vez mencionado, se lo amplía y desarrolla, porque es importante en sí mismo. La frase griega, que hemos traducido como «para la que es de la ley» se entiende a veces como referencia a los judíos como tales. Es más probable que se refiera a los cristianos judíos, que poseen la ley a la vez que participan de la fe de Abraham, mientras «la que es de la fe de Abraham» se refiere a los cristianos gentiles, que comparten la fe de Abraham sin poseer la ley. Las palabras **que es el padre de todos nosotros** repiten el pensamiento de los vv. 11b y 12.

17a. tal como dice la escritura, «Padre de muchas naciones te he hecho» ofrece confirmación escritural de lo que se acaba de decir. Las palabras citadas constituyen en su contexto original en Génesis 17.5 una explicación del significado del nombre «Abraham». En Génesis la idea podría estar relacionada simplemente con los ismaelitas y los edomitas, y los descendientes de Abraham y Cetura, aunque es posible que ya estemos en presencia de una idea de mucho más alcance.

17b. delante de Dios, en quien creyó es, en razón de su esencia, el comienzo de la cuarta parte de 4.2-25, aunque gramaticalmente esta frase está relacionada con la última cláusula del v. 16, mientras que el v. 17a constituye un paréntesis. Abraham es padre de todos a la vista de Dios. Así es como ve Dios el asunto, sea como fuere el parecer de los judíos. Las palabras llevan a una declaración positiva acerca de la naturaleza de la fe de Abraham. El resto del versículo caracteriza al Dios en el cual creía Abraham mediante una referencia a dos atributos de la soberanía divina, tal como ella se exhibe en el relato de Abraham, y como lo confiesa el judaísmo. Abraham creyó en *el Dios* **que da vida a los muertos**. Compárese la segunda bendición de las Dieciocho Bendiciones usadas en el culto de la sinagoga («Bendito eres tú, oh SEÑOR, que das vida a los muertos»); también Sabiduría 16.13; Tobías 13.2 (compárense tamb. Dt. 32.39; 1 S. 2.6; 2 R. 5.7). Pablo tiene presente la reanimación del cuerpo de Abraham y de la matriz de Sara, quienes desde el punto de vista de la posibilidad de formar una familia estaban como muertos (compárese el v. 19). Posiblemente también piensa en la inesperada preservación de la vida de Isaac (Gn. 22: compárese He. 11.19), y con seguridad también, en el trasfondo, la resurrección de Jesús (compárense los vv. 24 y 25). **y da existencia a las cosas que no son** completa la doble caracterización al hacer referencia al poder creador de Dios. «Aquel que habló y el mundo adquirió existencia» es una descripción de Dios usada por diversos maestros judíos.

18. El en esperanza contra *toda* esperanza creyó. La fe de Abraham significa poner las esperanzas en la promesa de Dios, a pesar de todas las expectativas y cálculos humanos. La palabra «esperanza» se usa aquí en dos sentidos. Un buen comentario lo proporcionan las siguientes líneas de Charles Wesley:

> «En esperanza, contra toda esperanza humana,
>   Desesperado de mí mismo, creo...
> La fe, fe poderosa, la promesa ve,
>   Y pone sólo en ella los ojos;
> Se ríe de las imposibilidades,
>   Y exclama: ¡Se hará!»

Algunos prefieren no colocar ningún signo de puntuación después de «creyó», y entender que las palabras griegas que siguen significan «que se convertiría en padre de muchas naciones». Sin embargo, la construcción griega que esto requeriría resultaría muy sorprendente, y es mucho mejor colocar una coma después de «creyó», y entender las palabras que vienen a continuación como cláusula consecutiva: **de modo que llegó a ser padre de muchas naciones.** El efecto del agregado de **según la palabra que le fue hablada, «Así será tu simiente»,** es el de conectar las palabras precedentes, incluida la frase de Génesis 17.5, con Génesis 15.5, y así con la promesa misma a la cual se refiere Génesis 15.6, el versículo que es básico para todo este capítulo de Romanos.

19-21. Y sin debilitarse en fe consideró su propio cuerpo, que estaba *casi* muerto (porque tenía unos cien años), y el carácter mortecino de la matriz de Sara, y sin embargo no vaciló en incredulidad con respecto a la promesa de Dios. Aquí hay una variante interesante en la tradición textual, ya que algunos testimonios antiguos tienen una partícula negativa delante de «consideró» (así: «no consideró»; compárese VRV1, «ni consideró»). Ambas lecturas permiten interpretaciones que se acomodan perfectamente bien al contexto. Si se lee la forma negativa, puede entenderse de la siguiente manera: debido a su fe no debilitada, Abraham no concentró toda su atención en sus propias circunstancias nada promisorias. Si se acepta la lectura positiva, puede entenderse así: debido a su fe no debilitada, Abraham consideró firmemente, sin procurar engañarse a sí mismo, sus circunstancias nada promisorias, pero, como indica en seguida el v. 20, no permitió que lo que vio le hiciera dudar de la promesa divina. La lectura sin la partícula negativa tiene fuerte apoyo textual, y al mismo tiempo ha de preferirse como la menos obvia. Pocas dudas caben de que se la debe aceptar. Tal vez deberíamos reconocer en el v. 19 el intento de Pablo de hacer justicia a Génesis 17.17, entendiendo lo que allí se registra sobre Abraham como la expresión, no de incredulidad, sino de una honesta y perspicaz aceptación de los hechos que rodeaban el caso.

La traducción de VM de la primera parte del v. 20 («sino que, *mirando* a la promesa de Dios, no vaciló») se debe al hecho de no ver que la preposición griega, que generalmente significa «a» o «hacia», tiene aquí el sentido de «con referencia a», «en relación con». Esta versión ha introducido una referencia al acto de mirar que no está presente en el original, y ha destruido la íntima relación entre «no vaciló» y «la promesa de Dios». La referencia a la promesa divina a esta altura tiene vital importancia. Aclara que la fe a que se refiere Pablo no es una actitud humana egocéntrica, por más que sea heroica, sino que se basa enteramente en la promesa divina, y es regulada por ella. La promesa sobre la cual descansa es la que constituye su poder. Existe porque un hombre ha sido subyugado, sostenido y sustentado por la promesa de Dios.

La combinación de la declaración positiva **sino que fue fortalecido en la fe** con la declaración negativa, «no vaciló en incredulidad», sirve para poner de manifiesto con mayor claridad la verdadera naturaleza de la fe, al mostrarla en su oposición a la incredulidad y en su victoria sobre ella. En una situación en la que todo parece haberse confabulado contra la promesa, la fe consiste en poder descansar en la promesa sola, sin exigir señales visibles o tangibles. Pablo agrega **dando gloria a Dios.** El hombre da gloria a Dios cuando reconoce la veracidad de Dios y confía en ella. Calvino comenta así: «No puede dársele honra mayor a Dios que la de sellar su verdad con nuestra fe». Al hacer suya la promesa divina y creerla, Abraham hizo lo que los hombres, de los que se habla en 1.21-23, no hicieron. **y estando plenamente persuadido de que tenía el poder para hacer lo que había prometido** completa la descripción de la fe de Abraham, destacando el hecho de que se trataba de fe en el Dios que había prometido, y no solamente en lo que se le había prometido.

22. Es por ello que «le fue contada por justicia» concluye la cuarta parte de 4.2-25. Los versículos anteriores han hecho resaltar el significado de la primera parte de Génesis 15.6 según la Septuaginta («Y Abraham creyó a Dios»), y ahora el «Es por ello», con el cual Pablo comienza su cita de la última parte del versículo, deja aclarado que porque la fe que Abraham tenía en Dios, a la que se refiere la primera parte del versículo, era justamente el tipo de actitud que Pablo acababa de demostrar que era, Dios se la acreditó como justicia.

23-25 forman la quinta parte y el final de 4.2-25. **Pero esta aseveración de la escritura de que «le fue contada» no fue escrita para él solamente, sino para nosotros también** destaca el hecho de que lo que la Escritura dice acerca de Abraham no quedó registrado simplemente como parte de la historia del patriarca, como recuerdo de él, a fin de que los hombres pudiesen tener memoria de su personalidad. Se escribió para nosotros también, porque su fe en Dios, y el hecho de que le fue contada por justicia, tienen pertinencia directa para nosotros.

Las palabras **a quienes *nuestra fe* nos ha de ser contada** explican la pertinencia de la historia de Abraham para Pablo y para aquellos a quienes escribe: a ellos también la fe —la fe de ellos— les será contada por justicia. Algunos comentaristas insisten en que «nos ha de ser contada» tiene que referirse al juicio final. Esta interpretación es posible; pero en vista de la tendencia general del lenguaje de Pablo con relación a la justificación (especialmente en 5.1 y 9) y también en vista del tiempo verbal pretérito («le fue contada») en el versículo de Génesis que Pablo estaba exponiendo, es más probable, por cierto, que sea una referencia a la justificación. Esta es vista no como esperanza escatológica de los cristianos, sino como el hecho que deben presuponer confiadamente como la base de su vida actual. El verbo griego que hemos traducido como «ha de ser» probablemente se usa en este caso con el fin de destacar la certidumbre de algo ya decidido por Dios e incluido en sus planes. El hecho de que aquellos para el bien de los cuales —como también para Abraham— fue escrita la declaración que se acaba de citar, tomada de Génesis 15.6, abarca a Pablo mismo y a aquellos a quienes se está dirigiendo, como también a todos los cristianos en general, queda aclarado por las palabras **quienes creemos en aquel que levantó a Jesús nuestro Señor de los muertos.** Con relación a la centralidad de la resurrección de Jesús para la fe cristiana, y la estrecha asociación entre la referencia a la resurrección y el uso del título «Señor» para Jesús, véase el comentario sobre 10.9. La referencia a la resurrección de Jesús como acto de Dios es característica del Nuevo Testamento (compárense, por ejemplo, 8.11; 10.9; tamb. Hch. 3.15; 4.10; 1 Co. 6.14; 15.15; 2 Co. 4.14; 1 P. 1.21; sólo en Jn. 2.19, 21; 10.17, 18, se hace referencia a ella como lograda por Jesús mismo). Hay una notable solemnidad en torno a la última parte del v. 24, que prepara el camino para el v. 25. Este es la solemne conclusión tanto de la sección IV.4 como también de toda la división principal IV.

que fue entregado por nuestros pecados y fue levantado para nuestra justificación parece una cita de una fórmula tradicional. No hay por qué dudar de que aquí puede verse la influencia de Isaías 52.13-53.12. El verbo traducido «entregado» es un verbo demasiado obvio para su uso en esta conexión como para que su presencia aquí resulte ser, por sí sola, reminiscencia del pasaje de Isaías. En la versión de la Septuaginta aparece tres veces (una en 53.6 y dos en 53.12). Pero su conjunción con «por nuestros pecados» resulta significativa a la luz de la versión de Isaías 53.6 y 12 en la Septuaginta. Además, hay un notable paralelo (aunque generalmente no se lo nota) entre la asociación de la justificación con la resurrección de Cristo, en la segunda mitad del v. 25, y la referencia en el texto hebreo de Isaías 53.11 al hecho de que el Siervo justifica a muchos (la Septuaginta tiene el verbo «justificar» pero difiere ampliamente del hebreo aquí) que aparece en la estrofa final del cántico que parecería hablar de la resurrección del Siervo (aunque el término en sí no aparece).

Estas dos cláusulas no deben entenderse, por supuesto, «rígidamente» (empleando un término de Bruce), como si se quisiese hacer una separación estricta entre la función de la muerte de Cristo y la función de su resurrección (5.9 aclara que hay una relación entre la muerte de Cristo y nuestra justificación). Al mismo tiempo, sería un error llegar a la conclusión de que la formación de ambas cláusulas ha sido armada exclusivamente en base a consideraciones retóricas. Porque nuestros pecados hacían necesaria, en primer lugar, la muerte expiatoria de Cristo. Sin embargo, si su muerte no hubiese sido seguida por su resurrección, no hubiera sido el poderoso acto de Dios capaz de obrar nuestra justificación. Las palabras «por» y «para» representan la misma preposición griega que tiene los dos sentidos expresados («debido a» en el primer caso, y «con el fin de lograr» en el segundo).

V. La vida prometida
a quienes son justos por la fe:
exposición sobre «vivirá»

5.1-8.39

Exactamente dónde comienza la nueva división principal es algo que se discute. Algunos piensan que los primeros once versículos del capítulo 5, otros que la totalidad del capítulo, van con lo que lo precede, mientras que otros entienden que hay un corte significativo entre los capítulos 4 y 5. No se puede negar que hay una marcada afinidad lingüística entre el capítulo 5, particularmente 5.1-11, y los capítulos anteriores. Sin embargo, esto no es prueba de que ninguna de las partes del capítulo 5, ni el total, deba considerarse como perteneciente a la misma división principal de la epístola, 1.18-4.25. Porque, si la nueva división principal es una descripción de la vida que se les promete a quienes son justos por la fe, un modo de destacar lo que significa haber sido justificado por la fe, entonces resulta perfectamente comprensible que parte del vocabulario característico de la división principal anterior reaparezca en la nueva, y especialmente en su primera parte. La razón principal para asociar el capítulo 5 con los que le siguen, antes que con los que lo preceden, es el carácter de su contenido. A nuestro parecer, es paralelo, en virtud de su sustancia, a los tres capítulos siguientes que coinciden exactamente con las secciones lógicas. En cada uno de los cuatro capítulos la primera sección constituye una declaración básica relativa a la vida prometida al hombre que es justo por la fe, o relativa al significado de la justificación. Las cuatro secciones iniciales sostienen que ser justificado significa ser reconciliado con Dios, ser santificado, ser librado de la condenación de la ley y ser objeto de la residencia del Espíritu de Dios; en cada caso lo que sigue a la sección inicial es una aclaración necesaria de lo que se ha dicho en ella. Pero, además del argumento basado en el contenido, se pueden mencionar dos asuntos formales. El primero es que la presencia de una u otra de las fórmulas «por medio de nuestro Señor Jesucristo», «por medio de Jesucristo nuestro Señor» y «en Cristo Jesús nuestro Señor» al comienzo, en el medio y al final del capítulo 5, y al final de cada uno de los tres capítulos sucesivos, tiene el efecto de vincular a los cuatro capítulos entre sí. El segundo es que la solemne fórmula que concluye el capítulo 4 sugiere con fuerza que 4.25 marca el final de una división principal de la epístola.

1. Una vida caracterizada por la paz para con Dios

5.1-21

Una notable variedad de títulos se ha sugerido para esta sección, y las secciones que la componen, en diversos comentarios. Pero el contenido de los vv. 1, 10 y 11 constituye, seguramente, suficiente garantía para afirmar que Pablo mismo ha ofrecido una indicación bastante clara de que su principal preocupación en la primera sección gira en torno al hecho de que quienes son justificados están en paz con Dios. Además, una comparación de las estructuras de los capítulos 5, 6, 7 y 8 sugiere insistentemente la probabilidad de que el resto de este capítulo será en cierto modo una aclaración de la primera sección o una elucidación de lo que está implícito en ella o se ha de inferir de ella. El que sea, de hecho, por lo menos formalmente, una conclusión basada en ella lo indica la expresión griega (traducido como «Por lo cual») con la que comienza el v. 12, si le damos a dicha expresión su significado natural. Parecería, por consiguiente, que las indicaciones que Pablo mismo ha proporcionado con relación al movimiento de sus ideas apuntan a la conclusión de que el hecho de nuestra paz con Dios se ha de considerar como el tema que le da unidad a la sección en su conjunto.* A nuestro entender, un examen detallado del texto apoya esta conclusión.

(i) Paz para con Dios

5.1-11

¹Habiendo sido justificados, pues, sobre la base de la fe, tenemos paz para con Dios por medio de nuestro Señor Jesucristo, ²por medio de quien también hemos obtenido acceso [por la fe] a esta gracia en la cual nos hemos afirmado, y nos regocijamos en la es-

---

* Compárese el título que le asigna Barth a este capítulo en su *A Short Commentary on Romans*: «The Gospel as Man's Reconciliation with God».

peranza de la gloria de Dios. ³Y no sólo *esto*, sino que también nos regocijamos en las aflicciones, sabiendo que la aflicción obra perseverancia, ⁴y la perseverancia aprobación, y la aprobación esperanza. ⁵Y esta esperanza no nos avergüenza, porque el amor de Dios ha sido derramado en nuestros corazones por medio del Espíritu Santo quien nos ha sido dado. ⁶Porque, cuando todavía éramos impotentes, Cristo murió por hombres impíos en el momento señalado. ⁷Porque alguien apenas morirá por un hombre justo; por un benefactor tal vez alguien podría llegar a ofrecerse a morir. ⁸Pero Dios demuestra su amor por nosotros por el hecho de que Cristo murió por nosotros cuando todavía éramos pecadores. ⁹Por lo tanto, dado que ya hemos sido justificados por su sangre, mucho más seremos salvos de la ira por medio de él. ¹⁰Porque si cuando éramos enemigos fuimos reconciliados a Dios por medio de la muerte de su Hijo, mucho más, habiendo sido reconciliados, seremos salvos por su vida. ¹¹Y no solamente *esto*; también nos regocijamos en Dios por medio de nuestro Señor Jesucristo, por quien ahora ya hemos recibido la reconciliación.

Estos versículos demuestran que la vida prometida para el hombre que es justo por la fe es una vida caracterizada por la paz con Dios («tenemos paz para con Dios» en el v. 1; «fuimos reconciliados a Dios» y «habiendo sido reconciliados» en el v. 10; «hemos ... recibido la reconciliación» en el v. 11). Confirman la sorprendente verdad de que el inmerecido amor de Dios por medio de Cristo ha convertido a muchas personas de enemigas de Dios en personas que están en paz con él, en sus amigas. La reconciliación de la cual está hablando Pablo no se ha de entender simplemente como igual que la justificación (entendiéndose ambos términos como metáforas diferentes que denotan lo mismo). Tampoco debe verse como una consecuencia de la justificación, es decir como un resultado que se produce después. El pensamiento es, en realidad, que —en el caso de la justificación divina de los pecadores— la justificación comprende necesariamente la reconciliación. Mientras que entre un juez humano y una persona acusada puede no haber en absoluto ninguna relación personal realmente profunda, la relación entre Dios y el pecador es totalmente personal, tanto porque Dios es el Dios que es, como también porque es contra Dios mismo que el pecador ha pecado. La justificación divina de los pecadores, entonces, necesariamente comprende también su reconciliación, la eliminación de la enemistad, el establecimiento de la paz. Esta sección, por lo tanto, está poniendo de manifiesto algo ya implícito en 3.21-26. El hecho de que los hombres han sido justificados significa que también tienen que haber sido reconciliados. El hecho de que son justos por la fe significa que ahora viven como amigos de Dios.

Los vv. 2b-5 describen esta vida en paz con Dios, destacando particularmente la esperanza que es un rasgo característico de ella. Los vv. 6-8 se ocupan de la referencia al amor de Dios en la parte final del v. 5, y ponen de manifiesto la naturaleza del amor de Dios para con nosotros como algo enteramente inmerecido y espontáneo. Los vv. 9 y 10 retoman el tema de la esperanza, y afirman confiadamente, en dos declaraciones paralelas, la seguridad del cumplimiento de nuestra esperanza, de nuestra salvación final. El v. 11 se refiere a nuestro presente regocijo jubiloso en Dios por medio de Cristo, por quien hemos recibido la reconciliación con Dios.

Es digno de notar que toda esta sección aparece en la primera persona del plural.

1. Habiendo sido justificados, pues, sobre la base de la fe conecta lo que sigue con 1.18-4.25, cuyo argumento (sintetizado en la cláusula en participio) resulta fundamental para todo lo que va de 5.1 a 8.39. Sobre la inclusión de un resumen de una sección previa al comienzo de una sección nueva podemos ver 3.23 (que resume 1.18-3.20) y 8.1 (que resume 7.1-6).

tenemos* paz para con Dios declara el tema de la sección: los que han sido justificados por Dios tienen paz con él. Aquí «paz» denota, no sentimientos subjetivos de paz (aunque tales sentimientos pueden, por cierto, resultar), sino el estado objetivo de encontrarse en paz y no en enemistad. Esto es claro por las declaraciones paralelas de los vv. 10 y 11 («cuando éramos enemigos fuimos reconciliados», «habiendo sido reconciliados» y «hemos recibido la reconciliación»). Surge el siguiente interrogante: ¿Qué importancia tiene la combinación de «Habiendo sido justificados» y «tenemos paz»? Para expresarlo de otro modo, ¿Cuál era para Pablo la relación entre la reconciliación y la justificación? La respuesta acertada parecería no ser que la reconciliación es una consecuencia de la justificación, como tampoco que la justificación y la reconciliación son metáforas diferentes que denotan lo mismo, sino que la justificación *de Dios* comprende la reconciliación porque Dios es lo que es. Cuando se trata de la justificación

---

* Hay una variante en la tradición textual entre «tenemos» y «tengamos» (en griego no pasa de ser una diferencia de una sola letra, entre una «o» corta y una «o» larga, letras que fácilmente podría confundir alguien que escribe al dictado). La primera variante está menos atestiguada, pero es casi seguro que se la debe preferir, sobre la base de su probabilidad intrínseca. Si se aceptara la segunda, sería preciso - dado que los vv. 10 y 11 demuestran que Pablo considera aquí que la paz de los creyentes para con Dios es un hecho - entenderla en algún sentido semejante a «disfrutemos (o «cuidemos»») la paz que tenemos»; pero aun esto no encuadraría realmente en el contexto, que exige una afirmación a esta altura. No obstante, alguien que no estuviera prestando la atención necesaria a la argumentación fácilmente podría haber sentido que cabía aquí un elemento de exhortación.

divina, la justificación y la reconciliación, aunque distinguibles, son inseparables. Mientras que entre un juez humano y la persona que aparece ante él puede no haber en absoluto ningún encuentro personal, ninguna hostilidad personal si el acusado es declarado culpable, ningún inicio de amistad si el acusado es absuelto, entre Dios y el pecador existe una relación personal. La justificación divina comprende un verdadero compromiso para con el pecador de parte de Dios. (No es de sorprender que esta sección contenga una declaración acerca del amor de Dios (vv. 6-8).) Dios no nos otorga una posición de justicia sin al mismo tiempo entregarse a sí mismo en amistad, y concertar la paz entre él y nosotros. Esta obra —debido a la tremenda realidad, tanto de su ira contra el pecado como de la terrible hostilidad de nuestro egoísmo contra el Dios que reclama nuestra lealtad— sólo se logra con un indecible costo para él. Por ello «Habiendo sido justificados ... tenemos paz ...» no es una mera yuxtaposición de dos metáforas que describen el mismo hecho. Tampoco significa que, habiendo sido justificados, fuimos posteriormente reconciliados y ahora tenemos paz con Dios. Su fuerza consiste en que el hecho de que hemos sido justificados significa que también hemos sido reconciliados y tenemos paz con Dios.

por medio de nuestro Señor Jesucristo. Como es por Cristo que somos justificados (3.24), así también es por medio de él que somos reconciliados con Dios (compárense el v. 10; 2 Co. 5.18-19). Se debe notar que esta fórmula se repite en el v. 11 (posiblemente sin «Cristo») y (con un orden gramatical ligeramente diferente) en el v. 21 y en 7.25. «En Cristo Jesús nuestro Señor» aparece en 6.23 y en 8.39. Esta colocación de fórmulas iguales o semejantes al comienzo, en el medio (es decir, al final de la primera sección), al final del capítulo 5 y al final de los capítulos 6, 7 y 8, a su vez, difícilmente sea accidental. Tiene el doble efecto de separar estas cuatro secciones de la epístola y, al mismo tiempo, subrayar el hecho de que van juntas como una sola división principal.

2. por medio de quien también hemos obtenido acceso [por la fe] a esta gracia en la cual nos hemos afirmado. Es mejor entender que «esta gracia» (este estado en el cual somos objeto de favor) se refiere a nuestra justificación y no a nuestra paz con Dios, ya que en este último caso toda esta parte del versículo consistiría simplemente en una repetición de lo que se acaba de decir en el v. 1 (desde «tenemos» en adelante). Al usar la palabra traducido como «acceso» Pablo quizá esté pensando en la presentación ante una corte real. La cuestión de si «por la fe» debiera leerse u omitirse no es muy importante, por cuanto, de todos modos, no cabe duda de que Pablo pensaba que el acceso a que se hace referencia se tenía que obtener por la fe. Es posible que «nos hemos afirmado» denote aquí simplemente ubicación y, por lo tanto, sea equivalente a «somos»; mas, en razón del uso paulino, es más probable que tenga, en alguna medida, el sentido de «estar firme», «permanecer».

Es mejor considerar que **y nos regocijamos en la esperanza de la gloria de Dios** y «tenemos paz para con Dios por medio de nuestro Señor Jesucristo» son cláusulas coordinadas y no que la primera se coordina con «hemos obtenido», etc. El verbo griego que hemos traducido aquí (y también en los vv. 3 y 11) como «nos regocijamos» es el mismo que en otras partes hemos vertido como «gloriar» (esa traducción parecía inadecuada aquí debido a la presencia en la misma cláusula de un sustantivo griego, enteramente independiente de este verbo, para el cual se requería el sustantivo «gloria» en nuestra lengua). Acerca de una consideración del uso paulino del verbo griego en cuestión, el lector puede consultar lo que se dijo sobre 2.17-20; 3.27-31, y también sobre 4.1-3. En el presente versículo denota un gloriarse o jactarse, un jubiloso regocijo, resultado de la confiada expectativa de la gloria de Dios. Por ello es una jactancia buena. El sustantivo «esperanza», tal como se usa aquí y en los vv. 4 y 5, denota la confiada anticipación de aquello que todavía no vemos. Por «la gloria de Dios» se quiere decir aquí (compárense 3.23; 8.17, 18, 21, 30; 9.23) esa iluminación de todo el ser del hombre por el resplandor de la gloria divina, que es el verdadero destino del hombre, pero que se perdió por el pecado, y que será restablecido (no solamente como era inicialmente, sino inmensamente enriquecido por medio de la propia participación personal de Dios en la humanidad del hombre en Jesucristo: compárese 8.17), cuando la redención del hombre sea finalmente consumada en la venida de Jesucristo. El comentario de Calvino sobre este versículo incluye el siguiente pensamiento: «El significado que le da Pablo es que, si bien los creyentes son actualmente peregrinos en la tierra, no obstante, por su confianza, alcanzan los cielos, de modo que acarician su futura herencia en su seno con tranquilidad».

3-5. Y no sólo *esto*, **sino que también nos regocijamos en las aflicciones.** No sólo nos regocijamos en la esperanza de la gloria de Dios, sino que incluso nos regocijamos en las tribulaciones. Para el uso de «Y no sólo *esto* (o *así*), (sino) ... que también (o *incluso*)» compárense el v. 11; 8.23; 9.10; 2 Corintios 8.19. La expresión es elíptica: con «no sólo» hay que entender una repetición de lo que precede inmediatamente: «nos regocijamos en la esperanza de la gloria de Dios». Mientras que «en las aflicciones» significaría «en medio de aflicciones», lo cual indica la situación en la que se desarrolla el regocijo, es mucho más probable que indique el fundamento del regocijo (compárense el «en» después de «nos regocijamos» en el v. 11 y el verbo «gloriarse» en 1 Co. 1.31; 3.21; 2 Co. 10.17; 12.9 (a la luz del versículo siguiente); Gá. 6.13; Fil. 3.3). En realidad las aflicciones son motivo de regocijo. Lo que sigue aclara por qué.

sabiendo (compárese 6.9; 13.11: es una referencia al conocimiento que se otorga a la fe y para el cual se reclama absoluta validez) **que la aflicción obra perseverancia** muestra que el regocijarse ante las aflicciones a que se refiere este versículo no es para nada un regocijarse en ellas como algo meritorio de nuestra parte. ¡Eso, por supuesto, no sería más que un gloriarse en las propias obras! Aquí implica un regocijarse en ellas como en aquello a lo cual Dios nos somete como parte de la disciplina mediante la cual nos enseña a esperar pacientemente su liberación. Como afirmación general, «la aflicción obra perseverancia» carecería de validez, porque, como señala Calvino, la tribulación «obliga a una buena parte de la humanidad a murmurar contra Dios e, incluso, a maldecirlo». Pero Pablo está pensando en lo que logra, cuando le sale al encuentro esa fe en Dios que la recibe como su paternal disciplina. Donde Dios mantiene la fe, la aflicción produce perseverancia. El mismo sustantivo griego que aquí se traduce «perseverancia» aparece también en 2.7 («decidida perseverancia»); 8.25 («resuelta paciencia»); 15.4 y 5 («paciente perseverancia»).

y la perseverancia aprobación es el segundo miembro del clímax* que se extiende hasta el comienzo del v. 5. Esa paciente perseverancia que la fe disciplinada exhibe es, a su vez, la fuente de la aprobación, la cualidad que la fe posee cuando ha resistido la prueba, como el metal precioso que queda cuando han sido refinados los metales natíos. El sustantivo griego que hemos traducido «aprobación» aparece también en 2 Corintios 2.9; 8.2; 13.3; (casos en los cuales VRV2 tiene «prueba», como también en el versículo que comentamos), y en 2 Corintios 9.13, donde VRV2 tiene «experiencia». Compárese también el uso de una palabra relacionada en Santiago 1.3 y 1 Pedro 1.7, que se traduce «prueba» en VRV2.

y la aprobación esperanza. El que nuestra fe sea probada por Dios en las llamas de la tribulación, y sostenida por él de tal modo que resista la prueba, equivale a que nuestra esperanza en él y en el cumplimiento de sus promesas, nuestra esperanza de su gloria (v. 2), sea fortalecida y confirmada.

Y esta esperanza no nos avergüenza completa el clímax. Al no resultar ilusoria la esperanza que de este modo se fortalece y confirma, ella no avergüenza a quienes la atesoran. El lenguaje trae a la memoria varios pasajes veterotestamentarios, especialmente el Salmo 22.5b, según la Septuaginta griega: «Esperaban en ti, y no fueron avergonzados».

porque el amor de Dios ha sido derramado en nuestros corazones por medio del Espíritu Santo quien nos ha sido dado es confirmación del

---

* La palabra «clímax» se usa aquí como término técnico que denota una figura de lenguaje que consiste en varios miembros, en los que la palabra clave del miembro precedente se retoma en el siguiente.

concepto expresado en la declaración anterior. Gramaticalmente, la frase griega representada por «el amor de Dios» podría en forma igualmente aceptable significar «amor a Dios», y así se la ha interpretado algunas veces. Pero la referencia al amor de Dios para con nosotros encaja mucho mejor en el contexto. Una declaración de la realidad del amor de Dios para con nosotros constituye una prueba mucho más convincente de la certidumbre de nuestra esperanza que una declaración del hecho de nuestro amor por él; y es el amor de Dios para con nosotros lo que describen los vv. 6-8. No hay duda de que se trata del amor de Dios para con nosotros. El hecho de que el verbo griego aquí traducido como «derramar» se use en la Septuaginta en Joel 2.28 y 29; Hechos 2.17 y 18, 33; 10.45; Tito 3.6, para aludir al otorgamiento del Espíritu Santo a los hombres de parte de Dios, junto con la presencia aquí (asociado a «ha sido derramado») de «en nuestros corazones» (compárese Gá. 4.6) y de «por medio del Espíritu Santo», ha llevado a algunos intérpretes a sugerir que Pablo estaba, en efecto, pensando en el derramamiento del Espíritu Santo. Pero este verbo se usa para el derramamiento de la ira de Dios (tanto en el Antiguo Testamento como en el Nuevo Testamento), en Malaquías 3.10 tocante al derramamiento de la bendición divina, y en Eclesiástico 18.11 en relación con el derramamiento de su misericordia. Por consiguiente, no hay nada extraño en el hecho de que Pablo diga que el amor de Dios ha sido derramado. Esta metáfora bien puede haber sido elegida con el fin de expresar la idea de la abundante generosidad, como lo sugirió Juan Crisóstomo. Las palabras «en nuestros corazones» y «por medio del Espíritu Santo», que según esta perspectiva ofrecen dificultad, se explican adecuadamente al suponer que tenemos aquí una construcción preñada de expectativa. Tiene el significado de que el amor de Dios ha sido abundantemente derramado sobre nosotros (como se explicará detalladamente en los vv. 6-8) y que, más aún, ha venido a morar en nuestros corazones (de modo que lo hemos reconocido y nos regocijamos en él) por el Espíritu Santo que nos ha sido dado. (Para la suposición de Pablo de que el Espíritu Santo les ha sido dado efectivamente a él y a los cristianos de Roma, compárese 8.9 y véanse allí las notas.) La prueba de que nuestra esperanza no nos desilusionará al final es el hecho de la sorprendente generosidad del amor de Dios para con nosotros. Esto lo hemos podido conocer y comprender por el don de su Espíritu, del que hemos sido objeto.

Los vv. **6-8** describen la naturaleza del amor divino al cual se ha referido el v. 5. **Porque, cuando todavía éramos impotentes, Cristo murió por hombres impíos en el momento señalado.** No esperó a que nosotros comenzáramos a tratar de auxiliarnos a nosotros mismos, sino que murió por nosotros cuando estábamos totalmente incapacitados. Esto hizo Cristo en el momento señalado por Dios en su soberana libertad (compárense Mr.

1.15; Gá. 4.4). Sobre la muerte de Cristo en beneficio de los pecadores compárense, en esta epístola, 3.25; 4.25; 6.10; 7.4; 8.32; 14.15. Los «hombres impíos» a que se hace referencia aquí no se han de distinguir de los que se acaba de describir mediante la primera persona del plural como «impotentes» y que serán descriptos como «pecadores» (v. 8) y «enemigos» (v. 10). Lo que le interesa destacar a Pablo a esta altura es el hecho de que el amor de Dios es para con los que no lo merecían. No es el resultado de mérito alguno de los que son objeto del mismo, sino que surge de Dios mismo. Con la libertad que le es propia, Dios les confiere dignidad.

Resulta claro que el propósito de **Porque alguien apenas morirá por un hombre justo; por un benefactor tal vez alguien podría llegar a ofrecerse a morir** es el de destacar al «por hombres impíos» del v. 6 y, de esta manera, resaltar lo extraordinario del sacrificio realizado por Cristo. La interpretación precisa es discutida. En el griego original se usan dos adjetivos, cuyos significados son «justo» y «bueno». Aquí se usan ambos como sustantivos, y el segundo está precedido por un artículo determinado. De los intérpretes que entienden que ambas palabras son más o menos sinónimas, algunos consideran que la segunda oración es aclaratoria de la primera, con el propósito de excluir la posibilidad de que se la entendiese mal (como negación de que algún hombre fuese capaz de dar su vida por un hombre justo). De esos intérpretes, otros sugieren que Pablo puede haber querido que el v. 7b no fuese un complemento del v. 7a sino que lo reemplazase, y que Tercio puede haber conservado el v. 7a por error. De los que ven una distinción en el significado entre los dos adjetivos usados aquí, algunos consideran que ambos son neutros («una causa justa» y «el bien público»), otros consideran que el primero es masculino («un hombre justo») y el segundo neutro («el bien público»), sosteniendo que la presencia del artículo definido en el griego indica la diferencia. Empero, si se hace referencia al «bien público» en el v. 7b, luego la oración parecería no hacerle justicia a los hechos, porque son muchos los que han muerto por sus países. Aun otros han entendido el término que se usa en el v. 7b con el significado de «su benefactor» (el adjetivo griego, como el vocablo castellano «bueno», puede tener el sentido de «bondadoso», y hay dos verbos relacionados que pueden significar «hacer el bien (a alguien)»). Esta parecería ser la mejor interpretación. Por lo tanto, entendemos que el significado paulino es que, si bien es raro que un hombre deliberadamente y a sangre fría entregue su vida por amor a determinado hombre justo, y no es mucho menos raro que lo haga por una persona que es benefactora suya, Cristo murió por los impíos.

Pero Dios demuestra su amor por nosotros por el hecho de que Cristo murió por nosotros cuando todavía éramos pecadores. El uso del tiempo presente es de destacar: el acontecimiento de la cruz corresponde al pasado («murió»), pero el hecho de que realmente ocurrió permanece como prueba en la actualidad. En griego el «su» es enfático: se contrasta marcadamente el amor de Dios con el que evidencian los hombres (v. 7). La muerte de Cristo es tanto la prueba del hecho como la revelación de la naturaleza del amor de Dios para con nosotros. Es totalmente inmerecido, y su origen no está en absoluto en quienes son su objeto sino exclusivamente en él.

9-10. Pablo ha descripto en los vv. 6-8 la naturaleza del amor de Dios para con nosotros, a cuya realidad (claramente demostrada a nuestros corazones por el Espíritu Santo) apeló en el v. 5 como prueba de que nuestra esperanza no nos defraudará. Ahora vuelve al tema de que nuestra esperanza no nos defraudará, y afirma la certidumbre del cumplimiento de nuestra esperanza, de nuestra salvación final. Lo hace en dos declaraciones paralelas, ambas con estructura lógica idéntica (compárense los vv. 15 y 17; Mt. 6.30; 2 Co. 3.11): **Por lo tanto, dado que ya hemos sido justificados por su sangre, mucho más seremos salvos de la ira por medio de él. Porque si cuando éramos enemigos fuimos reconciliados a Dios por medio de la muerte de su Hijo, mucho más, habiendo sido reconciliados, seremos salvos por su vida.** Lo que se afirma en la primera de estas dos oraciones es que, dado que Dios ya ha hecho la parte realmente difícil, es decir, la de justificar a los pecadores impíos, podemos tener la plena seguridad de que hará lo que en comparación es muy fácil: salvar de su ira al final a los que ya son justos a sus ojos. El «ya» denota la época presente, por contraste tanto con la época en que no se había manifestado aun la justicia de Dios, como también con el futuro al cual se refiere el «seremos salvos». Con referencia a la sangre de Cristo en conexión con la justificación compárese 3.24-26. La preposición griega, cuyo significado primario es «en», y que nosotros hemos traducido «por», tiene aquí el sentido de «por medio de» o «en virtud de». El verbo «salvar» se usa aquí en su sentido más estrecho de liberación en el juicio final. Aquello de lo cual hemos de ser salvados se especifica como la «ira» divina, como en 1 Tesalonicenses 5.9. Sobre el uso de «ira» véase el comentario sobre 1.18.

Lo que se afirma en la segunda oración (v. 10) es que, dado que Dios ya ha hecho lo más difícil (en este caso, reconciliarnos consigo mismo cuando éramos enemigos), podemos con absoluta confianza esperar que hará lo que en comparación es muy poco: salvar al final a los que ahora somos sus amigos. Se introduce aquí (aunque el concepto ya estaba presente en el v. 1) un término nuevo: reconciliación. Este expresa la cualidad de la relación personal que es inseparable de la justificación de los hombres obrada por Dios, pero que la palabra «justificación» como tal no sugiere necesariamente. La enemistad que queda eliminada en el acto de la reconciliación es tanto la hostilidad del hombre pecador para con Dios (compárese 8.7;

probablemente también 1.30: «aborrecedores de Dios») como también la hostilidad de Dios hacia el hombre pecador (este aspecto de ella resulta particularmente claro en 11.28). La eliminación de la hostilidad de Dios, no obstante, no se ha de considerar como un cambio de propósito en los planes de Dios. El propósito de Dios con respecto al hombre es constante, y se trata de un propósito totalmente misericordioso, que comprende tanto la inexorable oposición al pecado del hombre, como también su sacrificada au-toentrega al hombre. La iniciativa de la reconciliación es de Dios, como es suya también la acción determinativa. De hecho Pablo usa la voz activa del verbo solamente para aludir a Dios y la pasiva solamente para los hombres. Mas el hecho de que en 2 Corintios 5.20 pueda representar a Dios como si estuviese llamando a los hombres a reconciliarse es clara indicación de que no piensa que la parte del hombre sea meramente pasiva. Por cierto que haber pensado así hubiese sido equivalente a evidenciar inconsecuencia con ese mismo reconocimiento de que Dios al redimir al hombre se ocupa de él como persona, lo cual llevó al uso del lenguaje de la reconciliación. La estrecha relación que existe entre la reconciliación y la justificación —y, más aún, el hecho de que son inseparables— se ve en el paralelismo entre los vv. 9 y 10. Sin embargo, llegar a la conclusión de que ambos términos son sinónimos sería un error, como ya hemos visto (en conexión con el v. 1). Fue «por medio de la muerte de su Hijo» que fuimos reconciliados con Dios, porque, por una parte, la muerte de Cristo fue el medio por el cual Dios nos perdonó sin de ningún modo condonar nuestro pecado. Así dejó a un lado su hostilidad para con nosotros de una manera que resultaba digna de su bondad y amor, y de un modo consecuente con su constante propósito de misericordia para con nosotros. Por otra parte, fue el medio por el cual demostró su amor por nosotros y de esta forma quebró nuestra hostilidad hacia él. Pero el hecho de que en estas dos oraciones se habla de que nuestra justificación y reconciliación se efectuaron por la sangre de Cristo y mediante su muerte, respectivamente, mientras que sobre nuestra salvación futura se dice que es «por medio de él» y «por su vida», no debería llevarnos a suponer erróneamente que Pablo hacía una distinción rígida entre lo que consiguieron la muerte de Cristo, por una parte, y su resurrección y exaltación, por otra. (Compárese lo que se dijo sobre 4.25.)

11. Y no solamente *esto.* A «no solamente» resulta más natural agregar «seremos salvos» (el verbo principal de la oración anterior) y no «habiendo sido reconciliados». En **también nos regocijamos en Dios por medio de nuestro Señor Jesucristo, por quien ahora ya hemos recibido la reconciliación** es probable que lo que se quiere destacar es el tiempo verbal de «regocijamos»: no solamente seremos salvos en adelante, sino que ya en la actualidad nos regocijamos. No cabe duda que este jubiloso regocijo en Dios se expresaba en el culto de las iglesias; pero sería un error limitar la referencia a dicho contexto cúltico. Más bien deberíamos entender que Pablo estaba pensando en esto como algo característico de la vida cristiana en general, si bien —paradójicamente— en combinación con el gemir a que se alude en 8.23. Podemos comparar —aunque también debemos contrastar— este «nos regocijamos en Dios» con la idea de gloriarnos en Dios que se menciona en 2.17 (donde se usa el mismo verbo griego), donde hay una sugerencia de satisfacción y orgullo egocéntricos, lo que por cierto no se quiere expresar aquí. Nótese que es por medio de Cristo, por medio de quien ya hemos recibido el don de la reconciliación con Dios, que nos regocijamos. Este don que ya hemos recibido por medio de él es base suficiente para un incesante regocijo.

(ii) Cristo y Adán

5.12-21

¹²**Por lo cual, como por un** *solo* **hombre entró el pecado en el mundo, y por el pecado la muerte, y así la muerte vino a su vez a todos los hombres, porque todos han pecado—** ¹³**porque el pecado ya estaba en el mundo antes que fuera dada la ley, pero, ante la ausencia de la ley, el pecado no se registra** *con plena claridad.* ¹⁴**Pero el pecado reinó desde Adán hasta Moisés, incluso sobre los que no habían pecado de la misma forma que Adán, por transgresión** *de un mandamiento concreto.* **Ahora bien, Adán es tipo de aquel que había de venir.** ¹⁵**Pero no es cuestión de que «Como el delito, así también es el don de la gracia». Porque si por el delito del uno los muchos murieron, mucho más han abundado para los muchos la gracia de Dios y el don** *que ha venido* **por la gracia del un hombre Jesucristo.** ¹⁶**Y no es cuestión de que «Como es el resultado del pecado de un** *solo* **hombre, así es el don»; porque el juicio siguió a un** *solo* **delito y resultó en condenación, pero el misericordioso don siguió a muchos delitos y resultó en justificación.** ¹⁷**Porque si la muerte reinó por el un hombre, por el delito del uno, mucho más los que reciben la abundancia de la gracia y del don de la justicia reinarán en vida por el un hombre Jesucristo.** ¹⁸**De modo, entonces, que como el resultado del delito de un** *solo* **hombre ha sido para todos los hombres condenación, así también el resultado de la justa conducta de un** *solo* **hombre es para todos los hombres justificación que redunda en vida.** ¹⁹**Porque así como por la desobediencia del un** *solo* **hombre los muchos fueron hechos**

pecadores, así también por la obediencia del uno *solo* serán los muchos hechos justos. [20]**Pero la ley entró como un rasgo nuevo de la situación con el fin de que el delito aumentase; pero donde el pecado aumentó, la gracia sobreabundó,** [21]**con el fin de que, como el pecado reinó en la muerte, así también la gracia reinase por medio de la justicia para vida eterna por medio de Jesucristo nuestro Señor.**

Los vv. 12-21 indican la conclusión que se ha de obtener de la subsección precedente. El hecho de que haya quienes, siendo justificados por la fe, ahora son también amigos de Dios, significa que Cristo ha logrado algo que no concierne únicamente a los creyentes, sino que es tan universal en sus efectos como lo fue el pecado de Adán. La existencia de Jesucristo no sólo determina la existencia de los creyentes; es, asimismo, el secreto íntimo de la vida de todo hombre. Resulta significativo que la primera persona del plural, que se usa en los vv. 1-11, cede el lugar a la tercera persona del plural.

Pablo comienza a trazar un paralelo entre Cristo y Adán en el v. 12, pero se interrumpe al final del versículo sin haber expresado la cláusula principal de la oración, porque, comprendiendo el peligro de que su comparación sea muy mal interpretada, prefiere indicar del modo más enfático posible la vasta diferencia entre Cristo y Adán antes de completarla formalmente. Los vv. 13 y 14 constituyen una necesaria explicación del verbo «pecar» que aparece al final del v. 12; los vv. 15-17 destacan aún más la diferencia entre Cristo y Adán. Luego en el v. 18 Pablo repite en forma más breve la sustancia del v. 12, y ahora lo completa con la cláusula principal largamente postergada. El v. 19 sirve de explicación del v. 18, al destacar los lazos que ligan el delito de Adán con la condenación de todos los hombres, y la conducta justa de Cristo con la justificación final de los hombres para vida. Los vv. 20 y 21 se refieren al lugar representado por la ley en los propósitos divinos. El efecto de la entrega de la ley a Israel fue hacer abundar el pecado, hacer que el mal obrar de los hombres se convirtiese en rebelión consciente y voluntaria al enfrentarlos con la clara manifestación de la voluntad de Dios; pero allí mismo donde el pecado abundó más plenamente y más injuriosamente (en el rechazo de Jesucristo de parte de Israel), allí la gracia abundó más extraordinariamente y triunfó más gloriosamente. La pertinencia de la referencia a la ley a esta altura radica en el hecho de que es la ley la que pone de manifiesto la plena magnitud del pecado, y así también, al propio tiempo, la plena magnitud del triunfo de la gracia.

12. Por lo cual se entiende adecuadamente como indicación de la conexión entre lo que sigue y 5.1-11 en conjunto. Los vv. 1-11 han afirmado que los que son justos por la fe son personas a las cuales el inmerecido amor de Dios ha transformado de la condición de enemigos de Dios en la de ser reconciliados con él, de estar en paz con él. La intención del «Por lo cual» es indicar que ahora Pablo pasa a referirse, en los vv. 12-21, a la conclusión que se ha de obtener de lo que se ha dicho en los vv. 1-11. El hecho de que esta reconciliación es una realidad en el caso de los creyentes no es algo que se sostiene por sí solo; significa que Cristo ha logrado realizar algo que es tan universal en su efectividad como lo fue el pecado del primer hombre. Pablo ya no está hablando sobre la iglesia simplemente; su visión incluye ahora la totalidad de la humanidad. Es significativo el hecho de que la primera persona del plural en los vv. 1-11 ha cedido el lugar a la tercera persona del plural. La existencia de Jesucristo no solamente determina la existencia de los creyentes; es también el íntimo secreto de la vida de todo hombre. El «Por lo cual» indica que Pablo está deduciendo la significación de Cristo para todos los hombres de la realidad de lo que ahora significa para los creyentes. La conexión, por lo tanto, entre los vv. 12-21 y 1-11 es concreta y estrecha.

Todo el resto del versículo depende de la palabra **como**; generalmente ha habido acuerdo, desde tiempos antiguos, que la oración se interrumpe y queda incompleta, habiéndose omitido la cláusula principal. Esta es la única explicación posible del griego. La última parte del versículo es continuación de la parte subordinada de la oración. Luego Pablo interrumpe la construcción, con el fin de dar una explicación necesaria (vv. 13 y 14) de lo que ha dicho en esta continuación de la cláusula original que comienza con «como». El propósito es recalcar con gran énfasis (vv. 15-17) la gran diferencia entre Adán y Cristo. Finalmente, en lugar de limitarse a expresar al fin la cláusula principal que desde el principio tenía en mente y de esa forma completar la oración, pasa ahora a repetir la sustancia de la cláusula del «como» original en el v. 18a, y luego inmediatamente la completa con la cláusula principal correspondiente en el v. 18b. Esto es debido a que su paréntesis se ha hecho inconcebiblemente largo (abarca cinco versículos completos). La oración interrumpida refleja una dificultad teológica real, y constituye una clave valiosa para entender adecuadamente los vv. 12-21 en conjunto. Pablo quiere trazar la comparación entre Cristo y Adán —y la verdad es que tiene que hacerlo— con el fin de destacar claramente la significación universal de la obra de Cristo, pero tiene plena conciencia del peligro de que se le entienda mal. Por lo tanto, no quiere completar la elaboración de la comparación (aunque en el curso de su prolongado paréntesis ofrece, por cierto, una clave —al final del v. 14— sobre la comparación que quiere hacer), antes de haberla rodeado de explicaciones que recalquen el hecho de que no se trata de una comparación de igual a igual sino una comparación de dos personas que en todos sus efectos y logros son totalmente disímiles, excepto con respecto al punto que es motivo de comparación. Incluso una expresión como «tipología antitética» podría conducir a error en este sentido, ya que, si bien indica que Pablo está contrastando a Cristo y Adán, podría sugerir que ve una estrecha correspondencia entre ellos y los está contrapesando mutuamente. La verdad es que, a la vez que traza la analogía, quiere al mismo tiempo negar categóricamente el que pudiera haber la más remota insinuación de equilibrio entre ellos; porque, como observó Crisóstomo, «el pecado y la gracia no son equivalentes, como tampoco la muerte y la vida, ni tampoco el diablo y Dios; sino que la diferencia entre ellos es infinita».

Ahora resulta posible considerar el resto del versículo, aparte de la última cláusula, en forma preliminar. **por un** *solo* **hombre entró el pecado en el mundo** afirma que la transgresión de un solo hombre (la de Adán) hizo que el pecado ingresara en el mundo, es decir, muy probablemente, el mundo en el sentido de «la humanidad» o «la vida humana». Las palabras que vienen enseguida, **y por el pecado la muerte**, indican que el ingreso del pecado significaba, además, el ingreso de la muerte, que venía por detrás del pecado como su sombra. **y así la muerte vino a su vez a todos los hombres** dice explícitamente lo que ya estaba implícito en la primera parte del versículo: la entrada del pecado y la muerte en el mundo de los hombres fue seguida a su debido tiempo por su consecuencia natural («y así»). Es decir, la muerte se apoderaría de cada persona individualmente, a medida que las generaciones de seres humanos se fueran sucediendo unas a otras.

porque todos han pecado representa cuatro vocablos griegos que han dado lugar a un vasto cúmulo de discusiones. Es posible explicar las dos primeras palabras griegas (una preposición y un pronombre relativo) de varias maneras, con los siguientes significados: (i) «hacia la cual» (entendiendo que «la cual» se refiere a «la muerte»; en este caso significaría que la muerte era el fin al cual el pecado necesariamente conducía); (ii) «en quien» (entendiendo que el relativo se refiere a «un *solo* hombre»); (iii) «debido al cual» (en cuyo caso nuevamente el relativo se refiere a «un *solo* hombre»); (iv) «porque» (entendiéndose aquí la preposición y el pronombre relativo juntos como una conjunción). De estas explicaciones, (i) tiene la indudable ventaja de que la palabra «muerte» está a la mano en la oración, pero en otros sentidos resulta forzada y ofrece una interpretación que no puede decirse que encaje nada bien en el contexto; tanto (ii), la explicación apoyada por Agustín, que entendió que Pablo quería decir que todos los hombres han pecado en Adán en virtud de su identidad seminal con su primer antepasado, como (iii) están expuestas a la objeción de que el vocablo «hombre» está demasiado lejos como para constituir el antecedente natural del pronombre relativo. Por lejos la explicación más probable es (iv), y hoy tiene amplia aceptación. Sin embargo, aun cuando hayamos decidido que las dos primeras palabras griegas deben traducirse «porque», todavía hay que determinar si «han pecado» se refiere a la participación de los hombres en el pecado de Adán (y no al hecho de que ellos mismos hayan pecado en sus propias personas) o al pecado personalmente cometido por los hombres. El primer punto de vista recibe el firme apoyo de un buen número de intérpretes que sostienen que su aceptación es exigida por la comparación trazada entre Cristo y Adán, por cuanto la justicia de los hombres en Cristo no le debe nada a sus propias obras. Pero el segundo punto de vista debería ser preferido, según nos parece, dado que no hay nada en el contexto (si se acepta la traducción «porque» para las dos primeras palabras griegas) que sugiera que el verbo «pecar» se esté usando aquí en ningún otro sentido que el ordinario. Pablo no lo usa en ninguna otra parte en un sentido que no sea el de realmente pecar personalmente. Además, el argumento en contra de este punto de vista y a favor del primero, que alude a la comparación Cristo-Adán, no es convincente, por cuanto Pablo en este pasaje insiste tanto en la desemejanza como en la semejanza que existe entre Cristo y Adán; no hay motivos para suponer que, por el hecho de que creía que Cristo era la única fuente de justicia para los hombres, Pablo tenga que haber considerado que, de la misma manera, Adán era el único responsable de la ruina de los hombres. Llegamos a la conclusión de que «han pecado» en esta cláusula se refiere al hecho de que los hombres han pecado en sus propias personas, si bien como consecuencia de la naturaleza corrupta heredada de Adán.

Pasemos ahora al v. 12 en conjunto. Sus dos primeras cláusulas afirman solamente que, por medio de Adán, el pecado tuvo acceso a la humanidad y que como resultado la muerte también obtuvo acceso. Hasta aquí no se ha dicho que la muerte realmente alcanzó a todos los hombres, ya sea como resultado directo del pecado de Adán o como resultado de su propia pecaminosidad. Así, estas dos cláusulas no van más allá de lo que está explícito en Génesis 2.17b y 3.3, 19. La tercera y cuarta cláusulas del versículo, sin embargo, dicen algo que no se expresa explícitamente en el relato de Génesis ni en ninguna otra parte del Antiguo Testamento, aun cuando sí es una inferencia natural del relato de Génesis y sin duda es lo que quiso decir: que, como resultado de la entrada del pecado seguido por la muerte, ésta con el tiempo alcanzó a todos los hombres porque todos pecaron. Lo que está implícito en el relato veterotestamentario se hizo, desde luego, más plenamente explícito en los escritos judíos posteriores (Eclesiástico 25.24 es el pasaje más antiguo que asevera que la muerte física se debe a la caída, y el primero en relacionar la pecaminosidad de todos los hombres con el pecado de Adán y Eva); además, resulta significativo que en estos escritos, las dos ideas expresadas (si nuestra interpretación es correcta) en la tercera y la cuarta cláusulas de este versículo (que el pecado de Adán fue la causa de la muerte de todos los hombres, y que los hombres no morían simplemente por causa del pecado de Adán sin haber contribuido pecando personalmente por propia culpa) se mencionan con frecuencia. Se expresan otras ideas también. Particularmente importante entre ellas es la tendencia de exaltar a Adán como el primer patriarca, el padre de Israel, y la de permitir que la imaginación corra alocadamente haciendo extravagantes descripciones de su tamaño, su hermosura y su sabiduría superlativos antes de la caída. En marcado contraste, la moderación y la sobriedad de las referencias de Pablo a Adán son dignas de notarse. En 5.12ss. su atención está firmemente centrada en Cristo, y sólo se menciona a Adán con el objeto de destacar con mayor claridad la naturaleza de la obra de Cristo. El propósito de la comparación tiene como fin poner en claro el alcance universal de lo que ha hecho Cristo. Si bien Pablo se refiere en otra parte, por implicación, a la gloria de la cual estaba investido Adán antes de la caída (3.23), aquí se ocupa de Adán solamente como el hombre que ha afectado a todos los demás hombres en forma desastrosa, pero cuya efectividad para mal ha sido sobradamente sobrepasada por la efectividad de Cristo para bien.

Según este versículo, la muerte humana es consecuencia del pecado humano. Esto se afirma primeramente con las palabras «y por el pecado la muerte», con referencia al pecado inicial de Adán, y luego nuevamente, en la segunda mitad del versículo, con referencia al subsecuente pecar de todos los hombres individualmente (si nuestra comprensión de la última cláusula es acertada). Es obvio que sea difícil, para quienes están acostumbrados a pensar en la muerte como algo natural, aceptar esta doctrina de la muerte. No es únicamente en los tiempos modernos que se ha experimentado esta dificultad.

Tal vez podamos sugerir tentativamente que, mientras parecería haber indicios suficientes de que la muerte humana es un fenómeno biológico que no es consecuencia del pecado sino algo natural, no es incompatible con un franco reconocimiento de dichos indicios creer que en el punto (o, quizá, puntos) donde el hombre primeramente apareció en forma reconociblemente humana puede haberse visto frente a una posibilidad ofrecida por Dios (pero que rechazó) de contar con una vida humana que no exigiese su terminación por la muerte que conocemos. Es decir, una muerte que es, para todos los hombres, objetivamente (según el testimonio de la Escritura), muerte como consecuencia del pecado, sea o no que la conozcan subjetivamente como tal. En conexión con esto deben tenerse presente tres aspectos ineludibles: (i) que es sólo en la muerte de Jesucristo que vemos la plena realidad y seriedad de la muerte humana como esa muerte que todos objetivamente —aunque sólo quienes tienen en cuenta el testimonio de la Escritura, subjetivamente— conocemos como muerte como paga por el pecado; (ii) que es únicamente en la vida humana de Cristo que vemos una vida humana que no mereció en sí misma la muerte que conocemos; (iii) que en su humanidad resucitada y glorificada vemos la inmortalidad que es la vida que, desde toda la eternidad, Dios concibió como el destino último de aquellos seres que él mismo iba a crear, que finalmente serían hechos «conformes a la imagen de su Hijo».

La mejor forma de entender los vv. **13-14** es como una explicación necesaria de la última cláusula del v. 12. **porque el pecado ya estaba en el mundo antes que fuera dada la ley** explica cómo es que resulta cierto que «todos han pecado» a pesar del hecho de que por un tiempo no había ley. Durante ese tiempo, incluso, el pecado estaba presente en la humanidad y los hombres realmente pecaron. La oración **pero, ante la ausencia de la ley, el pecado no se registra** *con plena claridad* se agrega como reconocimiento del hecho de que ante la ausencia de la ley el pecado no era algo claramente definido, que se evidenciaba nítidamente en su verdadero carácter como el que adquiere cuando está presente la ley (compárese 3.20b; 4.15). Con la expresión griega que hemos traducido «no se registra» (VRV2: «no se inculpa») Pablo no quiere decir que no se registra el pecado en el sentido de ser cargado en la cuenta de los hombres, computado en su contra, o imputado a ellos; porque el hecho de que morían por haber pecado en dicho período de ausencia de la ley (v. 14) demuestra bastante claramente que en este sentido su pecado sí se registraba. La expresión debe entenderse en sentido relativo. Es en comparación con lo que ocurre cuando está presente la ley que se puede decir que, en ausencia de la ley, el pecado no se registra. Los que vivieron sin la ley no eran, por cierto, pecadores «inocentes» sino que tenían culpa por lo que eran y lo que hacían. No obstante, en comparación con el estado de cosas que subsistió a partir del advenimiento de la ley, se puede decir que el pecado, en ausencia de la ley, «no se registra», por cuanto no era algo plenamente evidente y claramente definido, como ocurrió luego en presencia de la ley. Sólo en presencia de la ley, sólo en Israel y en la iglesia, se hace visible la plena seriedad del pecado, y la responsabilidad del pecador aparece desligada de toda circunstancia atenuante.

Pero el pecado reinó desde Adán hasta Moisés expresa el concepto de que en todo el período entre Adán y la entrega de la ley la muerte reinó sobre la humanidad como resultado de la presencia del pecado; **incluso sobre los que no habían pecado de la misma forma que Adán, por transgresión** *de un mandamiento concreto* se agrega a fin de destacar el hecho de que aquellos sobre los cuales reinó el pecado en todo ese período eran realmente hombres que, si bien habían pecado y fueron castigados por su pecado, no habían pecado en forma semejante a la transgresión de Adán, es decir, desobedeciendo un claro y concreto mandamiento divino (Gn. 2.17), como el que posteriormente habría de tener Israel en la ley.

Ahora bien, Adán es tipo de aquel que había de venir es una muy clara insinuación de la comparación, cuya declaración formal no se completa hasta el v. 18. La palabra traducida «tipo» (es, justamente, la palabra griega de la que se deriva nuestra palabra «tipo») denota una marca que se hace al golpear, una impresión hecha con algo, la impresión misma usada a su vez como molde para darle forma a otra cosa, y de allí forma, figura, modelo, ejemplo, y —uso especializado en interpretación bíblica— persona o cosa que prefigura (según el designio divino) una persona o cosa que pertenece al momento del cumplimiento escatológico. En este sentido se usa el término aquí. Adán en su efectividad universal ruinosa es el tipo que —según el designio de Dios— prefigura a Cristo en su efectividad universal salvadora. Es importante tener presente que es precisamente su transgresión (que se acaba de mencionar) y su resultado lo que hace de él «el tipo de aquel que había de venir».

El propósito de los **vv. 15-17** es el de destacar la tremenda diferencia entre Cristo y Adán, antes de que se haga la relación formal entre ellos en los vv. 18s., y de esta forma impedir una posible interpretación equivocada de la comparación. **Pero no es cuestión de que «Como el delito, así también es el don de la gracia»** es la primera de dos afirmaciones de esta desemejanza (la segunda está en v. 16a), cada una de las cuales va seguida de un argumento sustentador. Por «el don de la gracia» Pablo puede haber querido decir el inmerecido don de Dios que es Jesucristo y su obra a favor de los hombres, en conjunto; pero, en vista de la presencia del «don de la justicia» en el v. 17 y de «justificación», «justos» y «por medio de la justicia» en los vv. 18, 19 y 21 respectivamente, parecería más probable que estaba pensando más particularmente en el don de la gracia de una posición de justicia delante de Dios.

La aseveración de la falta de semejanza entre el pecado de Adán y el don de la gracia divina en el v. 15a recibe apoyo ahora en el v. 15b mediante la apelación a la efectividad infinitamente superior de esta última. **Porque si por el delito del uno los muchos murieron, mucho más han abundado para los muchos la gracia de Dios y el don** *que ha venido* **por la gracia del un hombre Jesucristo.** Los artículos determinantes en el griego delante de «uno», «muchos» (dos veces), y «un hombre» no son superfluos, y deben retenerse en la traducción. Las versiones que los omiten conducen a una seria interpretación errónea. El contraste no es entre un hombre cualquiera y muchos, sino específicamente entre Adán y Cristo, respectivamente, y «los muchos», es decir, el resto de la humanidad. La palabra «muchos» se usa aquí en forma inclusiva, no exclusiva, y se opone a «un» o «algunos», no a «todos». El «mucho más» descansa aquí en el hecho de que lo que aparece opuesto al pecado de Adán es nada menos que la gracia de *Dios*. ¿Cómo podría suponerse que Dios no es infinitamente más fuerte que el hombre, y que su gracia no es infinitamente más efectiva que el pecado del hombre? Por «el don *que ha venido* por la gracia del un hombre Jesucristo» probablemente deberíamos entender el don divino de una posición de justicia delante de Dios.

Y no es cuestión de que «Como es el resultado del pecado de un *solo* hombre, así es el don» (v. 16a) es la segunda aseveración en cuanto a la diferencia entre Cristo y Adán. El don de Dios dado por medio de Jesucristo no es de ningún modo un simple equivalente del resultado del pecado de Adán. Para confirmar esta afirmación Pablo agrega: **porque el juicio siguió a un *solo* delito y resultó en condenación, pero el misericordioso don siguió a muchos delitos y resultó en justificación.** Estas palabras llaman la atención hacia dos diferencias decisivas entre el juicio que siguió al delito de Adán y el don de la gracia de Dios por Cristo. La primera diferencia se relaciona con sus circunstancias o contextos externos: el juicio fue consecuencia de un solo delito, pero el don fue la respuesta de Dios a una multitud infinita de delitos, a todos los pecados acumulados por los siglos. (El que un solo delito sea motivo de juicio resulta perfectamente entendible: el que los pecados y la culpa acumulados de todas las edades sean resueltos por el don gratuito de Dios es el milagro de los milagros, totalmente fuera de la comprensión humana.) La segunda diferencia se relaciona con los fines a que conducen: el juicio pronunciado contra Adán produce condenación para todos los hombres, pero el don de Dios produce justificación.

Porque si la muerte reinó por el un hombre, por el delito del uno, mucho más los que reciben la abundancia de la gracia y del don de la justicia reinarán en vida por el un hombre Jesucristo puede entenderse mejor como apoyo adicional del v. 16a que como apoyo del v. 16b. Tiene reminiscencias del v. 15b tanto en estructura como en contenido. La frase «por el delito del uno» repite exactamente parte del v. 15b; en cambio, en lugar de «los muchos murieron» del v. 15b, aparece la frase más gráfica y vigorosa «la muerte reinó», y «por el un hombre» y el correspondiente «por el un hombre Jesucristo» se agregan con el fin de destacar más claramente lo que para Pablo constituye el único punto importante de semejanza (aparte del hecho de que ambos eran realmente seres humanos) entre Cristo y Adán: que las acciones de un hombre fueran determinantes de la existencia de los muchos. Particularmente interesante y sugerente es la forma en que lo sustancial de la cláusula principal del v. 15b se expresa nuevamente en la cláusula principal del v. 17. La estructura de la cláusula principal del v. 15b era, a su vez, inversión de la estructura de la cláusula subordinada anterior:

en lugar de hacer que «los muchos» fuese el sujeto de la cláusula principal, como de la cláusula subordinada (condicional), Pablo puso como sujeto «la gracia de Dios y el don *que ha venido* por la gracia del un hombre Jesucristo», probablemente porque a esta altura quería destacar la iniciativa de la gracia divina. En el presente versículo hay una vez más una inversión de la estructura entre la cláusula condicional y la principal. Ahora, en lugar de decir «la vida reinará» en correspondencia con «la muerte reinó» en la cláusula condicional, Pablo dice que «los que reciben la abundancia de la gracia y del don de la justicia reinarán en vida», lo que por cierto equivale a decir mucho más. La efectividad y la indescriptible generosidad de la gracia divina son tales que ella no solamente traerá aparejado el reemplazo del reinado de la muerte por el reinado de la vida, sino que de verdad hará que quienes reciban sus riquezas sean reyes ellos mismos, es decir que vivirán la vida verdaderamente soberana programada por Dios para el hombre. Bien puede ser que Pablo haya retomado una antigua tradición apocalíptica, la idea del reinado de los santos. De ser así, la ha usado porque quería a esta altura destacar lo más gráficamente posible la inconmensurable generosidad de la gracia de Dios y la inexpresable gloria del propósito de Dios para el hombre. El futuro «reinarán» se refiere al cumplimiento escatológico. Todavía no reinan los receptores de la gracia de Dios. Suponer que lo hacen o pueden hacerlo es la ilusión de una falsa piedad (compárese 1 Co. 4.8). Pero reconocer esto no es empequeñecer en absoluto el verdadero esplendor y la verdadera maravilla de lo que ya les pertenece.

En los vv. 15-17 Pablo ha procurado dejar aclarada la enorme desemejanza entre Cristo y Adán que es preciso comprender claramente si la comparación que tiene que hacer entre ellos no se ha de entender en forma totalmente errónea. El apóstol ha mostrado que, aparte de la semejanza formal entre la relación de Cristo con todos los hombres y la relación de Adán con todos los hombres, existe la más neta falta de semejanza imaginable entre los dos hombres. Luego de aclarar el asunto, a continuación puede proceder a hacer la comparación.

18-19. De modo, entonces, que se usa para iniciar el enunciado formal de la comparación. Esta manera de hacerlo es aceptable, ya que los versículos anteriores venían preparando su camino, y se puede considerar que es el modo de reunirlos. Como los vv. 15a y 16a, el v. 18 se caracteriza, en el griego, por un estilo altamente condensado, una especie de anotación, y no tiene ningún verbo expreso. **como el resultado del delito de un *solo* hombre ha sido para todos los hombres condenación** repite lo sustancial de la mitad original de la oración que comienza con el «como» (v. 12); **así también el resultado de la justa conducta de un *solo* hombre es para todos los hombres justificación que redunda en vida** es el largamente esperado final de la comparación interrumpida. La palabra griega que hemos traducido «de un *solo* hombre» en ambas mitades del versículo (compárese VRV2) ha sido entendida por VM, por ejemplo, como neutra en lugar de masculina, y por ello como calificativa de los sustantivos griegos neutros traducidos en nuestra versión «delito» y «justa conducta», respectivamente; pero es mucho más probable que sea masculina, como en las tres oportunidades en que aparece en el v. 17 y también en las dos apariciones del v. 19, ya que toda la subsección se vincula con la relación del un hombre, Adán, y del un hombre, Cristo, con los muchos, mientras que, aparte del v. 16b, el hecho de que un solo delito fue decisivo para mal no se destaca, a menos que lo sea en el presente versículo. Entendemos que por la «conducta justa» de Cristo, Pablo quiere decir no solamente su muerte expiatoria sino la obediencia de su vida total, su amor a Dios expresado de todo corazón, alma, mente y fuerza, y su amor al prójimo, con total sinceridad, que es la conducta justa que la ley de Dios exige. Por «justificación» aquí Pablo probablemente quiere decir no solamente el acto de justificar sino también la condición que resulta de él: poseer una situación de justicia delante de Dios.

La repetición de «para todos los hombres» plantea interrogantes: «¿Cómo puede Pablo hablar tanto de 'condenación' como de 'justificación' como la consecuencia que corresponde a *todos* los hombres?»; «¿Realmente quiere decir 'todos'?». Aquí lo importante es recordar que los vv. 15-17 han destacado especialmente la enorme superioridad de Cristo sobre Adán, y han dejado perfectamente claro que el pecado de Adán y la obediencia de Cristo no se encuentran en un pie de igualdad. No hay equilibrio alguno entre sus respectivas consecuencias. Por cierto que la condenación es el resultado del pecado de Adán para todos los hombres, pero esta condenación no es un hecho absolutamente irreversible y eterno; por el contrario, Cristo ya ha comenzado el proceso de inversión, y por consiguiente el «todos los hombres» de la cláusula subordinada, si bien realmente significa «todos los hombres», no constituye una cantidad eternamente inalterable. ¿Qué pasa, en consecuencia, con el «todos los hombres» de la cláusula principal? Resulta sabio tomarlo muy seriamente, justamente con el significado de «todos»; entenderlo como implicación de que lo que Cristo ha hecho realmente lo ha hecho por todos los hombres, que la posición de justicia que arroja como resultado la vida es algo que realmente se ofrece a todos por igual, y que todos han de ser invitados urgentemente a aceptar el don ofrecido. Al mismo tiempo hay que tener en cuenta que esta cláusula no excluye la cuestión de si al final realmente todos llegarán a compartir dicho don.

Porque así como por la desobediencia del un *solo* hombre los muchos fueron hechos pecadores, así también por la obediencia del uno *solo*

serán los muchos hechos justos probablemente debería entenderse no como una mera repetición del versículo anterior en palabras algo diferentes sino como su aclaración necesaria (nótese el «Porque» inicial). Se puede entender este versículo como indicación de una etapa intermedia tanto entre el delito de Adán y la condenación de los muchos como también entre el perfecto cumplimiento de Cristo de los requisitos divinos y la posesión de los muchos de esa justa posición que significa vida eterna al final. Si lo que se dijo acerca de la última cláusula del v. 12 es acertado, podemos suponer que por «fueron hechos pecadores» en la primera parte del v. 19, Pablo quiere decir que por el delito de Adán todos los demás hombres (exceptuado únicamente a Jesús) fueron constituidos pecadores en el sentido de que, habiendo el pecado logrado ingresar en la vida humana por medio de él, todos ellos a su turno han vivido vidas pecaminosas. Los muchos no han sido condenados por las transgresiones de algún otro, por el pecado de Adán, sino porque, como resultado de la transgresión de Adán, ellos mismos en sus propias personas han sido pecadores. La etapa intermedia entre la transgresión de Adán y la condenación de los muchos es el pecado de los muchos en sus propias personas. Parecería no haber justificativo para la confiada suposición de numerosos intérpretes de que el «así como ... así también ...» de Pablo tiene que denotar que pensaba que las formas en que el pecado de Adán y la obediencia de Cristo fueron hechos efectivas para otros hombres se deben corresponder de modo exacto. Lo único que seguramente implica es que en ambos casos lo que un hombre hace afecta a todos los demás hombres y determina su existencia.

Por «serán ... hechos justos» en la parte final del v. 19 Pablo entiende, suponemos, que los muchos serán constituidos justos por la obediencia de Cristo en el sentido de que, puesto que Dios en Cristo se ha identificado con los pecadores y ha echado sobre sí la carga del pecado de ellos, éstos recibirán como don gratuito de parte de él esa posición de justicia que solamente la perfecta obediencia de Cristo ha merecido. Aquí no hay referencia alguna a ninguna justicia de vida correspondiente a la práctica del pecado en forma personal por todos. El adjetivo «justos» en el v. 19b se refiere a la posición delante de Dios, no a la justicia de vida (aunque Romanos 6-8 dejará perfectamente claro que es impensable que los que saben que han recibido el don de la posición de justicia delante de Dios puedan dejar de luchar en el poder del Espíritu Santo por vivir una vida de justicia). Pero el hecho de que aquí se usa el adjetivo de la forma en que se usa con referencia a los muchos sugiere que la «justificación que redunda en vida» obtenida para todos los hombres no es simplemente una decisión relativa a ellos y tomada, por así decirlo, desde lejos, en la que se los trata en general, como en masa, sino que envuelve el don de una posición de justicia para cada hombre como persona individual. Es esta cuestión personal, individual, la que, nos parece, se quiere destacar aquí. Puede considerarse a la luz de una especie de etapa intermedia entre la obediencia de Cristo y la posesión de los muchos de la posición de justicia que promete vida eterna.

El uso de «desobediencia» y «obediencia» en este versículo hace explícito el hecho de que el «delito» de Adán y la «conducta justa» de Cristo se han de entender ambos en relación con la voluntad revelada de Dios: el uno como desobediencia a ella, la otra como obediencia. Para la obediencia de Cristo compárese Filipenses 2.8. El término cubre toda su vida, no solamente su pasión y muerte. En cuanto al futuro «serán ... hechos», si bien podría referirse al juicio final, probablemente sea mejor entenderlo, en concordancia con 5.1 y 9, como referencia a la vida presente de los creyentes.

20. Pero la ley entró como un rasgo nuevo de la situación. Las últimas ocho palabras constituyen un intento de traducir una palabra griega, un verbo. Se ha dado por supuesto muy ampliamente que aquí tiene que tener un sentido más o menos peyorativo, dando a entender que la ley entró como una especie de recurso de última hora, o a ocupar un lugar subordinado, o alguna idea semejante. Pero el verbo griego, si bien probablemente signifique, efectivamente, algo así como «insinuarse en» o «inmiscuirse», en Gálatas 2.4 (el único lugar donde vuelve a aparecer en el Nuevo Testamento) no tiene necesariamente significación peyorativa. Puede significar simplemente «ingresar a la par», y el modo más natural de entenderlo aquí es seguramente tomarlo como referencia al hecho indiscutible de que la ley fue entregada en una fecha posterior a la de la caída de Adán, en la época de Moisés. El que se haga referencia a este hecho no significa, por sí solo, decir nada peyorativo, como tampoco lo contrario, acerca del valor de la ley.

con el fin de que el delito aumentase afirma, por supuesto, no todo el propósito de Dios al dar la ley, sino una parte importante de él: un objeto intermedio, no la meta final de la acción divina. Si el pecado, que ya estaba presente y desastrosamente activo en la humanidad, aunque no claramente visible y definido todavía, habría de ser decisivamente derrotado alguna vez, y los pecadores perdonados de un modo digno de la bondad y la misericordia de Dios, y recreados en novedad de vida, en primer lugar se hacía necesario que el pecado aumentase en alguna parte entre los hombres en el sentido de hacerse claramente manifiesto. La ley fue dada, entonces, «con el fin de que el delito aumentase», con el objeto de que en un pueblo (por el bien de ellos y también para el de los demás) el pecado fuese conocido como tal. Pero «aumentase» abarca más todavía; porque, cuando el advenimiento de la ley hace que el pecado aumente en el sentido de hacerse manifiesto como pecado, también lo hace aumentar en el sentido de volverse más pecaminoso.

Esto sucede, porque la ley, al mostrarles a los hombres que lo que están haciendo es contrario a la voluntad de Dios, otorga al hecho de que persistan en hacerlo el carácter de desobediencia consciente y resuelta. Es posible que Pablo también tuviese en mente aquí (véase 7.5) un tercer sentido en el cual el pecado aumentaría como resultado de la implantación de la ley: que aumentaría realmente en cantidad, por cuanto la respuesta del egotismo del hombre al ataque que le hace la ley a esa actitud humana sería intentar defenderse mediante toda suerte de afiebradas actividades, incluyendo además (más aún, ¡sobre todo!) el intento de explotar a su propio favor la misma ley de Dios. Pero el propósito de «que el delito aumentase» sólo se entiende correctamente cuando se lo reconoce como el propósito de Dios, un propósito intermedio dentro de (y no fuera de, o contrario a) su misericordioso propósito para la salvación de los hombres, un objeto intermedio que se tiene que cumplir, si se ha de lograr la meta final expresada en el v. 21. Cuando se comprende esto, es posible ver que la ley, incluso con sus efectos aparentemente negativos y desastrosos, es para Pablo instrumento de la misericordia de Dios; el justificativo teológico para insistir en una interpretación peyorativa del verbo principal de la oración desaparece.

pero donde el pecado aumentó: vale decir, en Israel, ese pueblo al cual la misericordiosa voluntad de Dios ha sido claramente revelada en su ley, y hacia el cual su generosidad y su paciencia se han mostrado en grado sumo. En ninguna otra parte aumenta en proporciones tan tremendas el pecado del hombre, en ninguna parte es tan extremadamente pecaminoso, como en Israel (y, desde los días de los apóstoles, en la iglesia cristiana). La opresión y las torturas, por ejemplo, son males monstruosos cuando los practican los paganos y los ateos, pero cuando son practicados por los judíos o los cristianos son infinitamente más malos. Pero indudablemente Pablo tenía en mente la culminación del aumento del pecado, cuando el pueblo de Israel, debido a su pertinaz negativa de someterse a la ley y a su insistencia en tratar, en cambio, de explotarla para satisfacer su propio egotismo, rechazó al Mesías de Dios y lo entregó a los paganos para ser crucificado. También cuando el mundo gentil en la persona de Pilato respondió al desafío de Israel con la deliberada prostitución de la justicia ante lo expeditivo. Fue ahí y entonces, sobre todo, que **la gracia sobreabundó** en misericordia para con Israel y también para con todos los pueblos.

21. con el fin de que, como el pecado reinó en la muerte, así también la gracia reinase por medio de la justicia para vida eterna por medio de Jesucristo nuestro Señor. El triunfo de la gracia descripto en el v. 20b no fue en sí mismo el fin de la cuestión. Su meta era la expulsión del pecado usurpador y el reemplazo de su reinado por el reinado de la gracia. Al expresar el propósito divino en el triunfal rebosamiento de la gracia, Pablo ha hecho uso, por última vez en esta sección, de una comparación: el imperecedero reinado de la gracia divina con el pasajero reinado del pecado. Una vez más se trata de una comparación de cosas que en casi todo sentido son totalmente diferentes. Por «en la muerte» probablemente se quiere decir «con la muerte como su resultado y acompañamiento». Para Pablo, con Génesis 2.17 no lejos de su pensamiento, la muerte es el resultado del pecado, determinado por Dios y no por el pecado. La muerte no es el soldado del pecado, ni su sierva o instrumento, sino la señal de la autoridad de Dios, asignada por él como compañera inseparable e ineludible del pecado. En el v. 14 era la muerte, no el pecado, la que había reinado. A la sola frase «en la muerte» en la cláusula que comienza con «como», corresponden tres frases diferentes en la cláusula principal: «por medio de la justicia», lo que indica que es por el don de una posición de justicia delante de Dios dada a los hombres que reina la gracia; «para vida eterna», lo que muestra el resultado de su reinado; y «por medio de Jesucristo nuestro Señor», lo que señala que es por Cristo que el reinado de la gracia se establece y se sustenta. Sobre el uso de la última frase véase el comentario sobre el v. 1.

Resta llamar la atención a una implicancia del argumento paulino de los vv. 12-21: resulta altamente significativo y además, si se reflexiona sobre él atentamente, es profundamente alentador.* El hecho, que estos versículos atestiguan claramente, de que, a pesar de la enorme desemejanza entre Cristo y Adán, hay no obstante una verdadera semejanza entre ellos, que consiste en la correspondencia de estructura entre la relación «Cristo y todos los hombres» y la relación «Adán y todos los hombres». Esta semejanza hace posible compararlos, hacer referencia a Adán como el «tipo» de Cristo (v. 14), y argumentar a partir de la estructura relacional de uno hacia la del otro con un «mucho más» (vv. 15 y 17). Este hecho significa que la existencia humana como tal no puede evitar el servir de testimonio a la verdad de Cristo y a su obra salvadora. Dado que la estructura de la relación de «Adán y todos los hombres», es decir, la de la solidaridad de la humanidad en el pecado, se corresponde con la estructura de esa otra relación, la realidad concreta de la existencia humana no puede menos que constituir un constante indicador de esa otra relación de todos los hombres con Cristo; además, por cuanto ni siquiera la más profunda degradación puede privar a un ser humano de la solidaridad de la humanidad, ningún hombre puede evitar el ser, por el solo hecho de que es un ser humano, tipo de Cristo, en el sentido de que —por lejos que esto esté de su intención o su grado de conciencia— su vida debe

---

* CF. K. Barth, *Christ and Adam: man and humanity in Romans 5*, Edimburgo, 1956, obra a la que este párrafo le debe mucho.

ineludiblemente constituir, a pesar de su pecado y su miseria, un testimonio auténtico de la verdad y la gracia de Jesucristo.

2. Una vida caracterizada por la santificación

6.1-23

En torno a lo esencial de esta sección existe amplio acuerdo, aun cuando hay bastante controversia acerca de algunos de los detalles. A Pablo le interesa aquí insistir en que la justificación tiene ineludibles implicancias morales y que pensar en aceptarla sin al mismo tiempo procurar aferrarse a la santificación sería decididamente absurdo. La palabra «santificación» puede tomarse como la palabra clave de la sección, aunque no aparece sino en el v. 19 (compárese v. 22).

La importancia de esta sección para entender la base teológica de la obligación moral del cristiano es evidente. Pero no debe olvidarse que como relación general de esa base es incompleta, ya que, al no contener ninguna referencia explícita a la obra del Espíritu (por cuanto el plan de Pablo consiste en tratar el don del Espíritu en una sección posterior), le falta un elemento esencial para una relación de esa naturaleza. Mientras Romanos 6 señala que la vida prometida al hombre que es justo por la fe es una vida caracterizada por la santificación, no es en este capítulo por sí solo sino en el total de la sección 6.1-8.39 donde se expone el significado de la santificación del creyente.

(i) Muerto al pecado, vivo para Dios

6.1-14

¹**Pues, ¿qué hemos de decir ¿Hemos de continuar en el pecado, a fin de que la gracia aumente?** ²**¡Dios no lo permita! En vista de que hemos muerto al pecado, ¿cómo hemos de vivir todavía en él?** ³**¿O sois ignorantes del hecho de que todos nosotros que hemos sido bautizados en Cristo Jesús, hemos sido bautizados en su muerte?** ⁴**Así, pues, hemos sido sepultados juntamente con él por el bautismo en *su* muerte, a fin de que, como Cristo fue levantado de los muertos por la gloria del Padre, así nosotros también caminemos en novedad de vida.** ⁵**Porque si hemos sido conformados a su muerte, por cierto también hemos de ser *conformados* a su re-**

119

surrección. ⁶Y sabemos que nuestro viejo ser fue crucificado con *él*, para que el cuerpo de pecado fuese destruido, a fin de que dejemos de ser esclavos del pecado. ⁷Porque el hombre que ha muerto ha sido justificado del pecado. ⁸Pero si hemos muerto con Cristo, creemos que también hemos de vivir con él; ⁹y sabemos que Cristo, ahora que ha sido levantado de los muertos, no muere más, y la muerte ya no ejerce señorío sobre él. ¹⁰Porque la muerte que él murió la murió al pecado una vez para siempre; pero la vida que vive la vive a Dios. ¹¹Así que entonces reconoced *la verdad* de que vosotros mismos estáis muertos al pecado pero vivos a Dios en Cristo Jesús. ¹²Dejad, pues, de permitir que el pecado reine *sin oposición* en vuestro yo mortal de modo tal que obedezcáis los deseos del yo, ¹³y dejad de poner vuestros miembros a disposición del pecado como herramientas de injusticia; en cambio, poned vuestro ser a disposición de Dios como estando vivos de entre los muertos y vuestros miembros a disposición de Dios como herramientas de justicia. ¹⁴Porque el pecado ya no será señor sobre vosotros; porque no estáis bajo la ley, sino bajo la gracia.

En el v. 1 Pablo se refiere a una falsa inferencia que sabe que algunas personas se sentirán inclinadas a hacer en base a lo que ha dicho en 5.20b: que deberíamos seguir pecando para que la gracia pueda multiplicarse tanto más. Esto es rechazado enfáticamente. Los vv. 2-11, cuyo propósito es el de justificar su repudio de esta falsa inferencia, están todos relacionados con la muerte y resurrección del cristiano con Cristo; la clave para su recta interpretación es el reconocimiento de que hay diferentes sentidos en los que se puede hablar acertadamente de nuestra muerte y resurrección con Cristo, y que éstos deben ser cuidadosamente distinguidos. En más de un sentido el cristiano ya ha muerto y ha sido resucitado con Cristo; pero en otro sentido su morir y ser levantado con Cristo es un asunto de obligación presente, algo que tendría que estar actualmente en proceso de ser cumplido, y en otro sentido todavía se encuentra más allá de él en forma de promesa escatológica. El pensamiento de Pablo en estos versículos se mueve entre estos diversos sentidos de muerte y resurrección con Cristo. Los vv. 12-13 indican que la conclusión que los cristianos romanos deben sacar del argumento anterior y, en particular, del hecho de que se les ha dicho que deben reconocer y tomar en serio en el v. 11, es que tienen la obligación de dejar de permitir que el pecado reine sin oposición sobre su vida y de rebelarse en el nombre de su legítimo Señor, Dios, contra el señorío usurpador del pecado. La primera parte del v. 14 apoya los imperativos de los dos versículos anteriores al prometer que el pecado ya no volvería a tener el señorío absoluto sobre los cristianos de Roma de modo que pueda tenerlos inevitablemente supeditados a su poder; la última parte del versículo agrega como apoyo de la promesa la seguridad de que no están bajo la ley, es decir (como lo entendemos aquí), no están bajo la condenación de Dios pronunciada por la ley, sino bajo el benévolo favor de Dios.

1. Pues, ¿qué hemos de decir? ofrece una indicación de una falsa inferencia que según Pablo podría hacerse de lo que ha dicho y que quiere repudiar antes de comenzar a exponer su propio pensamiento sobre la cuestión. **¿Hemos de continuar en el pecado, a fin de que la gracia aumente?** vuelve la vista a 5.20b («pero donde el pecado aumentó, la gracia sobreabundó»). Pablo no va a permitir que se utilice esto como excusa para seguir pecando.

2. Para ¡**Dios no lo permita!** véase el comentario sobre 3.4. **En vista de que hemos muerto al pecado, ¿cómo hemos de vivir todavía en él?** es claramente de importancia fundamental en esta sección; pero los intérpretes están lejos de llegar a un acuerdo en cuanto a su interpretación. Según lo vemos nosotros, jamás haremos justicia al significado paulino en este versículo, o a su pensamiento en este capítulo en su conjunto, a menos que reconozcamos que en su entendimiento de las cosas hay cuatro sentidos en los cuales los creyentes mueren al pecado y, en correspondencia con ellos, cuatro sentidos diferentes en los cuales son levantados. Estos sentidos deben distinguirse cuidadosamente pero, al mismo tiempo, deben entenderse en la más íntima relación entre sí. Se los puede enumerar de la siguiente manera:

(i) *el sentido jurídico.* Murieron al pecado a los ojos de Dios, cuando Cristo murió en la cruz por ellos. Este es asunto de decisión divina. La decisión de Dios de cargar con el pecado en la persona de su amado Hijo comprende la decisión de ver la muerte de Cristo como efectuada por ellos, y de este modo verlos a ellos como habiendo muerto en la muerte de él. De forma similar se puede decir que han sido levantados cuando resucitó al tercer día, por cuanto la resurrección de Cristo fue, según la misericordiosa voluntad de Dios, para beneficio de ellos. Compárese Colosenses 3.1ss. donde se exhorta a los cristianos a buscar las cosas de arriba, donde Cristo vive su vida exaltada, porque ellos han muerto, y su vida, es decir, su vida verdadera, la vida que Dios misericordiosamente considera la vida de ellos, está escondida con Cristo en Dios. Esta es, en efecto, la vida sin pecado que Cristo (que según Col. 3.4 es la vida de ellos) vive para ellos.

(ii) *el sentido bautismal.* Murieron al pecado, y fueron levantados, en su bautismo. Este fue al mismo tiempo tanto la ratificación de su propia aceptación de la decisión de Dios a favor de ellos (de considerar la muerte de Cristo por sus pecados como la muerte de ellos, y su vida de resurrección como la vida de ellos) como también el otorgamiento de parte de Dios de su sello y prenda del hecho de que su decisión realmente se relacionaba con ellos individualmente, personalmente.*

(iii) *el sentido moral*. Son llamados a morir diariamente, cada hora, al pecado, para lo cual se les ha dado libertad, mediante la mortificación de su naturaleza pecaminosa. Son llamados también a levantarse diariamente, cada hora, a novedad de vida en obediencia a Dios. Los que han aprendido por el mensaje del evangelio la verdad de la misericordiosa decisión divina a favor de ellos se sienten obligados a esforzarse ahora de todo corazón y con todas sus fuerzas por aproximarse más y más en su vivir diario y concreto a lo que en la decisión divina de la justificación ya son.

(iv) *el sentido escatológico*. Morirán al pecado final e irreversiblemente en el momento de morir, y —en forma igualmente final e irreversible— en la venida de Cristo serán levantados a la vida de resurrección.

En el curso de los siguientes versículos Pablo se mueve libremente entre estos sentidos diversos, dando a entender todo el tiempo tanto el carácter distintivo de estas diferentes muertes y resurrecciones con Cristo como también su verdadera y esencial interrelación. La cuestión de si en el versículo que nos ocupa el «hemos muerto» debía tener el sentido (i) o el sentido (ii) no es de vital importancia. Es posible que Pablo estuviese pensando particularmente en el bautismo, pero en general nos parece más probable que el sentido (i) es el que ocupaba su mente.

3. ¿O sois ignorantes del hecho de que significa que el autor piensa que los cristianos de Roma posiblemente conocen por lo menos la verdad indicada en el resto de este versículo y quizá también parte de la doctrina que expone en los versículos siguientes como continuación de ella. El uso de esta fórmula tiene aquí especial significación, ya que la iglesia de Roma no fue fundada por Pablo y hasta ese momento no ha sido visitada por él.

No es probable que la elección de «en Cristo», y no «en el nombre de Cristo», sea particularmente significativa, ni aquí en **todos nosotros que hemos sido bautizados en Cristo Jesús** ni en Gálatas 3.27. En ambos lugares el contexto requiere una afirmación puramente factual y ésta va

---

* Teniendo en cuenta una situación eclesiástica en la que la administración del bautismo generalmente se separa totalmente de la ratificación del propio creyente en cuanto a su decisión de fe, tal vez podríamos sentirnos inclinados a quebrar la unidad del sentido (ii) y dividirlo en dos sentidos diferentes, uno sacramental y otro relativo a la conversión; pero, por lo que hace a la exégesis de Romanos, con seguridad que debe resistirse esta inclinación.

seguida inmediatamente de otra afirmación que se extiende más allá de ella y ofrece una interpretación del hecho objetivo. Entendemos que «[ser] bautizados en Cristo Jesús» es sinónimo aquí de «[ser] bautizados en el nombre de Cristo Jesús». Todo lo que Pablo desea transmitir aquí es el simple hecho de que las personas referidas han recibido el bautismo cristiano. Pero al mismo tiempo la expresión que usa implica (como lo hacen también las expresiones que comprenden el uso de la palabra «nombre») que el bautismo tiene que ver con una relación personal decisiva entre el creyente individual y Cristo. Esto indudablemente era reconocido generalmente en la iglesia primitiva.

hemos sido bautizados en su muerte? expresa la idea de que la relación con Cristo, con la que tiene que ver el bautismo, incluye, en particular, una relación con su muerte. Pablo aparentemente espera que los cristianos de Roma acepten esto sin vacilación como un concepto ya bien conocido por ellos. ¿De qué modo entendía Pablo, entonces, que se relacionaban entre sí el bautismo y la relación del cristiano con Cristo y, en particular, con su muerte? La idea de que Pablo estaba profundamente influido en su comprensión del bautismo (e incluso de la relación del cristiano con Cristo en general) por las religiones paganas de misterio de la época es algo que se ha sostenido ampliamente. Característica de dichas religiones era la idea de que un rasgo de capital importancia lo constituía la muerte y el retorno a la vida nuevamente del dios adorado, y que los ritos de iniciación debían lograr la unión de la persona que era iniciada con el dios. Mas, a pesar de ciertas semejanzas obvias, hay diferencias tan significativas entre el bautismo como lo entendía Pablo y las características esenciales de estas religiones, como para que resulte extremadamente improbable que Pablo pueda haber concebido jamás el bautismo como un misterio de esta clase. Para mencionar sólo algunas de las diferencias: mientras que los misterios tenían que ver con la unión con una deidad de la naturaleza, el bautismo tenía que ver con la relación del creyente con el acontecimiento histórico del acto salvador de Dios en Cristo; mientras que la muerte y resurrección de una deidad de la naturaleza se concebían como algo que ocurría vez tras vez, el acontecimiento histórico al que apuntaba el bautismo era un acto realizado de una vez para siempre, único en su carácter; mientras que los misterios eran «inclusivistas» (se podía ser iniciado en varios sin problema, ya que se los reconocía como formas diversas de la misma religión fundamental y primitiva), el bautismo era totalmente «exclusivista»; mientras que los ritos de misterios eran mágicos, y denotaban simbólicamente las experiencias del dios, a la vez que se consideraba que efectuaban la unión con el dios que representaban, en el caso del bautismo el simbolismo, si es que se trataba de algo consciente (por lo que hace a Pablo está lejos de parecer que haya sido así), claramente no tenía importancia decisiva. Aunque Romanos 6.4 y Colosenses 2.12 podrían tal vez sugerir el pensamiento de que la inmersión del cristiano en el agua del bautismo representa su sepultura con Cristo (así como el hecho de salir del agua representa su resurrección con Cristo), Pablo también podía escribir, «a todos se nos dio a beber de un [mismo] Espíritu» (1 Co. 12.13) y «os vestisteis de Cristo» (Gá. 3.27) con referencia al bautismo. Un punto de vista mecánicamente objetivo del bautismo queda descartado por un pasaje como 1 Corintios 10.1-12. Albert Schweitzer propone otra perspectiva, en general enteramente diferente de la que venimos considerando, que, sin embargo, concuerda con atribuir a Pablo una comprensión mágica del bautismo en el sentido de que efectúa mecánicamente lo que significa. Según él, Pablo creía que «en el momento en que» un hombre «recibe el bautismo, el morir y el resucitar nuevamente de Cristo se cumplen en él sin ninguna colaboración o ejercicio de la voluntad o el pensamiento de su parte».[*]

¿Qué quería decir Pablo, por lo tanto, cuando afirmaba que el bautismo cristiano es esencialmente bautismo en la muerte de Cristo? No, por cierto, que efectivamente relaciona a la persona bautizada con la muerte de Cristo, puesto que esta relación ya es una realidad objetiva antes de realizarse el bautismo, habiendo sido logrado por la misericordiosa decisión de Dios, lo que sugiere el segundo «por nosotros» de 5.8; sino que señala en la dirección de esa muerte que la persona bautizada ya ha experimentado (a los ojos de Dios), y de la que es prenda. Del lado de Dios, es señal y prenda de que los beneficios de la muerte de Cristo por todos los hombres realmente se aplican a este individuo en particular. Del lado del hombre, es la ratificación externa (estamos pensando, naturalmente, en el bautismo de adultos en este caso) de la decisión de fe humana, de la respuesta ya iniciada a lo que Dios ha hecho en Cristo. Que Pablo lo considerase (en su aspecto de prenda divina) como una garantía automática, mecánica y mágica es una imposibilidad en razón de 1 Corintios 10. Pero no se sigue, por consiguiente, que lo considerase como una «mera señal». Parecería probable que consideraba que Cristo mismo estaba personalmente presente y activo, en libertad y en poder, en la palabra visible del bautismo, como también en la palabra hablada del mensaje predicado (compárense, por ejemplo, 10.14: «...Y ¿cómo podían creer en aquel a quien no habían oído? Y ¿cómo podían oír sin un predicador?», y el comentario sobre ese versículo).

4. Así, pues, hemos sido sepultados juntamente con él por el bautismo en _su_ muerte explica y aclara el significado de la última cláusula del v. 3. Por medio del bautismo en la muerte de Cristo a que hacía referencia hemos

---

[*] _Paul and his Interpreters_, Londres, 1912, pp. 225s.

sido sepultados con él. Al hacer referencia a la sepultura aquí Pablo ha expresado del modo más decisivo y enfático la verdad de que hemos muerto con Cristo; porque la sepultura es el sello que certifica el hecho de la muerte. Cuando los parientes y amigos de una persona dejan su cuerpo en la tumba y se retiran a sus hogares sin él, el hecho de que esa persona ya no comparte la vida con ellos se hace evidente en forma ineludiblemente terminante. La muerte que experimentamos en el bautismo fue una muerte ratificada y sellada por la sepultura, una muerte totalmente falta de ambigüedad. El bautismo, según Pablo, si bien (como hemos visto) no es ningún rito mágico que efectúa mecánicamente aquello que significa, no es una señal hueca sino un acontecimiento decisivo por el cual una persona concreta es reclamada por Dios en forma poderosa e inequívoca como beneficiaria de su acto salvador en Cristo.

La frase **a fin de que** sirve de presentación de una declaración del propósito (la referencia es al propósito de Dios) de nuestra sepultura con Cristo en el bautismo. **como Cristo fue levantado de los muertos por la gloria del Padre** sirve para caracterizar la acción denotada por la cláusula que sigue (y que expresa la esencia del propósito) como correspondiente al hecho de que Cristo haya sido levantado de los muertos. Por «gloria» aquí se quiere decir indudablemente el poder de Dios ejercido gloriosamente. El uso que hace Dios de su poder es siempre glorioso. El usarlo para levantar a su Hijo de los muertos es una manifestación particularmente clara de su gloria. En **así nosotros también caminemos en novedad de vida** la referencia es a la vida moral. El uso de «caminar» para denotar la conducta de la persona aparece frecuentemente en el Nuevo Testamento y refleja un uso hebreo común en el Antiguo Testamento. La frase «en novedad de vida» indica la cualidad de la conducta que debemos tener. La distinción entre los dos vocablos griegos más comunes traducidos como «nuevo» no siempre se tiene en cuenta. Donde se la reconoce, uno de ellos significa «nuevo» simplemente en el sentido de no haber estado allí antes, mientras que el otro describe lo que es nuevo y fresco en comparación con otras cosas, tan diferente de lo usual, superior a lo viejo. No hay duda de que la significación apropiada de la segunda palabra corresponde a la «novedad» que nos ocupa aquí. El concepto del valor trascendente del nuevo modo de vivir, en comparación con el viejo, es lo que está presente. La segunda de las dos palabras griegas traducidas como «nuevo» se asocia en el Nuevo Testamento principalmente con la esperanza de la renovación final de la creación hecha por Dios; y la novedad de vida, de la que habla Pablo aquí, es un anticipo de esa renovación final.

En este versículo hay un movimiento del concepto de la muerte (sepultura) en el bautismo (es decir, en el sentido (ii) indicado arriba al comentar

el v. 2) al de la resurrección en el sentido moral (es decir, el sentido (iii) de
la lista). Del primero de ellos se dice que tuvo lugar a fin de que el segundo
se realizara. Se debe notar que Pablo no habla aquí de muerte y resurrección
conjuntamente en el bautismo y de muerte y resurrección conjuntamente en
el sentido moral, sino de muerte (sepultura) solamente en el primer caso y
de resurrección solamente en el segundo. Aquí (y también en el v. 5) Pablo
expone el doble hecho de nuestro morir y ser levantados en el bautismo por
medio del término muerte (sepultura) solo, y el doble hecho de nuestro morir
al pecado y ser resucitados a novedad de vida éticos por medio del término
resurrección solo, porque, proponemos, en este punto quiere destacar particularmente el contenido positivo de la nueva obediencia. Si bien pensaba
que los cristianos morían y eran resucitados en cada uno de lo sentidos que
enumeramos en las notas sobre el v. 2, Pablo parecería tender a relacionar
el lenguaje de la muerte con los sentidos (i) y (ii), y el de la resurreción con
los sentidos (iii) y (iv).

**5. Porque si hemos sido conformados a su muerte, por cierto también
hemos de ser *conformados* a su resurrección.** Este nos parece el significado más probable de lo que generalmente se acepta como una frase
griega muy desconcertante. Esta interpretación exige que se tome el sustantivo griego, que VRV2 traduce «semejanza», en otro sentido que también
puede tener: «forma»; hay que entender que el dativo (este sustantivo está
en el caso dativo en griego) no es instrumental (como lo entiende VM), sino
que depende del adjetivo representado en VM por «unidos con» (que, por
consiguiente, no exige el agregado de «él», como es el caso en VM, para
depender de él); y considerar que «siendo unidos con (o «asimilados a»») la
forma de» es sinónimo de «ser conformados a» en Filipenses 3.10 (compárese «ser conformados a» en Romanos 8.29). Obtenemos así un sentido
que encuadra perfectamente en el contexto. Este versículo sirve de apoyo al
v. 4: de allí su «Porque» inicial. Si en el bautismo hemos sido conformados
a la muerte de Cristo, por cierto que también hemos de ser (o tal vez «seremos
por cierto también») conformados a su resurrección en nuestra vida moral.

6. Y sabemos que presenta otro factor pertinente del argumento. Con
nuestro viejo ser se quiere decir la totalidad de nuestra naturaleza humana
caída, la totalidad del ser individual en su carácter caído. El hombre total, y
no sólo parte de él, queda bajo la condenación de Dios y murió a los ojos de
Dios en la muerte de Cristo. Acerca de la expresión (literalmente «nuestro
viejo hombre») compárese Efesios 4.22-24; Colosenses 3.9-10. **fue crucificado con él.** La referencia a la crucifixión es un crudo recordatorio —¡el
duro vocablo «cruz» no había sido dulcificado aún por siglos de piedad
cristiana!— de la tremenda distancia que separa lo que está diciendo Pablo
acerca del morir y ser levantado con Cristo del misticismo de las religiones

de misterio de la época. Nuestra naturaleza humana caída fue crucificada con Cristo en nuestro bautismo en el sentido de que en éste recibimos la señal y el sello del hecho de que por la benévola decisión divina ella fue, a los ojos de Dios, crucificada con Cristo en el Gólgota. Por cierto no se sugiere que el viejo ser ya no existe sino que persiste en el creyente, quien en esta vida tiene que poner reiteradamente en funcionamiento en el nivel moral, mediante un morir diario al pecado, la muerte que en la misericordiosa decisión de Dios y en el sacramento del bautismo ya ha muerto.

En **para que el cuerpo de pecado fuese destruido**, «el cuerpo de pecado» seguramente tiene que significar el hombre total tal como lo controla el pecado. Así «el cuerpo de pecado» y «nuestro viejo ser» son idénticos. ¿Pero será que la cláusula en conjunto se refiere a lo que ocurrió en el bautismo, o a la vida moral de los cristianos? A primera vista resulta tentador tomarlo en este último sentido, y por ello como equivalente a «a fin de que ... nosotros también pudiésemos caminar en novedad de vida» del v. 4 y —como lo vemos nosotros— a «por cierto que también hemos de ser *conformados* a su resurrección» del v. 5. Pero la referencia de esta cláusula a la vida moral no parecería ser muy compatible con el hecho de que el viejo ser se mantiene bastante vivo en el cristiano. Aun cuando se pudiera vencer esta objeción dándole al vocablo griego que hemos traducido «fuese destruido» el sentido más débil de «fuese inhabilitado», todavía le restaría a la segunda cláusula de propósito (que viene enseguida) buena parte de su fuerza. Resulta mucho mejor entender que la cláusula que nos ocupa se refiere a lo que ocurre en el bautismo. Así entendida, no resulta en absoluto redundante, porque la persona crucificada no moría de inmediato, sino que era crucificada, justamente, a fin de que muriese («[fuese] destruido») lentamente, horas o incluso días más tarde. Tiene verdadero sentido de esta manera, sea que se refiera a nuestro bautismo o a lo que está por detrás de él, de lo cual es señal y sello, que nuestro ser pecaminoso fue crucificado con Cristo a fin de que fuese destruido. Con **a fin de que dejemos de ser esclavos del pecado** nos encontramos claramente en el nivel ético. En el bautismo nuestro viejo ser fue crucificado a fin de que fuese destruido (en el sentido que hemos indicado), con el objeto de que en nuestro vivir práctico diario dejemos de ser esclavos del pecado.

7. Porque el hombre que ha muerto ha sido justificado del pecado. Es muy probable que estas palabras sean conscientemente reminiscencias de un conocido principio legal rabínico, pero no resulta nada claro que Pablo esté apelando concretamente a éste a fin de rematar su argumento. En el sentido de que «la muerte paga todas las deudas» este principio es válido sólo en relación con un tribunal humano. Seguramente que Pablo no pensaba que la muerte de un hombre podía expiar sus pecados en relación con Dios, o que un hombre muerto ya no era responsable ante Dios de sus pecados. El principio rabínico es, de hecho, particularmente inapropiado como confirmación de lo que se acaba de decir. Por lo tanto, es mucho más probable que Pablo, aun cuando probablemente tuviese conciencia del uso de un lenguaje similar entre los rabinos, estuviese usando las palabras en un sentido propio. Quería que éstas no fuesen una aseveración general acerca de hombres muertos, sino una aseveración teológica específica de que el hombre, que había muerto con Cristo en el bautismo en el sentido de que en su bautismo había recibido la señal y el sello de haber muerto con Cristo según la decisión divina, ha sido justificado de sus pecados. Hacer esta declaración equivale, por cierto, a confirmar el v. 6; porque es el hecho de que Dios nos ha justificado lo que constituye la sólida base de aquella nueva libertad para resistir la esclavitud del pecado en nuestro vivir práctico, al que se refiere la última cláusula del v. 6.

8. En **Pero si hemos muerto con Cristo, creemos que también hemos de vivir con él** la función de «creemos que» de ningún modo tiene el propósito de debilitar la afirmación siguiente sugiriendo que se la hace con menor certidumbre, sino más bien para destacarla indicando la entrega personal e íntima de Pablo y los demás cristianos a esta verdad. El cristiano cree firmemente que, por cuanto (aquí el «si» se usa en el sentido de «si, como efectivamente es el caso» o «ya que») a la vista de Dios ha muerto con Cristo, debe vivir su vida presente con Cristo en el poder de su resurrección. Mientras que la referencia de «también hemos de vivir con él» a la vida moral del cristiano es primaria (la estructura del argumento aclara esto), es posible que el pensamiento del cumplimiento escatológico de la vida ya iniciada también está presente.

9. y sabemos que inicia otra consideración pertinente para lo que se acaba de decir. Esta consideración adicional se indica en los vv. 9 y 10. Dado que se ocupa de la verdadera naturaleza de la resurrección de Cristo, arroja luz sobre el significado de «también hemos de vivir con él» del v. 8. **Cristo, ahora que ha sido levantado de los muertos, no muere más.** Cristo no fue resucitado, como Lázaro, en una mera extensión de su vida natural, para luego sucumbir nuevamente a la muerte; porque su resurrección fue la resurrección final y definitiva, anticipada en forma única. Tampoco fue su resurrección como la de una deidad de la naturaleza, parte de un interminable ciclo recurrente de muerte y renovación. **y la muerte ya no ejerce señorío sobre él** refuerza la afirmación anterior. Por un breve lapso la muerte realmente ejerció dominio sobre él (esto lo indica el «ya no»), pero ahora ya no tiene poder sobre él, ningún dominio.

10. Porque la muerte que él murió la murió al pecado una vez para siempre; pero la vida que vive la vive a Dios es una explicación del v. 9.

La razón de que la muerte no ejerciera dominio sobre Cristo ya está en que la muerte que murió fue muerte al pecado de una vez para siempre, acto enteramente decisivo e irrepetible, mientras que la vida que ahora vive es para Dios y (por cuanto es para Dios) eterna. La expresión «morir al pecado» ya se había usado en el v. 2, pero ahora se la usa en un sentido muy diferente (aunque en ambos lugares «al pecado» representa un dativo griego de la persona afectada, que puede traducirse «en relación con el pecado»). Lo que realmente se quiere significar aquí con «morir al pecado» se ha de entender de lo que Pablo dice en otras partes acerca de la relación de la muerte de Cristo con el pecado (por ejemplo, 3.24-26; 4.25; 5.6-8; 8.3; 1 Co. 15.3; 2 Co. 5.21; Gá. 3.13). Cristo murió al pecado, afectó al pecado con su muerte, en que, como el ser enteramente libre de pecado que se identificó con los hombres pecadores, llevó por ellos toda la pena correspondiente a sus pecados y así —en el pleno sentido en que se usan estas palabras en 8.3— «condenó al pecado en la carne». Pero a esta altura a Pablo no le interesa explicar el significado de la muerte de Cristo como muerte al pecado, sino simplemente destacar que se trataba de una acción llevada a cabo de una vez para siempre, como acontecimiento que fue tan completamente decisivo y definitivo que no puede haber cuestión de que se repita. Acerca de la frase «una vez para siempre», compárense Hebreos 7.27; 9.12, 26, 28; 10.10; 1 Pedro 3.18 (también el uso de «un solo», «una sola» en He. 10.12 y 14). A este carácter irrepetible de la muerte de Cristo al pecado se corresponde el hecho de que su vida de resurrección la vive «a Dios». Una vez más tenemos un dativo griego de la persona afectada. Su vida resucitada pertenece preeminentemente a Dios, y por ello es eterna.

Por lo tanto, los vv. 9 y 10 juntos no se limitan a indicar la razón de nuestra creencia de que hemos de vivir con Cristo; también arrojan un torrente de luz sobre el carácter de esta nueva vida que ha de ser nuestra; porque revelan la trascendente seguridad de su fundamento en el carácter absolutamente definitivo de la muerte de Cristo al pecado y en su vida resucitada que vive para Dios, vida que se encuentra por siempre más allá del alcance de la muerte.

Con el v. **11** llegamos a una transición hacia la exhortación, hacia la formulación de conclusiones prácticas. **Así que entonces reconoced** *la* **verdad de que vosotros mismos estáis muertos al pecado pero vivos a Dios en Cristo Jesús.** La paráfrasis de F. F. Bruce, «vivid como si ya hubieseis entrado en la vida de resurrección», no logra darle al verbo que VRV2 traduce «consideraos» el sentido que tiene aquí. No denota aquí ningún tipo de simulación («como si»), sino un juicio consciente y sobrio basado en el evangelio, un modo de razonar que acepta como su norma lo que Dios ha hecho en Cristo: reconoced que la verdad del evangelio significa que estáis... Verse uno mismo así, tal cual nos revela a nosotros mismos el evangelio, y entender y tomar con absoluta seriedad lo que se ve, es un primer paso—decisivamente importante—en dirección a la obediencia. Los cristianos de Roma están «muertos al pecado pero vivos a Dios» en el sentido (i) de las notas sobre el v. 2.

La fórmula «en Cristo», que aparece aquí, se ha explicado de diversas maneras.* Aquí baste decir que, a nuestro entender, donde la frase o algún equivalente es, realmente, una fórmula especial que comprende la idea de *estar* en Cristo, en algún sentido (debe tenerse presente que esta frase aparece con otra idea, como, por ejemplo, en 3.24; 15.17 y probablemente 8.2), la mejor explicación gira en torno a nuestro entendimiento de las referencias de Pablo a nuestro morir y ser levantados con Cristo. Estamos en Cristo en que Dios ha decidido en su bondad vernos en él; estamos en Cristo por nuestro bautismo, por medio del cual hemos recibido el testimonio divino de la decisión de Dios de vernos en Cristo; tenemos que «[vestirnos] de ... Cristo» (13.14), luchando constantemente por permanecer en él en nuestra vida diaria; algún día estaremos en Cristo en la certidumbre del cumplimiento final y perfecto de los propósitos de Dios. Es en el primero de estos sentidos que se usa aquí la frase «en Cristo Jesús».

12. Dejad, pues, de permitir que el pecado reine *sin oposición* en vuestro yo mortal. La conclusión que se saca («pues») del hecho que se les acaba de decir que deben reconocer y tomar seriamente no es que, seguros en la bondadosa decisión de Dios para con ellos, pueden seguir viviendo alegremente tal como siempre han vivido, sino más bien que ahora tienen que luchar. No deben permitir que el pecado siga reinando sin impedimento en su vida diaria, sino que deben rebelarse en nombre de su legítimo Señor y Dios contra el dominio usurpador del pecado. Algunos intérpretes quieren limitar la referencia de la palabra griega «cuerpo», que nosotros hemos traducido «yo», al cuerpo físico. Sin embargo, resulta mejor pensar que Pablo quiere decir con ella la totalidad de la persona en su situación caída (compárese «el cuerpo de pecado» en el v. 6). No consiste solamente en el cuerpo físico lo que es mortal: la totalidad del hombre, como ser humano caído que es, está sujeta a la muerte. Además, es sobre la totalidad de nuestra naturaleza caída, y no solamente sobre nuestro cuerpo, que el pecado ha establecido su dominio. En todo el campo que abarca nuestra vida, como seres humanos caídos, somos llamados a resistir el dominio del pecado.

de modo tal que obedezcáis los deseos del yo se agrega para que tengamos presente las consecuencias que aparecerían si dichos deseos

---

* Para una exposición más completa, véase, de este autor, *Romans*, en la serie International Critical Commentaries, pp. 315-316, 833-835.

permitieran que el pecado siguiera reinando sin oposición en su ser mortal. Si no obedecen el mandamiento que Pablo acaba de darles, luego serán arrastrados de aquí para allá en obediencia a la lascivia de su naturaleza caída. Tal lascivia —de acuerdo con el punto de vista adoptado arriba en relación con el significado del vocablo griego que se traduce como «cuerpo» en este versículo— incluirá no solamente lo que llamaríamos «lujuria corporal», sino también cosas tales como el deseo de dominar a otros: en realidad todos los deseos del ego en su estado de rebelión contra Dios.

13. En y dejad de poner vuestros miembros a disposición del pecado como herramientas de injusticia, «miembro» se usa como traducción de una palabra que en realidad denota extremidad del cuerpo, pero que con el tiempo adquirió un sentido más amplio hasta abarcar los órganos además de las extremidades (así, por ejemplo, Pablo la usa en 1 Co. 12.14ss. en alusión a los ojos y los oídos). Tal vez aquí se esté usando en un sentido aún más amplio con el fin de incluir cualquier capacidad natural, de modo que hay poca diferencia entre «vuestros miembros» en este caso y «vuestro ser» más adelante en el versículo. Tal vez podríamos decir que «miembros» denota el yo desde la perspectiva de sus capacidades. Es una cuestión debatible si la palabra traducida como «herramientas» está bien traducida aquí o si debería dársele su sentido particular de «armas». El uso paulino favorece esta última interpretación, pero, en vista de las referencias a la servidumbre de los esclavos en este capítulo, la primera interpretación quizá sea más apropiada para el contexto (en el mundo antiguo al esclavo se lo podía considerar como «una herramienta viviente»). Pablo prosigue: **en cambio, poned vuestro ser a disposición de Dios como estando vivos de entre los muertos y vuestros miembros a disposición de Dios como herramientas de justicia.** En contraste con el mandamiento negativo de la primera parte del versículo, el mandamiento positivo aparece en forma de doble formulación, presumiblemente porque Pablo quería incluir una referencia específica a la realidad de la nueva vida de los cristianos romanos, ya mencionada en el v. 11.

La primera parte de **14** es difícil. No es de sorprender que la oración que hemos traducido **Porque el pecado ya no será señor sobre vosotros** se haya interpretado de diversas formas. La opinión de que es una promesa de que las personas a las que Pablo se dirige ya nunca cederán al pecado puede dejarse a un lado como totalmente improbable, por cuanto Pablo en otra parte ha dejado perfectamente aclarado que no se hacía ninguna ilusión acerca de sí mismo ni de los demás cristianos. La sugestión de que el futuro de indicativo con partícula negativa, que VRV2 traduce «no se enseñoreará de vosotros», en realidad debería entenderse con sentido imperativo («no debe ...»), aunque atractiva a primera vista, ha de rechazarse sobre la base de que la oración sería en ese caso una pálida repetición de lo sustancial del v. 12. Esto estaría enteramente fuera de lugar a esta altura. Además, la conjunción «Porque» resultaría inapropiada. No es adecuada tampoco la sugerencia de que «pecado» se refiere solamente a ese pecado fundamental que consiste en intentar usar la ley con el fin de establecer uno mismo su propia justicia, y no el pecado material, es decir, los actos pecaminosos. No hay ningún apoyo en el contexto para limitar el significado de «pecado» de esta manera. Pero estamos en camino a una explicación satisfactoria cuando reconocemos, por un lado, que aquí (como con frecuencia en este capítulo) Pablo está pensando en el pecado como un poder, vale decir, lo personifica. Por otro lado, el verbo que se usa ha de entenderse en su sentido primario de «ser señor de». La oración puede así interpretarse como una promesa de que el pecado ya no será jamás su señor, porque otro Señor ha tomado posesión de ellos: Cristo (resulta instructivo comparar el uso del mismo verbo en 14.9, donde se lo traduce como «ser Señor ... de»). Esto no quiere decir que el pecado ya no tendrá ningún poder sobre ellos (Pablo puede asentar, con inexorable sinceridad, el hecho de que el pecado sigue teniendo influencia sobre los cristianos, si nuestra comprensión de 7.14 es correcta); pero sí significa que nunca volverán a quedar indefensos en poder del pecado, a menos que, naturalmente, en forma caprichosa le den las espaldas al Señor que los ha redimido (es muy probable que no sea una promesa incondicional). Aun cuando el pecado todavía ejercerá influencia sobre ellos hasta que mueran (en el sentido natural), de ahora en adelante, como súbditos de Cristo sobre los cuales ha vuelto a establecer en forma decisiva su autoridad, estarán libres para rebelarse contra el poder usurpador del pecado. Así entendida, la oración tiene sentido como apoyo («Porque») para los imperativos de los vv. 12 y 13.

Con mucha frecuencia se toma **porque no estáis bajo la ley, sino bajo la gracia** con el significado de que la ley veterotestamentaria ha sido superada, y que su autoridad sobre los creyentes ha sido abolida. Esta, hay que admitir, sería una interpretación plausible, si la oración se pudiera tomar aisladamente. En cambio esa lectura resulta extremadamente improbable, dado que se encuentra en un documento que contiene cosas tales como 3.31; 7.12, 14a; 8.4; 13.8-10, y en el que la ley se menciona más de una vez como la ley de Dios (7.22, 25; 8.7) y se apela a ella vez tras vez como autoritativa. El hecho de que «bajo la ley» se contrasta con «bajo la gracia» sugiere la posibilidad de que aquí Pablo esté pensando, no en la ley en general, sino en la ley en cuanto condena a los pecadores; porque, dado que la «gracia» denota el inmerecido favor de Dios, lo que se opone naturalmente a «bajo la gracia» parecería ser «bajo la condenación o desaprobación de Dios». Y la sugerencia de que el significado de la oración es que los creyentes no están bajo la condenación divina pronunciada por la ley, sino bajo su inmerecido favor, recibe confirmación adecuada de 8.1 («Así, pues, ahora no hay ninguna condenación para los que están en Cristo Jesús»), que parecería estar estrechamente vinculado con 6.14b por medio de 7.1-6. Más todavía, esta interpretación explica el «porque» con el cual comienza esta parte del versículo. El hecho de que hemos quedado libres de la condenación de Dios, y que ahora somos objeto de su inmerecido favor, confirma la verdad de la promesa de que el pecado ya no se enseñoreará de nosotros. El hombre que sabe que es libre de la condenación divina se encuentra comenzando a ser libre para resistir la tiranía del pecado con audacia y determinación.

(ii) Elección entre amos

6.15-23

[15]¿Qué, pues? ¿Hemos de pecar porque no estamos bajo la ley sino bajo la gracia? ¡Dios no lo permita! [16]¿No sabéis que, quienquiera que sea a cuya disposición os ponéis como esclavos para obedecerle, sois esclavos de aquel a quien obedecéis, ya sea del pecado con la muerte como la consecuencia o de la obediencia con la justicia como la consecuencia? [17]Pero gracias a Dios que vosotros, que una vez erais esclavos del pecado, os habéis vuelto obedientes desde el corazón al modelo de enseñanza al que fuisteis entregados, [18]y habiendo sido liberados del pecado habéis sido esclavizados a la justicia. [19](Tengo que expresar esto de un modo muy humano debido a la debilidad de vuestra carne.) Porque así como una vez pusisteis vuestros miembros como esclavos a disposición de la inmundicia y la licencia para *una vida de* licencia, así ahora poned vuestros miembros como esclavos a disposición de la justicia para la santificación. [20]Porque cuando erais esclavos del pecado, erais libres en relación con la justicia. [21]¿Qué fruto obtuvisteis entonces? ¡Cosas de las cuales ahora os avergonzáis! Porque su fin es la muerte. [22]Mas ahora, habiendo sido liberados del pecado y esclavizados a Dios, obtenéis vuestro fruto hacia la santificación, y como el fin la vida eterna. [23]Porque el salario que el pecado paga es la muerte, pero el don gratuito que Dios da es la vida eterna en Cristo Jesús nuestro Señor.

Esta sección subraya el hecho de que la cuestión de que el hombre sea libre en el sentido de no tener amo, de no ser esclavo en absoluto, simplemente no se plantea. Solamente dos alternativas se presentan, tener como amo al pecado o a Dios (esta segunda alternativa se expresa de diversas formas en estos versículos). No hay una tercera posibilidad. Los cristianos romanos han sido librados de la esclavitud del pecado, y han sido hechos esclavos de Dios. Tienen que actuar de conformidad con esta nueva situación, en lugar de intentar combinar cosas incompatibles. Pablo sabe que la figura de la esclavitud es indigna e inadecuada, y que puede llevar a serios equívocos, como forma para indicar la relación del creyente con Dios. De allí su disculpa en el v. 19a. No obstante, a pesar del hecho de que en tantos sentidos resulta enteramente inapropiada, no puede dejar de usarla, porque ella expresa adecuadamente el carácter de total pertenencia, obligación y responsabilidad que caracteriza la vida bajo la gracia, con un vigor y una claridad que ninguna otra imagen parecería igualar.

15. ¿Qué, pues? ¿Hemos de pecar porque no estamos bajo la ley sino bajo la gracia? ¡Dios no lo permita! nos retrotrae al v. 1. Pero las conclusiones falsas de que se ocupan ambos versículos no son las mismas. Mientras que en el v. 1 la falsa inferencia basada en la verdad expresada en 5.20 era la de que uno debería seguir en el pecado a fin de lograr que la gracia abunde mucho más, aquí la falsa inferencia basada en la verdad expresada en el v. 14b es la de que los actos pecaminosos ya no tienen importancia por lo que a nosotros concierne. El hecho de que Pablo se esfuerce por aclarar este tema en los siguientes versículos indica que el peligro de entender mal la cuestión no era nada hipotético.

16. ¿No sabéis que, quienquiera que sea a cuya disposición os ponéis como esclavos para obedecerle, sois esclavos de aquel a quien obedecéis, ya sea del pecado con la muerte como la consecuencia o de la obediencia con la justicia como la consecuencia? Por medio de esta pregunta un tanto engorrosa Pablo expresa dos conceptos principales: (i) que los cristianos de Roma son esclavos de aquello a lo cual se someten en obediencia; (ii) que tienen sólo dos alternativas entre las cuales elegir: ser esclavos del pecado o ser esclavos de la obediencia. La torpeza con la que se expresa (i) se debe indudablemente a la preocupación de Pablo por dejar perfectamente aclarado el hecho de que la obediencia envuelve el sometimiento como esclavo a aquello que se obedece. Es probable que por obediencia aquí Pablo quiera decir obediencia voluntaria como la que se considera en la pregunta deliberativa, «¿Hemos de pecar...?», en el versículo anterior, y no al acto de ceder involuntariamente al pecado en el caso de los que se esfuerzan por resistir (en una lucha como la que se describe en 7.14ss.). El punto (i) es la respuesta a la pregunta del v. 15: para los que están bajo la gracia cometer actos pecaminosos realmente importa, porque hacerlo voluntariamente equivale a someterse como esclavos al pecado. Con respecto a (ii), tenemos que destacar dos cosas. Primero, «con la muerte como la consecuencia» y «con la justicia como la consecuencia» (literalmente, «a la muerte» y «a la justicia») son equivalentes a dos afirmaciones subsidiarias que indican que al final estas esclavitudes conducen, una a la muerte y otra a la justificación final. Segundo, el uso de «obediencia» como opuesto a «pecado» resulta sorprendente aquí. En los vv. 18, 19 y 20 «justicia» se usa como lo opuesto a «pecado» (en el v. 19 «inmundicia» y «licencia»); es fácil comprender que la «justicia» queda efectivamente eliminada en este caso por la decisión de Pablo de usarla (en su sentido de «justificación») como opuesto a la «muerte». Sin embargo, en los vv. 13, 22 y 23 la oposición es entre «pecado» y «Dios». ¿Por qué, pues, no puso Pablo «Dios» aquí? La respuesta correcta a esto parecería ser que, si bien la decisión fundamental para Pablo era realmente entre ser esclavos del pecado y ser esclavos de Dios, a esta altura quería enfatizar especialmente el pensamiento de la obediencia (a Dios), porque quería que sus lectores viesen que el estar bajo la gracia de Dios equivalía a estar bajo la obligación de obedecerle.

La intención del versículo en conjunto podría expresarse de la siguiente manera, entre otras: La cuestión de que el hombre sea libre en el sentido de no tener absolutamente ningún amo simplemente no es posible. Las únicas alternativas que tiene a disposición son la de tener al pecado, o a Dios, como su amo (el hombre que se cree libre, porque no reconoce ningún dios sino su propio ego, se engaña; porque el servicio del propio ego es la esencia misma de la esclavitud al pecado). Una de las alternativas tiene como fin la muerte, y la otra la vida con Dios.

17-18. Pero gracias a Dios que vosotros, que una vez erais esclavos del pecado, os habéis vuelto obedientes desde el corazón al modelo de enseñanza al que fuisteis entregados, y habiendo sido liberados del pecado habéis sido esclavizados a la justicia. Traducidos así estos versículos expresan una clara acción de gracias a Dios, que encuadra perfectamente en el pensamiento del contexto. Dos claves falsas han perturbado la exégesis del v. 17 con frecuencia. Una es la noción de que el vocablo griego representado por «modelo» (es la misma palabra que se tradujo «tipo» en 5.14, en conexión con la cual explicamos sus diversos sentidos) tiene que significar aquí «tipo» en el sentido de un tipo (de enseñanza cristiana) por oposición a todas las demás. Pero aquí la palabra tiene que denotar un molde que imparte su forma a alguna otra cosa. Lo que se está diciendo es que las personas aludidas han obedecido de corazón (no sólo formalmente sino con entrega íntima) a ese molde que consiste en enseñanza (concerniente al modo de vida que demanda el evangelio) que ha de modelar sus vidas. La otra clave falsa es la suposición de que el verbo «entregar», por cuanto aquí se usa asociado a la palabra «enseñanza», debe tener su sentido especial de «entregar» o «trasmitir» tradición. Pero el verbo tiene que entenderse aquí en relación con la figura de la transferencia de un esclavo de un amo a otro. Aquellos a quienes se dirigen estas palabras fueron entregados al modelo de enseñanza como esclavos de un amo nuevo. Es posible que Pablo tenga en mente el bautismo de los mismos como el momento cuando se llevó a cabo dicha transferencia. Lo que se subraya claramente en la última parte del v. 17 es la importancia de la obediencia en la vida cristiana: el hecho de que estar sometidos a la gracia de Dios envuelve la obligación de obedecerle. Como aclaración de «habiendo sido liberados del pecado» tenemos que decir que ya han sido hechos libres del pecado en el sentido de que han sido transferidos de la posesión por el pecado a la posesión de un amo nuevo, de modo que están ahora en posición de resistir los intentos del pecado de mantenerlos sometidos, aun cuando esa influencia sigue siendo real, seria y constante. La relación positiva con el nuevo amo se expresa vigorosamente con las palabras, «habéis sido esclavizados a la justicia».

19a. (Tengo que expresar esto de un modo muy humano debido a la debilidad de vuestra carne.) Es evidente que Pablo tiene clara conciencia del hecho de que la figura de la esclavitud es inadecuada e indigna, y que está peligrosamente expuesta a la posibilidad de desorientar cuando se usa como modo de hablar acerca de la relación del creyente con la justicia (es decir, la justicia en su sentido moral); es por ello que, apenas ha dejado aclarado el hecho de que han sido esclavizados por la justicia, pide disculpas por el carácter demasiado humano de su lenguaje. (Hay disculpas similares en 3.5; 1 Co. 9.8; Gá. 3.15.) En casi todos los sentidos la imagen resulta enteramente inadecuada para los fines de Pablo. La relación del cristiano con la justicia, con la obediencia (v. 16), con Dios (v. 22), no es en absoluto, desde luego, esa situación injusta, humillante, degradante y lastimosa que siempre ha sido la esclavitud. Por el contrario, es «libertad perfecta» o, como lo expresó Juan Crisóstomo, «mejor que cualquier libertad». Mas debido a la debilidad humana de sus lectores Pablo no puede evitar el uso de la figura de la esclavitud, por dura e indigna que sea. Son propensos —todo el pasaje refleja el hecho de que Pablo tenía conciencia de ello— a olvidar las obligaciones involucradas en la vida bajo la gracia. Pero en esto se parecen a todos los demás creyentes, de modo que la figura que usa Pablo resulta igualmente necesaria en el día de hoy; porque es dudoso que haya otra que pueda expresar con tanta claridad el sentido de total pertenencia, obligación, compromiso y responsabilidad, que caracteriza la vida bajo la gracia. No sorprende en absoluto que haya quienes quieran excluir totalmente el uso de esta imagen del lenguaje cristiano; pero es preciso determinar si la expurgación de nuestra exposición de la vida cristiana mediante la eliminación de la figura de la esclavitud a un amo no sería más bien un serio empobrecimiento y distorsión antes que una genuina purificación. Sospechamos que sería conveniente retenerla, y al mismo tiempo tener siempre presente la advertencia de Pablo en cuanto a su carácter indigno. Es más probable que la debilidad humana, debido a la cual Pablo juzga necesario usar este lenguaje vinculado con la relación amo-esclavo, sea la insensibilidad y la tendencia al engaño de sí mismos que caracterizan a la naturaleza caída de los cristianos, y que hacen que la pregunta, «¿Hemos de pecar, porque no estamos bajo la ley sino bajo la gracia?», parezca válida, más que la debilidad menos seria de la necesidad de entender verdades profundas por medio de analogías humanas.

Los vv. **19b-23** continúan el uso de la figura de la esclavitud. **Porque así como una vez pusisteis vuestros miembros como esclavos a disposición de la inmundicia y la licencia para *una vida de* licencia, así ahora poned vuestros miembros como esclavos a disposición de la justicia para la santificación** repite básicamente el pensamiento del v. 13 pero con variantes significativas. En el v. 13 el sometimiento de sus miembros a un servicio malo era el tema de un mandamiento negativo: aquí se lo menciona como algo del pasado. El «así como» y el «así» subrayan el paralelo entre el anterior sometimiento a la inmundicia y la licencia, y el nuevo sometimiento al que se los está llamando. Las dos frases, «para *una vida de* licencia» y «para la santificación», son paralelas, e indican en cada caso el fin a la vista. El sustantivo traducido «santificación» (compárense el v. 22; 1 Co. 1.30; 1 Ts. 4.3, 4, 7; 2 Ts. 2.13) denota en el Nuevo Testamento la obra de Dios en el creyente, su renovación ética. A pesar de algunas opiniones en contra, esta palabra, como la usa Pablo, indica un proceso más que un estado, y se la traduce mejor como «santificación» que como «santidad» o «consagración».

Porque cuando erais esclavos del pecado, erais libres en relación con la justicia. ¿Qué fruto obtuvisteis entonces? ¡Cosas de las cuales ahora os avergonzáis! Porque su fin es la muerte sirve para apoyar el mandamiento que se acaba de dar, reforzando su urgencia. Al parecer el sentido general de la primera parte (v. 20) es el de que no se puede ser esclavo del pecado y esclavo de la justicia a la vez. Compárese Mateo 6.24. Pocas dudas caben de que la puntuación del griego que hemos adoptado, que tiene el apoyo explícito del gran erudito bíblico de la iglesia primitiva Teodoro de Mopsuestia, ha de preferirse a la que han adoptado vRV2 y vM, por ejemplo. El fruto que obtenían de su esclavitud al pecado consistía en cosas (es indudable que Pablo estaba pensando en malos actos, hábitos, carácter) de las cuales ahora se avergonzaban, por cuanto su fin es la muerte. La mención de que tuviesen vergüenza no es algo vano en ningún sentido; porque el avergonzarse de un pasado malo es un elemento vital para la santificación, como lo destacó Calvino en su comentario sobre este versículo («Solamente quienes ... han aprendido bien a estar sinceramente insatisfechos consigo mismos, y a sentirse avergonzados ante su miseria, están imbuidos de los principios de la filosofía cristiana»).

Se debe tener en cuenta que en **Mas ahora, habiendo sido liberados del pecado y esclavizados a Dios** Pablo habla directamente de la esclavitud a Dios, y no indirectamente, como cuando se refería a la esclavitud a la obediencia (v. 16) y a la justicia (vv. 18 y 19). Lo que significa **obtenéis vuestro fruto hacia la santificación** es que ahora están obteniendo fruto (de su esclavitud a Dios) que es contribución al proceso de su santificación, o más bien el comienzo de dicho proceso; pero esto no equivale a decir que su santificación se pueda equiparar sencillamente con el fruto que están obteniendo en el presente (la traducción de VRV2, «tenéis por vuestro fruto la santificación», no se adecua bien al griego). La oración se completa con **y como el fin la vida eterna.** Como el fin, o la meta, de su esclavitud a Dios obtendrán la vida eterna, que se ha de distinguir tanto del fruto que ya están recibiendo como también de la santificación a la cual ese fruto contribuye.

Porque el salario que el pecado paga es la muerte, pero el don gratuito que Dios da es la vida eterna en Cristo Jesús nuestro Señor ofrece tanto clarificación de los vv. 21-22 como también una solemne conclusión para toda la sección. El pecado sigue siendo personificado, y aquí se lo representa ya sea como un general que paga el salario a sus soldados o —y esto encuadra mejor si se tiene en cuenta la prominencia que recibe la idea de la esclavitud en los versículos anteriores— como el amo que da a sus esclavos una asignación o dinero para sus gastos (entre los romanos esta era, justamente, la práctica normal). El pago que el esclavo del pecado puede esperar es la muerte. Dios, por contraste, no paga un salario, por cuanto Dios no es deudor de ningún hombre; pero el don gratuito que ofrece Dios es nada menos que la vida eterna. La idea de que Pablo, al usar la palabra griega que hemos traducido aquí como «don gratuito», estaba pensando en la generosidad del emperador (o del heredero imperial al ascender al trono, al ingresar en la vida pública o ante alguna otra ocasión extraordinaria) para con cada soldado, viene de la época de Tertuliano (siglos II y III). Es posible que sea así; pero, por pintoresca que parezca la sugerencia, no está tan bien fundamentada como lo han supuesto algunos comentaristas. Además, aun cuando Pablo tuviese presente esta generosidad imperial, no podría ser más que una especie de alusión al pasar; porque no se trataba de una comparación particularmente ilustrativa. El uso que Pablo hace de esta palabra en otros contextos (por ejemplo, en 5.15 y 16, donde la hemos traducido «don de la gracia») constituye una clave mucho más probable para el significado en este caso.

3. Una vida caracterizada por estar libre de la condenación de la ley

7.1-25

La vida prometida al hombre que es justo por la fe se describe, en tercer lugar, como una vida caracterizada por la libertad con respecto a la ley, es decir, de la ley en el sentido limitado de una ley que condena, o sea la condenación de la ley (compárese 8.1). Esta cuestión se analiza en la primera sección (7.1-6), que recoge y aclara la expresión «no estáis bajo la ley, sino bajo la gracia» que aparece en 6.14. La segunda sección (7.7-25) constituye una necesaria aclaración de 7.1-6, destinada a dilucidar ciertos asuntos relativos a la ley y a prevenir contra cualquier posible error de interpretación.

(i) Liberación frente a la condenación de la ley

7.1-6

[1]¿O sois ignorantes, hermanos, del hecho —hablo a hombres que conocen la ley— de que la ley tiene autoridad sobre un hombre mientras vive? [2]Porque la mujer casada está sujeta por la ley a su esposo mientras él viva; pero, si su esposo muere, ella queda libre de la ley en cuanto la liga a su esposo. [3]Así, pues, mientras viva su esposo, ella será considerada adúltera si se da a otro hombre; pero, si su esposo muere, ella queda libre de la ley de modo que no es adúltera si se da a otro hombre. [4]Por lo tanto, mis hermanos, vosotros también fuisteis hechos muertos a la ley por el cuerpo de Cristo, para que pertenezcáis a otro, es decir a aquel que ha sido levantado de los muertos, a fin de que llevemos fruto para Dios. [5]Porque, cuando estábamos en la carne, las pasiones pecaminosas estimuladas por la ley estuvieron activas en nuestros miembros de modo que llevábamos fruto para muerte; [6]pero ahora hemos sido liberados de la ley, habiendo muerto a aquello a lo cual estábamos sujetos, de modo que servimos en novedad del Espíritu, no en la vetustez de la letra.

Pablo les ha dicho a los cristianos romanos en 6.14 que «no estáis bajo la ley, sino bajo la gracia» con el fin de alentarlos a obedecer los imperativos de 6.12-13. Ahora en 7.1-6 pone en claro esa afirmación, mostrando en qué forma es verdad, cómo es que ahora están libres de la condenación de la ley. Han sido librados de ella por su propia muerte, es decir, por la muerte que, a la vista de Dios y por la bienaventurada gracia de Dios, ellos mismos han experimentado («fuisteis hechos muertos» en el v. 4; compárese «habiendo muerto» en el v. 6) en la muerte de Cristo a favor de ellos («por el cuerpo de Cristo» en el v. 4). En esta explicación se presupone, desde luego, lo que se ha dicho en 6.2-11 y, más atrás, en 3.21-26, como también en el capítulo 5.

Pablo comienza (v. 1) apelando al principio legal de que la autoridad de la ley sobre el hombre dura mientras viva, pero no más allá. Luego en los vv. 2 y 3 ofrece un ejemplo que sirve para aclarar este principio mediante la ilustración de su corolario: la muerte efectúa un cambio decisivo con respecto a la relación con la ley. El v. 4 es la conclusión de Pablo basada en el v. 1 con la aclaración de los vv. 2 y 3. En vista de lo que se ha dicho en los vv. 1-3, la muerte que los cristianos romanos han muerto debe entenderse con el significado de que han sido librados de la condenación de la ley, a fin de pertenecer a Cristo en adelante y, juntamente con los demás creyentes, rendir servicio a Dios. Los vv. 5 y 6, en los que se continúa el uso de la primera persona del plural introducido abruptamente en el v. 4, se agregan para aclarar el v. 4. Mientras que el v. 5 vuelve la mirada hacia el pasado del cual hemos sido librados, el v. 6, anticipando lo que se va a decir en el capítulo 8, centra la atención en el hecho de que, como consecuencia de su liberación de la condenación de la ley, los creyentes sirven a Dios no en esa vetustez que es el modo perverso del legalismo, de la incomprensión y del mal uso de la ley de Dios, sino en la novedad de vida proveniente de Dios que es el poder de su Espíritu instalado en ellos.

1. ¿O sois ignorantes, hermanos, del hecho —hablo a hombres que conocen la ley— de que la ley tiene autoridad sobre un hombre mientras vive? Se acepta ampliamente que aquí Pablo vuelve atrás, a las palabras de 6.14b, («no estáis bajo la ley, sino bajo la gracia»), y por cierto que es así. Entendemos, por lo tanto, que el pensamiento que inspira el uso de la fórmula «O sois ignorantes» es aquí el de que, si aquellos a quienes el apóstol se dirige aceptan la conclusión a que se arriba en los vv. 4-6, en base al principio que se enuncia en la cláusula que comienza con el «de que» del v. 1, y que luego se ilustra en los vv. 2-3, entonces con seguridad que podrán entender y aceptar lo que se dijo en 6.14b y que se aclaró mediante 6.15-23. Empero, mientras que 7.1-6 tiene como objeto apoyar lo que ya se ha dicho en el capítulo anterior, es también, como declaración bastante detallada de la liberación del cristiano de la condenación de la ley, un párrafo nuevo con exposición sobre la vida que ha de vivir el hombre que es justo por la fe. La cláusula que comienza con el «de que» aparece como una máxima legal. El significado es que la autoridad de la ley sobre el hombre dura lo que dura su vida, pero no más.

2-3. Porque la mujer casada está sujeta por la ley a su esposo mientras él viva; pero, si su esposo muere, ella queda libre de la ley en cuanto la liga a su esposo. Así, pues, mientras viva su esposo, ella será considerada adúltera si se da a otro hombre; pero, si su esposo muere, ella queda libre de la ley de modo que no es adúltera si se da a otro hombre. Desde tiempos antiguos generalmente se ha dado por sentado que la intención de Pablo en estos dos versículos era alegórica. Sobre este supuesto, la interpretación natural consistiría en suponer que el esposo representa la ley y la mujer al cristiano o a los creyentes en conjunto liberados mediante la remoción de la ley, para formar una nueva unión con Cristo. Pero esta interpretación ofrece una dificultad seria en el hecho de que en el v. 4 Pablo comienza a hablar no de la muerte de la ley (como se esperaría según esta interpretación) sino de que el cristiano ha muerto a la ley. Sus exponentes han procurado salvar esta dificultad sugiriendo que Pablo se abstuvo de hablar de la muerte de la ley, como lo requería la lógica de su alegoría, y en cambio habló de que los cristianos han muerto a la ley, con el fin de no ofender el sentimiento judaico. En los tiempos modernos se ha propuesto otra forma de la interpretación alegórica, según la cual el esposo no representa a la ley sino al viejo hombre del cristiano (el «nuestro viejo ser» de 6.6), mientras que la esposa representa el ser del cristiano que continúa y que, por medio de la muerte del viejo ser, es trasladado a una nueva condición de vida. Pero esto parecería extremadamente complicado y forzado. Una línea más aceptable consiste en considerar que los vv. 2-3 constituyen una parábola antes que una alegoría.

La clave decisiva para la interpretación acertada de estos versículos es el reconocimiento de que no estaban destinados a ser relacionados directamente con el v. 4 sino con el v. 1. No constituyen una alegoría (como tampoco una parábola) cuya interpretación se ha de encontrar en el v. 4, sino una ilustración destinada a explicar el v. 1. El v. 4 es la conclusión que se saca de los vv. 1-3 en conjunto, es decir, del v. 1 tal como lo aclaran los vv. 2-3. No se trata de una interpretación o aplicación de los vv. 2-3. La corrección de esta perspectiva de la cuestión se confirma por el hecho de que en el original el v. 4 comienza con una palabra que (como se usa aquí) no puede sino indicar una conclusión basada en lo que se ha dicho. Por lo tanto, entendemos que estos dos versículos no tienen otra intención que servir de ilustración del principio enunciado en la cláusula «de que» del v. 1 o —más acertadamente aun— de su corolario: la aparición de la muerte produce un cambio decisivo con respecto a la relación con la ley.

4. Por lo tanto, mis hermanos, vosotros también fuisteis hechos muertos a la ley por el cuerpo de Cristo, para que pertenezcáis a otro, es decir a aquel que ha sido levantado de los muertos, a fin de que llevemos fruto para Dios es la conclusión a que llega Pablo en base al principio indicado en el v. 1, como lo aclaran los vv. 2 y 3. En el caso de los cristianos y su relación con la condenación de la ley también ha ocurrido una muerte. No alude a la muerte de la ley o de la condenación de la ley, como podríamos sentirnos inclinados a esperar en vista de la ilustración utilizada, sino a la muerte de los cristianos mismos, lo que se ha de entender a la luz de 6.2ss. Pablo se vale aquí no de «morir» (como en 6.2) sino «ser hechos muertos» o «ser entregados a la muerte», posiblemente porque está presente el pensamiento de que Cristo fue entregado a la muerte en la cruz; más probablemente porque tiene presente, y quiere sugerir a sus lectores, el hecho de que esta muerte bienaventurada en el pasado de los cristianos es obra de Dios (compárese la voz pasiva similar «hemos sido liberados» en el v. 6). Han sido hechos muertos «por el cuerpo de Cristo», es decir, por medio de su persona entregada a la muerte en la cruz. En su muerte Cristo llevó sobre sí la condenación de la ley por ellos; y por cuanto murió por ellos, ellos murieron con él, tal como lo ve Dios. Fueron liberados, entonces, de la condenación pronunciada por la ley. Y esto se hizo con el fin de que en adelante pertenecieran al Cristo resucitado.

Es mejor entender que la cláusula «a fin de que llevemos fruto para Dios» es dependiente de «fuisteis hechos muertos», a pesar del hecho de que esto envuelve una incongruente combinación de la segunda y la primera persona del plural. Considerar que depende de «pertenecer» no mejoraría la situación, y considerar que depende del participio traducido como «a aquel que ha sido levantado», si bien haría más fácil la transición a la primera persona del plural, ofrecería un sentido menos satisfactorio. Las transiciones de una persona gramatical a otra en oraciones sucesivas son bastante comunes en las cartas paulinas. En la misma oración un cambio así, como en este caso, resulta incómodo, pero probablemente se debió al sentido que Pablo tenía de su compromiso personal en cuanto a la obligación de llevar fruto para Dios. Con respecto al sentido con el cual se usa «llevar fruto», algunos comentaristas han sostenido que Pablo estaba pensando en la imagen del alumbramiento de niños; pero, aun cuando se aceptara la sugestión de que la ilustración de los vv. 2 y 3 se refleja en la cláusula «para que pertenezcáis a otro» (es más probable que el pensamiento sea simplemente una transferencia a otro amo), con seguridad que esta explicación de «llevar fruto» todavía tendría que rechazarse sobre la base de que, si Pablo hubiese estado pensando en esta imagen, habría dicho «a Cristo» y no «a Dios». Por otra parte, resulta grotesco pensar que la imagen es la de que los cristianos dan a luz hijos para Dios, mientras que el hecho de que se use el mismo verbo en el v. 5 con «a muerte» seguramente resuelve la cuestión. El sentido general de «llevar fruto» en el presente versículo probablemente sea en buena medida como el que se expresa en el v. 6 con el verbo «servir».

5-6. Porque, cuando estábamos en la carne. El sentido del «Porque» es que estos dos versículos tienen por objeto dilucidar el v. 4. En 2 Corintios 10.3; Gálatas 2.20; Filipenses 1.22 Pablo usa «en la carne» en cuanto a la vida que los cristianos, igual que todos los demás hombres, tienen que vivir en este mundo; pero aquí usa la frase para denotar la condición que para los cristianos pertenece al pasado (compárense 8.8-9). Ya no están en la carne en el sentido de que la dirección básica de su vida sea determinada y controlada por su naturaleza caída (compárese «caminamos según la carne» en 8.4), si bien la carne en el sentido de la naturaleza humana caída está lejos todavía de constituir un elemento impotente en sus vidas (véanse, por ejemplo, 7.14, 18, 25). Cuando estábamos totalmente bajo el dominio de la carne, entonces prevalecía en nuestras vidas esa condición que el resto del v. 5 describe.

las pasiones pecaminosas estimuladas por la ley estuvieron activas en nuestros miembros. Un efecto que tenía entonces la ley era el de estimular e intensificar nuestras pasiones pecaminosas: desafiado por la ley que nos reclama para Dios y para nuestro prójimo, nuestro egocentrismo, nuestro ego pecaminoso, reconocía que estaba siendo puesto en tela de juicio y atacado, y en consecuencia luchaba con mayor violencia para defenderse. La consecuencia de la actividad de nuestras pasiones pecaminosas se indica mediante la última cláusula del versículo: **de modo que llevábamos fruto para muerte.** Para ver su sentido general podemos comparar con «Porque su fin es la muerte» en 6.21.

pero ahora hemos sido liberados de la ley: vale decir, de la ley (que nos condena), de la condenación de la ley. El que sea esto lo que se quiere decir lo sugiere la forma en que Pablo continúa su argumento en 8.1 (el pasaje 7.7-25, que aparece en el medio, constituye una necesaria aclaración de 7.1-6). La opinión de muchos intérpretes, de que Pablo quiere decir que somos librados de la ley en forma total, choca con el v. 25b, como también con los vv. 12 y 14a, y con 3.31; 8.4; 13.8-10. Pablo agrega: **habiendo muerto a aquello a lo cual estábamos sujetos.** Resulta natural entender «habiendo muerto» por referencia a «fuisteis hechos muertos» en el v. 4, y en consecuencia considerar que aquello que aquí no se nombra y a lo cual estábamos sujetos, y a lo cual hemos muerto, es la condenación de la ley.

La última parte del v. 6 se debe entender como indicación del resultado concreto de la liberación a la que se ha referido el comienzo del versículo: **de modo que servimos en novedad del Espíritu, no en la vetustez de la**

letra. Si bien Pablo tiene plena conciencia del penoso hecho de que la pecaminosidad del cristiano no desaparece (véanse especialmente los vv. 14-25), y de la necesidad de que sea exhortado constantemente a vivir de conformidad con su fe (véanse especialmente 12.1-15.13), no obstante sostiene que el que es cristiano tiene el Espíritu de Cristo (8.9) y anda según el Espíritu (8.4), si bien en forma débil y vacilante. A «servimos» se debe agregar aquí «a Dios» como objeto. De conformidad con la perspectiva de 6.15-23, se habla de la nueva vida en función de servicio, vale decir, de esclavitud. La naturaleza de esta esclavitud se indica mediante el doble contraste, «en novedad del Espíritu, no en la vetustez de la letra», en el que «novedad» y «vetustez» se usan en sentido positivo y negativo, respectivamente. El servicio del creyente se caracteriza, no por la inoperante esterilidad de la letra sola, que es lo único con que cuenta el legalista a causa de su falta de entendimiento y su aplicación equivocada de la ley, sino por su carácter fresco y esperanzado, que es producto de la presencia y la actividad del Espíritu. Está claro que Pablo no está oponiendo la ley misma al Espíritu, por cuanto unos versículos más adelante afirma que la ley es espiritual (v. 14). No usa «letra» como equivalente a «ley». Se trata de la letra de la ley separada del Espíritu. No obstante, dado que «la ley es espiritual», la letra de la ley aislada del Espíritu no es la ley en su verdadero carácter, sino la ley desnaturalizada, por así decirlo. Es esto lo que se opone al Espíritu cuya presencia realmente establece la ley (véase el comentario sobre 8.1ss.). La vida en el Espíritu es la novedad de vida que pertenece a la nueva era: la vida según «la letra» (en el sentido que hemos indicado) pertenece, por contraste, a la era actual que va pasando.

(ii) Necesaria aclaración de lo que se ha dicho con respecto a la ley

7.7-25

[7]¿Qué, pues, diremos? ¿Es pecado la ley? ¡Dios no lo permita!, pero yo no habría llegado a conocer el pecado de no haber sido por la ley; porque por cierto que no conocería la codicia, de no haber dicho la ley «No codiciarás»; [8]pero el pecado habiendo obtenido una base para sus operaciones obró en mí por el mandamiento toda suerte de codicia; porque en ausencia de la ley el pecado está muerto. [9]Pero yo estaba vivo una vez en ausencia de la ley; pero cuando vino el mandamiento el pecado saltó a la vida, [10]y yo morí, y el mandamiento que era para vida se manifestó, por

lo que a mí concierne, para muerte. [11]Porque el pecado habiendo obtenido una base de operaciones me engañó por medio del mandamiento y por él me mató. [12]De modo entonces que en sí misma la ley es santa, y el mandamiento santo, justo y bueno. [13]¿Entonces aquello que es bueno se convirtió en muerte para mí? ¡Dios no lo permita!, pero el pecado, con el fin de manifestarse como pecado, *estaba* obrando muerte para mí por medio de aquello que era bueno, con el fin de que el pecado, por el mandamiento, se volviera desmesuradamente pecaminoso. [14]Porque sabemos que la ley es espiritual; pero yo soy carnal, un esclavo bajo el poder del pecado. [15]Porque aquello que obro no lo reconozco; porque no practico lo que quiero, sino que hago lo que odio. [16]Pero si hago aquello que no quiero, estoy concordando con la ley en que es buena. [17]Mas, siendo esto así, no soy yo entonces quien obra lo que hago, sino el pecado que mora en mí. [18]Porque sé que el bien no mora en mí, es decir, en mi carne; porque, si bien puedo querer hacer lo que es bueno, el obrar lo que es bueno está fuera de mi alcance. [19]Porque no hago lo bueno que quiero, sino el mal que no quiero, esto practico. [20]Pero, si hago lo que no quiero, luego en estas circunstancias no soy yo quien lo obra sino el pecado que mora en mí, [21]de modo entonces que demuestro por experiencia la ley que, aunque quiero hacer lo que es bueno, es aquello que es malo lo que está a mi alcance. [22]Porque yo, por lo que hace al hombre interior, me deleito en la ley de Dios, [23]pero veo en mis miembros una ley diferente, que está batallando contra la ley de mi mente y haciéndome prisionero de la ley del pecado que está en mis miembros.

[24]¡Miserable hombre que soy! ¿Quién me librará de este cuerpo de muerte? [25]¡Gracias sean a Dios por medio de Jesucristo nuestro Señor! De modo entonces que yo mismo con mi mente sirvo a la ley de Dios, pero con mi carne a la ley del pecado.

Varias de las cosas que Pablo había dicho en el curso de su argumentación (5.20; 6.14 y 7.1-6, en particular, vienen a la mente) podrían dar la impresión de que la ley realmente es un mal, que de algún modo se debe identificar con el pecado. En el primero de los tres párrafos de los cuales se compone esta sección (vv. 7-12) Pablo procura ocuparse de este posible error de interpretación. En el v. 7 repudia la sugerencia de que la ley sea pecado y afirma que, lejos de ser pecado, es aquello que le hace reconocer su pecado por lo que realmente es. (En toda esta sección se usa la primera persona del singular. En la presente síntesis damos por supuesto que Pablo no está hablando simplemente de su propia experiencia, sino que se erige en representante, primero, en los vv. 7-13, de la humanidad en general, y luego, en los vv. 14-25, de los cristianos. Consideraremos el asunto más abajo.) En los vv. 8-11 Pablo pasa a explicar que, si bien, desde luego, la ley no es pecado, es cierto que el pecado ha podido explotarla para sus propios fines malos con efectos mortales. Pablo parece tener en mente aquí el relato de Génesis 3, en el cual el mandamiento divino, que es el benéfico don de la gracia de Dios para la preservación del hombre, aparece a la vez como la oportunidad que la serpiente pudo explotar con el objeto de arruinar al hombre. El pecado ha obrado la muerte del hombre por medio del mandamiento. Una verdadera comprensión de la situación con respecto a la ley debe incluir, entonces, el reconocimiento del hecho de que ella ha sido explotada por el pecado para sus propios fines, pero que no debe perderse nunca de vista la verdad fundamental, que se afirma enfáticamente en el v. 12, de que en sí misma la ley es la ley de Dios, santa, justa y buena.

En el segundo párrafo (vv. 13-23) Pablo se ocupa de la falsa inferencia que puede hacerse de lo que se ha dicho en los vv. 9-12: que la ley, que es verdaderamente buena, tiene la culpa de la muerte del hombre. La verdad es más bien que el pecado se ha valido de algo bueno con el propósito de lograr la muerte del hombre. Esto se asevera en el v. 13, que también indica que el aprovechamiento de la ley por el pecado en realidad cumple dos elementos del propósito divino al promulgar la ley: que el pecado apareciera como pecado, y que por medio del mandamiento se destacara su pecaminosidad. Con el v. 14, que presenta pruebas para confirmar lo que se dijo en el v. 13, el tiempo pasado cede paso al presente, y, como lo demuestra la secuencia, Pablo está pensando específicamente en los cristianos. Los versículos que siguen pintan gráficamente el conflicto interior característico del verdadero cristiano, sólo posible en el hombre en el cual el Espíritu está activo y cuya mente está siendo renovada bajo la disciplina del evangelio. En el hombre que entiende la ley no en forma legalista sino a la luz de Cristo, y así reconoce la real seriedad de sus exigencias, y que real y sinceramente desea obedecerla, hacer lo que es bueno y evitar el mal, el hombre en quien el poder del pecado está siendo desafiado de modo serio y resuelto, en él el poder del pecado se ve claramente. Cuanto más es renovado por el Espíritu de Dios, tanto más sensible se vuelve al continuo poder del pecado sobre su vida, y al hecho de que aun sus mejores actividades se arruinan por el egotismo que sigue atrincherado dentro de su ser.

El tercer y último párrafo de la sección (vv. 24-25) —en el que adquieren expresión y se mantienen unidas la verdadera angustia de la contienda dura e implacable (¡pero no la desesperación!), el profundo anhelo de la liberación final, la agradecida confianza en Dios, la sincera entrega a su ley y el honesto reconocimiento del hecho de la perdurabilidad de la naturaleza pecaminosa— conforma la conclusión de estos versículos (14-23) que describen el conflicto de la vida cristiana; el hecho de que Pablo los resume de esta forma es una indicación de que los ve no simplemente como apoyo de lo que ha dicho en el v. 13 sino, además, como factores que aportan un elemento indispensable de la descripción de la vida prometida al hombre que es justo por la fe. De hecho, la última parte de la sección tiene un papel doble: por un lado, forma parte integrante de la necesaria clarificación de 7.1-6; por el otro, se la ha de relacionar con el capítulo 8, como aporte de un importante elemento interpretativo sin el cual lo que se dice allí sería muy desconcertante. 7.14-25 y el capítulo 8 se necesitan mutuamente. Ninguno de los dos pasajes, si se los lee separadamente, ofrece un cuadro verdadero de la vida cristiana.

Convendrá dedicar alguna atención al uso paulino de la primera persona del singular en esta sección antes de embarcarnos en una exégesis detallada. Entre los vv. 7-13 y los vv. 14-25 encontramos la significativa diferencia de que, si bien el tiempo pasado caracteriza al primer pasaje, el uso del tiempo presente caracteriza al segundo. En vista de esta diferencia, los consideraremos separadamente por lo que hace al problema de la primera persona del singular.

Con respecto a los vv. 7-13, bastará mencionar aquí sólo cuatro de las sugerencias que se han hecho. Dos de ellas, la de que Pablo está hablando en forma autobiográfica, y la de que con la primera persona del singular está representando la experiencia del judío típico, si bien ambas han sido y siguen siendo populares, a nuestro juicio tienen que ser rechazadas, sobre la base de que en ninguno de los dos casos es posible ofrecer una explicación aceptable del «yo estaba vivo una vez en ausencia de la ley» (v. 9). Porque la explicación que con frecuencia se ofrece, que se trata de una referencia al período anterior a aquel en el cual Pablo (o el judío típico) se hizo «hijo del mandamiento», es decir, antes de haber experimentado lo que casi podría llamarse el equivalente judío de la confirmación, apenas tolera el análisis. Si bien es cierto que el muchacho judío que todavía no era «hijo del mandamiento» no estaba obligado a cumplir toda la ley, no sería nada correcto describirlo como si viviera «en ausencia de la ley». La sugestión de que Pablo está hablando específicamente en nombre de Adán, que fue hecha por algunos escritores de la iglesia primitiva y que ha recibido el apoyo de algunos eruditos eminentes en tiempos modernos, nos parece forzada (aunque por cierto que tiene a su favor el hecho de que Pablo parece haber tenido en mente el relato de Génesis 3 cuando estaba escribiendo estos versículos). La explicación más probable, en nuestra opinión, es que aquí tenemos un uso generalizador de la primera persona del singular, tendiente a describir gráficamente la situación del hombre en ausencia de la ley y en presencia de ella. Probablemente estaremos en lo acertado si suponemos que la elección de esta forma de lenguaje de parte de Pablo no se debía únicamente a un deseo de lograr un efecto retórico claro sino que también reflejaba su profundo sentido de compromiso personal, su comprensión de que al expresar la verdad general al mismo tiempo está expresando la verdad con respecto a sí mismo.

Con relación a los vv. 14-25, en conexión con los cuales se sigue discutiendo acaloradamente la cuestión de la primera persona del singular, convendría que mencionemos siete propuestas:

> (i) que es de carácter autobiográfico, y que es una referencia a la experiencia actual de Pablo como cristiano;
> (ii) que es de carácter autobiográfico, y que es una referencia a su experiencia pasada (antes de su conversión), como la veía en la época referida;
> (iii) que es de carácter autobiográfico, y que es una referencia a su pasado anterior a la conversión, pero como la ve ahora a la luz de su fe cristiana;
> (iv) que presenta la experiencia de un judío no cristiano, como la ve él mismo;
> (v) que presenta la experiencia de un judío no cristiano, como aparece a los ojos de un cristiano;
> (vi) que presenta la experiencia del cristiano que está viviendo al nivel de la vida cristiana que se puede dejar atrás, que sigue tratando de entablar la lucha con sus propias fuerzas;
> (vii) que presenta la experiencia de los cristianos en general, incluidos los mejores y más maduros.

Podemos dejar de lado de inmediato la propuesta (ii) sobre la base de que lo que se dice en estos versículos es totalmente contrario al veredicto que, según Filipenses 3.6b (compárese Gá. 1.14), Pablo ofreció sobre su propia vida antes de su conversión. También podemos dejar de lado la propuesta (iv), por resultar inconsecuente con el cuadro de la actitud de orgullo de los judíos que Pablo pinta en el capítulo 2. Contra la interpretación (iii), y también contra la (ii), el uso de los tiempos presentes en los vv. 14-25 pesa marcadamente; porque el uso del presente se mantiene en forma demasiado consecuente y demasiado tiempo en estos versículos, a la vez que contrasta demasiado marcadamente con los tiempos pasados característicos de los vv. 7-13, como para ser explicados plausiblemente como ejemplo del uso del presente por amor a la claridad al describir acontecimientos pasados que se recuerdan vívidamente. Más todavía, el v. 24 resultaría altamente melodramático, si no fuese un grito pidiendo liberación de la aflicción presente. Una objeción adicional a (iii), que también se aplica a (ii), a (iv), a (v), además de a (vi), es el orden de las oraciones de los vv. 24-25. El v. 25b es motivo de confusión para los que ven en el v. 24 el grito de un inconverso o el de un cristiano que vive en un nivel bajo de vida cristiana, y en el v. 25a una indicación de que la liberación anhelada ha sido realmente recibida, por cuanto, al encontrarse después de la acción de gracias, parecería suponer que la condición del hablante después de la liberación es exactamente igual que la que evidenciaba antes de ella. Todos los intentos hechos hasta ahora por resolver esta dificultad aparecen rodeados de un aire de desesperación.

La dificultad para aceptar la propuesta (i) o la (vii), que ha sido vista por muchos entendidos desde los primeros tiempos, es, naturalmente, que la aceptación de cualquiera de ellas parecería requerir una perspectiva demasiado negra de la vida cristiana y, en particular, que sería incompatible con lo que se dice de la liberación del creyente del pecado en 6.6, 14, 17s., 22 y 8.2. Esta objeción tanto a (i) como a (vii) ha parecido completamente concluyente a un gran número de intérpretes. Pero nosotros estamos convencidos de que solamente siguiendo líneas semejantes a la propuesta (i) o (vii) es que se puede hacer justicia al texto. Con Metodio y Agustín, Tomás de Aquino, Lutero y Calvino, y un buen número de autoridades modernas, aceptamos el punto de vista de que es a un cristiano a quien se describe en estos versículos. El hombre que habla aquí es uno que anhela hacer lo bueno y odia el mal (vv. 16, 19, 20), que en el hombre interior se deleita en la ley de Dios (v. 22), que la sirve con su mente (v. 25b). No es así como describe Pablo al hombre no regenerado. Resulta particularmente instructivo ubicar la afirmación del v. 25b («De modo entonces que yo mismo con mi mente sirvo [como esclavo] a la ley de Dios») a la par de 6.17, 18, 20. Estos versículos aseveran que los cristianos romanos eran esclavos del pecado antes de su conversión, pero ahora se han hecho esclavos de la justicia. También es interesante compararlos con 8.7, que afirma que la mente (vocablo griego distinto del que se traduce «mente» en 7.23 y 25b) de la carne no se sujeta a la ley de Dios y por cierto que no puede. En el ego que anhela lo bueno y odia el mal, en la mente de los vv. 23 y 25b, en el «hombre interior» del v. 22, debemos reconocer seguramente al yo humano que está siendo renovado por el Espíritu de Dios, no al yo, ni a ninguna parte de ese yo, del hombre todavía inconverso. De hecho, una lucha tan seria como la que aquí se describe sólo puede llevarse a cabo donde el Espíritu de Dios está presente y activo (compárese Gá. 5.17).

Con respecto a la objeción de que resulta increíble que Pablo pudiese describir a un cristiano como «un esclavo bajo el poder del pecado», deberíamos preguntarnos si nuestra incapacidad para aceptar esta expresión como descriptiva de un cristiano no es quizá el resultado del hecho de que no podemos comprender la tremenda seriedad de las demandas éticas de la ley de Dios (o del evangelio). ¿Acaso no somos todos demasiado propensos a entenderlas en forma legalista, como hizo el joven que pudo decir: «Maestro, todas estas cosas he observado desde mi juventud» (Mr. 10.20)? Además, ¿acaso no es cierto que cuanto más libre está el cristiano de los modos legalistas de razonar acerca de la ley de Dios, y por ello ve con creciente claridad el pleno esplendor de la perfección hacia la cual está siendo llamado, tanto más consciente se vuelve de su propia y persistente pecaminosidad, de su terco egotismo que todo lo penetra? Sobre la cuestión de la compatibilidad de las interpretaciones (i) y (vii) con diversas manifestaciones en otras partes de Romanos, el lector puede acudir al detallado comentario en torno a este y los otros pasajes relacionados (por ejemplo, 8.2).

Por lo que hace a la cuestión relativamente poco importante de si se ha de preferir la sugestión (i) o (vii), parecería más natural, en vista del hecho de que en los vv. 7-13 difícilmente se pueda entender la primera persona del singular como estrictamente autobiográfica, aceptar la segunda antes que la primera. Por otra parte, como en el caso de los vv. 7-13, podemos suponer que el uso paulino de la primera persona del singular en los vv. 14-25 refleja no solamente su deseo de declarar de un modo contundente y vívido lo que es cierto en general —en este caso, de los cristianos— sino también su sensibilidad ante su propio compromiso personal profundo con lo que está diciendo.

7. ¿Qué, pues, diremos? inicia un interrogante en relación con una falsa inferencia que Pablo reconoce como posible en torno a lo que se acaba de decir. **¿Es pecado la ley?** Una cantidad de cosas dichas por Pablo en el curso de la epístola hasta aquí podrían sugerir, por cierto, que en realidad la ley es un mal, que de algún modo se ha de identificar con el pecado. Los últimos seis versículos, además de 5.20 y 6.14, en particular, vienen a la memoria. Es hora de que Pablo se ocupe de esta posible conclusión falsa. La historia posterior de la iglesia habría de demostrar vez tras vez que el peligro de interpretar erróneamente sus conceptos no era algo meramente teórico.

¡Dios no lo permita! rechaza la falsa inferencia. Es posible entender el **pero** como indicación de la relación de lo que sigue con «¡Dios no lo permita!» (en cuyo caso el pensamiento será que lo que sigue limita su fuerza: mientras la conclusión de que la ley es pecado debe rechazarse, no obstante es cierto que...). Pero probablemente sea preferible entenderlo como indicación de la relación de lo que sigue con «¿Es pecado la ley?» (donde el pensamiento gira en torno a la oposición entre lo que se está por decir y la falsa inferencia de que la ley es pecado). **yo no habría llegado a conocer el pecado de no haber sido por la ley; porque por cierto que no conocería la codicia, de no haber dicho la ley «No codiciarás».** Entendemos que Pablo quiere decir que, si bien los hombres realmente pecan en ausencia de la ley (compárese 5.13), no reconocen plenamente al pecado como tal, aparte de la ley (compárese 3.20), y que, mientras efectivamente experimentan la codicia aun cuando no conozcan el décimo mandamiento, es solamente a la luz del mandamiento que reconocen que su codiciar es realmente pecado: ese codiciar que Dios prohíbe, una deliberada desobediencia a la voluntad divina revelada. (La sugerencia de que con «conocer» aquí Pablo quiere decir «conocer prácticamente», «experimentar», es sumamente improbable por cuanto 2.12 y 15.12-14 muestran que reconocía que aun en ausencia de la ley los hombres realmente pecan.) La elección de Pablo del décimo mandamiento como ejemplo es significativa, porque orienta la atención hacia la raíz interna del mal obrar externo del hombre. El que Pablo haya omitido especificar el objeto correspondiente a «No codiciarás», tanto aquí como en 13.9, si bien podría explicarse simplemente como abreviatura (dándose por entendido el resto del mandamiento), es más probable que refleje el grado de conciencia, de lo cual hay indicaciones en el Antiguo Testamento y en el judaísmo como también en otras partes del Nuevo Testamento, de la pecaminosidad de todos los deseos desordenados como expresión del egocentrismo del hombre y de su agresividad para con Dios.

8. pero el pecado habiendo obtenido una base para sus operaciones obró en mí por el mandamiento toda suerte de codicia es una afirmación diferente de la que se acaba de hacer en el v. 7, pero es una afirmación a la que ya se ha aludido en el v. 5 («las pasiones pecaminosas estimuladas por la ley»). En el mandamiento divino «No codiciarás» el pecado descubrió su oportunidad, pudo ganar pie en la vida del hombre, obtuvo su cabeza de puente, del que pudo valerse con el objeto de despertar en el hombre toda suerte de deseos desordenados. ¿Cómo ocurrió esto? ¿Por qué es que el mandamiento divino ofreció una oportunidad al pecado? No haremos justicia al pensamiento paulino aquí si aceptamos una simple explicación sicológica siguiendo los lineamientos de la sabiduría proverbial que habla de los frutos prohibidos como los más dulces. Más bien se trata de que la misericordiosa limitación impuesta al hombre por el mandamiento, cuyo objeto era preservar su verdadera libertad y dignidad, puede interpretarse mal y desnaturalizarse entendiendo que se le quita al hombre su libertad y se ataca su dignidad, y de esta manera puede convertirse en ocasión de resentimiento y rebelión contra el Creador, el verdadero Señor del hombre. El pecado, de esta forma, puede usar el mandamiento de no codiciar como medio para despertar toda clase de codicia. Corresponde notar que en este versículo y en los siguientes se personifica al pecado, por cuanto se habla de él como un poder activo con un propósito malicioso. Sin duda que Pablo tiene presente el relato de Génesis 3. En efecto, el mejor modo de entender estos versículos es como exposición del relato de Génesis. Quizá fue pensando en este relato que Pablo eligió el décimo mandamiento como ejemplo; porque hay una relación particularmente estrecha entre el décimo mandamiento, entendido en el modo generalizado que hemos anotado (lo que lo conecta estrechamente con el primer mandamiento), y la prohibición de Génesis 2.17 («pero del árbol del conocimiento del bien y del mal, no comerás de él»). También hay un vínculo entre la codicia que el décimo mandamiento prohíbe y lo que se describe en Génesis 3.6 («Y cuando la mujer vio que el árbol era bueno para alimento, y que era una delicia a los ojos, y que el árbol era de desear para hacerse sabio, tomó de su fruto, y comió; y le dio también a su esposo juntamente con ella, y él comió»), cuando las palabras «seréis como Dios» en el versículo anterior se tienen presente en su conexión con él.

porque en ausencia de la ley el pecado está muerto. Aun sin la ley el pecado está presente por cierto, pero en forma relativamente inactiva. (Sobre el uso de «muerto» en el sentido de «inactivo» compárense Stgo. 2.17, 26.) En ausencia de la ley el pecado es relativamente impotente: es por eso que Pablo puede decir en 1 Corintios 15.56 que «el poder del pecado es la ley». En el relato de Génesis, la serpiente pudo montar su ataque porque el mandamiento de 2.17 ya había sido promulgado. El contraste entre «muerto» aquí y «saltó a la vida» en el versículo siguiente destaca nítidamente el contraste entre la serpiente que yace inmóvil y oculta, y la serpiente que se prepara para aprovechar la oportunidad. «¡Nada», observa Leenhardt sugerentemente, «se asemeja a una serpiente muerta más que una serpiente viva siempre que no se mueva!»

9-10. Pero yo estaba vivo una vez en ausencia de la ley. Por lejos la explicación más probable de esta declaración es que Pablo se refiere a la situación del hombre antes de la entrega de la ley, junto con lo cual probablemente estaba pensando también en el estado del hombre descripto en Génesis 1.28ss. y antes de Génesis 2.16-17. En vista del contraste con «yo morí» en el v. 10, parece estar claro que el verbo griego que significa «vivir» se usa en el v. 9 en el sentido fuerte de «estar vivo» más que en el sentido débil de «pasar la vida». En el estado original descripto en Génesis 1 el hombre «estaba vivo», y en la época anterior a la entrega de la ley por medio de Moisés, si bien no se podía decir que el hombre estaba vivo en el sentido pleno que tiene este verbo, por ejemplo en 1.17 u 8.13, se puede decir que estaba vivo en el sentido de que su situación entonces era de vida, en comparación con su situación después de haberse recibido la ley. En **pero cuando vino el mandamiento** podemos ver una doble referencia: a la entrega de la ley (representada por el décimo mandamiento; de allí «mandamiento» más que «ley») y también al mandamiento de Génesis 2.16-17. **el pecado saltó a la vida, y yo morí, y el mandamiento que era para vida se manifestó, por lo que a mí concierne, para muerte.** La oportunidad del pecado para realizar una acción efectiva significaba la muerte del hombre. Compárese 5.12, 14; 6.23; Gn. 2.17b. Aunque sigue viviendo, en un sentido muy real ya está muerto: al estar bajo la sentencia de muerte dictada por Dios (compárese el v. 24b). La muerte física, cuando llega, no es sino el cumplimiento de la sentencia ya dictada. Resulta casi innecesario decir que la muerte a que se hace referencia aquí es algo enteramente diferente de lo que podríamos llamar «la buena muerte» de 6.2, 7, 8; 7.4. Tanto el verdadero como el apropiado propósito por igual del mandamiento de Génesis 2.16-17 y del décimo mandamiento (representando a toda la ley) era que el hombre tuviera vida. Pero el efecto real del mandamiento, aprovechado por el pecado, ha sido la muerte.

11. Porque el pecado habiendo obtenido una base de operaciones me engañó por medio del mandamiento y por él me mató. El uso de «engañó» recuerda a Génesis 3.13 («...La serpiente me engañó...»). En Génesis 3 la serpiente aparece engañando a la mujer en por lo menos tres aspectos: primero, distorsionando y desvirtuando el mandamiento divino mediante el recurso de llamar la atención sólo a la parte negativa del mandamiento, y de ignorar el aspecto positivo (Gn. 3.1b: contrástese 2.16s., en el que «De todo árbol del huerto podrás libremente comer» se incluye en lo que «Jehová Dios mandó al hombre»); segundo, haciéndole creer que Dios no castigaría la desobediencia con la muerte (v. 4); y tercero, empleando el mandamiento mismo (engañándola y seduciéndola por medio del mandamiento divino justamente), con el fin de insinuar dudas acerca de la buena voluntad de Dios, y de sugerir la posibilidad de que el hombre se imponga a sí mismo oponiéndose a Dios (v. 5). El caso en relación con la ley de Israel es similar. El pecado engaña al hombre en relación con la ley, distorsionándola e imponiendo una imagen falsa de ella a su entendimiento, y también lo engaña por medio de la ley, en particular haciendo uso de ella con el objeto de sugerir que el hombre se encuentra en posición de cumplirla de tal forma que obligue a Dios a sentirse comprometido con él. Así el pecado, mediante el engaño, logra operar la muerte del hombre por medio de aquello que Dios había dado «para vida».

12. De modo entonces que en sí misma la ley es santa, y el mandamiento santo, justo y bueno es la respuesta definitiva de Pablo a la pregunta planteada en el v. 7a. La presencia de la ley finalmente ha arrojado como resultado la muerte para el hombre, pero por lo que hace a este resultado la ley no tiene culpa alguna. (No tiene más culpa de este resultado que la que tiene el evangelio por el hecho de que quienes lo rechazan o intentan usarlo para sus propios fines malos caen bajo una condenación más severa que la que habrían recibido si nunca hubieran oído el evangelio.) La culpa hay que dejarla a la puerta del pecado. La ley es «santa». Para Pablo, como para Jesús, es la ley de Dios (compárense 7.22, 25; 8.7; Mt. 15.3, 6; Mr. 7.8), que deriva de él y que lleva las inconfundibles marcas de su origen y autoridad. El uso de «mandamiento» sería apropiado, desde luego, en caso de tratarse del mandamiento de Génesis 2.16-17; pero aquí en la respuesta definitiva a la pregunta, «¿Es pecado la ley?», no cabe duda de que se está haciendo referencia a los mandamientos individuales contenidos en la ley. Los mandamientos de Dios son «justos» (compárese Dt. 4.8), tanto en cuanto exigen justicia de vida a los hombres, como también en cuanto, al ser misericordiosos y no pesados, dan testimonio de la justicia de Dios mismo. Son «buenos», en cuanto tienen como fin el beneficio de los hombres. Resulta difícil entender cómo, en presencia de este versículo, tantos intérpretes de Pablo pueden insistir en tratar como axiomático el supuesto de que consideraba que la ley era una enemiga en la misma clase que el pecado y la muerte, como hace el encabezamiento de 5.12-7.25 en la Biblia de Jerusalén, que dice: «Liberación del pecado, de la muerte y de la ley».

13. ¿Entonces aquello que es bueno se convirtió en muerte para mí? El nuevo párrafo comienza con una pregunta paralela a la que se plantea en el v. 7. Aquí «aquello que es bueno» retoma el concepto de «bueno» del v. 12, «muerte» el de «yo morí» y el de «para muerte» del v. 10, y el de «mató» del v. 11. Si la ley es buena y sin embargo la muerte ha sido el resultado de su presencia, ¿significa esto que aquello que es bueno se ha convertido en muerte para mí, o sea que tiene la culpa de mi muerte? Ante esta pregunta, como ante la del v. 7, la respuesta es la rotunda negación **¡Dios no lo permita!** Lo que es bueno de ningún modo puede ser culpable de mi muerte.

pero el pecado, con el fin de manifestarse como pecado, *estaba* **obrando muerte para mí por medio de aquello que era bueno, con el fin de que el pecado, por el mandamiento, se volviera desmesuradamente pecaminoso.** (La oración griega está incompleta. El modo más simple de completarla es sobrentender el equivalente de «estaba» con el participio, como hacemos nosotros.) La verdadera conclusión que se ha de sacar no es que lo que es bueno será responsable de mi muerte, sino que el pecado se valió de lo bueno con el fin de lograr mi muerte. Los propósitos indicados por las dos cláusulas finales —que el pecado se viera como pecado (haciendo mal uso del buen don dado por Dios a los hombres), y que por medio del mandamiento la pecaminosidad del pecado se destacara convenientemente— son propósitos de Dios, aun cuando no constituyen el elemento principal, mucho menos la totalidad, de la intención de Dios al dar la ley. Pero el hecho de que se encuentren incorporados en las intenciones divinas no significa que Dios y su ley sean culpables de la muerte del hombre. Tampoco el hecho de que formaba parte de su propósito al mandar a su Hijo al mundo a fin de que el pecado de los hombres se revelase en su verdadero carácter de enemistad con Dios (por la reacción que el ministerio de amor de Cristo despertaría), significa que Dios sea culpable del rechazo y la crucifixión de su Hijo. Las dos cláusulas finales indican que los calamitosos resultados del enfrentamiento de los hombres con la ley, lejos de ser prueba del triunfo del pecado o de la imperfección de la ley, obran como señal de que el propósito de Dios de derrotar en forma definitiva y completa al pecado se está cumpliendo.

14. Porque sabemos que la ley es espiritual. Acerca del uso de «sabemos», véase el comentario sobre 2.2. La afirmación de que la ley es espiritual es, fundamentalmente, una afirmación de su origen y autoridad divinos. Probablemente deberíamos ver también aquí la idea de que, al ser espiritual, sólo se la puede entender adecuadamente con el auxilio del mismo Espíritu, por medio del cual fue entregada. Sólo los que tienen el Espíritu pueden realmente reconocer la ley y darle asentimiento con la mente (véanse los vv. 16, 22, 23, 25b), como también lograr un comienzo de real obediencia a ella en su vida (véanse 8.1ss.). Quienes no son alumbrados por el Espíritu captan la letra únicamente (véase el v. 6).

pero yo soy carnal, un esclavo bajo el poder del pecado. El único modo natural, por cierto, de entender esta declaración, en primera persona del singular y en tiempo presente, es la forma indicada por Calvino en su comentario sobre el versículo siguiente: «Pablo ... está describiendo en su propia persona el carácter y la amplitud de la debilidad de los creyentes». Los fieles con frecuencia rechazan esta interpretación natural porque entienden que envuelve —así sostienen— un burdo menosprecio de la victoria garantizada al creyente, y anhelan dar con una interpretación que considere que 7.14-25 y el capítulo 8 describen dos etapas sucesivas, antes y después de la conversión. Incluso los que ven que lo que se describe en 7.14-24 no encaja en la vida anterior a la conversión son capaces de argumentar que pertenece a una etapa de la vida cristiana que puede ser abandonada, en la que el cristiano todavía trata de pelear la batalla con sus propias fuerzas. Entienden 8.1ss. como descripción de una liberación posterior. Pero estamos convencidos de que es posible hacer justicia al texto de Pablo —como también a los hechos del vivir cristiano dondequiera que se han de observar— sólo si resueltamente mantenemos unidos los capítulos 7 y 8, a pesar de la obvia tensión entre ellos, y si vemos en ellos no dos etapas sucesivas sino dos aspectos diferentes o dos realidades contemporáneas de la vida cristiana que se mantienen mientras el cristiano sigue inserto en esta vida mortal.

Al describir al cristiano como «carnal» Pablo está insinuando que en él también existe aquello que se opone radicalmente a Dios (compárese lo que se dice acerca de «la mente de la carne» en 8.7), aun cuando en el capítulo 8 dejará bien aclarado que en su opinión el cristiano no es carnal del mismo modo indiscriminado en que lo es el hombre natural. Con «un esclavo bajo el poder del pecado» podemos comparar el v. 23 («pero veo en mis miembros una ley diferente, que está batallando contra la ley de mi mente y haciéndome prisionero de la ley del pecado...»). Entendidas independientemente de la enseñanza de los capítulos 6, 8, y 12ss., estas palabras por cierto darían una impresión totalmente equivocada de la vida cristiana; en cambio, considerándolas estrechamente ligadas a ella, destacan nítidamente un aspecto de la vida cristiana que si lo disimulamos salimos perdiendo. El cristiano que no toma en cuenta el hecho de que sigue siendo esclavo (igual que todos los cristianos sin excepción) bajo el poder del pecado resulta particularmente peligroso tanto para sí mismo como para los demás, por cuanto se engaña a sí mismo. Cuanto más se esfuerza el cristiano por vivir seriamente bajo la gracia, y por someterse a la disciplina del evangelio, tanto más sensible se vuelve a la realidad de su persistente pecaminosidad, a la realidad de que sus mejores actos y actividades se deforman por el egotismo que sigue ejerciendo poder dentro de él. No es menos perverso por el hecho de que con frecuencia aparece más sutilmente disimulado que antes. Al mismo tiempo, es preciso decir con energía que la admisión realista de que evidentemente seguimos esclavizados bajo el poder del pecado no debería inducirnos a revolcarnos plácidamente en nuestros pecados.

15. Porque aquello que obro no lo reconozco; porque no practico lo que quiero, sino que hago lo que odio. Mientras que el segundo «porque» en este versículo indica simplemente la relación de la última parte del versículo con la primera, el primer «porque» indica la relación de los vv. 15-23 en conjunto con el v. 14. Ambos explican lo que significa ser «un esclavo bajo el poder del pecado». El verbo griego traducido como «obrar» aquí, y también en los vv. 17, 18 y 20, probablemente transmite la idea de la efectividad de la acción, del hecho de que lo que se encara se completa. «No lo reconozco» significa aquí aproximadamente lo mismo que «no lo apruebo» o «no lo condono»: esto lo confirma lo que sigue. (El verbo griego que hemos traducido como «reconocer» se usaba a veces para el reconocimiento de un hijo como propio por su padre, aunque su significado primario es simplemente «conocer»: por ello es que NC, por ejemplo, tiene «no sé» aquí.)

Las seis veces que se usa la primera persona del singular en este versículo se entiende el mismo sujeto; pero en las acciones indicadas por «no lo reconozco» (la expresión negativa implica una positiva negación del reconocimiento), «quiero» y «odio» está involucrado también otro sujeto, un sujeto divino cuya acción está, por así decirlo, por detrás, por debajo, y dentro de estas acciones humanas. En el conflicto que se describe en este versículo (y también en los vv. 18b y 19) se entabla la lucha empeñosamente de un modo imposible para la persona no santificada por el Espíritu Santo. En el hombre al cual se refiere aquí Pablo están presentes, tanto el conocimiento de la revelación de la voluntad de Dios para el hombre en la ley divina, como la actividad del Espíritu Santo quien, por una parte, aclara, interpreta y aplica la ley, y, por otra, crea y sustenta la voluntad del hombre para obedecerla. En este hombre hay un continuo crecimiento en la comprensión de la voluntad de Dios, y en el anhelante deseo y compromiso de obedecerla. También existe una percepción cada vez más profunda de la medida en que fracasa en sus intentos de alcanzar la obediencia verdadera.

El hecho de que exista un conflicto tan serio en el cristiano prueba que hay en él algo que reconoce que la ley es buena y recta. Esto es lo que propone el v. **16. Pero si hago aquello que no quiero, estoy concordando con la ley en que es buena.** Y este algo dentro del cristiano, este centro de entrega a la ley de Dios, es obra del Espíritu Santo, el que, procediendo desde afuera, no obstante obra dentro de la personalidad humana, no como una fuerza extraña, sino de tal modo que puede decirse que lo que hace es acción del hombre (de allí la primera persona del singular, «no quiero» y «estoy concordando con»).

17. Mas, siendo esto así, no soy yo entonces quien obra lo que hago, sino el pecado que mora en mí no tiene el sentido de una excusa, sino que es más bien un reconocimiento de la medida en que el pecado, morando en el cristiano, usurpa el control sobre su vida. Empero, mientras que ni lo que se enuncia en este versículo, ni el «no quiero» y el «estoy concordando con la ley en que es buena» del v. 16, sirven como excusa (lo último tampoco es excusa por cuanto lo que Dios exige no son sentimientos poco efectivos sino acciones de obediencia), el hecho de que exista verdadero conflicto y tensión es señal de esperanza.

18. Porque sé que el bien no mora en mí, es decir, en mi carne; porque, si bien puedo querer hacer lo que es bueno, el obrar lo que es bueno está fuera de mi alcance es una confesión de nuestra impotencia para obrar el bien. Las palabras «es decir, en mi carne» constituyen una necesaria aclaración de «en mí», ya que en el cristiano mora el Espíritu Santo. Constituyen, como lo señaló Tomás de Aquino, una indicación adicional de que es el cristiano aquel del cual se habla, porque de otro modo la aclaración resultaría superflua. Con «carne» aquí Pablo no quiere decir alguna parte inferior del ser humano, como han sugerido algunos comentaristas, sino la naturaleza humana caída toda como tal: en palabras de Calvino: «toda la dotación de la naturaleza humana, y todo lo que hay en el hombre, excepto la santificación del Espíritu». Entendemos que Pablo quiere decir, con la segunda mitad del versículo, no que el cristiano nunca logra nada más allá de un deseo poco efectivo, sino que lo que realmente hace jamás se corresponde plenamente con su voluntad. A veces puede fracasar totalmente en llevarla a cabo, otras veces puede llegar a hacer exactamente lo opuesto de lo que quiere hacer; pero incluso sus mejores acciones, en las que llega más cerca de cumplir el bien que anhela, se empañan y se arruinan invariablemente por su egotismo.

19 y 20 repiten la esencia del v. 15b y la esencia de los vv. 16a y 17, respectivamente.

21. De modo entonces que demuestro por experiencia la ley que, aunque quiero hacer lo que es bueno, es aquello que es malo lo que está a mi alcance. Uno de los rasgos que hace que los últimos cinco versículos de este capítulo resulten especialmente difíciles es el repetido uso de la palabra «ley». Su uso aquí constituye el problema principal de este versículo. Muchos intérpretes, tanto antiguos como modernos, han insistido en que debe ser una referencia a la ley veterotestamentaria, pero las diversas explicaciones del versículo que se han ofrecido sobre esta suposición son tan forzadas que resultan inaceptables. Más aún, dado que en el v. 23 se menciona explícitamente una ley diferente de la ley de Dios, es preciso tener en cuenta la posibilidad de explicar «la ley» del v. 21 como otra cosa que no sea una referencia a la ley veterotestamentaria; el hecho de que en el v. 22 la «ley» está determinada por la frase «de Dios» sugiere la posibilidad de que «ley» se usaría como referencia a otra cosa. Algunos han explicado la palabra aquí traducida como «ley» con el significado de «principio» o «norma»; pero la explicación más simple y más natural, a nuestro modo de ver, es que «ley» aquí se refiere a la misma ley que se especificará con más claridad en el v. 23: la «ley diferente».

22-23 explica la situación descripta en el v. 21. **Porque yo, por lo que hace al hombre interior, me deleito en la ley de Dios, pero veo en mis miembros una ley diferente, que está batallando contra la ley de mi mente y haciéndome prisionero de la ley del pecado que está en mis miembros.** La cláusula «por lo que hace al hombre interior» modifica la primera persona del singular, «yo»: el sujeto del verbo «deleitar» es «yo por lo que hace al hombre interior», «yo en tanto soy ese hombre interior». Sobre la expresión «hombre interior», compárense 2 Corintios 4.16; Efesios 3.16; y también Romanos 6.6 (el concepto sobrentendido a modo de contraste por la referencia al viejo yo [griego: «viejo hombre»]); Colosenses 3.10 y Efesios 4.24. Aquí el significado de «el hombre interior» tiene que ser muy semejante al de «mi mente» de los vv. 23 y 25, que deben entenderse a la luz de esa renovación de la mente a que se hace referencia en 12.2. La mente que reconoce, y no puede menos que reconocer, la ley de Dios es la mente que está siendo renovada por el Espíritu de Dios; el hombre interior del que habla Pablo es obra del Espíritu de Dios dentro del cristiano. El cristiano, en la medida en que sea este hombre nuevo creado por el Espíritu de Dios, se deleita en la ley de Dios y la ama por ser la revelación de su voluntad buena y misericordiosa. Compárense Salmo 19.8; 119.14, 16a, 24a, 35b, 47, 70b, etc.

Pero a la vez es consciente del poder de otra ley que obra en él (sobre el significado de «miembros», véase el comentario de 6.13), que es totalmente diferente de «la ley de Dios» que se acaba de mencionar. Dado que de esta «ley diferente» se dice que está «en mis miembros», y que a «la ley del pecado» mencionada más adelante en el v. 23 también se la describe diciendo que está «en mis miembros», resulta natural identificar a esta «ley diferente» con «la ley del pecado» (explicando que «la ley del pecado que está en mis miembros» del v. 23 ocupa el lugar de «ella», como podría haberse esperado, con el fin de aclarar ese indefinido «una ley diferente»). Más todavía, parecería natural entender «de mi mente» en este caso con el significado de «que mi mente reconoce», y de este modo indentificar a esta ley con «la ley de Dios» mencionada en el v. 22. Así entendidos, los vv. 22 y 23 describen dos leyes que se oponen mutuamente. La identidad de una de ellas, «la ley de Dios», no ofrece dudas; pero la identidad de la otra, «la ley del pecado», requiere alguna medida de aclaración. Parecería que aquí Pablo está usando la palabra «ley» metafóricamente para denotar el poder, la autoridad, el control ejercidos, y que por «la ley del pecado» entiende el poder, la autoridad, el control ejercidos sobre nosotros por el pecado. Es una forma enérgica de destacar el hecho de que el poder que el pecado tiene sobre nosotros es una tremenda parodia, una grotesca caricatura, de esa autoridad sobre nosotros que, por derecho, pertenece únicamente a la santa ley de Dios. Que el pecado ejerza esa autoridad sobre nosotros es una horrible usurpación de la prerrogativa que le corresponde a la ley de Dios.

24. ¡Miserable hombre que soy! ¿Quién me librará de este cuerpo de muerte? Así empieza Pablo el párrafo tercero y final de la sección. Muchos comentaristas han afirmado confiadamente que no puede ser cristiano el que habla aquí. Pero la verdad es que, seguramente, esa incapacidad para reconocer la angustia reflejada en este grito como algo característico de la existencia cristiana, indica la incapacidad de comprender la plena seriedad de la obligación del cristiano de expresar su gratitud a Dios mediante la obediencia en la vida. Cuanto más avanzan los hombres en el camino de la vida cristiana, tanto mayor es la madurez que adquieren en su discipulado, tanto más clara se vuelve su percepción de las alturas a las cuales los llama Dios, y tanto más penosamente agudo se hace su grado de comprensión de la distancia entre lo que tendrían que ser, y que quieren ser, y lo que realmente son. La aseveración de que este grito sólo podría brotar de un corazón inconverso, y que el apóstol debe de estar expresando no lo que él mismo siente cuando escribe sino la experiencia nítidamente recordada del hombre inconverso, creemos que es completamente inexacta. Hacer esa aseveración equivale a indicar —dígase con todo respeto— que no se ha considerado aún cuán absolutas son las exigencias de la gracia de Dios en Jesucristo. El hombre del cual brota este grito es un hombre que, sabiéndose justo por la fe, desea desde lo profundo de su ser responder a las exigencias que le hace el evangelio (compárese el v. 22). Justamente la misma claridad de su entendimiento del evangelio, y la sinceridad misma de su amor a Dios, son los elementos que hacen tan agudo su dolor ante el hecho de su persistente pecaminosidad. Mas, nótese, en el v. 24, que si bien se trata de un grito de angustia real y profundo, no se trata de un grito de desesperación. La palabra traducido como «miserable» puede indicar angustia y miseria sin suponer desesperanza, y la pregunta «¿Quién me librará...?» puede entenderse como expresión del sincero anhelo del que habla de algo que sabe que hay por delante (compárese la expectativa que se describe en 8.23). Aquello de lo cual el que habla desea ser librado («este cuerpo de muerte») es la condición de la vida en el cuerpo como la conocemos nosotros bajo la ocupación usurpadora del pecado como la que se ha descripto. Esta vida, debido al pecado, tiene que sucumbir ante la muerte.

25a. La exclamación **¡Gracias sean a Dios por medio de Jesucristo nuestro Señor!** constituye una respuesta indirecta a la pregunta del v. 24. Aparentemente implica que quien habla sabe que Dios ya ha cumplido por él el deseo expresado en la pregunta, o bien que Dios indudablemente lo cumplirá en el futuro. Los comentaristas que están tan convencidos de que, si bien es un cristiano el que habla en el v. 25a, el v. 24 es el grito de una persona inconversa, bastante naturalmente tienden a suponer que el hombre que agradece a Dios en el v. 25a debe tener conciencia de haber sido ya liberado del cuerpo de muerte. Pero esta suposición es responsable de una buena medida de confusión en la exégesis de este pasaje, y ha entorpecido, en particular, la interpretación del v. 25b. Más aún, no guarda coherencia con el pensamiento paulino tal como éste se expresa en otras partes. Por ejemplo, podemos referirnos a 8.10, según el cual incluso para el hombre en el cual mora Cristo, mientras no cabe duda de que el Espíritu es vida debido a la justificación, también sigue siendo cierto que el cuerpo es mortal debido al pecado. La implicancia del v. 25a, por lo tanto, no es que quien habla ya ha sido liberado «de este cuerpo de muerte», sino que sabe que Dios con toda seguridad lo va a librar de él en el futuro. La liberación en el sentido limitado de separación del cuerpo podría producirse con la muerte, la liberación en toda su plenitud positiva vendría con la redención definitiva del cuerpo (8.23). La clave para una correcta interpretación del v. 25a es el reconocimiento de que el hombre que habla en el v. 24 ya es cristiano; porque esto nos libra de tener que imaginar un drástico cambio entre los vv. 24 y 25a.

25b. Poco puede sorprender el que muchos de los que han visto en el v. 24 el grito de una persona inconversa (o de un cristiano con un bajo nivel de vida cristiana), y en el v. 25a una indicación de que la liberación anhelada ya ha sido lograda, han sentido que **De modo entonces que yo mismo con mi mente sirvo a la ley de Dios, pero con mi carne a la ley del pecado** es motivo de turbación, por cuanto, al aparecer después de la acción de gracias, parecería (si se entienden así los vv. 24-25a) que la situación del hablante después de su liberación es exactamente igual que antes. Una manera favorita de resolver la dificultad consiste en argumentar que se produjo un desordenamiento de las oraciones gramaticales en una etapa muy primitiva, y en consecuencia reordenan los versículos en el orden 23, 25b, 24, 25a. Otra sugestión que se ha hecho consiste en suponer que el v. 25b es una glosa secundaria (pensada como síntesis de los vv. 15-23), que por consiguiente habría que omitir. En cambio, si bien la posibilidad de un caso de corrupción primitiva, que ha afectado todos los testimonios existentes del texto, no puede, desde luego, descartarse totalmente, una exégesis que descansa en un reordenamiento de las oraciones o en la exclusión de una supuesta glosa, cuando no existe el menor indicio de sustentación en la tradición textual para ninguno de estos supuestos, resulta extremadamente azarosa. Cuando se puede encontrar sentido al texto tal como lo tenemos, pocas posibilidades tiene la mencionada propuesta de que se la pueda considerar seriamente. Un buen número, desde luego, incluso entre los que consideran que el v. 24 expresa la situación del inconverso, procura explicar el v. 25b sin valerse de recursos tan dudosos. Algunos, por ejemplo, sugieren que el v. 25a no es sino un vistazo anticipado hacia adelante, hacia lo que se va a aclarar en el capítulo 8, y que, por lo tanto, no implica que la liberación ya haya tenido lugar. Otros, que sí entienden que el v. 25a implica que la liberación ya ha ocurrido, explican las palabras «yo mismo» con el significado de «yo mismo aparte de Jesucristo», y suponen que el v. 25b describe la condición que habría sido suya, si se hubiera visto librado a sus propios recursos, y no la condición presente de la persona a la que se hace referencia. Pero una vez que se reconoce que el que habla en el v. 24 es un cristiano (y cristiano maduro —no un simple cristiano que se encuentra todavía en un nivel particularmente bajo de existencia cristiana—), y también que el v. 25a expresa la certidumbre de que Dios lo librará de la muerte en el futuro, y no el tener conciencia de haber sido librado ya de este cuerpo de muerte, se hace posible llegar a una conclusión directa y satisfactoria del v. 25b. Lejos de ser un anticlímax o un agregado incongruente a esta altura, se trata de una conclusión enteramente apropiada para los versículos anteriores (incluidos los vv. 24-25a). Porque resume con perspicaz honestidad —honestidad totalmente congruente tanto con la urgencia del anhelo de liberación definitiva expresado en el v. 24, como también con la confianza de que Dios indudablemente cumplirá esa liberación en el momento apropiado reflejado en el v. 25a— la tensión, con toda su verdadera angustia, y también toda su verdadera esperanza, en la que el cristiano jamás deja de estar involucrado mientras viva esta vida presente. Entender que esta oración contiene alguna sugerencia de una plácida aceptación de parte del cristiano de su persistente pecaminosidad sería muy perverso. Porque —para no mencionar las evidencias de sinceridad moral del v. 24— las palabras «yo ... con mi mente sirvo a la ley de Dios» expresan con suficiente claridad el compromiso del cristiano —en las profundidades de su personalidad, como persona que está siendo renovada por el Espíritu de Dios— con la santa ley de Dios y su sentido de estar totalmente ligado a ella. Además, resulta perfectamente congruente con este profundo sentido de compromiso con la voluntad de Dios el que esta conclusión no disimula el penoso hecho de la persistente pecaminosidad, sino que reconoce francamente que el cristiano, mientras permanezca en esta vida presente, seguirá siendo en un sentido real, aunque limitado, esclavo del pecado (compárese el v. 14b), por cuanto todavía tiene una naturaleza caída.

4. Una vida caracterizada
por la presencia del Espíritu de Dios

8.1-39

La vida prometida al hombre que es justo por la fe se describe, en cuarto lugar, como una vida caracterizada por el hecho de que en ella mora el Espíritu de Dios. La palabra clave de esta sección es «espíritu», la que, si bien se usa sólo cinco veces en los capítulos 1 a 7, y ocho veces en los capítulos 9 a 16, aparece veintidós veces en el capítulo 8, vale decir, con una frecuencia mucho mayor que en cualquier otro capítulo en todo el Nuevo

Testamento. En la mayoría de sus menciones en Romanos 8 con toda seguridad alude al Espíritu Santo, y en dos de ellas está claro que no es así. En los casos restantes es cuestión controvertida determinar si la referencia es o no al Espíritu Santo. En todos ellos, a nuestro juicio, lo es.

Al ser caracterizada por la presencia del Espíritu de Dios, esta vida que se le promete al hombre que es justo por la fe es necesariamente también una vida en la que la ley de Dios se está afincando y cumpliendo (vv. 4, 12-16), una vida que aquí y ahora ofrece la promesa de la resurrección y la vida eterna (vv. 6, 10ss.), una vida vivida en esperanza (vv. 17-30). La última sección (vv. 31-39) es, al mismo tiempo, tanto la conclusión de la sección, que subraya la certidumbre de la esperanza del creyente, como también la conclusión de toda la argumentación de la epístola hasta este punto.

(i) La presencia del Espíritu

8.1-11

[1]Así, pues, ahora no hay ninguna condenación para los que están en Cristo Jesús. [2]Porque la ley del Espíritu de vida te ha librado en Cristo Jesús de la ley del pecado y de la muerte. [3]Porque Dios, habiendo enviado a su propio Hijo en la semejanza de carne pecaminosa y para ocuparse del pecado, condenó al pecado en la carne (lo que la ley no podía hacer, porque era débil por la carne), [4]de modo que el justo requerimiento de la ley se cumpliera en nosotros que no caminamos según la carne sino según el Espíritu. [5]Porque aquellos cuya vida es determinada por la carne están del lado de la carne, pero aquellos cuya vida es determinada por el Espíritu están del lado del Espíritu. [6]Porque la mente de la carne es muerte, mas la mente del Espíritu es vida y paz. [7]Porque la mente de la carne es enemistad contra Dios; porque no se sujeta a la ley de Dios: más aún, no puede; [8]y los que están en la carne no pueden agradar a Dios. [9]Pero vosotros no estáis en la carne sino en el Espíritu, visto que el Espíritu de Dios mora en vosotros. (Si alguien no posee el Espíritu de Cristo, entonces no pertenece a Cristo.) [10]Pero, si Cristo está en vosotros, aunque vuestro cuerpo verdaderamente sea mortal debido a *vuestro* pecado, el Espíritu es vida debido a *vuestra* justificación. [11]Pero, si el Espíritu de aquel que levantó a Jesús de los muertos mora en vosotros, aquel que levantó de los muertos a Cristo Jesús dará vida a vuestro cuerpo mortal también por medio de su Espíritu que mora en vosotros.

La primera parte de la sección de v. 4 abarca 8.1-11. Se conecta con 7.6 (7.7-25 es, como hemos visto, una necesaria aclaración sobre 7.1-6) y no con 7.25a ni 7.25b. El v. 1 establece la significación de 7.1-6: los que están en Cristo Jesús están libres de la condenación divina pronunciada por la ley de Dios. El v. 2, que retoma un asunto ya insinuado en 7.6b (la referencia al concepto de servir en novedad de vida), confirma la verdad del v. 1 apelando al hecho de que la liberación adicional que hace posible el haber sido librados de la condenación divina, a saber, la liberación del creyente por el poder del Espíritu de Dios del poder del pecado y su inevitable concomitante, la muerte, ya ha tenido lugar como resultado de la obra de Cristo. El v. 3 se ocupa del «en Cristo Jesús» del v. 2 y lo explica, aclarando el fundamento de la libertad a que se hace referencia en el v. 1 y también de la libertad resultante descripta en el v. 2. El v. 4 indica cuál era el propósito de Dios al enviar a su Hijo, propósito que, según el v. 2, realmente se está cumpliendo. Lo que el don divino del Espíritu ha logrado (v. 2) es nada menos que un comienzo del cumplimiento del propósito divino en la obra de Cristo: el verdadero establecimiento de la ley de Dios en la vida de los creyentes (lo que esto significa se aclarará en la próxima sección). Los vv. 5-8 destacan nítidamente la oposición radical que existe entre el Espíritu de Dios y todo lo que a él pertenece, por un lado, y, por el otro, la carne, nuestra naturaleza humana caída y egocéntrica, y todo lo que a ella pertenece. El v. 9 subraya el hecho decisivo de que Dios ha dado su Espíritu para que more en los creyentes. Finalmente, los vv. 10 y 11, al ocuparse del «y de la muerte» del v. 2, destacan el concepto de que la vida que se caracteriza por el hecho de que en ella mora el Espíritu de Dios es necesariamente una vida que exhala la promesa de la resurrección y la vida eterna.

Es preciso notar el carácter homogéneo de la argumentación de esta sección, que a primera vista no resulta nada obvio, pero que se vuelve evidente cuando se analizan cuidadosamente los versículos.

1. Así, pues, ahora no hay ninguna condenación para los que están en Cristo Jesús destaca la significación («pues») de 7.1-6, pasaje en el que Pablo retomaba y aclaraba su afirmación «no estáis bajo la ley» de 6.14; su contenido confirma nuestra interpretación de 6.14b; 7.4 y 6.

2. Porque la ley del Espíritu de vida te ha librado en Cristo Jesús de la ley del pecado y de la muerte. Esta traducción supone varias decisiones acerca del original griego. Por ejemplo, que «en Cristo Jesús» se debe relacionar íntimamente con el verbo, no con «vida»; que la variante textual que tiene «me» (VRV2) en lugar de «te» se ha de explicar como asimilación al uso de la primera persona del singular del capítulo 7, y la que tiene «nos» (VP) como asimilación a la primera persona del plural del 8.4, mientras que la que no tiene objeto para el verbo expreso debería considerarse como un error accidental. Habiendo usado «ley» metafóricamente en 7.23 (compárense 7.21 y 25b) para denotar la autoridad o control ejercido sobre los hombres por el pecado, ahora Parecería que Pablo pasa a usarla también para denotar la autoridad, el control, la compulsión, ejercidos sobre los creyentes por el Espíritu Santo. El don divino del Espíritu dado a los creyentes, por el que la autoridad y la compulsión del Espíritu son ejercidas en sus vidas, los ha librado de la autoridad y la compulsión ejercidas por el pecado y la muerte (el concomitante natural del pecado). Las palabras «en Cristo Jesús» dirigen la atención hacia la acción salvífica de Dios en Cristo como la base de la obra liberadora del Espíritu. El notable, y aquí totalmente inesperado, uso de la segunda persona del singular «te» seguramente se explica en razón de la conciencia que Pablo mismo tenía de que su afirmación del v. 2 es, en apariencia, una contradicción con lo que acaba de decir en 7.14b y en buena parte de lo que le sigue, y que, si sus lectores han de captar la verdadera significación del v. 2, es preciso reclamar su comprometida atención tan directa y personalmente como sea posible. ¿Qué sentido puede tener decir, de las mismas personas, que todavía son esclavas bajo el poder del pecado y también que el poder del Espíritu Santo de Dios las ha librado del poder del pecado y de la muerte?

Esta es la pregunta que hay que enfrentar y responder con honestidad, si se ha de hacer justicia al pensamiento paulino y a la doctrina del evangelio. Por otra parte, no cabe duda de que se debe afirmar que ningún cristiano escapa al poder del pecado durante su vida, que hasta los mejores cristianos fracasan continuamente en sus intentos de cumplir los justos requerimientos de Dios, que hasta sus mejores obras se tiñen con su pecaminosidad, y que cualquier impresión de haber adquirido una libertad perfecta no es sino una ilusión, una expresión de ese egoísmo que constituye la esencia de la pecaminosidad del hombre. Por otra parte, empero, de seguro que es preciso aceptar que existe suficiente diferencia entre la relación del creyente y el incrédulo al poder del pecado como para justificar el uso de «ha librado». El creyente ya no es más un esclavo que no resiste, o que sólo ejerce una resistencia poco efectiva. En él funciona ahora un factor restrictivo más fuerte que el del pecado. Este poder, a la vez que le proporciona libertad interior, de modo que allí se deleita en la ley de Dios (7.22), y con su mente está comprometido con ella y la sirve (7.25b), le permite rebelarse contra el poder usurpador del pecado con una verdadera medida de efectividad. Ha recibido la necesaria libertad para resistir varonilmente. Si bien la influencia de su antiguo amo no ha sido destruida todavía, su nuevo —y legítimo— Amo y Señor lo tiene firmemente asido, lo ha hecho suyo, y jamás lo abandonará. Habiendo recibido el precioso don de la libertad para resistir el poder del pecado sobre nosotros y para responder con golpes efectivos a favor de la causa de nuestro legítimo Señor, si bien no hemos de imaginar, si acatamos la enseñanza de Pablo, que podemos ser perfectos en esta vida, por cierto que se nos alienta a esperar resueltamente y a luchar denodadamente para

«Que a las sagradas alturas de la perfección
Más cerca todavía podamos elevarnos».

Además, sabemos que, por poderoso que todavía sea el pecado sobre nosotros y dentro de nosotros, y que es capaz de derrotarnos vez tras vez, el poder del Espíritu es mucho más fuerte y al final tiene que triunfar, y el poder del pecado y de la muerte desaparecerán.

3-4. El **Porque** expresa la conexión entre los vv. 3-4 y el v. 2: la presuposición y la base del liberador otorgamiento del Espíritu (y de la ausencia de la condenación para aquellos que están en Cristo) son la acción decisiva de Dios en Cristo. **Dios, habiendo enviado a su propio Hijo en la semejanza de carne pecaminosa y para ocuparse del pecado, condenó al pecado en la carne** expresa de modo sumario lo que fue esa acción divina. En el original «su propio» es particularmente enfático. Con «carne pecaminosa» seguramente Pablo quería decir nuestra naturaleza humana caída. ¿Por qué, empero, dijo «en la semejanza de carne pecaminosa» en lugar de «en carne pecaminosa» simplemente? Es preciso mencionar cuatro posibilidades:

(i) que introdujo la frase «la semejanza de» con el fin de evitar que entiendan que el Hijo de Dios ha asumido la naturaleza humana *caída*, cuando el sentido que se quería dar era éste: semejante a nuestra carne caída, por ser realmente carne, pero sólo semejante, y no idéntica, a ella, por no ser caída. Esta, a pesar de ser la solución tradicional, está expuesta a la objeción teológica general de que era realmente naturaleza humana caída la que requería redención, y no lo contrario.

(ii) que insertó «la semejanza de» con el objeto de evitar la posibilidad de dar la impresión de que Cristo había pecado realmente, cuando el sentido que se quería dar era éste: semejante a nuestra naturaleza humana caída, por ser realmente nuestra naturaleza humana caída, y no obstante sólo semejante a la nuestra, por no ser culpable de haber pecado realmente, hecho que en cualquier otra parte caracteriza a nuestra naturaleza caída.

(iii) que la palabra traducida como «semejanza» se ha de entender aquí con el significado de «forma» antes que de «semejanza», vale decir, sin que haya sugerencia alguna de simple parecido.

(iv) que la intención que está en la base del uso de «semejanza» en este caso (compárese su uso en Fil. 2.7, donde no se hace ninguna mención específica de pecado) era la de dar cuenta del hecho de que el Hijo de Dios no fue convertido en hombre, sino que más bien asumió la naturaleza humana, aunque siguió siendo persona divina. Según este punto de vista la palabra griega que se usa tiene significado de «semejanza»; pero la intención no es de ningún modo la de suavizar la realidad de la naturaleza humana caída de Cristo, sino la de llamar la atención al hecho de que, si bien el Hijo de Dios realmente asumió la naturaleza humana caída, nunca se convirtió en naturaleza humana caída y nada más (ni naturaleza humana caída en la que moraba el Espíritu Santo y nada más, como se lo podría describir), sino que siempre siguió siendo el que era.

Ya hemos indicado la seria objeción teológica a la propuesta (i). En contra de (iii) es preciso decir que, según este punto de vista, resulta difícil entender por qué Pablo no se conformó con decir simplemente «en carne pecaminosa». Con respecto a (ii), el uso de la expresión «en la semejanza de carne pecaminosa» no parecería ser un modo muy satisfactorio de indicar que, si bien compartía nuestra naturaleza humana caída, Cristo nunca pecó realmente; porque el efecto del uso de «la semejanza de» tiene como fin indicar una diferencia entre la naturaleza humana de Cristo y la nuestra (que su naturaleza humana era semejante pero no igual que la nuestra), pero la diferencia entre el hecho de que Cristo estaba libre de pecado y nuestra pecaminosidad no es cuestión del carácter de su naturaleza humana (del hecho de que no fuera exactamente igual a la nuestra), sino de lo que hizo con su naturaleza humana. Además, si esta sugestión es correcta, se podría sugerir, adicionalmente, que el lugar natural para que Pablo se refiriese a la falta de pecado en Cristo no era en la cláusula de participio que se relaciona con el envío de su Hijo por parte de Dios, sino en la oración principal («Dios ... condenó al pecado en la carne»), y que, interpretado correctamente el «condenó...» incluye por cierto la afirmación de la impecabilidad de Cristo. Llegamos a la conclusión de que la propuesta (iv) debe ser aceptada como la explicación más probable del uso paulino de «la semejanza de» aquí, y entender que el pensamiento de Pablo es que el Hijo de Dios asumió la misma naturaleza humana caída que tenemos nosotros, pero que en su caso esa naturaleza humana caída no fue nunca la totalidad de su ser: nunca dejó de ser el eterno Hijo de Dios.

Las palabras traducidas «para ocuparse del pecado» podrían querer decir «como ofrenda por el pecado»; pero, dado que el contexto no parece ofrecer ningún apoyo a esta interpretación relacionada con sacrificios, es mejor tomar las palabras en sentido general, como indicación de aquello con lo cual tenía que ver la misión del Hijo.

En conexión con «condenó al pecado en la carne», corresponde hacer dos preguntas: primero, ¿cómo se ha de entender la frase «en la carne»? y, segundo, ¿qué quiere decir «condenó»? De éstas, la primera se responde fácilmente. Hay que relacionar esta frase con el verbo «condenó» y no con «pecado». Indica dónde fue que Dios llevó a cabo la «condenación» del pecado. Se llevó a cabo en la carne, es decir, en la carne de Cristo, la naturaleza humana de Cristo. La segunda es más difícil. Seguramente quiere decir, en vista de las palabras que tendremos que considerar en seguida, más que el pronunciamiento de la sentencia de condenación, en efecto, una combinación de sentencia y su correspondiente ejecución tal que constituya una resolución total y definitivamente decisiva de su objeto: el efectivo quebrantamiento del poder del pecado de parte de Dios. Casi no existe razón para dudar de que Pablo estaba pensando en la muerte de Cristo como el acontecimiento en que, en la carne de Cristo (es decir, en su naturaleza humana), en contra del pecado (véase 1.18) Dios descargó tan efectivamente el peso de su ira sobre todo el pecado de toda la humanidad, como para evitar que jamás tuviera que volver a caer sobre el pecado en alguna carne humana. Mas, si reconocemos que Pablo consideraba que el Hijo de Dios asumió la naturaleza humana caída probablemente nos sentiremos inclinados a ver aquí también una referencia a la lucha ininterrumpida de toda su vida terrenal, por la cual obligó a nuestra naturaleza rebelde a rendirle obediencia perfecta a Dios.

(lo que la ley no podía hacer, porque era débil por la carne) se refiere a la acción denotada por «condenó al pecado». La ley no podía lograr la acción totalmente decisiva y efectiva en la que estaba pensando Pablo, aunque podía, desde luego, y así lo hizo y lo sigue haciendo, condenar al pecado en el sentido de pronunciar la condenación divina del mismo. Lo que quieren indicar las palabras «porque era débil por la carne» es que esta incapacidad de la ley no es una falla de la ley de la que se pueda culpar a esa misma ley, sino algo inherente a la situación resultante de la caída del hombre.

de modo que el justo requerimiento de la ley se cumpliera en nosotros que no caminamos según la carne sino según el Espíritu expresa el propósito de la «condenación» divina del pecado. Además, dado que los propósitos de Dios al final se cumplen, podemos decir que estas palabras expresan también su resultado: conduce a esto. Al mismo tiempo, esta cláusula de propósito aclara la significación de la liberación de la que se habla en el v. 2. Este es el significado de la liberación del creyente del control del pecado y de la muerte. Para esto hemos sido liberados. El uso del singular «justo requerimiento» es significativo. Destaca el hecho de que los requerimientos de la ley constituyen esencialmente una unidad, y que la pluralidad de mandamientos no es una confusa y desconcertante aglomeración sino un todo reconocible e inteligible, la paternal voluntad de Dios para sus hijos. El propósito de Dios al «condenar» al pecado fue que el requerimiento de su ley se cumpliera en nosotros, es decir, que su ley se estableciera en el sentido de que por fin fuese verdadera y sinceramente obedecida, como cumplimiento de las promesas de Jeremías 31.33 y Ezequiel 36.26s. Pero «se cumpliera» no debe tomarse como suposición de que los fieles cumplen acabadamente el requerimiento de la ley. No se debe olvidar el capítulo 7. La cumplen en el sentido de que tienen fe verdadera en Dios (lo cual constituye el requisito esencial de la ley), en el sentido de que su vida se vuelca definitivamente hacia la obediencia, que sinceramente desean obedecer y procuran fervorosamente llegar cada vez más cerca de la perfección. Mas, mientras permanezcan en esta vida presente, su fe será siempre imperfecta e incompleta. Y esto significa, desde luego, que no puede haber jamás cuestión alguna en que puedan convertir su nueva actitud de obediencia en un reclamo ante Dios.

No se ha de entender que la cláusula relativa expresa como condición que deba cumplirse en nosotros la exigencia de la ley (como si el significado fuese «con el fin de que el justo requerimiento de la ley se cumpliera en nosotros, siempre que caminemos...»), ni tampoco que nos describe como somos independientemente del cumplimiento de la exigencia de la ley, e independientemente también de la acción divina descripta en el v. 3 (como si nuestro caminar fuese algo cumplido por nosotros mismos, nuestra obra independiente y meritoria). Más bien indica la manera en que se cumple la exigencia de la ley (el propósito de Dios al mandar a su Hijo y condenar al pecado era que la exigencia de la ley se cumpliera mediante nuestro caminar según el Espíritu y no según la carne). Así, estas palabras sirven para clarificar el significado de «se cumpliera». La exigencia de la ley se cumplirá por la determinación de la dirección, el curso, de nuestra vida por el Espíritu, y por nuestra posibilidad de decidir a favor del Espíritu y en contra de la carne vez tras vez, de volver las espaldas más y más a nuestro propio egoísmo insaciable, y de volver nuestro rostro más y más hacia la libertad que nos ha concedido el Espíritu de Dios.

5. Porque aquellos cuya vida es determinada por la carne están del lado de la carne, pero aquellos cuya vida es determinada por el Espíritu están del lado del Espíritu. Se puede decir que el «Porque» inicial indica la relación de los vv. 5-11 en conjunto con el v. 4, y no sólo la del v. 5. Proporcionan una explicación de la referencia del v. 4 al caminar no según la carne sino según el Espíritu. En vista de la amplia atestiguación de la expresión griega, que puede traducirse literalmente como «ocuparse de [poner la mente en] las cosas de alguien» (aquí y en Mr. 8.33, compárese VRV3), con el significado de «ser del parecer de alguien», «estar del lado de alguien», «ser del partido de alguien», y el acierto de un sentido semejante aquí, entendemos que Pablo quiere decir que quienes permiten que la dirección de su vida sea determinada por la carne en realidad se ponen del lado de la carne en el conflicto entre el Espíritu de Dios y la carne, mientras que los que permiten que el Espíritu determine la dirección de su vida se ponen del lado del Espíritu.

6. Porque la mente de la carne es muerte, mas la mente del Espíritu es vida y paz aparentemente tiene como objeto explicar la oposición entre el Espíritu y la carne que se presupone en el v. 5. Es necesario insistir (con la debida deferencia para con la VM, Barrett, y otros) que las expresiones griegas que aquí hemos traducido como «la mente de la carne» y «la mente del Espíritu» no son equivalentes de las expresiones cuyas traducciones literales son «ocuparse de las cosas de la carne» y «ocuparse de las cosas del Espíritu», sino que denotan, respectivamente, la mente de la carne (es decir, la de la naturaleza humana caída), su perspectiva, supuestos, valores, deseos y propósitos, que comparten quienes optan por el lado de la carne, y la mente del Espíritu, que comparten quienes optan por el lado del Espíritu. Los predicados «es muerte» y «es vida y paz» caracterizan la mente de la carne y la mente del Espíritu en función de sus respectivos frutos, de lo que en última instancia representan.

7-8. Porque la mente de la carne es enemistad contra Dios explica por qué la mente de la carne tiene como su fruto la muerte: esencialmente se trata de enemistad contra Dios. **porque no se sujeta a la ley de Dios: más aún, no puede** es, a su vez, explicación de la oración anterior. La feroz hostilidad del hombre caído para con Dios es la respuesta de su egoísmo (que es la esencia de su ser caído) a la demanda de lealtad que le hace Dios. Resuelto a imponerse, a sostener su independencia, a ser el centro de su propia vida, a ser su propio dios, no puede menos que odiar al Dios verdadero cuya existencia misma desmiente todos sus intentos de autonomía. Su odio contra Dios y su rebelión contra las exigencias de Dios expresadas en la ley divina son inseparables entre sí. Como rebelde ante Dios odia a Dios, y como quien odia a Dios se rebela contra él. Esa mente de nuestra naturaleza caída (sus supuestos, deseos, perspectivas, etc.), que se expresa en enemistad para con Dios se resiste, igualmente, a someterse a su ley; más todavía, debido al carácter mismo de dicha ley, es incapaz de someterse a ella. Aun en el cristiano esto es cierto, como lo ha evidenciado 7.14-25, aunque en el cristiano la naturaleza humana caída no está sola. **y los que están en la carne no pueden agradar a Dios** simplemente repite lo sustancial del v. 7 en forma personal, lo cual prepara el camino para la apelación directa a los lectores en el v. 9. Aquí y en el v. 9 (como también en 7.5) se usa «en la carne» no simplemente para indicar las condiciones comunes a todos los que están en esta vida presente (incluyendo a los que andan «según el Espíritu»), como es el caso, por ejemplo, de Gálatas 2.20, sino en el sentido que se expresó en el v. 4 con «según la carne». Los que permiten que la dirección de su vida sea determinada por la naturaleza caída, en tanto lo hacen, no pueden agradar a Dios, por cuanto le son fundamentalmente hostiles y se oponen a su voluntad.

9. Pero vosotros no estáis en la carne sino en el Espíritu. Ahora Pablo se dirige directamente a los cristianos romanos. No están «en la carne» (en el sentido en que se usa la expresión en el v. 8) y así imposibilitados de agradar a Dios. Por el contrario, están «en el Espíritu». La dirección de su vida no está determinada por la carne sino por el Espíritu de Dios. La declaración de Pablo se hace como declaración de un hecho, como referencia a su real situación, que es obra de Dios. Lo que sigue, **visto que el Espíritu de Dios mora en vosotros,** es una apelación al hecho reconocido por ellos, como confirmación de la declaración que acaba de hacer Pablo. Sobre el uso de «mora en», denotando lo que Sanday y Headlam llaman «una influencia penetradora permanente y estable», posesión por un poder superior a uno mismo, compárense 7.17, 18, 20; 1 Corintios 3.16; Colosenses 3.16. Usado para el Espíritu Santo, da testimonio de la realidad y, al mismo tiempo, la gracia y el misterio infinitos de su presencia en la vida de los creyentes.

(Si alguien no posee el Espíritu de Cristo, entonces no pertenece a Cristo.) El propósito positivo del paréntesis es aseverar que en todo cristiano mora el Espíritu, que pertenecer realmente a Cristo como creyente, aun cuando en debilidad, conlleva la posesión del Espíritu. Pero tiene, también, desde luego, un significado negativo: el hombre que no tiene al Espíritu (cuya vida no muestra evidencia alguna de la obra santificadora del Espíritu) no es cristiano, por más que se esfuerce por aparentarlo (compárese lo que se dijo más arriba, en el capítulo 6), aunque esto no es lo que Pablo quiere recalcar aquí. Es evidente que con Espíritu de Dios y Espíritu de Cristo se está haciendo referencia al mismo Espíritu. La facilidad con la cual Pablo puede pasar de una expresión a la otra es indicación adicional de su reconocimiento de la dignidad divina de Cristo.

10-11. Pero, si Cristo está en vosotros. Pablo, después de referirse en el v. 9 al hecho de que el Espíritu mora en los cristianos, a continuación habla de que Cristo está en ellos. Esto ha llevado a algunos a suponer que no podía distinguir entre el Cristo exaltado y el Espíritu. Pero ni este pasaje ni 2 Corintios 3.17s. requieren esa interpretación, y ambos pasajes contienen frases que son inconsecuentes con la identificación del Espíritu y el Cristo exaltado («el Espíritu de Cristo» en el v. 9 y «el Espíritu del Señor» en 2 Co. 3.17). El pensamiento de Pablo es más bien que, mediante la morada del Espíritu, Cristo mismo está presente con nosotros, siendo la morada del Espíritu —para valernos de la frase de Calvino— «la forma en que Cristo mora en nosotros». La oración prosigue: **aunque vuestro cuerpo verdaderamente sea mortal debido a *vuestro* pecado, el Espíritu es vida debido a *vuestra* justificación.** El cristiano todavía tiene que someterse a la muerte como paga del pecado, por cuanto es pecador; pero, por cuanto Cristo está en él por medio del Espíritu Santo que mora en él, tiene la presencia del Espíritu (que esencialmente es dador de vida) como garantía de que finalmente será levantado de la muerte. La significación de «debido a *vuestra* justificación» es que, así como el hecho de que tienen que morir se debe a su pecado, también el que sean habitados por el Espíritu que da vida, como prenda de su futura resurrección (es decir, el que el Espíritu sea vida *para ellos*, y no, por supuesto, que él sea la vida *en sí misma*) se debe al hecho de su justificación.

Pero, si el Espíritu de aquel que levantó a Jesús de los muertos mora en vosotros, aquel que levantó de los muertos a Cristo Jesús dará vida a vuestro cuerpo mortal también por medio de su Espíritu que mora en vosotros declara en forma más precisa la afirmación hecha en el v. 10. Nuevamente Pablo se refiere a la morada del Espíritu, pero esta vez, en lugar de hablar simplemente del «Espíritu de Dios» o del «Espíritu de Cristo» (como en el v. 9), habla del «Espíritu de aquel que levantó a Jesús de los muertos», porque quiere destacar la estrecha relación entre la resurrección de los cristianos y la resurrección de Cristo (compárense 1 Co. 6.14; 15.20, 23; 2 Co. 4.14; Fil. 3.21; 1 Ts. 4.14). Calvino entendía «dará vida» como referencia a la renovación ética del creyente; pero, en vista de lo que parecería ser el significado del v. 10, de la forma en que se retoma el concepto de morir y vivir en el v. 13, y también del hecho de que el tema de la ética parecería surgir en el v. 12 como algo que no ha sido mencionado en versículos anteriores, es más conveniente entender la frase como referida a la resurrección final. Lo que quiere recalcar la palabra «también» no es, desde luego, que su cuerpo será vivificado tanto como su espíritu, sino que ellos serán vivificados además de Cristo.

La variante textual entre «por medio de» y «por causa de» indicada en BAmg es una variante entre un caso genitivo y un acusativo después de la preposición griega que, cuando va seguida de un genitivo, significa «a través de» o «por medio de», pero que, cuando va seguida de un acusativo, significa «debido a» o «en razón de», «por amor a». Resulta difícil decidir la cuestión con seguridad (ambas lecturas tienen apoyo antiguo y fuerte); pero el genitivo, y por ende el significado «por», parecería tener más probabilidad de ser la forma original, ya que el cambio aquí de un genitivo original por un acusativo es explicable como asimilación a los acusativos «pecado» y «justificación» con la misma preposición griega del v. 10, mientras que el cambio en la dirección opuesta (ya sea accidental o deliberado) no es fácil de explicar. Si se aceptara el acusativo, el significado sería que el Espíritu que mora actualmente en los creyentes será la razón válida para que Dios los levante posteriormente; pero, si se aceptara el genitivo, el significado sería que el Espíritu que ahora mora en los creyentes posteriormente será el agente del Padre para obrar su resurrección.

(ii) La presencia del Espíritu: el establecimiento de la ley de Dios

8.12-16

> ¹²**Así pues, hermanos, somos deudores, no a la carne para vivir según la carne.** ¹³**Porque si vivís según la carne, ciertamente moriréis; pero si por el Espíritu hacéis morir las actividades del cuerpo, viviréis.** ¹⁴**Porque todos los que son guiados por el Espíritu de Dios, éstos son hijos de Dios.** ¹⁵**Porque no habéis recibido un espíritu de esclavitud para conduciros de nuevo al temor, sino que habéis recibido el Espíritu de adopción, por el cual clamamos «Abba, Padre».** ¹⁶**El Espíritu mismo asegura a nuestro espíritu que somos hijos de Dios.**

La sección comienza haciendo referencia a la obligación que recae sobre Pablo y los receptores de la carta (se usa aquí la primera persona del plural), destacando el hecho negativo de que esta obligación no es para con la carne a fin de vivir según ella. Luego de una interrupción para advertir a los receptores (segunda persona del plural) sobre las consecuencias que sobrevendrán si entregan su lealtad a la carne, en lugar de proceder a hablar positivamente de la obligación de los creyentes para con el Espíritu, Pablo pasa a prometer vida a los cristianos romanos si mortifican la carne. El v. 14 aclara el v. 13b, repitiendo su esencia en términos distintos. Aparece como declaración general en la tercera persona del plural: la vida prometida a los creyentes no es un mero no morir, sino vida como hijos de Dios. El v. 15 con su aseveración positiva, «habéis recibido el Espíritu de adopción», se hace eco de los tiempos indicativos básicos de los vv. 1-11 (que constituyen la presuposición de lo que se dice en los vv. 12-16), y otorga expresión concreta a la obligación para con el Espíritu de vivir según el Espíritu (lo que se daba a entender en el v. 12 sin llegar jamás a expresarlo) en la cláusula relativa, «por el cual clamamos: 'Abba, Padre'». Este versículo, entendido en su contexto, implica que, cuando los creyentes llaman «Padre» a Dios, se establece la santa ley de Dios y se cumple su «justo requerimiento» (v. 4), y que la totalidad de la obediencia cristiana está incluida en este llamar a Dios «Padre». De hecho el versículo afirma en principio todo lo que hay que decir en lo que hace a la ética cristiana; porque no se nos exige otra cosa que no sea que hagamos justamente esto, con plena comprensión de lo que significa, con plena seriedad y con plena sinceridad. Porque el acto de dirigirnos al Dios verdadero, utilizando la denominación de Padre con total sinceridad y seriedad, ha de involucrar el procurar de todo corazón ser, pensar, decir y hacer aquello que le es agradable a él, y evitar todo aquello que le desagrada. Pablo sabe, por supuesto, que los cristianos siguen siendo pecadores mientras sigan viviendo esta vida presente (compárese 7.14ss.), y por ello sabe cuán necesario es indicar también, en forma concreta, y mediante exhortación especial, lo que realmente involucra el llamar a Dios «Padre». El intentará cumplir esta tarea para la iglesia romana en 12.1-15.13. Pablo se refiere a este acto de llamar a Dios «Padre» como algo que está realmente sucediendo («clamamos»). Los creyentes hacen esto, y el que lo hagan constituye el don de Dios que les ha sido dado en el don de su Espíritu. El indicativo, naturalmente, contiene un imperativo implícito: deben seguir haciéndolo, y hacerlo cada vez con mayor sinceridad, con mayor determinación, y en forma cada vez más consecuente. Pero para Pablo el imperativo es esencialmente el don de Dios, la libertad que nos ha dado en el don de su Espíritu, sobre la base de la obra acabada de Cristo, la libertad que se nos permite disfrutar. Finalmente, el v. 16 destaca la garantía que nos asiste al atrevernos a llamar «Padre» a Dios: el hecho de que él mismo, cuyo testimonio es en este caso el único testimonio que tiene peso, nos asegura que somos hijos de Dios.

12. Así pues, hermanos inicia un nuevo párrafo que da a conocer la conclusión práctica derivada de los vv. 1-11. La posición de «no» en lo que sigue, **somos deudores, no a la carne para vivir según la carne,** sugiere marcadamente que Pablo tenía la intención de continuar con algo semejante a «sino al Espíritu para vivir según el Espíritu», pero que se interrumpió con el fin de insertar la advertencia del v. 13a, y luego, después de agregar un complemento esperado al v. 13a, omitió completar la oración comenzada en el v. 12. Acerca de «deudores», véase el comentario sobre 1.14. Se sigue de lo que se ha dicho en los vv. 1-11 que no tenemos ninguna obligación para con la carne como para permitir que nuestras vidas sean determinadas por ella. Sobre «según la carne», véase el comentario sobre los vv. 4 y 5.

13. Porque si vivís según la carne, ciertamente moriréis; pero si por el Espíritu hacéis morir las actividades del cuerpo, viviréis. Las dos cláusulas condicionales que se contrastan indican la elección que enfrentan las personas a quienes se dirige el apóstol. Compárense Deuteronomio 11.26ss. y 30.15ss. En el segundo pasaje, como aquí, la vida y la muerte se presentan como consecuencias de caminos alternativos. El verbo «morir» se usa de modo significativo: el significado no es simplemente que van a morir (los que viven de conformidad con el Espíritu también tienen que morir; compárese el v. 10), sino que morirán sin esperanza de vida con Dios. El dativo griego traducido como «por el Espíritu» es instrumental. El Espíritu de Dios —y solamente él— ha de ser el medio de destrucción de las actividades de la carne. Pero el uso del dativo no se ha de tomar, por cierto, como implicación de que el Espíritu Santo es una herramienta que los cristianos pueden esgrimir y utilizar. Las primeras once palabras del v. 14 ofrecen una salvaguarda contra semejante apreciación incorrecta. La acción de hacer morir es algo que tiene carácter continuado, o que se repite vez tras vez, no una acción que se puede efectuar de una vez para siempre. Aparentemente la palabra «cuerpo» se usa aquí en el sentido de «carne». No se trata de las actividades del cuerpo, que incluyen cosas tales como dormir y despertar, sino de las actividades y las intrigas (el vocablo griego traducido como «actividades» se puede usar peyorativamente con la sugestión de intriga y traición) de la carne pecaminosa, del egocentrismo y de la arrogancia de cada hombre. Sobre la promesa de que «viviréis» (es decir, eternamente), compárense 1.17 («vivirá») y sus notas.

14. Porque todos los que son guiados por el Espíritu de Dios, éstos son hijos de Dios explica el v. 13b, al que se puede decir que repite en términos diferentes. Las palabras «todos los que son guiados por el Espíritu de Dios» interpretan «si por el Espíritu hacéis morir las actividades del cuerpo». Para hacer morir diariamente y a cada momento las intrigas y empresas de la carne pecaminosa por medio del Espíritu es preciso ser guiados, dirigidos, impulsados y controlados por el Espíritu. Aun cuando está involucrada la participación activa del cristiano («hacéis morir»), es fundamentalmente obra del Espíritu (de allí la forma pasiva «son guiados»). Las palabras «son hijos de Dios» interpretan el «viviréis». La vida que Dios promete no es un mero no morir: consiste en ser hijo de Dios, en vivir como hijo de Dios, tanto ahora como en adelante.

15. Porque no habéis recibido un espíritu de esclavitud para conduciros de nuevo al temor, sino que habéis recibido el Espíritu de adopción se entiende adecuadamente con el significado de que el Espíritu Santo, al que los cristianos romanos han recibido, no es un espíritu de esclavitud, cuya recepción implicaría ser conducidos nuevamente a los temores y ansiedades que experimentaban en el pasado (ya sea en el paganismo o en el judaísmo), sino el Espíritu de adopción. El énfasis recae sobre la aseveración positiva. Por «el Espíritu de adopción» se quiere decir, indudablemente, el Espíritu que obra la adopción, uniendo a los hombres con Cristo al hacer que puedan creer en él, y de este modo haciéndolos partícipes de su calidad de Hijo. La traducción que hace Barrett de la frase griega como «el Espíritu que anticipa nuestra adopción como hijos», basándose en que el v. 23 «deja en claro que nuestra adopción ... permanece en el futuro», tiene que ser rechazada, a nuestro entender, porque desvirtúa los tiempos presentes del v. 14 (el segundo «son») y el v. 16 («somos»).

por el cual clamamos: «Abba, Padre». Es posible relacionar esta cláusula ya sea con lo que la precede, como hemos hecho nosotros, colocando una coma después de «de adopción» y un punto después de «Padre», o con lo que sigue, colocando un punto después de «de adopción» y una coma después de «Padre». Si se adopta la primera alternativa, el pronombre relativo, que es la segunda palabra de la cláusula en el original, tiene que referirse al «Espíritu», y las dos primeras palabras tienen que significar «en quien» o «por quien» (de allí nuestra versión: «por el cual»). No obstante, si se elige la segunda alternativa, las dos primeras palabras tienen que significar «Cuando» o «En que». La primera alternativa es la que pensamos que se debe preferir. A su favor y en contra de la otra puntuación, se pueden aducir los siguientes puntos: (i) Si esta cláusula se relaciona con lo que sigue, entonces la primera parte del v. 15 aparecería incompleta, tanto estilísticamente (por cuanto no hay nada para equilibrar el «para conduciros de nuevo al temor»), como también por lo que hace al significado (ya que «Espíritu de adopción» es una expresión nueva, y nada fácil, que parecería exigir alguna explicación dentro de la misma oración); (ii) si la cláusula se relaciona con lo que la antecede, no sólo sirve para equilibrar el «para conduciros de nuevo al temor» y para aclarar el significado de «Espíritu de adopción» sino que también (armada de este modo) enuncia una verdad teológica de gran importancia: el Espíritu nos habilita para llamar a Dios «Padre»; (iii) si se toman estas palabras con el v. 16 y se entienden las dos primeras con el significado de «cuando» (como en RSV), la oración resultante, consistente en estas palabras junto con el v. 16, parece sugerir que el testimonio del Espíritu depende de nuestra iniciativa. En cambio, si estas palabras se relacionan con lo que antecede, el testimonio del Espíritu no está de ninguna manera limitado al hecho de que llamemos «Padre» a Dios, sino que el hecho de que lo hagamos aparece como resultado del don divino del Espíritu de Dios. Resulta casi indudable que esta explicación concuerda mejor con el pensamiento paulino tal como se expresa en otras partes.

Presuponemos, por lo tanto, que se han de tomar estas palabras con el resto del v. 15. La cláusula relativa aclara el uso de «Espíritu de adopción». Es aquel en el cual —vale decir, capacitados por el cual— los cristianos claman «Abba». El uso del verbo griego traducido como «clamar» ha dado pie a una diversidad de sugerencias (por ejemplo, que Pablo se refiere a un modo de orar extático especial); pero, en vista del hecho de que el verbo se usa repetidas veces en la Septuaginta (sólo en los Salmos más de cuarenta veces) para la plegaria apremiante, es mejor tomarlo en este caso simplemente como indicación de una plegaria apremiante y sincera dirigida a Dios, independientemente de que sea en voz alta o baja (o incluso inaudible), formal o informal, pública o privada.

Sobre el uso de «Abba», compárense Marcos 14.36 y Gálatas 4.6. Esta palabra aramea, usada por Jesús, se siguió usando durante un tiempo en la iglesia grecoparlante. En su origen era una forma de exclamación usada por los niños pequeños, pero ya para la época de Jesús había comenzado a usarse en forma más amplia, ya no limitada al habla infantil. No obstante, aparentemente su origen afectivo y doméstico no había sido olvidado. No parece haberse usado como fórmula para dirigirse a Dios en el judaísmo antiguo, y su uso en forma no vocativa con referencia a Dios se encuentra sólo muy raramente. El uso que hace Jesús expresaba el hecho de que era consciente de su relación especial, única, con Dios. El hecho de que haya autorizado a sus seguidores a dirigirse a Dios de este modo se ha de entender en el sentido de que les daba participación en su relación con Dios. La traducción «Padre» quizá se haya agregado con el fin de destacar la expresión, y no porque se pensara que fuera necesaria para algunos de los cristianos romanos. Es muy probable que la idea del recitado del Padrenuestro estuviese presente en la mente de Pablo cuando compuso esta cláusula, pero no parece haber ninguna razón valedera para pensar que lo tenía presente en forma excluyente.

Ahora que estamos en mejor posición para ver el v. 15 en su conjunto, debemos tratar de entender su función en la estructura de la sección. En el v. 12 Pablo enunció la obligación negativa que se sigue de lo que se dijo en los vv. 1-11. Omitió expresar la obligación positiva complementaria, aunque expresó la obligación negativa de tal forma que sugiriese que también estaba pensando en la de carácter positivo. En el v. 13a hizo una advertencia sobre las consecuencias de ignorar la obligación negativa; luego, en el v. 13b, en lugar de pasar a enunciar la obligación positiva en forma directa, la puso en forma de cláusula condicional («si por el Espíritu hacéis morir las actividades del cuerpo») con una cláusula principal que declaraba la promesa contingente a su cumplimiento. El v. 14 retoma la cláusula condicional del v. 13b (el ser «guiados por el Espíritu de Dios» es equivalente a hacer «morir las actividades del cuerpo»), si bien por el uso que hace de la forma pasiva en lugar de la activa destaca el hecho de que lo que se quiere decir es, en última instancia, que se trata de la obra del Espíritu de Dios. Además afirma que quienes la cumplen —o, más bien, en quienes se cumple— son hijos de Dios. El v. 15 (que a su vez será confirmado por el v. 16) vuelve, con su confiada aseveración positiva («habéis recibido el Espíritu de adopción»), a los tiempos indicativos fundamentales de los vv. 1-11, que constituyen el contexto y la presuposición de los vv. 12ss. El v. 15 confiere a la obligación de vivir según el Espíritu (cosa insinuada, aunque nunca expresada, en el v. 12) su expresión final y definitiva en la cláusula relativa «por cuya habilitación clamamos, 'Abba, Padre'». Esto es, por consiguiente, lo que significa vivir según el Espíritu, mortificar por el Espíritu las obras del cuerpo, y ser guiado por el Espíritu de Dios: sencillamente ser habilitado por ese mismo Espíritu para clamar «Abba, Padre». Además, aquí se lo expresa no como imperativo sino como indicativo: esto es, desde luego, lo que efectivamente hacen los cristianos. El imperativo implícito es que deberían seguir haciéndolo, justamente, y hacerlo en forma cada vez más consecuente, más y más sincera, sobria y responsablemente. Esto es todo lo que se les exige. Es lo que toda la ley de Dios tiene como objetivo lograr. Todo lo que se debe decir acerca de la obediencia del cristiano ya ha sido dicho en principio cuando se ha dicho esto. No se nos exige otra cosa sino que clamemos «Abba, Padre» ante el único Dios verdadero, con total sinceridad y con total seriedad. Es evidente que esto necesariamente incluye el que debamos procurar con todo nuestro corazón ser, pensar, decir y hacer lo que a él agrada, y evitar todo lo que le desagrada. Al cumplir esta obra de obediencia se cumple «el justo requerimiento de la ley» (compárese el v. 4), y se establece la santa ley de Dios.

16. El Espíritu mismo asegura a nuestro espíritu que somos hijos de Dios. Aquí es preciso plantear dos cuestiones interrelacionadas: (i) ¿Cuál es la relación de este versículo con el v. 15? y (ii) El verbo compuesto griego traducido como «asegurar», ¿significa «dar testimonio junto con» o «testificar de», «asegurar»? Con respecto a (i), con frecuencia se ha cometido el error de invertir las cosas (y este error de ningún modo se limita a los que ponen un punto después de «adopción») al echar mano al hecho de que llamamos «Padre» a Dios para explicar el v. 16, en lugar de ver en el v. 16 una explicación del uso de «Espíritu de adopción» y la cláusula que sigue a dicha expresión. Con seguridad que el v. 16 tiene por objeto confirmar y aclarar lo que lo precede al indicar que el exclamar «Abba, Padre» descansa sobre algo anterior e independiente del mismo: que nada menos que Dios mismo en su Espíritu nos ha dado seguridad —y sigue haciéndolo— de que somos sus hijos. El conocimiento de que somos hijos de Dios (cosa que no se debe confundir con ningún deseo meramente natural de débiles seres humanos de sentir que hay alguien mayor y más fuerte que ellos mismos que manifiesta hacia ellos buena disposición) es algo que no podemos impartirnos nosotros mismos; nos tiene que ser dado desde afuera y desde más allá de nosotros mismos, o sea por Dios. El v. 16 es la solemne y enfática afirmación de Pablo de que este conocimiento nos ha sido dado. Este conocimiento no se ha de identificar con el hecho de que llamamos a Dios «Padre»: más bien es la garantía de ello. El hecho de que lo imparte el Espíritu no se ha de identificar simplemente con su inmediata inspiración de la plegaria «Abba, Padre» (ni siquiera cuando se lo sobrentiende, como hemos sugerido que se debe hacer, en el sentido más amplio, en aquel que abarca toda la obediencia de los cristianos). Debe identificárselo más bien con toda su obra tendiente a habilitarnos para creer en Jesucristo, por medio de quien podemos con derecho llamar a Dios «Padre», ya que es sólo por él que podemos hacerlo.

Con respecto a (ii), podemos decir que, si el verbo compuesto griego que hemos traducido como «asegurar» se entiende con el sentido de «da testimonio junto con», como hacen BJ, CI y muchos intérpretes, tanto antiguos como modernos, y si al mismo tiempo a «nuestro espíritu» se le da el significado natural de «nuestro (propio) espíritu (humano)», entonces el sentido del versículo es que el Espíritu Santo y nuestro propio espíritu humano se vinculan entre sí como dos testigos del hecho de que somos hijos de Dios. Mas, ¿qué lugar ocupa nuestro espíritu en *este* asunto? Por sí mismo por cierto que no tiene ningún derecho de testificar de que somos hijos de Dios. Para resolver esta muy seria objeción, con frecuencia se ha recurrido (desde tiempos antiguos) a sugerencias tales como la de que «nuestro espíritu» significa nuestra nueva naturaleza, la persona renovada por Cristo, o el don espiritual que nos ha sido dado; pero explicaciones de esta clase parecen ser exageradamente sutiles. Aun cuando se le acuerde el debido peso a la influencia de Deuteronomio 19.15 («Un solo testigo no se levantará contra otro hombre ... por boca de dos testigos, o por boca de tres testigos, se dilucidará la cuestión») en el pensamiento cristiano primitivo, aquí parecería más acertado hacer lugar al ejemplo de la Vulgata, y entender al verbo en el otro sentido que tiene (bien atestiguado) de «dar testimonio de», «asegurar». Podemos darle de esta manera a «nuestro espíritu» su significado natural.

(iii) La presencia del Espíritu:
el don de la esperanza

8.17-30

[17]Y si hijos, luego también herederos: herederos de Dios y coherederos de Cristo, en vista de que *ahora* estamos sufriendo con él, con el fin de que *en el futuro* seamos glorificados con él. [18]Porque considero que los sufrimientos del tiempo presente no son dignos de ser comparados con la gloria que ha de ser revelada en nosotros. [19]Porque la anhelante expectación de la creación está esperando la revelación de los hijos de Dios. [20]Porque la creación fue sometida a vanidad, no por su propia voluntad sino a causa de aquel que la sometió, en esperanza, [21]porque la creación misma también será liberada de la esclavitud de la descomposición a la libertad de la gloria de los hijos de Dios. [22]Porque sabemos que la creación toda gime y sufre a una dolores de parto incluso hasta ahora. [23]Y no sólo *esto*, sino que también nosotros mismos que tenemos las primicias del Espíritu, aun nosotros mismos, gemimos dentro de nosotros mismos, esperando nuestra adopción, es decir, la redención de nuestro cuerpo. [24]Por cuanto fue en esperanza que fuimos salvados; pero una vez que algo esperado se ve deja de ser objeto de esperanza; porque ¿quién espera lo que ya ve?[*] [25]Pero ya que esperamos lo que no vemos, lo esperamos con resuelta paciencia. [26]Y de la misma manera el Espíritu también ayuda a nuestra debilidad; porque no sabemos qué es aquello por lo cual es propio que oremos, sino que el Espíritu mismo intercede por nosotros con gemidos inarticulados, [27]y aquel que examina los corazones sabe cuál es la intención del Espíritu, que es interceder por los santos conforme a la voluntad de Dios. [28]Y sabemos que todas las cosas resultan ventajosas para *su verdadero* bien a los que aman a Dios, es decir, a los que son llamados de conformidad con su propósito. [29]Porque a quienes conoció de antemano, también los destinó de antemano para ser conformados a la imagen de su Hijo, para que él fuese el primogénito entre muchos hermanos; [30]y a quienes destinó de antemano, a éstos también llamó; y a quienes llamó, a éstos también justificó; y a quienes justificó, a éstos también glorificó.

[*] La traducción de esta última parte del versículo presupone la lectura y la punctuación adoptadas por Nestle.

El v. 17 hace la transición al tema con el cual se relaciona esta sección: la esperanza cristiana. La vida que se caracteriza por el morar del Espíritu de Dios, en la que anida la ley de Dios, es caracterizada por la esperanza. Los vv. 18, 19, 21 y la última parte del v. 23 ofrecen alguna indicación del contenido de esta esperanza, del valor trascendente de la gloria que se debe esperar, y del hecho de que toca no sólo a los creyentes, o a la humanidad en su conjunto solamente, sino a toda la creación de Dios. Una indicación de lo penoso del contexto actual de esta esperanza, de las circunstancias en que ella debe ser ejercida, la ofrece el v. 20; el carácter penoso del contexto actual de la esperanza se destaca aun más por la referencia al gemir de la creación (v. 22) y al gemir de los creyentes (vv. 23-25). En los vv. 26-27, si bien su función formal parece ser la de ubicar a la par de los gemidos mencionados un tercer gemido, el del Espíritu (así, el v. 26 comienza con «Y de la misma manera ... también»), este concepto del gemir del Espíritu («con gemidos inarticulados») está dominado por el concepto positivo de lo que logran los gemidos del Espíritu para los creyentes. Los vv. 28-30 expresan la certidumbre de la esperanza cristiana.

Esta sección difícilmente pueda entenderse correctamente, a menos que se reconozca debidamente la cualidad poética desplegada en ella, particularmente en los vv. 19-22. Lo que involucran estos versículos no es lo que corresponde a la forma externa de la poesía, como el ritmo y la disposición artística del material, sino más bien aquellas cosas que corresponden a su esencia interna, el poder imaginativo (que se ve, por ejemplo, en el uso de las imágenes), la sensibilidad evidenciada en los vocablos ricamente evocativos, la profundidad y la catolicidad de los sentimientos, y una verdadera generosidad de visión y concepción. No se puede negar que el pasaje le debe algo a la tradición apocalíptica judaica (diversos paralelos con el lenguaje de Pablo pueden aducirse en la apocalíptica y en otras partes); pero, una vez que esas deudas han sido plenamente reconocidas, no cabe duda de que no se ha dicho todo. Lo que se ha de ver en estos versículos es un intento de una persona con imaginación poética (que es totalmente obediente al evangelio, pero que al mismo tiempo ha sido espléndidamente liberada por el mismo) de sugerir algo de la gloria de ese futuro, digno de Dios, que él tiene reservado para su creación.

17. Por su traslado del pensamiento de la relación filial a la de herederos, las palabras **Y si hijos, luego también herederos: herederos de Dios y coherederos de Cristo** efectúan la transición al tema al cual se refiere el resto del capítulo: la esperanza cristiana (ya insinuado en los vv. 10-11, 13b y, por supuesto, en secciones anteriores de la epístola). En las epístolas paulinas hay tres lugares principales donde aparece el lenguaje relacionado con el concepto de la herencia: Romanos 4, Gálatas 3-4 y este pasaje. Hay paralelos interesantes entre ellos; pero las diferencias son tales que es más conveniente no suponer (como han tendido a hacer algunos) que Romanos 8.17 se ha de explicar simplemente sobre la base de uno u otro de estos pasajes, o de ambos, en lugar de explicarlo independientemente de ellos. No nos sentiremos, de este modo, inhibidos de reconocer el pleno impacto de lo que se está diciendo. La expresión «herederos de Dios» no se ha de explicar simplemente con el sentido de «herederos de Abraham, que han de recibir a su debido tiempo las bendiciones que Dios le prometió a él y a su simiente», como tampoco se puede eliminar la paradoja que envuelve la referencia a «herederos de[l eterno] Dios» apelando al hecho de que los dos verbos hebreos, que se usaban cuando se hacía referencia a la sucesión hereditaria, significan en primer lugar, y con mayor frecuencia, no «obtener por sucesión hereditaria» sino, respectivamente, «poseer» y «serle asignado a uno la porción que le corresponde»; porque aquí en Romanos 8.17 existe la más estrecha relación posible entre la condición de heredero y la de hijo, y la condición filial a que se alude es muy claramente (compárese el v. 16) la de hijos de Dios. Las imágenes, desde luego, ya no resultan adecuadas, porque, dado que el Dios eterno no muere (la idea que aparece en He. 9.15-17 ya no aparece aquí), no existe la posibilidad de que los herederos de Dios lo sucedan. No obstante, señalan en forma extraordinariamente efectiva los siguientes hechos: que los cristianos son personas que tienen grandes expectativas; que éstas se basan en el hecho de que son hijos de Dios; que éstas son las de compartir no sólo diversas bendiciones que Dios está en condiciones de otorgar, sino aquello que es suyo propio en forma peculiar, o sea la perfecta e imperecedera gloria de su propia vida; que la determinación del momento en que sus expectativas se efectivizarán está fuera de su control (por cuanto la especificación del momento por la libre decisión personal de Dios responde a la determinación del momento de la sucesión por la muerte del testador en el caso de una herencia ordinaria). La adición de «y coherederos de Cristo» expresa la certidumbre de nuestra esperanza. Nuestro carácter filial y nuestra condición de herederos descansan sobre nuestra relación con él, sobre el hecho de que nos ha reclamado como suyos propios. Pero él ya ha entrado en posesión de la herencia que nosotros todavía tenemos que esperar, y este hecho constituye la garantía de que nosotros, que somos sus coherederos, también disfrutaremos del cumplimiento de nuestras expectativas.

Las palabras **en vista de que** *ahora* **estamos sufriendo con él, con el fin de que** *en el futuro* **seamos glorificados con él** indican un hecho que confirma lo que se acaba de decir. Podemos destacar el sentido mediante una paráfrasis como la siguiente: «porque el hecho de que ahora estamos sufriendo con él, lejos de echar dudas sobre la realidad de nuestra condición de herederos, es una segura prenda de que seremos glorificados con él en el futuro». El sufrir con Cristo a que se hace referencia no es el que hayamos muerto con él a los ojos de Dios, ni el que hayamos sufrido con él (sacramentalmente) en el bautismo. Si se hubiese estado pensando en uno de estos tipos de «sufrimiento», hubiera sido natural que se usase un tiempo verbal pasado. Más bien se está haciendo referencia a ese elemento de sufrimiento que es inseparable de la fidelidad a Cristo en un mundo que aún no lo conoce como Señor. Podemos pensar que el primer «con él» incluye más de un significado: por ejemplo, «de conformidad con el modelo de su vida terrenal» (aunque sin suponer que nuestros sufrimientos tengan carácter redentor en el sentido en el que lo tuvieron los suyos), «por amor a él», «en unión con él», y quizá también el pensamiento de que el Cristo exaltado participa de los sufrimientos de sus hermanos. La frase «con el fin de que» no indica el propósito subjetivo de los que sufren, sino la conexión objetiva según la voluntad de Dios entre sufrir ahora con Cristo y ser glorificados con él en el futuro.

18. Porque considero que los sufrimientos del tiempo presente no son dignos de ser comparados con la gloria que ha de ser revelada en nosotros explica la relación que existe entre los sufrimientos y la gloria a los cuales se ha referido el versículo precedente. Aquí, como en 3.28 y 6.11, el verbo griego traducido como «considerar» aquí y en 3.28, denota una firme convicción alcanzada mediante el pensamiento racional tomando como base el evangelio. Teniendo en cuenta esta apreciación del evangelio Pablo está convencido de que los sufrimientos del tiempo presente son de poca consideración en comparación con la gloria que ha de ser revelada. Los «sufrimientos» que tiene en mente Pablo son, indudablemente, en vista del v. 17b, los de los cristianos, aun cuando los vv. 19-22 tienen un alcance mucho mayor. Con «el tiempo presente» se da a entender el período que comenzó con los acontecimientos evangélicos y que terminará con la parusía. La gloria que ha de ser revelada en nosotros (BC: «en orden a nosotros»; resulta sumamente difícil decidir cómo traducir adecuadamente la preposición griega; compárese VMmg) es la gloria de la consumación final, que también nos abarcará a nosotros, que transformará nuestra condición como también muchas otras cosas.

19. Porque la anhelante expectación de la creación está esperando la revelación de los hijos de Dios. Esta oración tiene como fin ofrecer apoyo a la afirmación hecha en el v. 18, pero, una vez enunciada, requiere ella misma ampliación y aclaración. De hecho, se puede decir que la totalidad de los vv. 19-30 constituyen, de uno u otro modo, apoyo para el v. 18, como sirven como su aclaración. En el curso de estos versículos Pablo indica más plenamente el contenido de la esperanza cristiana (vv. 19 y 21), su actual y penoso contexto (vv. 20, 22-27) y su certidumbre (vv. 28-30). Pero el v. 19 y los vv. 20-22 que vienen después no deben entenderse simplemente como una inferencia basada en el hecho observable y ampliamente aceptado de la prevalencia del temor y el sufrimiento en la naturaleza. Lo que estos versículos afirman es algo que sólo se puede conocer mediante la fe.

En el curso de los siglos se han sugerido una cantidad de explicaciones acerca de lo que quiso decir aquí Pablo con «la creación». Sin embargo, la única explicación realmente probable es que quiso decir la suma total de la naturaleza subhumana, tanto animada como inanimada. (Es casi seguro que los creyentes están excluidos, ya que en el v. 23 se los contrasta con «la creación»; «no por su propia voluntad» en el v. 20 parecería descartar la posibilidad de que se estuviese pensando en la humanidad en general, porque, en ese caso, Pablo difícilmente hubiera podido excluir a Adán, y no se puede decir que Adán haya sido sometido sino como resultado de su propia elección; la sugerencia de que se trata de una referencia a la humanidad incrédula únicamente es muy improbable, por cuanto resulta difícil suponer que un escritor neotestamentario usara de este modo un término que expresa una relación con Dios en la que los cristianos aparecen en un pie de igualdad con los no cristianos y en la que, más aún, ellos por sobre todos los hombres tienen que regocijarse.) No hay razón para sostener la objeción de que el uso que hace Pablo de un lenguaje personal («anhelante expectación», «está esperando», «no por su propia voluntad», «en esperanza», «gime ... a una») no es consecuente con su intención de referirse a la naturaleza irracional. Lo que aquí tenemos es una personificación igual que la que se encuentra con frecuencia en el Antiguo Testamento. La objeción adicional de que, si «la creación» se refiere solamente a la creación subhumana, en ese caso no hay referencia alguna en este pasaje a la humanidad incrédula, no es tan fuerte como parecería a primera vista. Es posible sugerir que Pablo puede haber omitido mencionar a los incrédulos aquí como otra clase de personas, diferente de los creyentes, porque no aceptaba la idea de que la incredulidad humana significa para Dios un hecho eterno, sino que veía a los creyentes como las primicias de la humanidad. Para nosotros, aquí Pablo está hablando en lenguaje poético y con la audacia que da la fe sobre la intensa expectación (la palabra que hemos traducido «anhelante expectación» sugiere el estiramiento del cuello, en un esfuerzo por ver algo que se aproxima) de todo ese espléndido teatro del universo y de toda esa multiforme vida subhumana que late en él, en actitud de anhelante expectativa de la revelación de los hijos de Dios.

Los creyentes ya son hijos de Dios en esta vida, pero su condición filial está velada y su carácter incógnito es impenetrable excepto mediante la fe. Ellos mismos también tienen que creer en su carácter filial, contra las clamorosas manifestaciones adversas en sus circunstancias y su condición actual, que parecerían ser totalmente incongruentes con la realidad de su condición de hijos. La «revelación de los hijos de Dios» es la manifestación, superior a toda posibilidad de duda o contradicción, de dicha condición filial, en relación con la cual es preciso decir que, hasta este momento,

«Oculto hasta ahora permanece este honor,
Desconocido por este mundo sombrío».

20-21. Porque expresa la relación de estos dos versículos con el v. 19: explican por qué la creación espera con tanto anhelo la revelación de los hijos de Dios. La afirmación de que **la creación fue sometida a vanidad** se refiere a un acontecimiento particular, y el uso de la voz pasiva oculta la referencia a la acción de Dios. Pocas dudas hay de que Pablo tuviese en mente el juicio relatado en Génesis 3.17-19, que incluye (v. 17) las palabras «maldita es la tierra por tu culpa». En el griego «a vanidad» recibe realce especial por estar ubicado al comienzo de la oración. El vocablo «vanidad» se ha explicado de diversas maneras. El paralelismo entre «fue sometida a vanidad» y «esclavitud de la descomposición» más adelante en la misma oración ha llevado a algunos a suponer que «vanidad» debe usarse en este caso como un simple sinónimo de «descomposición» y han alentado a otros a entender «vanidad» y «descomposición» con el significado de mutabilidad y mortalidad, respectivamente, como cosas que caracterizan al mundo animado tal como lo conocemos. Otros han entendido «vanidad» como ejemplo del uso de lo abstracto para lo concreto, y han considerado que el significado paulino es que la creación fue sometida a hombres vanos. Otros todavía han creído encontrar la clave del significado de «vanidad» aquí en el uso del verbo griego relacionado que aparece en 1.21 («se han vuelto inútiles»; BA «se hicieron vanos»), y por ello han sugerido que Pablo estaba pensando en la idolatría de los hombres, que explota la creación subhumana para sus propios fines. Otros más, notando que el vocablo podría usarse concretamente para denotar a un dios de los paganos, han sugerido que Pablo quiso decir sujeción a diversos poderes celestiales, y han citado Gálatas 4.9 como apoyo de este punto de vista. Otros, incluso, han interpretado «vanidad» en este caso siguiendo las líneas de su aplicación en Eclesiastés, donde denota la futilidad, la desorganización, lo totalmente absurdo, de las cosas. Pero la interpretación más simple y más evidente parecería ser la de entenderla en el sentido básico del vocablo griego, como indicación de la falta de efectividad de aquello que no logra su objetivo (compárese el adverbio griego relacionado que significa «en vano»). Así entenderíamos su significado en el sentido de que la creación subhumana ha sido sometida a la frustración de no poder cumplir adecuadamente el propósito de su existencia, habiendo dictaminado Dios que sin la ayuda del hombre no llegase a la perfección. Podemos concebir la totalidad del magnífico teatro del universo, juntamente con todas sus espléndidas propiedades y todo el coro de la vida subhumana, creados para glorificar a Dios, mas privado de la posibilidad de hacerlo plenamente, mientras el hombre, el actor principal de la obra dramática destinada a ofrecer alabanza a Dios, deja de cumplir su parte racional.

no por su propia voluntad. En el supuesto de que «la creación» signifique toda la creación subhumana, esto se entiende, naturalmente, con el significado de «no por su propia culpa». No fue por culpa de la creación subhumana que ella fue sometida a frustración, sino por el pecado del hombre. Es mejor tomar las palabras **a causa de aquel que la sometió** en el sentido de «debido a Dios quien la sometió (a causa de la caída del hombre)».

Pero Pablo ha agregado la frase ricamente significativa **en esperanza.** Resulta mejor relacionarla con «fue sometida» que con la frase inmediatamente anterior, «aquel que la sometió». La creación no fue sometida a frustración sin ninguna esperanza: el juicio divino incluía la promesa de un futuro mejor, cuando por fin el juicio sería levantado. Pablo posiblemente estaba pensando en la promesa de Génesis 3.15 de que la simiente de la mujer heriría la cabeza de la serpiente (compárese Ro. 16.20). La esperanza de la creación estaba incluida en la esperanza para el hombre.

porque la creación misma también será liberada de la esclavitud de la descomposición a la libertad de la gloria de los hijos de Dios apoya y aclara el sentido de la frase «en esperanza». En la formulación «la creación misma también» hay un contraste implícito con «los hijos de Dios». No cabe duda de que el interés principal de Pablo en estos versículos radica en la certidumbre de la venidera gloria de los creyentes. No obstante, afirmar categóricamente, como lo hace Barrett, de que a Pablo «no le interesa la creación en sí misma» equivale a hacerle una injusticia, aun cuando se le acuerde su pleno peso a la existencia de 1 Corintios 9.9. Lo que implican estos versículos es, seguramente, que Pablo ve la futura gloria de los creyentes, no aisladamente, sino acompañada por la gloriosa liberación de toda la creación subhumana: con una noble amplitud y generosidad de visión y simpatía, tal como la que podría esperarse de alguien que verdaderamente cree en Dios como Creador, y que por lo tanto cree en forma sincera e inteligente. La liberación que prevé Pablo para la creación cuando se produzca la revelación de los hijos de Dios es liberación «de la esclavitud de la descomposición», vale decir, de la situación de ser esclavos de la muerte y la descomposición, de la corrupción y de la transitoriedad, todo aquello que es exactamente lo opuesto a la condición de gloria. La condición que ha de reemplazar a la de la servidumbre es una condición de libertad, de una libertad que se define mediante los tres genitivos que siguen a la palabra «libertad». El primero de ellos se ha entendido con frecuencia con función adjetiva (así, VRV2 tiene «la libertad gloriosa»); pero parecería más adecuado tomarlo con un sentido aproximadamente equivalente a «de descomposición». Como «la esclavitud de la descomposición» es esclavitud a la descomposición, la esclavitud que se puede decir que impone la descomposición, así se podría sugerir que «la libertad de la gloria de los hijos de Dios» es la libertad que resulta de (es el necesario complemento de) la (revelación de la) gloria de los hijos de Dios. Cuando por fin los hijos de Dios sean manifestados, la creación subhumana recibirá nuevamente su propia libertad, la libertad de cada una de sus partes independientemente, sea animada o inanimada, para cumplir plena y perfectamente aquello para lo cual fue destinada por su Creador. Esta libertad le es negada mientras el hombre no esté dispuesto a representar su papel en la gran obra dramática consistente en alabar a Dios.

Los vv. 19-21 seguramente suponen que no basta que el cristiano respete y —en la medida en que le resulta factible— proteja y atesore la creación subhumana como el hábitat, el entorno, las comodidades, que ella le ofrece a sus semejantes, tanto los que hoy viven como también todos aquellos que han de nacer todavía. Si se trata realmente de la creación de Dios, si ese Dios le es fiel a su creación tanto como a la humanidad, y si se propone llevarla también (al igual que a los creyentes) a una meta digna de sí mismo, luego ella tiene dignidad propia y un derecho inalienable, por ser divinamente otorgado, de ser tratada por nosotros con reverencia y sensibilidad. Estos versículos deberían alertarnos del hecho de que la esperanza cristiana es algo vastamente más maravilloso y generoso que lo que nuestra preocupación por nosotros mismos y la fragilidad de nuestra preocupación por la gloria de Dios nos permiten imaginar.

22. Porque sabemos que la creación toda gime y sufre a una dolores de parto incluso hasta ahora. Sobre el uso de «sabemos», véase el comentario sobre 2.2. Lo que aquí aparece como algo ampliamente conocido por los cristianos representa la perspectiva veterotestamentaria (compárese especialmente Gn. 3.17) reflejada en la tradición apocalíptica, y confirmada y perfeccionada por el evangelio. Sirve para sintetizar el contenido de los vv. 20 y 21, y de este modo (con dichos versículos) apoyar lo que se dijo en el v. 19. Dos pensamientos, ya implícitos en el v. 19, se expresan aquí más claramente: por una parte, el pensamiento de la situación penosa actual de la creación y, por otra parte, el pensamiento de que esa situación penosa no deja de tener su propósito ya que tendrá una resolución meritoria (expresada mediante la imagen de los dolores del parto). Las palabras «incluso hasta ahora» recalcan el carácter prolongado de este penar y sufrir dolores de parto.

23. Y no sólo *esto*, sino que también nosotros mismos que tenemos las primicias del Espíritu, aun nosotros mismos, gemimos dentro de nosotros mismos. No sólo la creación subhumana gime, sino que aun los cristianos también gimen. Esto es algo que bien puede haber resultado desconcertante para algunos de los primeros receptores de la epístola, como también puede serlo para algunos de los lectores modernos de la misma. Pero nótese con qué énfasis se expresa Pablo: «también nosotros mismos ... aun nosotros mismos». Nadie debe imaginar que los cristianos están eximidos de este gemir y sufrir dolores de parto. Los cristianos ya poseen lo que Pablo denomina «las primicias del Espíritu». El vocablo traducido mediante la palabra «primicias» se usa en la Septuaginta principalmente en conexión con el culto (véase, por ejemplo, Ex. 23.19; Nm. 18.12; Dt. 18.4). Aquí, en Romanos 8, no se usa con referencia a algo ofrecido por el hombre a Dios sino a algo dado por Dios al hombre, y la idea que se imparte es la del don de una parte como prenda del don más completo aún por venir. Lo que el creyente ya ha recibido es anticipo y garantía de lo que todavía espera. Compárese el uso de «arras» («prenda» o «fianza», metáfora comercial) en 2 Corintios 5.5. El genitivo, «del Espíritu», resulta desconcertante. Se lo ha explicado de diversas formas: como (i) genitivo partitivo; (ii) genitivo de aposición o definición; (iii) genitivo posesivo. Aceptar la posibilidad (i) significa entender «el Espíritu» como designación del todo, de lo cual lo que se denota con «las primicias» forma parte. Aceptar la (ii) significa entender «el Espíritu» como indicación de aquello en lo cual consisten «las primicias». Con cualquiera de estas dos explicaciones, «el Espíritu» tiene que significar, no el Espíritu Santo mismo, sino su obra en relación con nosotros. Si se acepta la opción (iii), «el Espíritu» debe entenderse en el sentido del Espíritu mismo, y la idea sería la de que las primicias a que se alude le pertenecen, siendo ellas su obra dentro de nosotros. En general, la explicación (ii) parecería ser la más probable. El pensamiento de Pablo es, según este punto de vista, que los creyentes ya gozan de las primicias consistentes en la obra actual del Espíritu en nosotros, que es la prenda de toda la gloria que Dios nos tiene preparada. Pablo prosigue afirmando que incluso nosotros, los que tenemos el inestimable privilegio de ese anticipo y esa prenda de nuestra herencia, tenemos que gemir, como todo el resto de la creación. Gemimos «dentro de nosotros mismos», en contraste con el gemir del resto de la creación fuera de nosotros.

esperando nuestra adopción. La clave para entender esto correctamente la proporciona el v. 19 («está esperando la revelación de los hijos de Dios»).

Ya somos hijos de Dios (vv. 14 y 16), sólo que nuestro carácter filial no se ha manifestado aún. Hemos sido adoptados, pero esa adopción no ha sido anunciada públicamente todavía. La manifestación pública y definitiva de nuestra adopción es lo que se quiere decir aquí con «nuestra adopción» (contrástese el uso de esta palabra en el v. 15). **es decir, la redención de nuestro cuerpo** interpreta «nuestra adopción». La plena manifestación de nuestra adopción es idéntica a la resurrección de nuestro cuerpo en la parusía, nuestra completa y final liberación de los efectos del pecado y la muerte.

24. Por cuanto fue en esperanza que fuimos salvados. El hecho de que hasta nosotros que tenemos las primicias del Espíritu todavía tengamos que gemir es comprensible si se recuerda que fuimos salvados en esperanza. Si bien el acto salvífico de Dios ya se ha llevado a cabo, su efecto final, el que disfrutemos de la salvación, se encuentra todavía en el futuro. **pero una vez que algo esperado se ve deja de ser objeto de esperanza** es una cláusula complementaria de la oración anterior, que destaca sus implicancias. Pablo usa «ver» con un sentido significativo, «ver y efectivamente hacer nuestro», porque de otro modo su afirmación no sería verdadera (por supuesto que es posible que algo que ya se haya visto siga siendo objeto de esperanza, si sigue estando fuera de nuestro alcance). **porque ¿quién espera lo que ya ve?** representa el griego tal como aparece en Nestle[26] (1979), que es la lectura que defendimos en *Romans*, International Critical Commentary, p. 420. También aquí «ver» se usa significativamente.

25. Pero ya que esperamos lo que no vemos, lo esperamos con resuelta paciencia. Pablo vuelve a la afirmación que se hizo en el v. 23 y que el v. 24 tenía como fin apoyar; pero, mientras que en el v. 23 se puso el acento más bien en el aspecto negativo («gemimos») que en el positivo, en este versículo es el aspecto positivo el que se destaca, el hecho de que la vida cristiana se caracteriza por una decidida esperanza de esa gloria que aún no ha sido abiertamente revelada.

26. Y de la misma manera el Espíritu también ayuda a nuestra debilidad. La intención de Pablo con la frase «de la misma manera» es la de colocar al lado del gemir de la creación y el gemir de los creyentes un tercer gemido, el del Espíritu, aunque el vocablo «gemidos» sólo aparece al final de este versículo, y el pensamiento de lo que el Espíritu hace por los creyentes se vuelve más importante que la comparación con los otros dos gemidos. Mediante «nuestra debilidad» Pablo admite que aun en nuestro orar (la frase siguiente indica que es esto lo que ocupa su mente) somos débiles.

porque no sabemos qué es aquello por lo cual es propio que oremos. El original griego que se ha traducido «aquello por lo cual ... [orar]», también podría haberse traducido correctamente «qué ... orar», por lo que hace a la estructura gramatical; pero «aquello por lo cual ... [orar]» quizá sea lo que Pablo quería decir. Käsemann ha insistido en que (teniendo en cuenta el hecho de que es característica del Nuevo Testamento en general alentar la confianza y el gozo en la oración, y el hecho de que Pablo mismo no muestre señales de sentirse inhibido en lo que hace a la oración) esta afirmación es explicable sólo con la suposición de que tenía en mente un fenómeno concreto: la glosolalia en la iglesia. Como conclusión que Pablo sacó de la manifestación de la glosolalia en la adoración cristiana resulta comprensible, piensa dicho autor (es decir, que lo que muchos cristianos estaban admirando como una gloriosa manifestación celestial, como lenguas angelicales, Pablo veía —paradójicamente— como prueba de la profunda debilidad e ignorancia de la iglesia). Pero el supuesto básico de Käsemann de que Pablo no puede haber estado pensando en la oración cristiana cuando hizo esta afirmación debe ser firmemente rechazado. Afirmar rotundamente, como lo hace él, que el proclamar esta falta de conocimiento acerca de la oración cristiana es simplemente absurdo, y que contradice todo lo que dice el Nuevo Testamento en otras partes sobre este tema, equivale a no tener en cuenta adecuadamente ese elemento de paradoja que es característico de la vida del cristiano en este mundo (véase especialmente 2 Co. 6.8-10). De hecho, Käsemann no ha tenido en cuenta el hecho de que Pablo aquí obra en forma muy radical. Entendemos nosotros que Pablo quiere decir que todo lo relacionado con la oración de los cristianos, en la medida en que es oración de *ellos*, se desenvuelve bajo el signo de este no saber, de esta real ignorancia, debilidad y pobreza, y que incluso en sus oraciones viven sólo por el hecho de que Dios ha obrado la justificación de los pecadores. Resultaría extraño, por cierto, que la permanente presencia del pecado de los cristianos (compárese 7.14-25) no tuviera ningún efecto en la cuestión de su conocimiento de los motivos por los cuales orar.

sino que el Espíritu mismo intercede por nosotros con gemidos inarticulados explica el contenido positivo de la primera oración de dicho versículo (así como las palabras anteriores explican la referencia a nuestra debilidad). El Espíritu mismo ayuda a nuestra debilidad al interceder por nosotros. Käsemann está muy seguro de que «gemidos inarticulados» debe referirse a gritos extáticos de glosolalia; pero no deja de ser sumamente cuestionable que Pablo pudiese pensar que los gritos o suspiros extáticos de ciertos cristianos, por más que fuesen inspirados por el Espíritu, fueran gemidos del propio Espíritu. Por cierto que es mucho más probable que se trate de una referencia a gemidos imperceptibles para los mismos cristianos. Un problema adicional que se plantea es si por «inarticulados» Pablo entendía «inefables» (LPD), «que no pueden expresarse con el habla humana ordinaria», tendiente a indicar la trascendencia de dichos gemidos, o si simplemente quiso decir «no hablados» (compárese NBE «sin palabras»). El v. 27 hace pensar que esta última posibilidad es la más probable. Los gemidos del Espíritu no son hablados, porque no necesitan serlo, ya que Dios conoce la intención del Espíritu sin que ella sea expresada.

27. y aquel que examina los corazones sabe cuál es la intención del Espíritu, que es interceder por los santos conforme a la voluntad de Dios. Con seguridad que se debe suponer *a fortiori* que Dios, quien conoce los secretos del corazón de los hombres (compárense 1 S. 16.7; 1 R. 8.39; Sal. 7.9; 17.3; 44.21; 139.1, 2, 23; Jer. 17.10; Hch. 1.24; 15.8), conoce los deseos no expresados de su propio Espíritu.

28. Y sabemos que todas las cosas resultan ventajosas para *su verdadero* **bien a los que aman a Dios.** El uso que hace Pablo de «Y sabemos» (véase el comentario sobre 2.2) sugiere que en esta oración da a conocer algo que sabe que generalmente se acepta como verdadero. El lenguaje empleado y el hecho de que pueden aducirse paralelos judaicos y otros de la antigüedad hacen que sea probable que hubiera incorporado deliberadamente un poco de enseñanza tradicional.

Los dos vocablos griegos traducidos como «todas las cosas resultan ventajosas» son extraordinariamente difíciles por una cantidad de razones. Hay, en primer lugar, una lectura que consiste en el agregado de «Dios» en el caso nominativo inmediatamente después de ellas; segundo, la palabra traducida «todas las cosas» es un plural neutro que puede ser nominativo o acusativo; tercero, en griego, un sujeto plural neutro puede aceptar (y con frecuencia así ocurre) un verbo en singular; cuarto, el verbo empleado puede tener una variedad de significados. En consecuencia, hay que considerar una cantidad de posibilidades:

(i) aceptar la lectura más larga que incluye «Dios» en el nominativo, y explicar «todas las cosas» como un acusativo de referencia («en todas las cosas», «en todo sentido»);

(ii) aceptar la lectura más larga, y explicar el verbo como transitivo y «todas las cosas» como su objeto (así, tal vez, «Dios hace que todas las cosas funcionen», «Dios obra todas las cosas con»);

(iii) aceptar la lectura más corta, y agregar «Dios» como sujeto del verbo, explicando «todas las cosas» como en (i);

(iv) aceptar la lectura más corta, y agregar «Dios», explicando el verbo y «todas las cosas» como en (ii);

(v) aceptar la lectura más corta, y considerar que «todas las cosas» es el sujeto del verbo;

(vi) aceptar la lectura más corta, y entender que el sujeto del verbo es igual que el del último verbo del v. 27: «el Espíritu», explicando «todas las cosas» como en (i);

(vii) como en (vi), pero explicando el verbo y «todas las cosas» como en (ii);

(viii) aceptar la lectura más corta, con la enmienda del vocablo griego para «todas las cosas», equiparándolo al vocablo griego que se traduce como «el Espíritu».

De ellas, a nuestro parecer la (viii) puede descartarse de inmediato, con el argumento de que la enmienda conjetural, por lo que hace al texto del Nuevo Testamento, para el cual existen evidencias textuales tan amplias, es un recurso drástico que requiere justificación muy especial. En este caso resulta innecesaria. Las posibilidades (vi), (vii) y (viii) tienen por igual la objeción seria de que exigirían un cambio tan torpe de sujeto (sin indicación) entre los vv. 28 y 29, por cuanto la referencia a «su Hijo» en el v. 29 requeriría que se tomase a «Dios», y no «el Espíritu», como sujeto no especificado de los verbos «conoció [de antemano]», «destinó [de antemano]» (dos veces), «llamó» (dos veces), «justificó» (dos veces) y «glorificó». (Resulta significativo que NBE [igual que NEB], que entiende que el Espíritu es el sujeto del verbo en v. 28, inserta «Dios» en el v. 29 a fin de suavizar el problema. Dado que estas versiones han eliminado las cursivas para indicar las palabras que no tienen equivalente en el original, el lector que no consulta el griego no tiene idea de lo que se ha hecho.) En contra de las posibilidades (i) y (ii) debemos decir que la variante que consiste en la adición del vocablo griego traducido como «Dios» en el caso nominativo se parece mucho a una inserción de un escriba que entendía que el sujeto era Dios y que le pareció conveniente eliminar la ambigüedad, o también una glosa marginal que por error fue incorporada al texto. La oración resultante en griego es sumamente torpe: *tan* torpe que es muy improbable que refleje el original.

De las explicaciones enumeradas arriba, las dos más probables parecerían ser la (iii) y la (v). En contra de la (iii) se puede objetar, con toda seguridad, que una oración que comienza con «sabemos» (y que hace una afirmación sobre la que se espera que haya acuerdo general) es el tipo de oración que se esperaría que se formulase sin ambigüedad, y que no dejase duda alguna acerca de la identidad del sujeto. El apoyo que la tradición latina ofrece a la posibilidad (v) es claro (en latín un sujeto neutro plural exige un verbo en plural). La objeción de Dodd a esta interpretación, en el sentido de que expresa un «optimismo evolucionista» ajeno al modo de pensar de Pablo, no nos parece tener fuerza. Lo que se expresa es más bien una confianza verdaderamente bíblica en la soberanía de Dios. Pocas dudas caben de que, desde el punto de vista griego, la forma más natural de la oración es la que propone la posibilidad (v), y en nuestra opinión, resulta virtualmente seguro que corresponde aceptarla.

Pero la versión de VRV3, BA, NBE («cooperan») o la de VM («cooperan juntas») dan demasiado peso a los significados independientes de los componentes del verbo compuesto griego. Conviene, más bien, traducirlo con alguna expresión como «resultan ventajosas», «son provechosas». Pablo quiere decir que todas las cosas, aun aquellas que parecen más negativas y dañinas, tales como la persecución y la muerte misma, son provechosas para los que verdaderamente aman a Dios. Pero no se trata de todo tipo de provecho. De modo que la expresión tiene que ser más precisa. De allí el agregado de «para *su verdadero* bien». No dice Pablo que todas las cosas sirven a la comodidad, la conveniencia o los intereses mundanales de los creyentes; resulta obvio que no es así. Lo que quiere decir es que contribuyen a nuestra salvación.

Entendemos, por lo tanto, que la primera parte del versículo quiere decir que nada puede dañar —en el sentido más profundo de la palabra— a quienes realmente aman a Dios, sino que todas las cosas que les pudieran ocurrir, incluidas cosas tan graves como las que se mencionan en el v. 35, tienen que servir para ayudarlos en el camino a la salvación, confirmando su fe y acercándolos más a su Maestro, el Señor Jesucristo. Pero la razón por la cual todas las cosas ayudan de este modo a los creyentes está, naturalmente, en el hecho de que Dios está en control de todas las cosas. La fe expresada aquí es una fe que no está puesta en las cosas sino en Dios. ¿Por qué es, entonces —podríamos preguntar— que Pablo toma «todas las cosas» y no «Dios», como sujeto de la oración? Entendemos nosotros que es porque quiere llamar la atención al poder trascendente de Aquel que nos ayuda. Su poder, su autoridad, son tales que todas las cosas, incluso las acciones de los que son desobedientes y se vuelven en contra de él, tienen que servir a su voluntad. Decir que todas las cosas ayudan a los creyentes equivale, por lo tanto, en un contexto *bíblico*, a realizar la afirmación de que los ayuda Dios; porque es afirmar no sólo que los ayuda él, sino también que su ayuda es enteramente efectiva.

Pablo agrega una definición más a «los que aman a Dios» con **es decir, a los que son llamados de conformidad con su propósito.** Dijimos arriba que el propósito de los vv. 28-30 era subrayar la certidumbre de esa esperanza de la cual hablaban los vv. 17-27. Esta certidumbre se indica mediante la primera parte del v. 28; pero, si Pablo no hubiese dicho nada más, no se hubiera expresado su plenitud. Esto se comienza a ver sólo cuando se comprende que, por detrás del amor a Dios que tienen los que son justos por la fe, está el hecho previo de que Dios los ha llamado de conformidad con su propósito. La certidumbre de la esperanza, de la que ha hablado Pablo, descansa, en última instancia, nada menos que en el propósito eterno de Dios.

Los vv. **29-30** se entienden mejor si se los toma como apoyo del v. 28 en conjunto, que si se los toma sólo como explicación de la última parte de éste (desde «es decir» en adelante). Consisten en un quíntuple encadenamiento iniciado por **Porque.** El primer eslabón es **a quienes conoció de antemano.** Compárense 11.2; 1 Pedro 1.2. El «conoció» se ha de entender a la luz del uso de «conocer» en pasajes tales como Génesis 18.19; Jeremías 1.5; Amós 3.2, donde denota ese adquirir conocimiento especial de una persona, que constituye la gracia electiva de Dios. El pensamiento que expresa la frase «de antemano» no es simplemente que la elección de gracia que hace Dios de las personas referidas se hizo antes de que ellas tuviesen conocimiento de él, sino que se llevó a cabo antes de que el mundo fuera creado (compárense Ef. 1.4; 2 Ti. 1.9). El segundo eslabón es **también los destinó de antemano para ser conformados a la imagen de su Hijo.** Mientras que «conoció de antemano» denotaba la elección de gracia por parte de Dios, «los destinó de antemano» denota su decisión de gracia relativa a los elegidos, el contenido de la cual lo indican las palabras que siguen. Se debe considerar que esta predestinación divina, esta decisión que determina la meta de los elegidos, se lleva a cabo antes de la creación del mundo, igual que su elección. Por detrás de las palabras «ser conformados a la imagen de su Hijo» probablemente esté el pensamiento de la creación del hombre «a la imagen de Dios» (Gn. 1.27) y también el pensamiento (compárense 2 Co. 4.4; Col. 1.15) de que Cristo es eternamente la misma «imagen de Dios». La glorificación final de los creyentes es su plena conformidad a la imagen del Cristo glorificado; pero es probable que en este caso Pablo no esté pensando sólo en su glorificación final sino también en su creciente conformidad a Cristo, aquí y ahora en el sufrimiento y la obediencia. De ser esto así, luego estas palabras tienen como fin abarcar la santificación tanto como la gloria final, entendiéndose la santificación como una progresiva conformidad a Cristo, quien es la imagen de Dios, y de esta manera como una progresiva renovación del creyente, por la que se transforma «a la imagen de Dios». Esto constituye el propósito original para el hombre (compárese Col. 3.9s.). **para que él fuese el primogénito entre muchos hermanos** indica el propósito de Dios al destinar de antemano a sus elegidos para ser conformados a la semejanza de su Hijo. Fue con el propósito de que su unigénito Hijo no disfrutase solo los privilegios de la relación filial, sino que encabezara una multitud de hermanos, la compañía de los que en él, y por medio de él, han sido hechos hijos de Dios. Cuando la semejanza de los creyentes con Cristo se perfecciona en la gloria, entran finalmente en el pleno disfrute de los privilegios de su adopción en comunión con él.

y a quienes destinó de antemano, a éstos también llamó. Con este tercer eslabón de la cadena nos encontramos en la esfera del tiempo histórico. Con «llamar» se quiere decir aquí «llamar efectivamente». Cuando Dios llama así en forma efectiva, el hombre responde con la obediencia de la fe: se convierte. El cuarto eslabón es **y a quienes llamó, a éstos también justificó.** Buena parte de la epístola se ocupa del don divino de una posición de justicia ante Dios. **y a quienes justificó, a éstos también glorificó.** El quinto y último eslabón en la cadena es la glorificación de los elegidos por Dios. Aquí, es significativo y sugestivo el uso del tiempo pasado. En un sentido real, desde luego, la gloria de los creyentes es todavía algo del futuro; sigue siendo objeto de esperanza (compárese 5.2). Este «todavía no» con respecto a su gloria, por cierto que no se ha de disculpar o disimular. Mas su glorificación ya ha sido ordenada de antemano por Dios (compárese el v. 29); la decisión divina ha sido tomada, aun cuando su elaboración no se ha concretado todavía. Más todavía, Cristo, en cuyo destino está incluido el destino de ellos, ya ha sido glorificado, de modo que en él la glorificación de ellos ya ha sido lograda. Por lo tanto, se puede decir de ella que es algo que está oculto y que aún tiene que ser revelado (compárese el v. 18). Podemos comparar el uso del tiempo pasado («fuimos salvados») del v. 24.

Por cierto que el hecho de que la santificación no se menciona como un eslabón intermedio entre la justificación y la glorificación no significa que no fuera importante para Pablo. La primera parte de este capítulo —sin hablar del capítulo 6 y de 12.1-15.13— es una prueba clara de lo contrario. Puede ser que consideraba que la santificación ya había sido recalcada suficientemente en el curso de la sección, de modo que resultaba innecesario volver a hacer referencia a ella a esta altura, en forma explícita; naturalmente que hay una referencia implícita, por cuanto, según lo que ya se ha dicho en la epístola, la santificación es tanto la consecuencia natural de la justificación como también el camino terrenal que conduce a la gloria celestial. Pablo puede haber pensado que se podía considerar que «glorificó» cubría adecuadamente la santificación, dado que hay un sentido muy real en el cual la santificación es el comienzo de la glorificación.

(iv) Conclusión tanto de la sección V. 4 como también, y a la vez, de toda la argumentación anterior de la epístola

8.31-39

[31]¿Qué, pues, diremos en vista de estas cosas? Puesto que Dios está por nosotros, ¿quién está contra nosotros? [32]Aquel que no escatimó a su propio Hijo, sino que lo entregó por todos nosotros, ¿cómo no nos dará asimismo con él todas las cosas? [33]¿Quién presentará una acusación contra los elegidos de Dios? Es Dios quien justifica: [34]¿quién condenará? Es Cristo Jesús quien murió y, más que eso, quien también fue levantado de los muertos, quien está a la mano derecha de Dios, quien además intercede por nosotros. [35]¿Quién nos separará del amor de Cristo? ¿Aflicción o angustia o persecución o hambre o desnudez o peligro o espada? [36]Así como consta en la escritura: «Por tu causa estamos sujetos a muerte todo el día, hemos sido considerados como ovejas para ser sacrificadas». [37]Pero en todas estas cosas somos más que vencedores por medio de aquel que nos amó. [38]Porque estoy persuadido de que ni la muerte ni la vida ni ángeles ni principados ni cosas presentes ni cosas por venir ni poderes [39]ni altura ni profundidad ni ninguna otra cosa creada podrá separarnos del amor de Dios que es en Cristo Jesús nuestro Señor.

Si bien la referencia principal de «estas cosas» en el v. 31 es, sin duda, a lo que se acaba de decir en los últimos dos o tres versículos, está claro por el contenido de los vv. 32-34 que esta frase tiene, también, una referencia más amplia y que esta sección sirve no sólo como conclusión de la sección V. 4 sino, además, como conclusión para todo el curso de la exposición teológica en la epístola hasta este punto, en el cual se ha llegado a una etapa significativa (aun cuando lo que sigue, igual que buena parte de lo que antecede, forma parte integrante de la argumentación).

Toda esta sección ha sido armada cuidadosamente teniendo en cuenta consideraciones retóricas. La elevada elocuencia de la sección es notable.

31. ¿Qué, pues, diremos en vista de estas cosas? Aquí, como en 9.30, «¿Qué, pues, diremos?» se utiliza para presentar, no una inferencia falsa que va a ser rechazada, sino la conclusión del propio Pablo en base a lo que ha venido diciendo. **Puesto que Dios está por nosotros, ¿quién está contra**

nosotros? La declaración «Dios está por nosotros» constituye una concisa síntesis del evangelio. Dios está de nuestro lado, no desde luego como un aliado servil que puede ser movilizado para el logro de nuestros designios, sino en la forma indicada por los acontecimientos evangélicos, como nuestro Señor, que nos ha reclamado para sí mismo. La primera cláusula afirma aquello de lo cual Pablo está absolutamente convencido que es un hecho, como la base de la confianza expresada en la siguiente pregunta retórica, que equivale a una rotunda aseveración de que no hay nadie cuya hostilidad debamos temer. Tenemos enemigos por cierto que están en contra de nosotros y procuran nuestra ruina; pero con Dios de nuestra parte no tenemos por qué temerles. Aun cuando realmente pueden hacernos sufrir seriamente (como bien sabía Pablo; véanse 2 Co. 11.23ss.), no pueden arrebatarnos de su lado.

32. Aquel que no escatimó a su propio Hijo puede ser un reflejo intencional de Génesis 22.12: como Abraham, Dios no ha escatimado a su propio Hijo. Sobre «propio», compárese el v. 3 (aunque la idea se expresa en forma diferente en griego). Es posible que esté presente el pensamiento del contraste entre el unigénito Hijo y los hijos adoptivos: de todos modos, «propio» sirve para realzar el efecto conmovedor de la cláusula, destacando el costo para el Padre de entregar por amor a su creación aquello que le era más caro y preciado.

sino que lo entregó por todos nosotros. El mismo verbo griego que aquí se traduce como «entregar» se usa en esta misma conexión en la voz pasiva en 4.25. Aparece también en Is. 53.6, 12 (dos veces) en la Septuaginta. Resulta notable que también se haya usado en 1.24, 26, 28 en torno al acto de Dios de entregar a los idólatras a las consecuencias de su pecado. Isaac fue rescatado por intervención divina (Gn. 22.11-13), pero para Jesús no hubo ninguna intervención de esta clase, ningún otro cordero podía ocupar el lugar del Cordero de Dios; la entrega significaba hacer apurar hasta las heces la copa de la ira (véase el comentario sobre 1.18). Y todo esto fue «por todos nosotros». Acerca del «todos» que refuerza el «nosotros», compárense, por ejemplo, 10.11, 12, 13; 15.33; 1 Corintios 1.2.

¿cómo no nos dará asimismo con él todas las cosas? El argumento es similar, tanto en forma como en contenido, al de 5.9-10: dado que Dios ha hecho lo indeciblemente grande y costoso, podemos tener plena confianza que hará lo que, comparativamente, es mucho menos. Podemos considerar el hecho de la entrega de su Hijo a la muerte por nosotros como la entrega de su Hijo a nosotros (compárese Jn. 3.16): el hecho de que «entregar» sea en griego un compuesto del verbo «dar» simplifica la elaboración del concepto. Dios ha entregado a su amado Hijo por nosotros. Por lo tanto, podemos confiar en que, juntamente con el supremo don de su Hijo, nos dará también todas las cosas. Con «todas las cosas» probablemente quiere decir la plenitud de la salvación (compárese 5.10) o, de otro modo, «todo lo que es necesario para nuestra salvación».

33-34. ¿Quién presentará una acusación contra los elegidos de Dios? Es Dios quien justifica: ¿quién condenará? Es Cristo Jesús quien murió y, más que eso, quien también fue levantado de los muertos, quien está a la mano derecha de Dios, quien además intercede por nosotros. Existe algún desacuerdo acerca del modo en que debe hacerse la puntuación de estos versículos. Hay cierto apoyo antiguo para una puntuación que nos daría, además de las dos preguntas en la traducción anterior, cinco preguntas adicionales: «¿Lo hará Dios quien justifica?», «¿Lo hará Cristo Jesús quien murió?», «¿Y —más que eso— quien también fue levantado de los muertos?», «¿Quien está a la mano derecha de Dios?», «¿Quien también intercede por nosotros?». Se ha propuesto, también, una modificación de esta interpretación, omitiendo los signos de interrogación finales en el segundo, el tercer, y el cuarto caso, y los signos iniciales en el tercero y el cuarto, convirtiéndolos, en cambio, en una sola gran pregunta que abarca a las cuatro («¿Lo hará Cristo Jesús ... por nosotros?»). Es lo que hace RV en el margen, y es la interpretación favorecida por Barrett. Véanse también LPD y BLA, en el texto. Pero la puntuación de Nestle[25] y ahora Nestle[26] (1979), que es la que también se presupone en el texto de RV y tiene el apoyo de dos importantes Padres griegos, Orígenes y Juan Crisóstomo, que han sido seguidos por otros, seguramente es la que debe aceptarse. Ofrece el desarrollo más simple y más natural del pensamiento. Además, evita tener que desmembrar lo que parece ser un reflejo de Isaías 50.8, uniendo las últimas palabras del v. 33 y las primeras palabras del v. 34 (aun cuando estas palabras no sean un reflejo consciente del pasaje de Isaías, forman, no obstante, una antítesis natural que merece atención). Más todavía, la opinión de Orígenes y Crisóstomo sobre un asunto de esta naturaleza merece especial respeto. El argumento de que, porque los vv. 31, 32 y 35 contienen una serie de preguntas retóricas, es probable que los vv. 33 y 34 también han de contener sólo preguntas, no parecería ser muy fuerte. Es igualmente posible que Pablo haya variado la forma como que la haya mantenido sin cambios en el curso de unos cuantos versículos.

Es probable que sea mejor tomar las palabras «¿Quién presentará una acusación contra los elegidos de Dios?» como una pregunta retórica equivalente a una negación enfática de que alguien osara hacerlo, y por ende sin necesidad de una respuesta, en lugar de considerar que se trata de una pregunta genuina que se responde en los vv. 33b y 34. Se vislumbra una escena tribunalicia. «Los elegidos de Dios» retoma el concepto de «llamados de conformidad con su propósito» del v. 28 y «a quienes conoció de antemano» del v. 29. «Es Dios quien justifica: ¿quién condenará?» probablemente sea un reflejo de Isaías 50.8. El sentido general es similar al del v. 31b.

Los elementos que conforman las palabras «quien murió y, más que eso, quien también fue levantado de los muertos, quien está a la mano derecha de Dios» forman una serie ascendente. Resulta mejor conectar el tercer elemento («quien está a la mano derecha de Dios») con lo que precede, en lugar de considerar que forma parte del marco principal de la oración, juntamente con la última cláusula del versículo. Este tercer elemento refleja la influencia del Salmo 110.1, que parece ser el versículo veterotestamentario más frecuentemente repetido en el Nuevo Testamento. Es evidente que su lenguaje es de carácter pictórico (compárese Calvino, *Institución* 2.16.15: una «semejanza ... tomada de los reyes, y los príncipes, que tienen sus lugartenientes, a los cuales encargan la tarea de gobernar» y «no se trata de la actitud del cuerpo, sino de la majestad de su imperio»). En un sentido real el orden cronológico en que se disponen los tres elementos representa, también, para Pablo, un orden ascendente de significación teológica (nótese, el «y, más que eso»). Para él, como para la iglesia primitiva en general, el punto central de la fe es la gloria presente de aquel que una vez fue crucificado (compárese la declaración del credo, «Jesús es Señor»; véase el comentario sobre 10.9). (Estimulantes discusiones breves en torno al concepto de sentarse a la derecha pueden verse en K. Barth, *Credo*, pp. 105ss. y *Dogmatics in Outline*, pp. 124ss.)

Sobre el concepto de Cristo como nuestro intercesor en la última cláusula del v. 34, compárese la referencia a su carácter de abogado nuestro en 1 Juan 2.1 y a su intercesión como Sumo Sacerdote en Hebreos 7.25. El texto hebreo de Is. 53.12, aunque no el griego, tiene una referencia a la intercesión del siervo por los transgresores. El comentario de Pelagio (el comentarista británico sobre Romanos más antiguo que se conoce, que vivió entre el siglo IV y el V d.C.) sobre esta cláusula contiene una llamativa y sugerente referencia al hecho de que la intercesión sumo sacerdotal de Cristo se cumple mientras en forma continua muestra y ofrece a su Padre, como nuestra prenda, esa naturaleza humana que asumió.

35. ¿Quién nos separará del amor de Cristo? es equivalente a una enfática negación de que alguien o algo pueda jamás separarnos del amor que Cristo nos prodiga. La forma en que Pablo puede hablar aquí del amor de Cristo, mientras que en el v. 39 y en 5.5 habla del amor de Dios, es otro elemento que indica la naturaleza de su cristología. **¿Aflicción o angustia o persecución o hambre o desnudez o peligro o espada?** es continuación de la pregunta anterior. Pablo mismo ya había experimentado todas las pruebas que aquí enumera, excepto la última.

36. Así como consta en la escritura: «Por tu causa estamos sujetos a muerte todo el día, hemos sido considerados ovejas para ser sacrificadas». El efecto principal de la cita del Salmo 44.22 es mostrar que las tribulaciones que enfrentan los cristianos no son nada nuevo ni inesperado, sino que siempre han sido características de la vida del pueblo de Dios. Los rabinos aplicaban este versículo del salmo a la muerte de los mártires (por ejemplo, al martirio de una madre y sus siete hijos descripto en 2 Macabeos 7), pero también en forma muy general a la vida de los piadosos que se entregan con todo el corazón a Dios. Es probable que Pablo pensara que se aplicaba no solamente al último ítem sino a todas las cosas enumeradas en el v. 35.

37. La declaración de Pablo se inicia con un triunfante **Pero.** Su fuerza puede hacerse sentir mediante alguna paráfrasis tal como «Lejos de ser posible que alguna de estas cosas nos separe del amor de Cristo». **en todas estas cosas** podría ser un hebraísmo con el sentido de «a pesar de todas estas cosas», pero es más probable que signifique «al experimentar todas estas cosas», no evadiéndolas ni siendo librados de ellas, sino enfrentándolas con firmeza. **somos más que vencedores por medio de aquel que nos amó** indica tanto el carácter totalmente decisivo de nuestra victoria como el humillante hecho de que salimos victoriosos no debido a nuestro propio valor, resistencia o determinación, sino a Cristo. Tampoco se debe al hecho de que nosotros lo tengamos asido a él, sino al hecho de que él nos tiene asidos a nosotros. El uso del participio aoristo griego («aquel que nos amó») indica que se trata de una referencia a un acto histórico concreto, ese acto por medio del cual nos demostró su amor (compárense 5.6-8; también Gá. 2.20).

38-39. Porque estoy persuadido de que ni la muerte ni la vida ni ángeles ni principados ni cosas presentes ni cosas por venir ni poderes ni altura ni profundidad ni ninguna otra cosa creada podrá separarnos del amor de Dios que es en Cristo Jesús nuestro Señor. Ahora Pablo agrega en la primera persona del singular su propia declaración personal sobre su firme convicción en apoyo del v. 37. Pero nótese que, si bien usa la primera persona del singular, «estoy persuadido», significativamente vuelve a la primera persona del plural, «-nos», más adelante en la misma oración. Mientras hay ocasiones en las que la gratitud puede exigir un uso semejante del singular, como el que encontramos en Gálatas 2.20, en general resulta más verdaderamente cristiano destacar el hecho de que las consoladoras verdades del evangelio sobre las cuales tenemos que dar testimonio como individuos abarcan a nuestros hermanos y hermanas tanto como a nosotros mismos. «Estoy persuadido», tal como se usa en el corpus paulino (compárense 14.14; 15.14; 2 Ti. 1.5, 12), denota una convicción firme y asentada, una confiada certidumbre.

Las cosas que amenazan se mencionan en pares, aparte de «poderes» y «ninguna otra cosa creada». Lo primero que se menciona es la muerte, la que durante la mayor parte del período veterotestamentario se consideraba, incluso por el pueblo de Dios, que separaba a los hombres de la comunión con Dios. Sin embargo, para Pablo el morir era «estar con Cristo» y por consiguiente se lo podía considerar como «ganancia» y algo «mucho mejor» que la vida en el mundo actual (Fil. 1.21-23). Con la muerte está aparejada la vida, la vida con todas sus pruebas y dolores, tentaciones y distracciones, la vida en la que el creyente tiene que «caminar por fe, no por vista» (2 Co. 5.7) y en la que en un sentido muy real se está «ausente del Señor» (2 Co. 5.6). Sea que muramos o vivamos, de todos modos somos «del Señor» (14.8), por cuanto él es Señor de los vivos y de los muertos por igual (14.9).

Con «ni ángeles ni principados» a Pablo le interesa aclarar que no hay ningún poder espiritual cósmico, sea benevolente o malevolente, que pueda separarnos del amor de Dios en Cristo. Y esto lo puede decir con confianza, porque sabe que Cristo ha ganado la batalla contra los poderes rebeldes de una vez para siempre (compárense Col. 2.15; también Ef. 1.21, 22a; 1 P. 3.22), de modo que la efectividad de ellos ha sido drásticamente limitada, y su final y completa sujeción asegurada.

El tercer par consiste en «cosas presentes» y «cosas por venir», y el modo más natural de entender estas frases es considerando que significan acontecimientos y circunstancias presentes y futuras (incluso escatológicas).

La palabra «poderes» aparece sola. Probablemente sea otra designación angélica como «ángeles» y «principados» (aparece en listas angélicas en 1 Co. 15.24; Ef. 1.21 y 1 P. 3.22, y también fuera de la Biblia). Separada de ellas, da la impresión de aparecer como un agregado de último momento.

Los vocablos «altura» y «profundidad» se han explicado de diversas formas. En tiempos primitivos se los explicaba generalmente como referencias a cosas encima de los cielos y cosas debajo de la tierra, respectivamente. En tiempos modernos se ha sugerido, sobre la base del uso de las dos palabras griegas correspondientes como términos técnicos en la astronomía y la astrología antiguas, que se trataba de una referencia a espíritus siderales que gobernaban en el cielo, por encima y por debajo del horizonte. Mas, si bien no se debe descartar totalmente una interpretación de esta clase, con seguridad que es más probable que aquí se trate de una referencia a lugares y no a poderes-espíritus asociados con ellos, y que el significado sea, simplemente, que ni la altura más alta ni la profundidad más profunda podrán separarnos del amor de Dios. Quizá se podría comparar el Salmo 139.8 (donde el contexto se relaciona con la imposibilidad de ubicarse fuera del alcance de Dios): «Si asciendo hasta el cielo, tú estás allí. Si tiendo mi cama en el Seol, he aquí tú estás allí». (La suposición de muchos de que todos los elementos de esta lista tienen que referirse a poderes espirituales de un tipo u otro debe ser resistida. En el caso de «muerte» y «vida», y también de «cosas presentes» y «cosas por venir», una interpretación así resulta muy poco natural. Más aún, el hecho de que los v. 38s. tienen el sentido de confirmación [como lo indica el «Porque» inicial] de la afirmación del v. 37 de que somos más que vencedores en todas estas cosas, es decir, en todas las pruebas y tribulaciones a que se alude en los v. 35s., hace que sea improbable [en vista de las cosas mencionadas en los v. 35s.] que la lista de los v. 38s. tenga como fin referirse exclusivamente a poderes espirituales. El desarrollo del pensamiento seguramente exige que la lista de estos dos versículos sea *totalmente* abarcadora, y la presencia de la frase que sigue demuestra que esa es la intención.) La lista se cierra con «ninguna otra cosa creada», con el fin de que resulte realmente completa. Ni la frase usada en 5.5, ni la que se usa en el v. 35, es tan precisa y definitiva como «el amor de Dios que es en Cristo Jesús nuestro Señor»; porque el amor de Cristo no se conoce realmente mientras no se lo reconozca como el amor del propio Dios eterno. Sólo en Jesucristo el amor de Dios se manifiesta plenamente como lo que realmente es. Esta división principal de la epístola concluye, por lo tanto, con la solemne mención del mismo nombre y título con el cual comenzó («por medio de nuestro Señor Jesucristo» en 5.1), y que se repite al final de las secciones en 5.21; 6.23; y 7.25.

VI. La incredulidad de los hombres y la fidelidad de Dios

9.1-11.36

Una lectura superficial de Romanos podría fácilmente dejar la impresión de que los capítulos 9 a 11 no son sino una digresión que Pablo ha incluido bajo la presión de su propia preocupación personal y profunda por la cuestión del destino de los judíos. Pero un estudio más detenido y cuidadoso revela el hecho de que éstos constituyen parte integrante del desarrollo del tema de 1.16b-17. El evangelio, que es el tema de 1.16b, es el evangelio que ya se ha definido en 1.1-4. El uso en esa definición del título «Cristo» y la afirmación de la relación de Jesucristo con David significan que el evangelio no se puede entender adecuadamente excepto en relación con Israel, el pueblo especial de Dios. Además, en esa definición que afirmaba que en el Antiguo Testamento se anticipa el tema del evangelio, y la epístola se ocupa, desde la declaración de su tema en adelante, del asunto de la verdadera interpretación del Antiguo Testamento. Pero está claro que no es posible ocuparse seriamente del Antiguo Testamento sin ocuparse del fenómeno de Israel. Si Pablo no hubiese abordado la cuestión de los judíos, en una presentación tan plena y sistemática del evangelio como la que se intenta en Romanos, se podría dudar de la seriedad de la seriedad e integridad de sus repetidas apelaciones al Antiguo Testamento. Más todavía, las palabras «tanto para el judío primero como para el griego» en 1.16b plantean la cuestión en forma explícita y directa. Cuando se la retoma en 3.1ss., se la trata sintéticamente, y queda claro que una discusión seria sobre la fidelidad de Dios en relación con la falta de fe de la gran mayoría de los judíos está pendiente.

La decisión de encarar el tema justamente a esta altura está justificada. En 8.28-39 Pablo ha hablado de la certidumbre de la esperanza del creyente. En 8.28-30 se ha referido al propósito de Dios como la base de nuestra certidumbre. Pero, según el Antiguo Testamento, Israel ocupaba un lugar especial dentro de los propósitos de Dios. El final del capítulo 8 constituía, por lo tanto, un punto natural en el cual ofrecer un análisis sobre la relación de Israel con el propósito divino. En realidad, podemos ir más lejos todavía y afirmar que en este punto la necesidad de ese análisis se ha hecho urgente, dado que la misma confiabilidad del propósito de Dios como base de la esperanza cristiana se pone en tela de juicio, en razón de la exclusión de la mayoría de los judíos. Si la verdad es que el propósito de Dios para con Israel ha quedado frustrado, luego entonces, ¿qué clase de base para la esperanza cristiana constituye el propósito divino? Además, si el amor de Dios para con Israel (véanse, por ejemplo, Dt. 7.7s.; Jer. 31.3) se ha terminado, ¿qué confianza se puede depositar en el convencimiento de Pablo de que nada puede separarnos del amor de Dios en Cristo (vv. 38s.)? Más aún, dado que las consecuencias éticas de la acción de Dios en Cristo ya se han indicado en principio en los capítulos 6 al 8, la exhortación particular de 12.1-15.13 puede esperar un poco. De hecho, en vista de que la discusión en los capítulos 9 al 11 hace posible una comprensión más profunda y completa del evangelio, los capítulos 1 al 11 constituyen una base teológica más satisfactoria para la consiguiente exhortación ética que lo que podrían haberlo sido los capítulos 1 al 8.

Con respecto a las dificultades especiales que ofrece el contenido de esta división principal de la epístola, a esta altura se pueden decir varias cosas de utilidad.

(i) Es de la mayor importancia abarcar estos tres capítulos juntos como un todo, y no arribar a conclusiones acerca de la argumentación de Pablo antes de haberla escuchado hasta el final. El capítulo 9 con toda seguridad se entenderá en un sentido totalmente no paulino, si se lo considera desgajado de su continuación en los capítulos 10 y 11.

(ii) Entenderemos mal estos capítulos si no reconocemos que su palabra clave es «misericordia». Aquí a Pablo le preocupa demostrar que el problema de la incredulidad de Israel, que parecería poner en tela de juicio la confiabilidad de Dios mismo, está relacionado con la naturaleza de la misericordia de Dios como que realmente es misericordia, y como misericordia destinada no a un solo pueblo sino a todos los pueblos. Le preocupa demostrar que la desobediencia de Israel, juntamente con el juicio divino que ella merece y obtiene, está rodeada por todos lados de la misericordia divina. Al mismo tiempo le interesa hacerle comprender a la comunidad cristiana de Roma el hecho de que es sólo por la misericordia de Dios que ella vive.

(iii) Solamente cuando la iglesia persiste en negarse a aprender este mensaje, cuando secretamente —¡quizás en forma enteramente inconsciente!— cree que su propia existencia está basada en logros humanos, y en consecuencia no entiende la misericordia de Dios para con ella, es incapaz de creer en la misericordia de Dios para esa Israel todavía incrédula, y por ello sustenta la noción reprensible y contra la

Escritura de que Dios se ha desembarazado de su pueblo Israel y que sencillamente lo ha reemplazado por la iglesia cristiana.

(iv) Aquí corresponde mencionar la magnífica sección sobre la elección de gracia hecha por Dios, en la obra de Karl Barth, *Church Dogmatics* II/2, pp. 1-506, que ha arrojado mucha luz sobre estos capítulos de Romanos. Su gran contribución fue la de insistir en la verdad —tan enteramente obvia, una vez que se la ha formulado claramente, que resulta casi increíble que no hubiese sido formulada mucho antes— de que la doctrina de la elección, si ha de ser fiel a la Escritura, no debe comenzar de un modo abstracto, ya sea partiendo del concepto de un Dios elector o del concepto de un hombre elegido, sino que «debe comenzar concretamente con el reconocimiento de Jesucristo como el Dios elector y el hombre elegido».[*] La doctrina de la elección sostenida por la iglesia ha sido desvinculada de la correspondiente cristología, como si tuviese que ver con un elegir por parte de Dios del que Cristo de algún modo está ausente. Categóricamente Barth hizo volver a la iglesia a un entendimiento cristocéntrico de la elección, y de este modo abrió el camino para el reconocimiento de que la doctrina escritural de la predestinación «no [es] un mensaje combinado de gozo y terror» sino que «es luz y no tinieblas»,[**] asunto de profundo agradecimiento y de gozosa esperanza. La elección es, en primer lugar, y fundamentalmente, la elección que Dios hace de Jesucristo, pero en su elección están incluidas tanto la elección de «los muchos», es decir, de pecadores individuales, como también, en una posición mediadora entre esta elección de «los muchos» y la elección del Elegido, la elección de «esa comunidad de Dios por cuya existencia Jesucristo ha de ser atestiguado a todo el mundo, y todo el mundo ha de ser llamado a la fe en Jesucristo».[***] El reconocimiento de estas diferentes elecciones incluidas en la elección de Jesucristo nos librará del intento de referir inmediatamente lo que dice Pablo al destino último de los individuos, aspecto sobre el cual la doctrina tradicional ha tendido a concentrar la atención en forma casi exclusiva. De hecho, la elección de la comunidad es lo que ocupa la atención de Pablo en Romanos 9 a 11, y la descripción que hace Barth de las dos formas de la sola comunidad resuelve muchas de las dificultades de estos capítulos.[****]

[*]   Op. cit., p. 76.
[**]   Op. cit., p. 13.
[***] Op. cit., p. 195.
[****]Con el mayor agradecimiento reconocemos nuestra deuda, en toda la exposición de estos tres capítulos, para con el estudio de Barth sobre la elección y la penetrante exégesis de estos capítulos de Romanos, que el mismo incorpora, si bien esperamos sinceramente no haberlo seguido nunca en forma acrítica.

1. Se presenta el tema de la división principal de la epístola

9.1-5

¹Hablo la verdad en Cristo, no miento —mi conciencia me da testimonio en el Espíritu Santo— *cuando declaro* ²que tengo gran dolor y continua angustia en mi corazón. ³Porque oraría que yo mismo fuese maldito *y separado* de Cristo a favor de mis hermanos, mis parientes según la carne, ⁴que son israelitas, de quienes son la adopción y la gloria y los pactos y la legislación y la adoración y las promesas, ⁵de quienes son los padres, y de quienes por lo que hace a la carne es Cristo, quien es sobre todo, Dios bendito por siempre. Amén.

Con notable énfasis y solemnidad Pablo declara su propio dolor ante la incredulidad de sus connacionales judíos y la intensidad de su anhelo respecto a la conversión de ellos. Así presenta el tema que lo ocupará hasta el final del capítulo 11.

1. Hablo la verdad en Cristo. Pablo sostiene que está hablando en Cristo, vale decir, de conformidad con el nivel que corresponde al que está en Cristo, con el debido reconocimiento de que es responsable ante él. La frase «en Cristo» refuerza por lo tanto «hablo la verdad»: se trata de que el que habla de un modo digno de su unión con Cristo no puede menos que hablar la verdad o, por lo menos, intentar hacerlo. Aquí el uso de la frase constituye, por lo tanto, una implícita apelación a Cristo como la garantía última de la verdad de lo que está a punto de decir. La combinación de «hablo la verdad» y **no miento** resulta extremadamente enfática. **mi conciencia me da testimonio en el Espíritu Santo** es un paréntesis, y las palabras que siguen dependen de «hablo la verdad», como quiere indicar la expresión agregada *cuando declaro*. Explicar que el v. 2 está subordinado a «me da testimonio» resulta insatisfactorio, ya que deja en el aire las primeras palabras del v. 1 sin indicación clara de aquello a lo cual se refieren. Mientras que en 8.16 el verbo griego, que aquí se traduce como «dar testimonio», probablemente signifique simplemente «testificar de», «asegurar», es probable que aquí signifique «testimoniar junto con», «testificar en apoyo de» (donde la preposición incorporada en el verbo compuesto griego tiene su sentido de «junto con», y no simplemente fuerza enfática). Aparentemente Pablo considera que la solemne declaración que está a punto de hacer (v. 2) es un testimonio, y que el apoyo de su conciencia es un segundo testimonio, un testimonio corroborativo. Es posible que aquí la ley bíblica de las pruebas (Nm. 35.30; Dt. 17.6; 19.15) haya influido en el pensamiento de Pablo. Sobre la palabra «conciencia», el lector puede ver nuevamente la nota sobre 2.15. Aquí también significa «conciencia» en el sentido que tiene en nuestras expresiones «mala conciencia», «buena conciencia», es decir, en el sentido de un conocimiento penoso, o lo contrario, compartido con uno mismo. En este caso la idea es la de una buena conciencia. Pablo, al aseverar que dice la verdad cuando declara que tiene gran pesar y continua angustia en su corazón, comparte consigo mismo el conocimiento de que lo que afirma es verdad. Pero Pablo sabe que el valor del testimonio de la buena conciencia de una persona depende de la sensibilidad moral de la persona. Cuando el sentido moral es torpe (compárense las referencias al entenebrecimiento del corazón en 1.21 y a la mente reprobada en 1.28), el testimonio de la conciencia tiene poco valor. En cambio, cuando la mente está ligada a la ley de Dios (compárense 7.23, 25), cuando está siendo renovada (12.2), allí el testimonio de la conciencia tiene gran valor. Pablo agrega «en el Espíritu Santo» porque sabe que su conciencia es la de una persona cuya mente está siendo renovada e iluminada por el Espíritu Santo (compárese 8.1-16).

2. que tengo gran dolor y continua angustia en mi corazón. El hecho de que esta declaración se ofrezca con tanto énfasis y solemnidad requiere explicación. A veces se ha sugerido como explicación el hecho de que Pablo había sido acusado de indiferencia ante el destino de sus connacionales judaicos, y que quería refutar tales acusaciones y defender su lealtad a la nación. Pero esta explicación no es buena. Una explicación más probable, en vista del contenido de lo que sigue en 9.3-11.36, es que reconocía que la integridad y autenticidad mismas de su apostolado a los gentiles serían puestas en tela de juicio, en caso de que abandonara a sus compatriotas los israelitas, y en caso de que no sufriera dolor mientras ellos se mantuvieran en la incredulidad. También consideraba como de vital importancia que los cristianos a quienes estaba escribiendo, tanto judíos como gentiles, supiesen acerca de este pesar suyo, porque para ellos también un dolor semejante era la única actitud, con respecto a la sostenida incredulidad de los judíos, que sería consecuente con la fe.

3-5 sirve de explicación para el v. 2, y arroja alguna luz sobre el carácter del pesar y la angustia de Pablo. **Porque oraría** ofrece dos problemas: el del sentido en que se usa el verbo que hemos traducido «orar», y el de la significación del imperfecto griego que se usa. Con respecto al primero, aquí el verbo ha sido entendido con frecuencia con el sentido de «desear» (como en la Vulgata Latina, VRV1,2,3, VM), pero aquí tendría que preferirse, a nuestro juicio, el sentido de «orar» (como en BAmg), en razón de la probabilidad de que el paralelo con Moisés en Exodo 32.31s. fuese lo que estuviera en la mente de Pablo, como también de las evidencias de los otros casos en que se usa el verbo en el Nuevo Testamento. Con respecto al segundo problema, de las diversas explicaciones gramaticalmente posibles la más probable es seguramente la que entiende que Pablo quiere decir que oraría de la forma indicada, si le fuera permitido hacerlo y si el cumplimiento de una oración de esta clase hubiese de beneficiar a sus connacionales judíos, pero que no lo hace, porque se da cuenta de que estaría mal y que sería inútil. **que yo mismo fuese maldito** y *separado* **de Cristo a favor de mis hermanos, mis parientes según la carne** es la esencia de esta oración no llevada a cabo. Se trata de una referencia a perder la salvación definitiva, la sentencia de exclusión de la presencia de Dios. El griego traducido como «yo mismo» es fuertemente enfático, y el orden de las palabras en griego («yo mismo de Cristo») hace resaltar la intensidad de la separación contemplada. Pablo llama a los judíos que siguen incrédulos sus hermanos. Es decir, los sigue reconociendo, a pesar de su incredulidad, como integrantes del pueblo de Dios; porque, aparte de su uso primario para denotar a un hijo de los mismos padres (o padre), «hermano» se reserva casi siempre, en la Biblia, para los integrantes de la comunidad elegida (Israel o la iglesia). La clara implicancia de esto es que para Pablo —y esto debe enunciarse con énfasis, dado que con frecuencia ha sido olvidado por los cristianos— la incrédula Israel está incluida, y no excluida, en la comunidad de los elegidos. Pero «mis hermanos» aisladamente no es suficientemente específico, ya que los cristianos gentiles también son hermanos de Pablo. Agrega, entonces, «mis parientes según la carne». Sobre el uso de «parientes» en el griego helenístico para denotar compatriotas, miembros de la misma nación, podemos comparar 16.7, 11, 21. Sería un error entender en el uso de «según la carne» aquí alguna sugerencia de que el vínculo de la nacionalidad judía sea *meramente* una cuestión carnal. En vista de los vv. 4 y 5 resulta claro que Pablo no puede haber querido decir con ella algo despreciativo para los judíos.

Pablo pasa a enumerar los grandes privilegios de los judíos. La enumeración de ellos sirve al mismo tiempo para subrayar la tristeza que ocasiona la actual incredulidad de los judíos, para explicar la profundidad del dolor de Pablo por ellos, y también para indicar el hecho constante de su elección. La lista está dispuesta con lo que parece ser habilidad artística consciente y distribuida en cuatro cláusulas relativas, las cuales dependen de «mis parientes según la carne». La primera cláusula relativa es **que son israelitas.** Si bien es más natural entender que se trata del primer ítem de la lista que entenderlo como fuera de ella, se trata de una declaración general de la especial posición de los judíos como el pueblo de Dios, y por ello en un sentido abarca a todos los puntos que siguen. «Israel» e «israelita» son términos religiosos que expresan el hecho de que los judíos tenían conciencia de que constituían el pueblo especial, elegido por Dios. Se debe notar que aquí el verbo «ser», que en griego con frecuencia no se expresa, está expreso. Esto es importante porque significa que el tiempo verbal es explícito. Pablo está afirmando que sus connacionales judíos que son incrédulos siguen siendo, aun en su incredulidad, miembros del pueblo elegido de Dios.

La segunda cláusula relativa es **de quienes son la adopción y la gloria y los pactos y la legislación y la adoración y las promesas.** Pablo se refiere a «la adopción», es decir, tanto la adopción de la nación como su hijo (véanse especialmente Ex. 4.22s; Jer. 31.9; Os. 11.1), efectuada por Dios en su gracia, como el comienzo de la larga historia de sus paternales tratos con ella. También alude a la continua realidad de la relación así iniciada. Se refiere a «la gloria», es decir, la propia manifestación divina de su presencia personal entre su pueblo (véanse, por ejemplo, Ex. 16.7, 10; 24.16s.; 40.34s.; 1 R. 8.11; 2 Cr. 5.14; 7.1-3; Ez. 1.28), que es siempre su presencia en la libertad de su benevolente condescendencia, jamás una presencia bajo el control de ellos o a su disposición. Hace referencia a «los pactos», muy probablemente, los pactos hechos con Abraham (Gn. 15.17ss.; 17.1ss.: cf. Ex. 2.24), con Israel en el monte Sinaí (Ex. 19.5; 24.1ss.), en los llanos de Moab (Dt. 29.1ss.), y en los montes Ebal y Gerizim (Jos. 8.30ss.), y posiblemente también el pacto con David (2 S. 23.5; Sal. 89.3s.; 132.11s.). La palabra traducida como «legislación» puede denotar ya sea la acción de hacer o promulgar leyes (así, en este caso, VRV2: «la promulgación de la ley») o leyes hechas o promulgadas, consideradas colectivamente. Nos parece más probable que Pablo la haya usado aquí en el segundo sentido: un equivalente a «la ley». El hecho de que incluya una referencia a la ley en esta lista de los excelentes privilegios de Israel es, claramente, de la mayor significación para un verdadero entendimiento del punto de vista paulino de la ley. No cabe duda de que al hacer referencia a «la adoración» Pablo estaba pensando en primer lugar en los cultos de sacrificios, el servicio del templo en Israel, como la verdadera adoración del Dios verdadero, por contraste con todo tipo de adoración ideado por los corazones de los propios hombres (compárese 1 R. 12.33). Pensaba en la adoración señalada y ordenada por Dios mismo, ese culto, que (como lo entendía Pablo) desde el principio señalaba hacia adelante, hacia Cristo y su obra de redención. Pero no parecería totalmente improbable que, tal como lo usa Pablo aquí, el término abarcara también la adoración fiel sin sacrificios en la sinagoga y en los hogares judíos piadosos, incluyendo cosas tales como la oración, la lectura de las Escrituras, la observancia del día de reposo (el *sabat*), el recitado del *Shemá*, y, más aún, todo lo que involucra la frase de Miqueas 6.8: «caminar humildemente con tu Dios». Resulta natural suponer que al referirse a «las promesas» Pablo estuviese pensando en primer lugar en las promesas hechas a Abraham (Gn. 12.7; 13.14-17; 17.4-8; 22.16-18: también la promesa relacionada en 21.12 [compárese Ro. 9.7s.]) y repetida a Isaac (Gn. 26.3s.) y a Jacob (Gn. 28.13s.); pero 2 Corintios 1.20 y 7.1 (véanse también los versículos finales del capítulo anterior) sugieren la probabilidad de que también tuviese en mente muchas otras promesas veterotestamentarias, particularmente las promesas escatológicas y mesiánicas. Pasajes tales como 2 Samuel 7.12, 16, 28s.; Isaías 9.6s.; Jeremías 23.5; 31.31ss.; Ezequiel 34.23s.; 37.24ss. vienen naturalmente a la memoria.

La tercera cláusula relativa es **de quienes son los padres.** Compárese 11.28. Sin duda Pablo quiere decir especialmente Abraham (compárense, por ejemplo, 4.12, 16; Lc. 1.73; 3.8; Jn. 8.56), Isaac (compárese 9.10), Jacob (compárese Jn. 4.12), y los doce patriarcas, los hijos de Jacob (compárense Hch. 7.12, 15); posiblemente también otras figuras destacadas de la historia veterotestamentaria, tales como David (compárese Mr. 11.10; en Hch. 2.29 se le llama «el patriarca»).

La cuarta y última de las cláusulas relativas dependientes de «mis parientes según la carne» es **y de quienes por lo que hace a la carne es Cristo, quien es sobre todo, Dios bendito por siempre. Amén.** Pablo completa su lista de los privilegios del pueblo judío indicando el hecho de que el Mesías mismo pertenece, por lo que hace a su naturaleza humana, de su propia raza. Este honor jamás se les puede quitar: Jesucristo era, y es, judío. Pero el griego traducido como «quien es sobre todo, Dios bendito por siempre, Amén» ha provocado mucha discusión a lo largo de los siglos. Hablando en general, lo que está en juego es la cuestión de si la totalidad de la frase, o sólo parte de ella, o nada, se ha de entender como referido a Cristo; pero dentro de este triple marco de posibilidades se han sugerido variantes adicionales. Se justifica considerar las siguientes:

(i) entender todo como referencia a Cristo, y conectar «Dios» con «sobre todo»: «quien es Dios sobre todo, bendito por siempre, Amén».
(ii) entender todo como referencia a Cristo, pero separar «Dios» de «sobre todo»: «quien es sobre todo, Dios bendito por siempre, Amén».
(iii) entender «quien es sobre todo» como referencia a Cristo, y el resto como una doxología independiente: «quien es sobre todo. Dios bendito por siempre, Amén».
(iv) entender todo como una doxología independiente, y conectar «Dios» y «quien es sobre todo»: «Dios quien es sobre todo sea bendito por siempre, Amén».
(v) entender todo como una doxología independiente, pero considerar

que «Dios» está en aposición con el sujeto: «aquel que es sobre todo, Dios, sea bendito por siempre, Amén».

(vi) aceptar la enmienda conjetural *hon ho* en lugar de *ho on*, y de este modo entender todo como enunciación del privilegio final de los judíos: «de quien es el Dios que es sobre todo, bendito por siempre, Amén».

La enmienda conjetural (vi) fue sugerida hace más de trescientos años. Con seguridad que se la debe rechazar, por cuanto es sumamente improbable que Pablo hubiese incluido la posesión de Dios como el último ítem en una lista de los privilegios de los judíos (aun cuando, desde luego, la Escritura con frecuencia habla de Dios como el Dios de Israel), como ocurre aquí. La omisión de una «y» antes del último ítem en una lista, cuando aparece delante del penúltimo, sería estilísticamente inaceptable en griego, como también en castellano. Y la aceptación de una enmienda puramente conjetural siempre requiere un justificativo particularmente fuerte.

El único argumento de peso que se ha aducido a favor de las posibilidades (iii), (iv) o (v) y en contra de la (i) y la (ii) —y ha sido invocado desde tiempos antiguos— es que en el resto del corpus paulino no hay ninguna instancia clara del uso de «Dios» con referencia a Cristo. Por otro lado, en contra de las posibilidades (iii), (iv) y (v), y a favor de la (i) o la (ii), se pueden indicar los siguientes argumentos:

(a) las doxologías paulinas generalmente constituyen parte integrante de la frase anterior, o están estrechamente relacionadas con ella (la doxología que se refiere a una persona mencionada en la frase anterior), y no se encuentran en completo asíndeton,[*] como, según (iii), (iv) y (v), ocurriría aquí.

(b) Dondequiera que se usa en la Biblia el equivalente hebreo o griego de «bendito» en una doxología independiente, constituye siempre (aparte de un solo versículo en la Septuaginta, donde parecería haber una traducción doble) la primera palabra de la oración. Esta regla se sigue también sistemáticamente en el uso judío fuera de la Biblia. En conexión con esto se debe tener presente que la fórmula «Bendito sea...» es sumamente común en la adoración judaica.

(c) El uso de «por lo que hace a la carne» sugiere que se va a hacer alusión a algo por contraste, como efectivamente ocurre según las interpretaciones (i) y (ii), pero no según (iii), (iv) y (v).

---

[*] El asíndeton denota la condición de una oración independiente que no está ligada a la que la precede por una conjunción u otro elemento vinculante. Se trata de una figura muy poco común en griego.

(d) Una doxología independiente resultaría un tanto sorprendente a esta altura, ya que, si bien la enunciación de los privilegios de Israel bien podría comúnmente constituir una ocasión para dicha doxología, en este caso se los ha mencionado con el fin de destacar la gravedad de la desobediencia de los judíos. (Una doxología dependiente como la de 1.25 sería otra cuestión, y resultaría perfectamente natural.)

Con respecto al único argumento realmente serio en contra de (i) y (ii), y a favor de considerar que todo o parte del v. 5b constituye una doxología independiente referida a Dios, nos parece a nosotros que, si bien puede ser cierto que Pablo no se ha referido explícitamente a Cristo como «Dios» en ninguna otra parte de las epístolas existentes (no se debe otorgar demasiado peso a los dos casos dudosos, 2 Ts. 1.12 y Tit. 2.13), resulta enteramente injustificado llegar a la conclusión de que no puede haberlo hecho aquí. Los argumentos estilísticos que sugieren insistentemente que sí lo ha hecho, (a) y (b) arriba, son completamente objetivos, y (b), especialmente, nos parece tan fuerte como para ser por sí solo casi concluyente. Más todavía, el hecho de que Pablo aplique a Cristo pasajes de la Septuaginta en los que «Señor» representa el nombre sagrado, cuyas consonantes son YHWH (de donde proviene «Yahvéh» o «Jehová»), como por ejemplo en 10.13; su aceptación de la legitimidad de invocar a Cristo en oración (por ejemplo, 10.12-14; 1 Co. 1.2); su asociación de Cristo con Dios en la forma en que se ve en 1.7b; sus referencias paralelas a Cristo y Dios como en 8.35 y 39; su referencia a Cristo como «siendo en la forma de Dios» en Filipenses 2.6: con seguridad son evidencias suficientes para probar que el que Pablo nombrase a Cristo como «Dios» de ningún modo resulta incongruente con su pensamiento tal como se refleja en sus epístolas. Nos parece que los argumentos para entender que el v. 5b se refiere a Cristo son tan abrumadores como para garantizar la aseveración de que es virtualmente seguro que debe aceptarse.

En cuanto a la elección entre (i) y (ii), la balanza probablemente deba inclinarse hacia (ii). Según esta explicación, el v. 5b afirma primero el señorío de Cristo sobre todas las cosas (compárense, por ejemplo, 14.9; Fil. 2.10) y segundo su naturaleza divina. Adoptar (i), conectando entre sí «sobre todo» y «Dios», resulta menos satisfactorio; porque la afirmación de que Cristo es «Dios sobre todo» podría exponerse a ser muy mal interpretado. Podría sugerir un significado que con toda seguridad Pablo jamás hubiera aceptado: que Cristo es de algún modo Dios con superioridad sobre el Padre, o incluso con exclusión de él. Por lo tanto, entendemos que en el v. 5 Pablo afirma que Cristo, quien, por lo que hace a su naturaleza humana, pertenece a la raza judía, es también Señor sobre todas las cosas y, por naturaleza, Dios bendito por siempre.

2. Se demuestra que la incredulidad y la desobediencia de los hombres están dentro del marco de la obra de la misericordia divina

9.6-29

⁶Pero no es que la palabra de Dios haya fracasado. Porque no todos los que son de Israel son Israel, ⁷ni, porque son simiente de Abraham, son todos hijos suyos; sino «Son tus descendientes a través de Isaac los que serán llamados tu simiente». ⁸Esto significa que no son los hijos de la carne quienes son hijos de Dios, sino los hijos de la promesa son contados como simiente. ⁹Porque *una palabra* de promesa es esta palabra: «En esta época vendré y Sara tendrá un hijo». ¹⁰Pero no sólo esto, *está* también *el caso de* Rebeca que concibió *sus dos hijos* a una vez por uno y el mismo hombre, nuestro padre Isaac; ¹¹porque, cuando todavía no habían nacido y no habían hecho nada bueno ni malo, con el fin de que se mantuviera el propósito electivo de Dios, ¹²basado no en obras *humanas* sino en aquel que llama, se le dijo a ella: «El mayor servirá al menor», ¹³así como está escrito: «A Jacob he amado pero a Esaú he odiado».

¹⁴¿Qué, pues, diremos? ¿Hay injusticia con Dios? ¡Dios no lo permita! ¹⁵Porque a Moisés le dice: «Tendré misericordia del que tendré misericordia y tendré lástima del que tendré lástima». ¹⁶De modo entonces que no es asunto de que *el hombre* quiera o corra sino de que Dios muestre misericordia. ¹⁷Porque el pasaje de la escritura le dice a Faraón: «Para este propósito justamente te he levantado, para mostrar en ti mi poder y para que mi nombre sea proclamado en toda la tierra». ¹⁸De modo entonces que de los que él quiere tiene misericordia y a quienes él quiere endurece. ¹⁹Tú me dirás, entonces: «¿¿Por qué culpa todavía *a los hombres*? Porque ¿quién está resistiendo su voluntad?» ²⁰No; más bien, ¿quién eres tú, oh hombre, que replicas a Dios? ¿Le dirá la cosa moldeada a quien la moldeó: «¿Por qué me hiciste así?»? ²¹¿Acaso no tiene el alfarero derecho sobre el barro como para hacer del mismo terrón de arcilla una vasija para servicio honroso y otra vasija para servicio humilde? ²²Pero, ¿qué si Dios soportó vasijas de ira, preparadas para la destrucción, con mucha paciencia, porque

deseaba evidenciar su ira y hacer conocer su poder, [23]y con el fin de hacer conocer las riquezas de su gloria sobre vasijas de misericordia, que preparó de antemano para gloria, [24]a los que también llamó, aun nosotros, no solamente de entre los judíos sino también de entre los gentiles? [25]Como dice en Oseas: «Llamaré a No-mi-pueblo 'Mi-pueblo' y a No-amado 'Amado'; [26]y en lugar de que se les diga 'Vosotros no sois mi pueblo', serán llamados los hijos del Dios viviente». [27]Pero Isaías exclama con respecto a Israel: «Aunque el número de los hijos de Israel sea como las arenas del mar, *solamente* un remanente será salvado; [28]porque una sentencia completa y decisiva consumará el Señor sobre la tierra». [29]Y como lo anticipó Isaías: «Si el Señor de los ejércitos no nos hubiera dejado una simiente, nos habríamos vuelto como Sodoma y habríamos sido hechos como Gomorra».

Esta sección se divide en dos partes, constituyendo la primera los vv. 6-13. Para apoyar su categórica declaración del v. 6a en el sentido de que lo que acaba de decir acerca de su pesar (vv. 1-5) no implica que el propósito revelado de Dios, su propósito en la elección, haya fracasado, Pablo pasa a trazar una distinción entre «Israel» y los «que son de Israel», entre los «hijos» de Abraham y la «simiente de Abraham». También recuerda a sus lectores que es un rasgo característico de la historia bíblica el que Dios distinga, dentro del área general de la elección (y aquí tenemos que ver con la distinción entre diferentes niveles o formas de elección, no entre elección y ausencia de elección), entre los que se encuentran y los que no se encuentran en una relación positiva tocante al cumplimiento del propósito de Dios. El hecho de que en la época actual la mayoría de los judíos se encuentre fuera del círculo íntimo de la elección, o sea de la Israel dentro de Israel, no es prueba del fracaso de dicho propósito, por cuanto se encuadra en el esquema de la elaboración del propósito divino desde el comienzo.

Pero el proceso de demostrar que el esquema del trato de Dios con la Israel contemporánea es consecuente con el esquema de su trato con los patriarcas plantea el interrogante de si los modos de obrar de Dios no han sido en todo momento injustos. En los vv. 14-29 Pablo rechaza rotundamente, como una inferencia totalmente falsa a partir de lo que se ha dicho, la conclusión de que haya injusticia en Dios, y procede a argumentar en forma bastante extensa en apoyo de su rechazo de dicha conclusión. Las interpretaciones modernas de este párrafo difieren considerablemente. De crucial importancia es el v. 15. La interpretación que se le dé regula la interpretación de los versículos que le siguen. Se sostendrá más abajo que Pablo entendía Exodo 33.19b no como una aseveración de una absoluta libertad de una voluntad indeterminada de Dios, distinta de su misericordiosa voluntad, sino de la libertad de la *misericordia* de Dios, y que el doble «él quiere» del v. 18 se debe interpretar como referencia no a una voluntad indeterminada que se mueve ya en una dirección, ya en otra, en forma caprichosa, sino a la voluntad misericordiosa de Dios, la que, si bien es, por cierto, libre en el sentido de ser libre para cumplir sus propios propósitos, y totalmente independiente de la voluntad y los merecimientos de los hombres, está, al mismo tiempo, totalmente determinada, en el sentido de que es la voluntad del Dios misericordioso y justo. Si lo entendemos correctamente, Pablo piensa que tanto el «tener misericordia de» como el «endurecimiento», a los que se refiere en el v. 18, se originan en una misma voluntad misericordiosa. La sección en su conjunto da testimonio, por cierto, de la *libertad* de la misericordia de Dios, pero la libertad de la cual da testimonio es la libertad de su *misericordia*, y ninguna otra. Lo que implica la argumentación es que, aun cuando los papeles que cumplen se contrastan con tanta nitidez, tanto Ismael como Isaac, Esaú como Jacob, Faraón como Moisés, las vasijas de ira como las vasijas de misericordia, vale decir, la masa de los judíos incrédulos (y de los gentiles incrédulos también) como la iglesia, formada por creyentes judíos y gentiles, se encuentran dentro —y no fuera— del círculo que abarca la misericordia divina.

6a. Pero no es que la palabra de Dios haya fracasado. El hecho de que Pablo expresara su pesar por la situación de sus connacionales judíos no debe entenderse como indicación de que el declarado propósito de Dios en cuanto a la elección haya fracasado. Esta primera mitad del versículo es el anuncio bajo el cual se encuentra el conjunto de los versículos en 9.6-29. Más todavía, es el anuncio y el tema de la totalidad de los capítulos 9 al 11.

6b-7a. Porque no todos los que son de Israel son Israel, ni, porque son simiente de Abraham, son todos hijos suyos. Para apoyar lo que dice en el v. 6a Pablo procede, en primer lugar, a trazar una distinción entre «los que son de Israel» e «Israel», y entre la «simiente» y los «hijos» de Abraham. En realidad esto equivale a hacer una distinción entre «Israel» e «hijos de Abraham» en un sentido abarcador amplio, por una parte, e «Israel» e «hijos de Abraham» en un sentido especial o selectivo, por otra. (Los términos «Israel» e «hijos de Abraham» no son, desde luego, sinónimos, ya que, aun cuando se los use en su sentido amplio, el primer término excluye a Ismael y a Esaú y sus descendientes, mientras que el segundo los incluye.) Es importante tener en cuenta que, mientras que en los vv. 6b-7a «todos los que son de Israel» y «simiente de Abraham» se usan con el fin de transmitir el sentido amplio e «Israel» y «sus hijos [vale decir, los de Abraham]» el sentido especial o selectivo, en el v. 7b el sentido selectivo lo transmite el vocablo «simiente». Además, en el v. 8 los hijos de Abraham en el sentido amplio se describen como «hijos de la carne», mientras que con la referencia a los hijos en el sentido selectivo se emplean las expresiones «hijos de Dios», «los hijos de la promesa» y «simiente». Lo que Pablo está queriendo aclarar es que no todos los que se incluyen en la Israel amplia están incluidos también en la Israel especial o selectiva. Pero esto no quiere decir lo que con mucha frecuencia se ha entendido: que sólo parte del pueblo judío constituye el pueblo elegido de Dios. No es que Pablo esté intentando desheredar a la mayoría de sus compatriotas judíos, es decir, escribir una especie de carta de antisemitismo cristiano. Esta explicación queda descartada por los vv. 1-5. Porque es evidente que los judíos a los que alude en esos versículos son incrédulos (por los otros no tiene por qué sufrir). Además admite que estos judíos incrédulos son hermanos suyos, y reconoce que siguen siendo, a pesar de su incredulidad, israelitas a quienes pertenecen los privilegios. El significado que expresa Pablo es más bien que dentro de ese mismo pueblo elegido se ha venido llevando a cabo en el curso de su historia una operación divina de distinguir y separar, mediante la cual la Israel dentro de Israel se ha diferenciado del resto del pueblo elegido. Todos los judíos son miembros del pueblo elegido de Dios. Este es un honor —nada pequeño— del cual ningún miembro de esa raza puede ser privado. Son todos miembros de la comunidad, comunidad que constituye el entorno de Jesucristo. Son todos necesariamente testigos de la gracia y la verdad de Dios. Pero no todos ellos son miembros de la Israel dentro de Israel, la que está compuesta por los que son testigos voluntarios, obedientes y agradecidos de esa gracia y verdad. Mas, si el propósito electivo de Dios ha incluido, desde el comienzo mismo, un proceso de distinguir y separar, incluso dentro del pueblo elegido, luego la actual incredulidad de muchos judíos no constituye prueba de que ese propósito haya fracasado, sino que se puede entender más bien como parte de su elaboración.

7b. sino «Son tus descendientes a través de Isaac los que serán llamados tu simiente». Ahora, volviendo a la historia del pueblo de Dios previa a Israel, Pablo cita como su primer ejemplo de este distinguir divino el caso de Isaac e Ismael. La conjunción «sino» sirve para presentar una cita exacta de la última parte de Génesis 21.12 en la Septuaginta (literalmente, «en Isaac será llamada simiente a ti»), en lugar de una continuación de la oración en la forma en que comenzó. Según Génesis 21, cuando Sara exigió la expulsión de Agar y el hijo que le había dado a Abraham, «la cuestión causó mucho pesar a Abraham a causa de su hijo». Pero Dios le dijo a Abraham que no se entristeciera por su hijo y su sierva, sino que hiciera lo que Sara le pedía; y agregó como razón las palabras que Pablo cita. La cuestión, por lo tanto, es esta: no Ismael sino Isaac. Es decir, es de los descendientes de Abraham por Isaac, y no de sus descendientes por Ismael, de donde saldrá el pueblo especial de Dios. Pero corresponde notar atentamente que el relato de Génesis indica explícitamente el cuidado de Dios por Ismael (véase Gn. 21.13, 17-21; también 16.10-14; 17.20). No debe suponerse, entonces, que el argumento de Pablo consiste en que Ismael, por no haber sido elegido para representar un papel positivo en el logro del propósito especial de Dios, haya sido excluido, por consiguiente, del alcance de la misericordia divina.

8. Esto significa que no son los hijos de la carne quienes son hijos de Dios, sino los hijos de la promesa son contados como simiente expresa la verdad implícita en el caso de Isaac e Ismael. Con la primera mitad de este versículo Pablo no quiere dar a entender que los hijos de Dios no sean, a la vez, hijos de la carne. Isaac era, desde luego, tan hijo de la carne, o sea hijo de Abraham por su nacimiento natural, como lo era Ismael. Pablo indica que el mero hecho de ser físicamente hijos de Abraham no convierte a los hombres en hijos de Dios. A esta altura surge aquí la cuestión de la relación de «hijos de Dios» con «la adopción» que aparece en el v. 4. La explicación natural parecería ser que, mientras la adopción a que se alude en el v. 4 es uno de los privilegios de la nación judía en conjunto (de modo que probablemente se sobrentiende la posibilidad de un uso amplio y abarcador de «hijos de Dios» con respecto a todos los judíos), la frase «hijos de Dios» se usa aquí con connotación selectiva, para aquellos que son lo que hemos denominado «la Israel dentro de Israel». En la segunda mitad del versículo «los hijos de la promesa» constituyen el tema, en contraste con los hijos de la carne mencionados en la primera mitad. Se contrasta a Isaac con Ismael. Como Ismael, él también era «hijo de la carne» por Abraham; pero lo decisivo en cuanto a él no era esto, sino el hecho de que era objeto de la promesa divina dada a Abraham. Debido a la promesa, es decir como hijo de la promesa, era la simiente de Abraham en el sentido especial, selectivo, aquel que en lugar de Ismael habría de ser padre de los que serían reconocidos como los descendientes de Abraham.

9. Porque _una palabra_ de promesa es esta palabra: «En esta época vendré y Sara tendrá un hijo». Estas palabras apoyan la declaración del v. 8b de que los hijos de la promesa se cuentan como simiente al mostrar que la palabra que respalda el nacimiento de Isaac (se trata de una cita libre y abreviada de Génesis 18.10 y 14 de la Septuaginta) es una palabra de promesa.

10. Pero no sólo esto, _está_ también _el caso de_ Rebeca que concibió _sus dos hijos_ a una vez por uno y el mismo hombre, nuestro padre Isaac. Pablo menciona un segundo ejemplo, más claro todavía, dado que el caso de Isaac e Ismael podría parecer poco concluyente como evidencia de la verdad del v. 8 (porque, si bien es cierto que ambos fueron engendrados por

Abraham, seguía habiendo todavía —aparte de la promesa citada en el v.
9— una diferencia significativa entre ellos en el plano humano: la madre de
Isaac era la esposa de Abraham, mientras que la madre de Ismael era la sierva
de Sara. Esta diferencia —podría argumentarse— explicaría por qué la
simiente de Abraham tiene que considerarse a través de Isaac y no a través
de Ismael). En este caso ambos hijos tuvieron la misma madre, el mismo
padre, y el mismo momento de concepción (damos por sentado que eso es
lo que significa el griego, y no simplemente que Rebeca tuvo relaciones
sexuales con un solo hombre).

Los vv. **11-13** parecen haber comenzado como un paréntesis, que luego
fue continuado de modo que completara el pensamiento, no así la gramática,
de la oración original iniciada en el v. 10. **porque, cuando todavía no
habían nacido y no habían hecho nada bueno ni malo** indica las circunstancias en que se reveló la distinción que debía practicarse: fue revelada
antes de que nacieran los mellizos y, por consiguiente, antes de que tuviesen
oportunidad de hacer algo bueno o malo. El «porque» probablemente deba
explicarse como indicación de una conexión con un pensamiento no expresado, que podemos suponer era que el presente ejemplo no sólo está libre
de la debilidad del ejemplo anterior, sino que también exhibe muy claramente una característica del divino distinguir que aún no se ha mencionado:
su independencia de todo mérito humano. **con el fin de que se mantuviera
el propósito electivo de Dios** es una cláusula final dependiente del «se le
dijo» que viene enseguida. La revelación divina le fue hecha a Rebeca en
las circunstancias indicadas con el fin de que se cumpliera el propósito de
Dios que se caracteriza por la elección. **basado no en obras** *humanas* **sino
en aquel que llama** se agrega a la cláusula final en forma un poco suelta.
Destaca la implicancia de la primera cláusula del v. 11. La distinción
divinamente efectuada entre Jacob y Esaú precedió a su nacimiento, de modo
que se cumpliera el propósito electivo de Dios con absoluta independencia
de todo mérito humano y dependiendo solamente de Dios, cuyo llamado,
por el cual otorga efectividad a su elección, constituye un acto enteramente
libre. La forma pasiva **se le dijo a ella** evita el uso del nombre divino, donde
Génesis 25.23 tiene «el Señor le dijo». **«El mayor servirá al menor»** es una
cita textual de la última parte de Génesis 25.23 tomada de la Septuaginta.
El interés de este versículo de Génesis en conjunto radica claramente en
Jacob y Esaú, no solamente como individuos sino también, y particularmente, como los antepasados de dos naciones; porque la parte citada está
precedida por «Dos naciones hay en tu matriz, y dos pueblos serán separados
incluso desde tus entrañas: y un pueblo será más fuerte que el otro pueblo».
Es importante recalcar que estas palabras, ni como aparecen en Génesis ni
como son usadas por Pablo, se refieren a los destinos eternos ni de esas dos

personas ni de los miembros individuales de las naciones que de ellos surgieron; la referencia es más bien a las relaciones mutuas de las dos naciones en la historia. En este caso no se trata de la salvación o la condenación finales, sino de las funciones históricas de quienes se ocupa y sus relaciones con el desenvolvimiento de la historia de la salvación.

Se incluye una cita de las Escrituras tomada de Malaquías 1.2-3 para redondear esta etapa de la argumentación: **así como está escrito: «A Jacob he amado pero a Esaú he odiado».** No cabe duda de que lo que ocupa la atención de Malaquías 1.2-5 es la cuestión de las naciones de Israel y Edom, y es probable que Pablo haya pensado que las palabras expresaban la misma idea que las palabras de Génesis, sólo que en forma más clara y evidente, y por lo tanto adecuada como corroboración adicional y decisiva de lo que se acababa de decir, y, en particular, de las palabras de Génesis 25.23 («el mayor servirá al menor»). El vocablo «odiar» probablemente no debería explicarse, ni en Malaquías ni en Romanos, como ejemplo del uso semítico de un opuesto directo con el fin de expresar un grado inferior de comparación (como, por ejemplo en Gn. 29.31; Dt. 21.15). «Amar» y «odiar» se han de entender más bien en el sentido de denotar elección y rechazo respectivamente. Dios ha elegido a Jacob y sus descendientes a fin de que aparezcan en una relación positiva con el cumplimiento de su propósito de gracia: ha dejado a Esaú y a Edom fuera de esta relación. No obstante, es preciso recalcar, por otra parte, que, como en el caso de Ismael, así también en el de Esaú, el rechazado sigue siendo, según el testimonio de la Escritura, objeto del misericordioso cuidado de Dios. El que lo sea, lo insinúan elocuentemente cosas tales como el marco de Génesis 27.39s. (la bendición de Esaú por Isaac) en estrecha proximidad a Génesis 27.27-29 (la bendición de Jacob por Isaac), la inclusión de las detalladas genealogías de Edom en Génesis 36 y 1 Crónicas 1, el precepto de Deuteronomio 23.7 («No aborrecerás al edomita; porque es tu hermano»), y el juicio de Amós 2.1-3 aunque, el amargo odio de Edom que con frecuencia han evidenciado los judíos también ha dejado sus rastros en el Antiguo Testamento, como también en la literatura judaica extrabíblica, lo cual no es de sorprender. El interés particular de Pablo aquí estaba centrado en la última parte de la cita de Malaquías. Quería demostrar que la incredulidad de la mayoría de sus compatriotas judíos seguía un esquema que estaba basado en esta exclusión de Esaú. Era obvio que estaba firmemente convencido de la verdad positiva contenida en la primera parte de la cita.

El argumento de los vv. 6-13 (como lo entendemos nosotros) se puede expresar, por lo tanto, de la siguiente forma: Según la Escritura, Dios distinguió, en la elaboración de su propósito, entre Isaac e Ismael y entre Jacob y Esaú. Pero se trataba de una distinción dentro del área general de la elección, ya que, aunque no eran israelitas, descendientes de Jacob, Ismael era hijo de Abraham, «el amigo de Dios», con el cual se había concertado el pacto, y Esaú era uno de los mellizos de Isaac, ese hijo de Abraham en el cual la simiente de Abraham había de ser considerada. Por lo tanto, el hecho de que en la actualidad un gran número de judíos, miembros de la nación elegida, se encuentren fuera del círculo de la Israel dentro de Israel, es decir, de aquellos que realmente se encuentran en una relación positiva para con el propósito de Dios, no significa que el propósito de Dios haya fracasado. Por el contrario, se puede decir que lo confirma, por cuanto concuerda con el patrón de la elaboración de dicho propósito desde el principio mismo.

14. Pablo se vale aquí de la pregunta **¿Qué, pues, diremos?**, como en 6.1 y 7.7, para presentar una conclusión falsa que, se da cuenta, podría obtenerse de lo que ha venido diciendo, con el fin de rechazarla. **¿Hay injusticia con Dios?** La posible inferencia falsa está indicada por medio de una pregunta formulada de un modo que muestra que se espera una respuesta negativa; pero, aunque se rechaza esta conclusión, Pablo reconoce que se la debe tomar en serio. El procedimiento de mostrar que no existe falta de consecuencia entre el trato de Dios con la Israel contemporánea y su trato con la descendencia de Abraham en el pasado remoto, como lo atestigua la Escritura, ha planteado la cuestión de si los modos de actuar de Dios no han sido injustos desde el comienzo mismo. Si su modo de distinguir entre unos hombres y otros depende, y ha dependido siempre, «no de obras *humanas* sino de aquel que llama», ¿acaso no es injusto? El **¡Dios no lo permita!** de Pablo no es una mera negación dogmática, porque él mismo procede a ofrecer apoyo para defenderla. Por eso usa la conjunción con la que comienza el versículo siguiente.

15. Porque a Moisés le dice: «Tendré misericordia del que tendré misericordia y tendré lástima del que tendré lástima». Pablo apela al hecho de que, según Exodo 33.19, Dios le dijo estas palabras a Moisés. Es altamente probable que Pablo (no menos que Barth) pensase que eran palabras paralelas al «YO SOY QUIEN SOY» de Exodo 3.14 y una paráfrasis explicativa de esta expresión, y que por consiguiente fuesen una revelación particularmente significativa de la naturaleza íntima de Dios.

La pregunta que corresponde hacer es la siguiente: ¿Por qué le pareció a Pablo que estas palabras garantizaban su rotunda negación de que hubiera injusticia en la distinción divina entre Isaac e Ismael y entre Jacob y Esaú (y también entre aquellos judíos que creen en el Mesías y los que siguen rechazándolo), antes de que hubiesen realizado obra alguna, y de modo enteramente independiente de sus obras? Seguramente la respuesta ha de ser que reconocía en ellas una afirmación, no de la libertad de una voluntad incondicional de Dios, sino de la libertad de la misericordia de Dios. Estas palabras de Exodo dan claro testimonio de la libertad de la misericordia de Dios, del hecho de que su misericordia es algo que el hombre no puede ni ganarse ni controlar de modo alguno. Pero —y esto resulta sumamente significativo, aunque con frecuencia no se lo ha reconocido— no sugieren que esta libertad de la misericordia de Dios constituye una libertad absoluta ya sea para ser misericordioso o inmisericorde. No alientan en absoluto la noción de que haya por detrás de la misericordia de Dios una voluntad divina que sea distinta de su voluntad misericordiosa. Aquí resulta aleccionador contrastar con el griego paulino, que reproduce exactamente la versión de la Septuaginta, la que a su vez sigue al hebreo estrechamente, la traducción de la Vulgata Latina en Exodo 33.19 (en Romanos, la Vulgata se mantiene más cerca del original): «Tendré misericordia de aquel a quien quiero, y tendré piedad de aquel a quien me plazca». Esto de una sola vez elimina la enfática doble repetición de la idea de la misericordia y sugiere la existencia de una voluntad o complacencia de Dios que se puede distinguir de su voluntad misericordiosa. Está bastante claro que la interpretación tradicional de este versículo de Romanos ha seguido las líneas del significado que la Vulgata ha dado a Exodo 33.19. Pero esto ha significado, nos parece, una distorsión desastrosa del significado paulino. Sostenemos que Pablo consideraba estas palabras de Exodo como una respuesta apropiada y convincente a la sugestión de que hubiera injusticia en Dios, precisamente porque entendía que afirmaban enfáticamente la *libertad* de la misericordia de Dios (y por consiguiente el hecho de que la misericordia de Dios no es algo que los hombres puedan reclamar por derecho propio ni en nombre de parentesco, ni en el de sus obras). Al mismo tiempo dejaban en claro que lo que se estaba realzando era la libertad de la *misericordia* de Dios, y no una voluntad incondicional de Dios por detrás de su voluntad misericordiosa, y distinta de ella. Además, entendiendo así a Pablo, consideramos que esta cita, inserta como está en un punto clave de la argumentación, tiene que poder regular la interpretación de lo que viene después (¡incluido el v. 18!).

16. De modo entonces que no es asunto de que *el hombre* quiera o corra sino de que Dios muestre misericordia es inferencia basada en la palabra de Exodo que se acaba de citar. La misericordia de Dios no depende de la voluntad del hombre, ni de su actividad, sino sencillamente del hecho de que Dios es misericordioso.

17. Porque el pasaje de la escritura le dice a Faraón. La mejor forma de explicar el «Porque» consiste en tomarlo como un paralelo del v. 15, vale decir, como indicación de la conexión de este versículo con el v. 14 (no con el v. 16). Los vv. 15 y 17 constituyen así dos citas diferentes en apoyo del «¡Dios no lo permita!» de Pablo del v. 14, cada uno de los cuales va seguido de una oración que destaca lo que se ha de inferir de ello. El Faraón del éxodo, ese cruel opresor de Israel, aparece aquí como el tipo de quienes se resisten a Dios: como prefiguración de la mayoría incrédula entre los judíos. No es muy probable que se haya querido establecer alguna distinción sustancial aquí con el uso de «el pasaje de la escritura le dice» a diferencia de «le dice» en el v. 15.

«Para este propósito justamente te he levantado, para mostrar en ti mi poder y para que mi nombre sea proclamado en toda la tierra». Esta cita de Exodo 9.16 difiere ligeramente en varios sentidos de la Septuaginta, y las variantes tienen el efecto de destacar de modo más agudo la soberanía del propósito divino. La clave para la interpretación yace en las frases: «mi poder» y «mi nombre».

El «poder» de Dios ya ha sido mencionado en dos versículos anteriores de Romanos, en 1.16b y 20. Quizá tenga significación el que, mientras que en Exodo 9.16 la Septuaginta usa un vocablo griego distinto, Pablo aquí usa para «poder» la misma palabra que en 1.16b y 20. El primero de estos dos pasajes resulta particularmente significativo porque forma parte de la enunciación del tema de la epístola, y porque en él se expresa muy claramente la naturaleza del poder de Dios a que se refiere: se trata del «poder salvífico de Dios». En vista de esto, se debe considerar la posibilidad de que Pablo entendiese el poder de Dios a que se hace referencia en Exodo 9.16 en el sentido que él mismo le había dado en 1.16b, es decir, no como un poder incondicional, sino específicamente como un poder salvífico. Esta posibilidad, por lo demás, aparece como una fuerte probabilidad, a nuestro juicio, cuando se toman en cuenta otras referencias paulinas al poder de Dios. Podemos mencionar las siguientes: 1 Corintios 1.18 («la palabra de la cruz ... para nosotros que estamos siendo salvados ... es el poder de Dios»); 1 Corintios 1.24 («a quienes son llamados ... Cristo el poder de Dios, y la sabiduría de Dios»); 1 Corintios 6.14 y 2 Corintios 13.4, que hablan del poder de Dios como aquel por el cual Cristo fue levantado (ahora vive) y seremos levantados nosotros (y viviremos); y también 1 Corintios 2.5; 4.20; 2 Corintios 4.7; 6.7; Efesios 1.19; 3.7, 20; 2 Timoteo 1.8. No sería de sorprender que Pablo entendiese la referencia al poder de Dios en sentido evangélico. Más todavía, al hacerlo no habría falseado lo que después de todo es el sentido general del pasaje de Exodo; porque allí tampoco se trata de una simple demostración de poder incondicional, una mera exhibición de poder, sino de poder dirigido a liberar al pueblo de Dios.

La otra frase, «mi nombre», tiene que haber significado para Pablo la naturaleza de Dios revelada en sus palabras y actos, la manifestación de su propia persona y la gloria inherente y rebosante de dicha naturaleza. Suges- tivamente, Pablo acaba de citar de Exodo 33.19. Como hemos visto, éste puede considerarse como clarificación del significado del nombre divino ya dado a conocer a Moisés (Ex. 3.14), apuntando a la libre y soberana misericordia de Dios.

Pero la demostración del poder salvífico de Dios y la divulgación de su nombre, de la revelación de sí mismo, de su verdad, a los cuatro vientos, es, justamente, el propósito por el cual Dios eligió a Israel. Lo que implica el v. 17 es, por lo tanto, que también el Faraón, al prefigurar a esa Israel temporariamente rechazada, sirve, a su propio y característico modo, a los misericordiosos propósitos divinos, para cuyo servicio Moisés y la Israel fiel y creyente han sido designados. El también es testigo, aunque se trate de un testigo involuntario, incrédulo y desagradecido, del poder y la verdad salvíficos de Dios.

18. De modo entonces que de los que él quiere tiene misericordia y a quienes él quiere endurece. Las expresiones «tiene misericordia» y «endurece» indican dos formas diferentes de determinación divina con respecto a los hombres, que se corresponden con las dos formas distintas en que los hombres sirven al propósito divino. Algunos sirven a dicho propósito conscientemente y en forma más o menos voluntaria, otros inconsciente e involuntariamente. La posición de los hombres en relación con el propósito de Dios depende de Dios mismo en última instancia. Dios tiene misericordia de algunos en el sentido de que los determina para un papel positivo en relación con su propósito, a un servicio consciente y voluntario. A otros los endurece en el sentido de que los determina para un papel negativo en relación con su propósito, para un servicio inconsciente e involuntario. Pero la significación del doble «él quiere» está regulada por las palabras citadas en el v. 15. No tenemos derecho de interpretarla en el sentido en que con frecuencia se la ha entendido, o sea, como una voluntad totalmente incondicional, indeterminada y absoluta, que se orienta caprichosamente ya en un sentido ya en otro. Se la debe entender, en cambio, a la luz del v. 15, como la misericordiosa voluntad de Dios, realmente libre en el sentido de ser totalmente independiente, tanto de los merecimientos humanos como de sus artilugios. Por el contrario, está totalmente determinada en que se trata de la voluntad del Dios misericordioso y justo. Tanto el «tiene misericordia» como el «endurece», si bien muy diferentes en sus efectos, son expresiones de esa misma voluntad misericordiosa (compárese 11.32).

El fondo del uso paulino de «endurece» se ha de ver en Exodo 4.21; 7.3; 9.12; 10.20, 27; 11.10; 14.4, 8, 17. No se puede negar que hay problemas en relación con este punto. Es obvio que para la persona de que se trate es una cuestión de tremendas consecuencias el que haya sido determinado para un papel positivo o negativo en relación con el propósito divino. La posibilidad de perder el inestimable privilegio de pertenecer aquí, en esta vida presente, a la compañía de los que son testigos conscientes, más o menos voluntarios y agradecidos de la gracia de Dios, está muy lejos de ser una pérdida trivial. No obstante, si bien no debemos tratar de eliminar las verdaderas dificultades que ofrece este versículo, también resulta importante no leer en el texto lo que no dice. La suposición de que aquí Pablo está pensando en el destino último del individuo, de su salvación o su ruina final, no es algo que esté justificado por el contexto. Las palabras «para destrucción» se usan, efectivamente, en el v. 22; pero no tenemos derecho de vincularlas con el v. 18.

19-20a. Tú me dirás, entonces presenta dos preguntas que ofrecen una objeción obvia y urgente frente a lo que se acaba de decir. Mientras que en el v. 14 no era necesario pensar en un opositor real o imaginario, aquí, por lo menos formalmente (con el uso de la segunda persona del singular en este versículo y en el siguiente) sí se trata de un opositor. En cambio, intentar identificar al que levanta la objeción resulta superfluo, debido a lo obvio de la objeción. **«¿Por qué culpa todavía *a los hombres*? Porque ¿quién está resistiendo su voluntad?».** Ambas preguntas están íntimamente relacionadas, y la segunda apoya a la primera. Si las cosas son como indica el v. 18, ¿por qué dice Dios que los hombres son culpables, y los hace responsables (como, según la Escritura, realmente hace)? ¿Qué derecho tiene de reprochar a los hombres su conducta, ya que en realidad ningún hombre ofrece resistencia a la voluntad divina? Si la resistencia de los hombres está predeterminada por Dios, en realidad no se trata en absoluto de resistencia a su voluntad, por cuanto esta predeterminación debe entenderse como la expresión de su voluntad. Esta es la objeción.

No; más bien, ¿quién eres tú, oh hombre, que replicas a Dios? La traducción literal «oh hombre» (no el «mi estimado señor» de Barrett o el «señor» de NEB, o el «amigo» de BLA) es lo que corresponde aquí, por el contraste con «Dios». En el original «oh hombre» comienza la oración y «Dios» es su última palabra. Al oponer al hombre y a Dios de este modo Pablo claramente pone al hombre en su lugar. Pero suponer que su intención es la de aseverar el derecho absoluto de una voluntad divina indeterminada sobre la criatura es ignorar el tenor de la argumentación de los capítulos 9 al 11, por no decir nada de las evidencias que ofrece el resto de la epístola. Con «Dios» Pablo no quiere decir un demonio caprichoso sino el Dios revelado en Jesucristo, el Dios cuya voluntad está totalmente determinada y que de una vez para siempre la ha revelado como misericordia. Además, la expresión «oh hombre» se ha de entender a la luz de 5.12-21. Pone al hombre en su lugar, no contrastando la debilidad de la criatura con una arbitraria omnipotencia, sino recordándole lo que realmente es «el hombre» según las Sagradas Escrituras: esa criatura creada a la imagen de Dios, ese pecador por cuyos pecados murió Cristo y por cuya justificación ha sido levantado de los muertos. Es porque nosotros somos este hombre, objeto de la misericordia divina, que no tenemos derecho de replicarle a Dios, sea uno Moisés o Faraón, miembro de la iglesia profesante o miembro de la Israel todavía incrédula.

20b-21. A continuación Pablo se vale de la familiar imagen veterotestamentaria del alfarero (compárense Job 10.9; Sal. 2.9; Is. 29.16; 41.25; 45.9; 64.8; Jer. 18.1-12; Sabiduría 15.7-17; Eclesiástico 27.5; 33.13; 38.29-30). En el Antiguo Testamento se usa para ilustrar diversos asuntos. **¿Le dirá la cosa moldeada a quien la moldeó** reproduce exactamente parte de Isaías 29.16, según la Septuaginta. **«¿Por qué me hiciste así?»** es, de un modo general, reminiscencia de partes de Isaías 29.16; 45.9; Sabiduría 12.12, aunque en realidad no puede considerarse como una verdadera cita de estos pasajes. La esencia de esta pregunta es determinada por el concepto que Pablo está a punto de expresar en el siguiente versículo, que trata del derecho del alfarero de usar su arcilla para diversos fines.

¿Acaso no tiene el alfarero derecho sobre el barro como para hacer del mismo terrón de arcilla una vasija para servicio honroso y otra vasija para servicio humilde? El hecho de que la mención conjunta de «alfarero» y «arcilla» pueda equipararse con algunos de los pasajes veterotestamentarios relativos al alfarero y de «alfarero» y «vasija» en otros no debe sorprendernos. Pero el contacto con Sabiduría 15.7 («Porque el alfarero, amasando tierra suave, / Laboriosamente moldea cada *vasija* individual para nuestro servicio: / No, de la misma arcilla forma / Tanto las vasijas que sirven a fines limpios, como las de clase contraria, / Todas de la misma manera; / Pero cuál ha de ser el uso de cada *vasija* de una u otra clase, / El artesano *mismo* es el juez») es mucho más significativo, dado que no sólo aparecen todas juntas allí las palabras «alfarero», «arcilla» y «vasija», sino que se expresa a la vez la idea de las diferencias en dignidad entre las vasijas. No cabe duda de que Pablo tenía plena conciencia de que se estaba valiendo de una imagen bíblica corriente. Es posible que haya sido justamente el pasaje de Sabiduría 15.7 (pasaje que no tiene sentido metafórico sino literal) el que le sugirió la adaptabilidad de esta imagen para su fin inmediato. Pero la semejanza que encontramos aquí es elaboración de Pablo mismo, especialmente concebida teniendo en cuenta lo que en ese momento quería destacar. El sentido de la semejanza radica en el hecho de que el alfarero —como tal— tiene que estar libre, con el fin de cumplir los fines racionales de su artesanía, para hacer, de la misma masa arcillosa, algunas vasijas para usos nobles, y otras para usos humildes. La conclusión a que se ha de arribar es que Dios tiene que ser reconocido como un ser libre —como Dios, como el que tiene la autoridad última— para destinar a los hombres a diversas funciones en el incesante curso de la historia de la salvación, por causa del cumplimiento de su propósito total. Por lo demás, es preciso recalcar insistentemente, desde luego, que no existe el menor indicio de que la libertad del alfarero sea libertad para ejercer un capricho, y que, por consiguiente, es perverso suponer que lo que Pablo quería afirmar era la libertad del Creador para tratar a sus criaturas de conformidad con algún tipo de voluntad indeterminado y caprichoso.

22-23a. Pero, ¿qué si Dios soportó las vasijas de ira, preparadas para la destrucción, con mucha paciencia, porque deseaba evidenciar su ira y hacer conocer su poder, y con el fin de hacer conocer las riquezas de su gloria sobre vasijas de misericordia... constituye la estructura básica de una oración que (como la hemos traducido) se extiende hasta el final del v. 24. En el original la oración está incompleta, siendo una cláusula que comienza con «si», con diversas cláusulas subordinadas a ella, pero sin cláusula principal. Sin embargo, la presencia de una oración condicional sin cláusula principal explícita es bastante común en el griego clásico, y hay varios casos en el Nuevo Testamento. El sentido se tiene que entender por el contexto en cada caso. Se podría proporcionar aquí una frase tal como «¿qué dirás tú?», ya que lo que se quiere indicar es que al ocuparnos de la idea (la cláusula condicional enuncia lo que para Pablo es la verdad —no se trata de algo hipotético—) expresada en los vv. 22-24 experimentaremos un gran cambio en lo que hace a nuestra comprensión del derecho de Dios de actuar en la forma indicada en el v. 18, más allá de lo que ya se ha establecido en los vv. 20b-21.

El «Pero» inicial es importante, porque establece la relación entre la semejanza trazada por Pablo y lo que constituye, de hecho, su aplicación de ella. Su uso del vocablo «pero», en lugar de «por lo tanto», «de modo que», indica un elemento de oposición e implica que considera inadecuada su ilustración. Lo que sigue destaca el significado del v. 21, por cierto, pero, al hacerlo, también pone de manifiesto el hecho de que los modos de actuar de Dios no son exactamente iguales a los del alfarero.

Se ha discutido mucho sobre si el participio griego traducido como «porque deseaba» se debe entender como (i) causal (como lo hemos tomado nosotros) o (ii) concesivo. La elección de (i) obliga a reunir los tres propósitos indicados por los dos infinitivos que dependen de «deseaba», y también por la cláusula final («con el fin de ...»). La elección de (ii), que requiere traducir el participio como «aunque deseaba», obliga a unir «con mucha paciencia» con la cláusula «con el fin de». Así, según (i), el significado es: «Pero, ¿qué si Dios soportó vasijas de ira, preparadas para la destrucción, con mucha paciencia, porque deseaba evidenciar su ira y hacer conocer su poder, y con el fin de hacer conocer las riquezas de su gloria sobre vasijas de misericordia...?». Según (ii), el significado es: «¿Qué si Dios, aunque deseaba evidenciar su ira y hacer conocer su poder, [no obstante] soportó vasijas de ira, preparadas para la destrucción, con mucha resignación y con el fin de hacer conocer las riquezas de su gloria en vasijas de misericordia...?». Estamos de acuerdo con la mayoría de los comentaristas actuales en que debe preferirse la opción (i). Ante esta decisión se siguen dos cosas: primero, que los dos propósitos indicados en la cláusula causal («evidenciar su ira» y «hacer conocer su poder») se encuentran en una estrecha relación positiva con la afirmación de que Dios «soportó vasijas de ira ... con mucha paciencia» (contrástese la oposición que se daría si la cláusula fuese concesiva); segundo, que estos dos propósitos están estrechamente conectados con el propósito expresado por la cláusula final, «con el fin de hacer conocer las riquezas de su gloria en vasijas de misericordia», de modo que junto con ella forman un todo integral, un triple propósito.

Ahora podemos referirnos a varios detalles que hasta aquí hemos pasado por alto, y luego intentaremos ver en su conjunto el concepto que se expresa en este versículo y medio, el que Pablo encarece a sus lectores que tengan en cuenta. Si así lo hacen habrá una gran diferencia en la forma en que podrán comprender el derecho de Dios de actuar en la forma indicada en el v. 18. Los detalles son los siguientes. Con seguridad que podemos dar por supuesto, a menos que haya algo en el contexto que impida claramente semejante interpretación, que la «mucha paciencia» de Dios se relaciona con su bondad, y tiene por objeto ofrecer a aquellos a quienes soporta la posibilidad de arrepentirse. La expresión «vasijas de ira», si bien indica que aquellos a quienes denota son, por cierto, objeto de la ira de Dios en el momento actual, no significa de ningún modo que han que permanecer siempre en ese estado (en Ef. 2.3 se dice de los creyentes que antes eran «hijos de ira»). Además, la expresión que a primera vista parece aterradora, «preparadas para la destrucción», si bien realmente significa que las personas a que se refiere son dignas de destrucción, no implica que serán necesariamente destruidas. Una cuidadosa comparación entre el griego de esta frase y el griego de la cláusula relativa, «que preparó de antemano para la gloria», en el v. 23b, demuestra que el pensamiento de la predeterminación divina, si bien es cierto que recibe mucho realce en esta última, no se expresa con ninguna claridad en la anterior. Es probable que aquí Pablo quiera dirigir la atención simplemente a la condición de las vasijas —preparadas y listas para la destrucción—, y no a algún acto, ya sea realizado por Dios o por ellos mismos, por el cual se lograba la condición necesaria.

Con respecto a los tres propósitos indicados en este pasaje, está claro que el último que se menciona («con el fin de hacer conocer las riquezas de su gloria en vasijas de misericordia») ocupa un lugar dominante. Solamente éste se expresa en una cláusula final («con el fin de...»); se le da un énfasis especial por la posición que ocupa en la oración, por el hecho de que se lo amplía por medio de las dos cláusulas relativas que vienen enseguida, y por el hecho de que los vv. 25-29 centran aún más la atención en el mismo; además, y sobre todo, su contenido lo separa de los otros propósitos mencionados, porque la manifestación de la riqueza de la gloria divina es nada menos que el propósito ulterior y definitivo de Dios. Los dos primeros propósitos mencionados («manifestar su ira» y «hacer conocer su poder») deben entenderse como subordinados al anterior. Por causa del cumplimiento del último y definitivo propósito de gracia, Dios también desea el cumplimiento de los otros dos propósitos.

Intentemos sintetizar la verdad doctrinal que Pablo invita a los cristianos de Roma a considerar: Dios soportó a Faraón, y ahora soporta a la rebelde Israel, con mucha paciencia, por razón de la final manifestación de las riquezas de su gloria en vasijas de misericordia, pero también, mientras tanto, para manifestar su ira y hacer conocer su poder (si nuestra interpretación del v. 17 es acertada, es decir su poder salvífico), dado que esta doble revelación es necesaria para el cumplimiento de su final propósito de gracia.

Las relaciones entre el paciente soportar las vasijas de ira, la manifestación de su ira, el hacer conocer su poder, y la manifestación de la riqueza de su gloria en las vasijas de misericordia, se aclararán en 9.30-11.36. Veremos en esas secciones que el propósito último de esa paciencia divina para con la Israel rebelde, que se describe en 10.21, incluye la salvación de la rebelde Israel misma (capítulo 11); pero también veremos que la paciencia divina tiene que poner de manifiesto, primeramente, la extrema seriedad del pecado de Israel (9.30-10.21), o, en otras palabras, que Dios es paciente debido a la necesidad de manifestar su ira, de juzgar el pecado de los hombres (su paciencia pone de manifiesto lo horrible del pecado de los hombres al hacer ver que se trata del rechazo de la gracia de Dios, quien de este modo muestra su paciencia), con el objeto de que al final tenga misericordia. En estos capítulos también se verá con claridad que las «vasijas de ira» y las «vasijas de misericordia» no son cosas inmutables, y que Dios tiene el propósito de que las «vasijas de ira» se conviertan en «vasijas de misericordia». También se evidenciará el hecho de que es preciso que se manifieste la ira de Dios con el fin de que las vasijas de misericordia comprendan que lo que se revela en el caso de ellas es indudablemente la riqueza de la gloria de Dios, la riqueza de la gloria de su ilimitada misericordia, y no una gloria merecida, de algún modo, por ellas.

23b-24. que preparó de antemano para gloria. En el caso de las vasijas de misericordia la predeterminación divina se asevera explícitamente. Acerca de «para gloria», compárense 2.7, 10; 3.23; 5.2; 8.18. Sobre el pensamiento de la cláusula en su conjunto, como también acerca del versículo siguiente, se debe comparar 8.28-30. **a los que también llamó, aun noso-tros, no solamente de entre los judíos sino también de entre los gentiles.** En vista de la continuación en los vv. 25 y 26, debemos entender que lo que Pablo quiere expresar es que Dios efectivamente ha llamado a las vasijas de misericordia no solamente de entre los judíos sino también de entre los gentiles. La presencia de gentiles en el seno de la iglesia es señal y prenda de que los que se encuentran en el campo de los rechazados, los de Ismael, Esaú, Faraón, y los propios judíos incrédulos, no son finalmente excluidos de la misericordia de Dios. La presencia del «incluso nosotros» tiene el efecto de acordarle a esta afirmación algo del carácter de una confesión personal de fe.

25-26. Como dice en Oseas: «Llamaré a No-mi-pueblo 'Mi-pueblo' y a No-amado 'Amado'; y en lugar de que se les diga 'Vosotros no sois mi pueblo', serán llamados los hijos del Dios viviente» no tiene forma de cláusula independiente, sino que está ligada a los vv. 22-24, aunque un tanto libremente. Es el primer elemento de un encadenamiento de citas veterotes-tamentarias confirmatorias que se extiende hasta el final del v. 29. Se citan partes de Oseas 2.23 y 1.10. En la primera cita hay varias variantes de la Septuaginta, siendo la más significativa el reemplazo de «decir a» por «llamar», lo que proporciona un vínculo entre los vv. 24 y 25, como también entre los vv. 25 y 26. La referencia original de los versículos de Oseas estaba vinculada con el reino del norte, Israel: Pablo los aplica a los gentiles (compárese 1 P. 2.10). Por cierto que las diez tribus fueron expulsadas al tenebroso reino de los paganos, de modo que con toda justicia se las puede considerar como tipo de rechazo. Pero en la profecía de Oseas se les promete restauración, y Pablo toma dicha promesa como prueba del propósito de Dios de incluir a los gentiles en su salvación. Mas, en vista de lo que sigue en los capítulos 10 y 11, es sumamente improbable que Pablo no haya tenido en mente al mismo tiempo el hecho de que originalmente se trataba de una referencia a las diez tribus perdidas, y que no haya visto en esas tribus perdidas de Israel no solamente un tipo de los gentiles sino también el tipo de la mayoría incrédula de sus contemporáneos judíos.

27-28. Habiendo proporcionado confirmación escritural del «también de entre los gentiles» del v. 24, ahora Pablo se ocupa del «de entre los judíos». Pero todo lo que ha dicho hasta aquí ha dado por sentado el hecho de que al presente la gran mayoría de los judíos es incrédula. Aquellos a quienes Dios ha llamado hasta ahora de entre los judíos son muy pocos cuantitativamente. En estos versículos Pablo procede, por lo tanto, a de-mostrar que una situación en la que la gran mayoría de los judíos sufre exclusión es algo que se predice en la Escritura. La idea central del pasaje citado es que sólo un remanente será salvado. Por lo que sigue en Romanos 10 y 11 se ve claramente que Pablo consideraba que se trataba de una condición por la que Israel tenía que pasar, antes que como la última palabra de Dios respecto de ella. **Pero Isaías exclama con respecto a Israel.** La amenazante palabra de Isaías se contrasta («Pero») con la palabra de promesa de Oseas. **«Aunque el número de los hijos de Israel sea como las arenas del mar,** *solamente* **un remanente será salvado; porque una sentencia completa y decisiva consumará el Señor sobre la tierra»** es forma abreviada de Isaías 10.22-23. La forma de la primera parte parece haber sido asimilada por Pablo a la fraseología de Oseas 1.10. El hebreo de la última parte es difícil, y aparentemente los traductores de la Septuaginta se sintieron desconcertados ante los detalles. Pero tanto la traducción que hicieron de ella, como la forma abreviada de Pablo, si bien difieren considerablemente del original, transmiten la idea general de modo bastante acertado. Explica por qué será que solamente un remanente será salvo.

29. Y como lo anticipó Isaías: «Si el Señor de los ejércitos no nos hubiera dejado una simiente, nos habríamos vuelto como Sodoma y habríamos sido hechos como Gomorra». Se agrega una segunda cita de Isaías (1.9) para apoyar la primera. Aquí también está presente la idea de un remanente; pero, mientras que la intención de la primera cita era que sólo un remanente será preservado, la intención de esta otra cita es que la preservación aun de un remanente es un milagro de la gracia divina: si la misericordia de Dios no hubiese perdonado a ese remanente, Israel hubiera sido totalmente destruida como Sodoma y Gomorra (Gn. 19.24-25). Pablo consideraba las palabras del oráculo de Isaías que se referían a lo que estaba ocurriendo en los momentos en que fue pronunciado como una predicción de las circunstancias en las cuales, en su propia época, un pequeño número de judíos había sido agregado a la iglesia.

3. Israel no tiene excusa, pero a la luz de las Escrituras podemos abrigar la esperanza de que el hecho de que los gentiles creen ha de provocar celos a Israel: la cita veterotestamentaria en el último versículo genera una nota de esperanza en el sentido de que, al tiempo que indica lo horrendo del pecado de Israel, al mostrar la bondad del Dios contra el cual han pecado, centra la atención, no en el pecado de Israel, sino en la bondad de Dios para con Israel

9.30-10.21

[30]¿Qué, pues, diremos? Que gentiles, que no estaban buscando la justicia, han obtenido justicia, pero la justicia de la fe; [31]pero Israel, que buscaba ley de justicia, no ha alcanzado esa ley. [32]¿Por qué? *Fue* porque *la buscaban* no sobre la base de la fe sino como sobre la base de las obras. Tropezaron contra la piedra de tropiezo, [33]así como está escrito: «He aquí, pongo en Sion una piedra de tropiezo y una roca de ofensa, y aquel que cree en él no será avergonzado». [1]Hermanos, en cuanto a mí, el deseo de mi corazón y mi oración a Dios por ellos son que sean salvos. [2]Porque doy testimonio a favor de ellos de que tienen celo por Dios, mas no conforme a conocimiento. [3]Pues, dejando de reconocer la justicia de Dios, y procurando establecer la suya propia, no se sometieron a la justicia de Dios. [4]Porque Cristo es el fin de la ley, de modo que la justicia está disponible para todo aquel que cree. [5]Por cuanto Moisés escribe que «el hombre que hace» la justicia que es de la ley «vivirá en» ella.* [6]Pero la justicia que es de la fe habla así: «No digas en tu corazón: '¿quién ascenderá al cielo?'» (es decir, para bajar a Cristo); [7]«ni: '¿quién descenderá al abismo?'» (es decir, para traer a Cristo de entre los muertos). [8]Sino, ¿qué dice? «La palabra está cerca de ti, en tu boca y en tu corazón»; esto significa la palabra de la fe que predicamos. [9]Porque, si confiesas con tu boca a Jesús como Señor y crees en tu corazón que Dios lo ha

---

* La traducción de este versículo sigue el texto de Nestle[25]. Las sustanciales variantes preferidas por Nestle[26] deberían ser rechazadas como atribuibles a la Septuaginta.

levantado de los muertos, serás salvo. [10]Porque con el corazón se cree para justificación, y con la boca se hace confesión para salvación. [11]Porque la escritura dice: «Todo el que cree en él se salvará de ser avergonzado». [12]Porque no hay diferencia entre el judío y el griego. Porque el mismo Señor es *Señor* de todos, siendo rico para con todos los que le invocan; [13]porque «Todo el que invoca el nombre del Señor será salvo».

[14]¿Como podrían invocar a aquel en el cual no han creído? Y ¿cómo podrían creer en aquel a quien no han oído? Y ¿cómo podrían oír sin un predicador? [15]Y ¿cómo podría la gente predicar a menos que haya sido enviada? *Pertinente es aquí el testimonio de* la escritura *que* dice: «¡Cuán hermosos son los pies de aquellos que traen buenas noticias de cosas buenas!». [16]Pero no todos obedecieron las buenas noticias. Porque Isaías dice: «Señor, ¿quién ha creído nuestro mensaje?». [17]Se da a entender que la fe viene del oír, y el oír se da por la palabra de Cristo. [18]Mas yo digo, ¿acaso no oyeron? Por cierto que sí: «Su voz ha salido por toda la tierra. Y sus palabras hasta los fines del mundo habitado». [19]Pero yo digo, ¿estaba Israel sin conocimiento? Primero Moisés dice: «Usaré una nación que no es ninguna nación para haceros celosos, y una nación necia para haceros enojar». [20]E Isaías tiene el valor de decir: «Me dejé ser encontrado por los que no me estaban buscando, me hice manifiesto a quienes no estaban preguntando por mí». [21]Pero con respecto a Israel dice: «Todo el día entero estiré mis manos a un pueblo desobediente y contradictorio».

En la sección anterior Pablo ha hablado de la desobediencia de Israel como algo incluido dentro de la obra de la divina misericordia, y también se ha referido (en 9.24) a la inclusión de los gentiles en el número de los llamados por Dios. Pero tanto la naturaleza de la desobediencia de Israel como la naturaleza de la obediencia de los gentiles tienen que definirse con más precisión. Ahora, entonces, en el primer párrafo de la sección nueva, es decir, en los vv. 30-33, Pablo ofrece esta necesaria definición en forma sumaria.

En el resto de la sección, vale decir, en el capítulo 10, procede a ampliar, desarrollar y aclarar esa definición sumaria, centrándose más particularmente en aquella parte que trata de Israel (aunque no en forma exclusiva: véanse, en particular, los vv. 11, 12 y 18-20), y destacando claramente el hecho de que Israel no tiene excusa. Pablo reconoce (v. 2) la realidad del celo de Israel por Dios, pero se refiere al desastroso fracaso de entendimiento que distorsiona y pervierte dicho celo, su ceguera a la justicia que es el don de Dios, y su obstinada determinación de establecer su propia justicia sobre la base de sus obras, que dan por resultado una negativa de aceptar humildemente el don ofrecido por Dios como el don inmerecido de su misericordia. El v. 4 explica el v. 3: lo que Israel no ha reconocido es que Cristo fue en todo momento la meta, el sentido, la esencia, de esa ley que con tanto celo habían procurado seguir. Los vv. 5-13 proporcionan una explicación y sustanciación del v. 4: Cristo es el significado más profundo de la ley, y, porque lo es, está a disposición de todo aquel que cree una posición de justicia delante de Dios, ya que (de conformidad con el testimonio que aporta la ley) por su perfecta obediencia Cristo ha mantenido su propia justicia, y al mismo tiempo ha obtenido justicia para todos los que creen en él (sean judíos o gentiles). En conclusión, mientras que él es justo por propio derecho, ellos lo son por la fe por medio de él.

Romanos 9.30-10.13 ha dejado muy clara la culpabilidad de Israel: es culpable porque no ha cumplido su propia ley, esa misma ley de la cual ha sido tan celosa. La ley conducía invariablemente a la fe en Cristo. Pero el hecho de que la ley, cuyo significado profundo es la persona de Jesucristo, haya sido encomendada a Israel, no constituye en sí misma una oportunidad tan plena para invocar al Señor en el sentido de los vv. 12 y 13 como para lograr que Israel no tuviese excusa. Esa plenitud de oportunidad sólo está presente cuando el mensaje de que las promesas ya se han cumplido ha sido proclamado por mensajeros debidamente comisionados por Dios mismo. En los vv. 14ss. Pablo quiere demostrar que Israel ha tenido esa plena oportunidad, y que por consiguiente no tiene excusa alguna. Primero indica, mediante un encadenamiento de preguntas relacionadas (vv. 14-15a), cuatro condiciones que tienen que haberse cumplido si han de invocar *verdaderamente* el nombre del Señor. El hecho de que la primera y la segunda condición (la cuarta y la tercera en la cadena de los vv. 14-15a) se han cumplido lo atestiguan las palabras de la profecía citada en el v. 15b: Dios ha comisionado mensajeros y ellos han proclamado el mensaje. En cambio, la cuarta condición (la primera mencionada en el v. 14) no se ha cumplido aún: Israel no ha creído a Cristo (el hecho se declara en el v. 16a en las palabras «pero no todos obedecieron las buenas noticias»). En el v. 17 Pablo vuelve a la tercera condición (Cristo tiene que ser oído expresándose a través del mensaje), que fue salteada en el v. 16, e indica por medio de otra cita veterotestamentaria (v. 18) que dicha condición ha sido cumplida. En el v. 19a se enuncia el tema de una condición adicional (o subdivisión de la tercera condición) mediante la pregunta «¿estaba Israel sin conocimiento?». Luego se indica el hecho de que Israel no estaba desprovista de conocimiento en los vv. 19b y 20 por medio de dos citas más tomadas del Antiguo

Testamento. De este último punto se desprende claramente que Israel no tiene excusa alguna por su incredulidad.

Finalmente la cita de Isaías 65.2 en el último versículo de la sección sirve, por una parte, para reunir todo lo que ya se ha dicho con respecto a la desobediencia de Israel y, al caracterizarla inequívocamente como el obstinado rechazo de la paciente gracia de Dios, para destacar lo más nítidamente posible su tremenda seriedad y enormidad. Por otra parte, señala en forma todavía más enfática la incansable persistencia de la gracia divina, y de este modo da conclusión a la sección con una nota de esperanza.

30. ¿Qué, pues, diremos? ofrece a esta altura no una falsa inferencia, sino la conclusión de Pablo mismo en base a lo que ha venido diciendo. **Que gentiles** (no «los gentiles», como en VRV1,2,3, VM y la mayoría de las versiones castellanas, ya que no se trata de una referencia a los gentiles en general sino a algunos de ellos), **que no estaban buscando la justicia, han obtenido justicia, pero la justicia de la fe.** Cuando el vocablo «justicia» aparece aquí por segunda y tercera vez seguramente se refiere a posición; entenderlo en su primera mención en otro sentido sería extremadamente duro. A Pablo no le interesa negar que en su vida pagana anterior los cristianos gentiles habían buscado la justicia moral, sino el que hubiesen buscado real y verdaderamente una posición de justicia a los ojos del único Dios verdadero. La traducción de Barrett, «que no hacen de la justicia su meta», no interpreta el significado paulino: el participio presente griego que se usa aquí tiene sentido imperfecto (Pablo no quiere negar que los cristianos gentiles buscan la justicia ahora que son cristianos).

31. pero Israel, que buscaba la ley de justicia, no ha alcanzado esa ley. Después del v. 30 uno se inclina a esperar «pero Israel, que estaba buscando la justicia, no ha logrado la justicia»; pero esto no es lo que escribió Pablo. Muchos intérpretes, resueltos a extraer del griego de Pablo un significado que armonice con sus conceptos previos acerca del pensamiento paulino, se han tomado libertades increíbles con lo que ha escrito. La sugerencia de que «la ley de justicia» constituye un ejemplo de una rara figura de lenguaje que requiere la inversión de las relaciones entre dos términos (que no sería injusto describir como expresión opuesta al significado original), aun cuando ha sido hecha por respetables comentaristas, nos parece extremadamente improbable. Si Pablo realmente hubiese utilizado esta peculiar figura de lenguaje, y hubiese querido decir por «ley de justicia» lo que BJ traduce como «una justicia derivada de la ley», con seguridad que hubiera repetido toda la frase, por amor a la claridad, en la cláusula principal o, de otro modo hubiese puesto «justicia» allí en lugar de «ley». Pero ¿por qué habría de ocurrírsele expresarse de un modo tan desconcertante? Es preciso decir, además, que cualquier interpretación que suponga que por «ley de justicia» en el v. 31 Pablo pretendía indicar algo a lo cual los judíos no debían aspirar, va en contra del v. 32, que da a entender que no era el objeto de su afán lo que estaba mal sino la forma en que se habían dedicado a procurarlo. Es preferible procurar entender las palabras de Pablo sin forzarlas.

¿Por qué se habrá valido de la palabra «ley» a esta altura? Además, ¿por qué dijo que se trataba de «la ley de justicia»? Con toda seguridad fue para destacar el concepto de que a Israel se le había dado la ley para auxiliarla en la búsqueda de la justicia a los ojos de Dios. La ley es la ley de justicia porque estaba destinada a mostrar al pueblo de Israel de qué forma podían ser justos delante de Dios, a mostrarle que el camino a esa justicia es, justamente, la fe. En la ley que ellos procuraban seguir con tanto celo tenían aquello que incesantemente señalaba el camino a la posesión de una posición de justicia a los ojos de Dios. Tenía importancia para la argumentación de Pablo el que a esta altura dejase lo más claro posible el hecho de que la mayoría desobediente de Israel no se había dedicado simplemente a seguir en pos de la justicia para con Dios de un modo general, sino que efectivamente había buscado específicamente aquello que realmente constituía el modo divinamente designado para llevarla a dicha justicia. La mayoría de los judíos han perseguido celosamente la ley de Dios que les había sido dada a fin de colocarlos en una posición de justicia a los ojos de Dios: la tragedia consistía en que, aun cuando han procurado seguir la ley de Dios, y siguen haciéndolo, con tanto celo, de algún modo han fallado completamente en cuanto hace a llegar a comprender su verdadero sentido, como también en cuanto a rendirle verdadera obediencia.

32a. ¿Por qué? *Fue* **porque** *la buscaban* **no sobre la base de la fe sino como sobre la base de las obras** explica por qué Israel no ha alcanzado a cumplir la ley de la justicia. Las palabras que aparecen en bastardilla no reflejan otros vocablos griegos. Se hace necesario agregar un verbo, y el único que encuadra en forma natural es «seguir». Con él es preciso agregar, también, un objeto, y el único que resulta natural es «la», con referencia a «esa ley», es decir, la anteriormente mencionada «ley de justicia». Israel no ha logrado seguir la ley de la justicia, porque no la persiguió sobre la base de la fe sino sobre la base de las obras.

Es de primordial importancia reconocer algo que con frecuencia se ignora completamente: no hay la menor sugestión aquí de que *seguir* la ley estuviese mal o fuese inútil. No fue por el hecho de que buscó seguir la ley, vale decir, no fue por el *hecho de que* buscó seguirla, y lo seguía haciendo, que se condena a Israel, sino por la *forma en la cual* había intentado hacerlo. La implicancia es que Pablo pensaba que, si Israel hubiese seguido la ley sobre la base de la fe, por cierto que realmente habría encontrado su sentido, y que su deseo no era que en adelante dejase de procurar seguir la ley, sino que dejase de seguirla sobre la base de las obras, y que comenzase a seguirla sobre la base de la fe. Resulta obvia la importancia de esto para una correcta comprensión de la actitud de Pablo hacia la ley. ¿En qué consiste, por lo tanto, este procurar seguir la ley sobre la base de la fe? La respuesta ha de ser, seguramente, que consiste en responder a la exigencia de la fe que Dios pide por medio de la ley, y debe incluir la aceptación, sin evasión o resentimiento, de las críticas de la fe a nuestra vida, reconociendo que jamás se puede cumplir tan adecuadamente sus justos requerimientos como para que Dios resulte ser nuestro deudor, y aceptando la misericordia y el perdón ofrecidos por Dios. Como resultado, hay una entrega en amor y gratitud, y de este modo se es liberado del egocentrismo, como también orientado en dirección a una humilde obediencia, libre de toda santurronería. Consiste, además, en dejarnos orientar una y otra vez, por la misericordia perdonadora de Dios, hacia la expresión de un amor a Dios sentido con todo el corazón, con toda el alma, con toda la mente, con todas las fuerzas, como también hacia la expresión de un amor al prójimo igual que el que sentimos por nosotros mismos. La tragedia de Israel fue que, en lugar de responder de este modo a la ley de Dios, con fe, y procurando seguirla sobre la base de la fe, había procurado obedecerla sobre la base de sus obras, sus merecimientos, atesorando la ilusión de que podía cumplir sus demandas de tal modo que Dios quedase obligado para con ella. Esa búsqueda ilusoria sólo trae el fracaso: el verse aprisionada por su propio egocentrismo y, en consecuencia, imposibilitada de llegar a comprender su verdadero sentido. Es probable que haya sido con la intención de subrayar el carácter ilusorio de la búsqueda de Israel que Pablo haya colocado un «como» antes de las palabras «sobre la base de las obras».

32b-33. Tropezaron contra la piedra de tropiezo indica el profundo sentido del fracaso de Israel en su intento de comprender la ley. Ha fallado al no reconocer a Cristo como la meta y la esencia de la ley, y lo ha rechazado. ¿Cómo podía llegar a entender el verdadero sentido de la ley, si no estaba dispuesta a creer en aquel que es él mismo el sentido profundo de la ley? Pero, ¿cómo podía creer en él, si estaba decidida a ampararse en sus propias obras? Han tropezado, por tanto, ante Cristo (compárese «a los judíos piedra de tropiezo» en 1 Co. 1.23). Por consiguiente, aquel que fue entregado para la salvación de Israel se ha convertido, en realidad, y debido a su perversidad, en ocasión de caída para ella. **así como está escrito: «He aquí, pongo en Sion una piedra de tropiezo y una roca de ofensa, y aquel que cree en él no será avergonzado».** La base de la cita es Isaías 28.16, cuyo significado original parece haber sido, en contraste con la falsa seguridad que los gobernantes de Jerusalén habían creído establecer para sí mismos, que Dios estaba organizando en Jerusalén la seguridad verdadera y duradera para los que confiaran en él. Este pasaje adquirió carácter mesiánico. Pero la parte central del pasaje de Isaías ha sido reemplazada por unas palabras de Isaías 8.14 que introducen una fuerte nota de juicio y amenaza, aun cuando se mantiene un elemento de promesa en la parte final. Esto proporciona a Pablo una declaración sobre el tema de la justificación por la fe que se va a elaborar en 10.4-13. (El hecho de que estos dos pasajes de Isaías también aparezcan combinados en 1 Pedro 2.6-8, juntamente con Salmo 118.22 —es interesante notar que el texto usado en 1 Pedro concuerda con el de Romanos, por oposición tanto al hebreo como a la Septuaginta— se ha entendido como apoyo de la sugerencia de que una colección de testimonios en torno a la «piedra» formaba parte de la tradición primitiva de la iglesia.)

Los vv. 32b y 33 han agregado a la definición de la desobediencia de Israel, y de la obediencia de algunos gentiles, una dimensión cristológica explícita. Tanto la desobediencia como la obediencia giran en torno, esencialmente, a la relación con Cristo. El que Israel buscara seguir la ley «como sobre la base de las obras» evidenciaba ceguera al testimonio de la ley tocante a Cristo. Su equivocada y perversa interpretación legalista de la ley, y su rechazo de Cristo, estaban inextricablemente entrelazados. Su determinación de establecer su propia justicia por sus obras naturalmente la hacían ciega a la justicia que Dios estaba poniendo a su disposición en Cristo, como don gratuito, mientras que el hecho de no haber reconocido a Cristo como la verdadera esencia íntima de la ley no podía sino empujarla más profundamente hacia esa equivocada y perversa interpretación legalista de la ley. Además, la fe que es la base de la posición de justicia que ahora poseen algunos gentiles según el v. 30 es, desde luego, la fe en Cristo: esa fe que lleva la promesa de que «aquel que cree en él no será avergonzado».

1. Hermanos, en cuanto a mí, el deseo de mi corazón y mi oración a Dios por ellos son que sean salvos. Esta declaración de Pablo es una indicación, frecuentemente olvidada, del constante deber de anhelar seria y sinceramente la salvación de los judíos que se mantienen incrédulos, y de orar fervorosa y fielmente por ellos. Es obvio que, como en el caso de Pablo mismo, ese anhelo y esa oración no pueden sino ir acompañados de un testimonio persistente, aunque al mismo tiempo fraternal, relativo a Jesús, el Mesías.

2. Porque doy testimonio a favor de ellos de que tienen celo por Dios es un notable tributo. Tanto «celo» como «por Dios» son importantes. El sustantivo griego traducido como «celo» también puede usarse en el sentido negativo de envidia; mas, como se usa aquí, denota un fuerte y persistente deseo de algo, de concentración de la atención sobre ese algo, y del anhelo de que ese algo reciba gloria. Pablo reconoce que el celo de sus compatriotas está dirigido hacia el objeto que corresponde: se trata, realmente, de celo orientado hacia el único Dios verdadero. Aquí no hay fanatismo pagano alguno. ¿De cuántos de los miembros de las iglesias se podría afirmar con igual confianza que el objeto de su adoración es realmente el Dios vivo, y no uno u otro de los diversos dioses falsos de la sociedad corrupta en la que viven? Y en los casos en que los miembros de las iglesias realmente centran su atención en el Dios verdadero, ¿cuánto de esa atención se podría describir acertadamente con un vocablo tan fuerte como «celo»? **mas no conforme a conocimiento.** A pesar de lo fervoroso de su celo, a pesar del hecho de que se trata realmente de celo por el Dios verdadero, hay en él una falla desastrosa: no es según ciencia. Desde luego que Pablo no quiere negar que conozcan a Dios (compárese el v. 19). Por cierto que conocen a Dios, pero con todo, no quieren conocerlo como realmente es. Hay falta de comprensión en el punto realmente vital. Se trata, justamente, de ver sin percibir, de oír sin comprender (compárese Mr. 4.12). Se trata de una perversa y obstinada ignorancia en la raíz misma de su conocimiento de Dios, y, en el centro de su dedicada y meticulosa obediencia, de una obstinada desobediencia.

3. Pues, dejando de reconocer la justicia de Dios, y procurando establecer la suya propia, no se sometieron a la justicia de Dios. Las dos cláusulas en participio pueden entenderse como definición del carácter de la ignorancia de los judíos, y la cláusula principal siguiente como indicación del acto de desobediencia que resultó de ella. Su ignorancia consiste en no haber comprendido y reconocido la justicia divina, es decir, la posición de justicia delante de Dios que él quiere darles. Lo que constituye la otra cara de este fracaso es su determinación de establecer su propia justicia, vale decir, una posición de justicia basada en lo que ellos mismos pretenden merecer. Por cierto que esta ignorancia es ignorancia del carácter de Dios mismo, incapacidad para conocerlo tal como él mismo se ha revelado en su misericordia y fidelidad, como asimismo, ignorancia de la real seriedad de sus derechos sobre ellos. La desobediencia resultante es la negativa por la que «no se sometieron a la justicia de Dios», es decir, la negativa a aceptarla humildemente como un inmerecido don de su misericordia. El tiempo pasado que se usa con respecto a este rechazo o negativa («no se sometieron»; podemos comparar esta expresión con el «tropezaron» de 9.32) refleja el hecho de que Pablo estaba pensando en el acontecimiento histórico del rechazo del Mesías, en quien se ofreció el don de Dios.

4. Porque Cristo es el fin de la ley, de modo que la justicia está disponible para todo aquel que cree. Este versículo se ha entendido de maneras muy diferentes, pero se considera generalmente como de vital importancia para la interpretación de la teología paulina, por cuanto se trata, en un sentido o en otro, de una declaración decisiva acerca de la relación entre Cristo y la ley. La palabra griega traducida «fin» puede traducirse con muy diversos significados. No obstante, por lo que hace a su uso en este versículo, debemos considerar tres posibilidades: (i) cumplimiento (VP); (ii) meta (BAmg); (iii) terminación. Los Padres parecen haber tendido en general a aceptar una combinación de (i) y (ii). Aquino, Lutero, Calvino y Bengel entendían el versículo como expresión de una relación positiva entre Cristo y la ley. Pero en épocas recientes la posibilidad (iii) ha recibido mucho apoyo (así, por ejemplo, de Sanday y Headlam, Dodd, Michel, Käsemann, y también de PB, y su nota, y LPD, «término»). Esta resuelve la ambigüedad de la traducción «el fin» que aparece VRV1,2,3, BJ, VM, etc.). Algunos intérpretes han intentado combinar una u otra de las interpretaciones (i) y (ii), o ambas, con (iii). Pero, teniendo en cuenta pasajes tales como 3.31; 7.12, 14a; 8.4; 13.8-10, y el hecho de que Pablo vez tras vez apela al Pentateuco para apoyar sus argumentos (particularmente sugestivo es el hecho de que lo hace en los vv. 6-10 de este capítulo), consideramos que (iii), como también todas las combinaciones intentadas de (iii) con (i) y/o (ii) son altamente improbables.

Entre (i) y (ii) es más difícil decidir, y resulta tentador optar por el punto de vista de que ambos significados estaban incluidos. La afirmación de que Cristo es el cumplimiento de la ley, y la afirmación de que él es su meta, son correlativas, por cierto: expresan la misma verdad esencial, pero la describen tal como se la ve desde distintos ángulos. Cada una de ellas es necesaria para una adecuada exposición de la otra. Empero, mientras que la primera es claramente una declaración acerca de Cristo, una descripción en función de la ley, la segunda, aun cuando formalmente, y en alguna medida sustancialmente, es también una declaración acerca de Cristo, en esencia es, en primer término, una declaración acerca de la ley, que la define por referencia a Cristo. En el presente contexto (9.30-10.13) una declaración acerca de la ley parecería encajar mejor; porque en este pasaje a Pablo le interesa mostrar que Israel ha entendido mal la ley. A esta altura una declaración de que Cristo es la meta a la cual siempre ha estado dirigida la ley, como su verdadera intención y significado, resulta perfectamente oportuna. Israel ha entendido mal la ley, porque no supo reconocer de qué se trataba. Una declaración en el sentido de que Cristo es el cumplimiento de la ley resultaría menos apropiada. Llegamos así a la conclusión de que el sustantivo griego debería entenderse en el sentido (ii): Cristo es el fin de la ley pues es su meta, objetivo, intención, real significado y esencia. Aparte de él resulta imposible entenderla adecuadamente.

Las palabras «de modo que la justicia está disponible para todo aquel que cree» indican la consecuencia. Entendemos, por lo tanto, que el significado del versículo en conjunto es éste: Porque Cristo es la meta de la ley, se sigue que una posición de justicia está disponible para todo aquel que cree. El «Porque» al comienzo del versículo indica que es una explicación del v. 3, particularmente de «no se sometieron a la justicia de Dios». Los judíos y su búsqueda legalista de una posición de justicia conquistada por ellos mismos no reconocieron ni aceptaron la posición de justicia que Dios estaba tratando de darles; porque siempre, si sólo lo hubieran sabido, Cristo fue la meta, el significado y la esencia de esa ley que con tanto anhelo buscaban seguir. La justicia a la cual los estaba llamando la ley no era otra cosa que esa justicia que Dios ofrece a los hombres.

5. Por cuanto Moisés escribe que «el hombre que hace» la justicia que es de la ley «vivirá en» ella. Debemos considerar dos interpretaciones principales de este versículo. Primero está la explicación corriente, que tiene como fin indicar lo inútil que resulta la búsqueda de una posición de justicia delante de Dios sobre la base de las obras, lo cual se contrasta con el camino de la justificación por la fe que se describe en los vv. 6-8. Según esta interpretación, el v. 5 estaría relacionado con el v. 4 (tal como lo hemos explicado nosotros) de algún modo semejante al siguiente: El hecho de que Cristo es la meta de la ley significa que una posición de justicia está a disposición de todos los que creen en él (v. 4); porque, mientras que la justificación por las obras es la inútil búsqueda que indica Moisés (v. 5), la Escritura ha dado a conocer invariablemente la gloriosa posibilidad de la justificación por la fe (vv. 6-8). Los vv. 5-8 en conjunto constituirían una explicación del v. 4. La segunda explicación es que Pablo no aplica las palabras de Levítico 18.5 a la tarea imposible e inútil a que se entregan los hombres cuando creen poder lograr una posición de justicia delante de Dios por medio de sus propias obras, sino al logro de ese solo Hombre que en su vida y, sobre todo, en su muerte ha obrado la justicia que es de la ley, en el sentido de cumplir perfectamente los requisitos de la ley, haciéndose por ello merecedor por derecho propio de una posición de justicia delante de Dios. Podemos considerar así el contenido de los vv. 5-13 como explicación del v. 4 (no solamente la primera parte sino también la última). De conformidad con Levítico 18.5, Cristo —el único entre todos los hombres— ha obedecido perfectamente, en virtud de lo cual ha merecido verdaderamente la correspondiente posición de justicia y la vida eterna, pero (vv. 6-13) también ha obtenido una posición de justicia y la vida eterna para todos aquellos que en él creen. La importancia del «Pero» al comienzo del v. 6 radica en el contraste entre la posición de justicia enteramente merecida por Cristo, y la posición de justicia que también alcanzan los hombres mediante la fe en él, posición totalmente inmerecida por ellos.

De estas dos posibles interpretaciones, la segunda nos parece tener mayor peso, por cuanto ofrece una secuencia de pensamientos más ajustada (en Gá. 3.12 es probable, también, según nuestro punto de vista, que al citar Lv. 18.5 Pablo esté pensando en la perfecta obediencia de Cristo, porque de otro modo parecería faltar un paso en su argumentación).

6-8. Pero la justicia que es de la fe habla así. La personificación de la justicia de la fe en estos versículos es un recurso retórico que tiene su paralelo en la predicación filosófica popular de la época de Pablo, en la que se supone que las virtudes y los vicios tienen la facultad de hablar. Se trata de un modo llamativo y pintoresco de decir que la verdadera naturaleza de la justicia basada en la fe se da a conocer en las expresiones veterotestamentarias que se van a citar enseguida. Particularmente digno de mención es el hecho de que es en la propia ley, en Deuteronomio, donde Pablo oye el mensaje de la justificación por la fe. **«No digas en tu corazón** reproduce exactamente las palabras iniciales de dos versículos de Deuteronomio (8.17 y 9.4) según la Septuaginta. Ambos son advertencias contra la arrogancia y el presuntuoso vanagloriarse en méritos propios. Pero Pablo no pasa a citar el resto de ninguno de estos dos versículos. En cambio cita (tomándose mucha libertad) partes de Deuteronomio 30.12-14. **'¿quién ascenderá al cielo?'»** forma parte de Deuteronomio 30.12. Lo que viene antes dice así: «No está en el cielo, como para que digas...» Es una referencia al mandamiento divino. El versículo anterior ha dicho: «Porque este mandamiento que te mando hoy, no es demasiado pesado para ti; ni se encuentra lejos». Israel no tiene necesidad de subir al cielo para descubrir la voluntad de Dios, por cuanto en su gracia él le ha mostrado lo que es bueno por medio de su ley, y esa ley es simple y clara. No tiene que andar averiguando la voluntad de un tirano duro y caprichoso. Ha recibido la revelación de la misericordiosa voluntad de Dios, cuya gracia anticipada es el presupuesto de todo lo que él exige (como, por ejemplo, en el propio Decálogo, en el que Ex. 20.2 y Dt. 5.6 preceden a los mandamientos). Esencialmente lo que le pide es que ellos le entreguen su corazón en humilde gratitud por su bondad para con ellos y como generosa lealtad a sus semejantes.

(es decir, para bajar a Cristo) es la primera de las tres interpretaciones de detalles del pasaje veterotestamentario a las que apela el apóstol, explicaciones que Pablo ofrece en el curso de estos versículos a modo de la exposición bíblica judaica, como se ve en los textos de Qumrán. Resulta natural que surja el siguiente interrogante: ¿Qué hemos de decir de la forma en que Pablo trata Deuteronomio 30.11ss., por lo que hace a la interpretación bíblica? ¿Diremos simplemente que es arbitraria, como buena parte de la exégesis de Qumrán, cuestión de forzar el texto veterotestamentario a fin de lograr un significado totalmente ajeno a éste? Por cierto que así les ha parecido a muchos, incluidos algunos de los comentaristas más comprensivos. A primera vista así pareciera, porque Deuteronomio está hablando acerca de la ley, y Pablo refiere lo que se dice a Cristo. Mas, si nuestro modo de entender la perspectiva paulina es correcto, Pablo no pensaba que Cristo y la ley fueran dos entidades enteramente inconexas; por el contrario, veía la más estrecha conexión interna entre ambos. Cristo es la meta de la ley, su significado esencial, su verdadera sustancia. Por lo tanto, es sólo en la medida en que la persona ponga sus ojos en Cristo, que podrá ver tanto la plena significación de la gracia que emana de la ley, y que se expresa en este pasaje deuteronómico, como también la plena seriedad de sus imperativos. Basado en este punto de vista de la relación entre Cristo y la ley, hay un verdadero justificativo interior para lo que Pablo está haciendo aquí. No se trata de una tipología arbitraria, sino de una verdadera interpretación en profundidad. Entre el hecho de que la ley de Dios estaba dirigida directamente al corazón israelita (exigiéndole fe y obediencia, y no era algo esotérico que tenía que ser descubierto primero mediante la búsqueda humana), y el hecho de que el Hijo de Dios se ha encarnado (de modo que no es cuestión de que el hombre tenga que ir a buscarlo y traerlo a la tierra), hay una conexión realmente estrecha; porque por detrás tanto del don de la ley como de la encarnación del Hijo de Dios está la misma gracia divina: esa gracia cuya iniciativa inicial y fundamental consistió en la elección del hombre en Jesucristo por parte de Dios.

«ni : '¿quién descenderá al abismo?'». Esta pregunta ocupa el lugar de la pregunta original de Dt. 30.13, «¿Quién pasará el mar por nosotros...?», que no ofrecía ningún punto de contacto con la historia de Cristo. El vocablo griego traducido como «abismo» aparece más de treinta veces en la Septuaginta, y generalmente denota la profundidad de las aguas; pero en la traducción del Salmo 71.20 en esa misma versión se refiere a las profundidades de la tierra como el lugar de los muertos, el Seol, y está claro que éste es el sentido en que lo entiende Pablo en este caso. (es decir, para traer a Cristo de entre los muertos). Así como no tiene sentido tratar de subir al cielo para traer a Cristo a la tierra, ya que se ha cumplido la encarnación, así tampoco tiene sentido querer bajar al Seol para sacar a Cristo de entre los muertos, por cuanto ya ha resucitado. Las preguntas que Deuteronomio 30.12-13 hace a un lado son excusas para no responder ante la ley con la agradecida confianza en la misericordia y la generosa lealtad para con nuestros semejantes que ella exige. Como las interpreta Romanos 10.6-7, describen la actitud de los que, debido a que no han comprendido adecuadamente la ley, tampoco logran reconocer a su Mesías, a pesar de que él se ha acercado a ellos.

Sino, ¿qué dice? «La palabra está cerca de ti, en tu boca y en tu corazón»; esto significa la palabra de la fe que predicamos. La cita de Deuteronomio 30.14 indica el carácter esencialmente benéfico de la ley, en la que Dios se ha inclinado para revelar su voluntad a Israel, y para reclamar para sí y para el prójimo a cada uno de los israelitas. Dios se les había acercado en su Palabra, que podía ser expresada en los labios de ellos y ser recibida en sus corazones. Pero esa proximidad de Dios a Israel, expresada mediante su ley, estaba señalando constantemente hacia adelante, hacia la entrega de sí mismo a los hombres en Jesucristo. El justificativo para la aplicación paulina del versículo en las palabras que van a continuación es la estrecha relación entre la ley y Cristo. Muchos comentaristas, que no han descubierto esta estrecha relación, y han insistido en encontrar en la teología paulina una tajante oposición entre Cristo y la ley, han hecho innecesariamente difícil este pasaje. Lo más probable es que «de la fe» signifique «que exige (la respuesta de la) fe».

9. Porque, si confiesas con tu boca a Jesús como Señor y crees en tu corazón que Dios lo ha levantado de los muertos, serás salvo explica y confirma lo que se dijo en el v. 8; de allí el «Porque» inicial. El orden de las dos cláusulas condicionales, a primera vista sorprendente, por cuanto la confesión surge del creer, se debe seguramente al hecho de que «en tu boca» precede a «en tu corazón» en Deuteronomio 30.14. En el versículo siguiente Pablo invierte el orden. El contenido de la confesión y el contenido de la creencia se formulan de modo diferente, pero en la mente de Pablo equivalen a la misma cosa. No es que quiera decir que la boca tenga que confesar algo distinto de lo que cree el corazón. Pero las dos formulaciones se interpretan mutuamente, de modo que lo que se tiene que creer y confesar se define con mayor precisión.

En vista de las evidencias que ofrece este versículo, en el que la presencia de «confesar» es sugestiva, y de 1 Corintios 12.3; 2 Corintios 4.5; Filipenses 2.11, resulta claro que «Jesús es Señor» ya era una fórmula confesional establecida. Es probable que se haya usado en relación con el bautismo, aunque también en el culto cristiano en general. Es indudable que el contraste con el uso de «señor» como designación del emperador romano debe haberle dado a la fórmula «Jesús es Señor» especial significación, pero no es probable que se haya originado como reacción al uso de «señor César». No cabe duda, desde luego, de que en el mundo grecoparlante los cristianos tenían plena conciencia del hecho de que «señor» y «señora» se usaban comúnmente con referencia a diversas deidades paganas, especialmente de las religiones helenístico-orientales (Pablo mismo se refiere a estos «muchos señores» en 1 Co. 8.5). Pero debemos rechazar la afirmación de que el título «Señor» se aplicó primeramente a Jesús por influencia helenística y en un contexto helenístico porque —para mencionar una objeción obvia— el uso paulino del arameo *marana tha* (que significa «Señor nuestro, ven», o posiblemente, si la división entre las palabras se hace en forma diferente, «Nuestro Señor ha venido» o «Nuestro Señor viene») en una carta griega a cristianos grecoparlantes (1 Co. 16.22) indica inequívocamente que se trata de una fórmula litúrgica muy antigua. Por consiguiente también sucede lo mismo con el uso de «Señor» como título del Cristo exaltado en el cristianismo arameoparlante primitivo. Es importante comprender que, en hebreo, arameo y griego por igual, las palabras en cuestión se podían usar en sentidos no religiosos (como «señor», «dueño», «amo»). Es probable que durante el ministerio de Jesús sus discípulos se hayan dirigido a él a veces llamándolo «mi señor» o «nuestro señor» con sentido equivalente a «rabí», «maestro» o «reverenciado maestro». Después de la resurrección se siguió usando esta forma de dirigirse a él, pero ya no empleando el término en el sentido de «maestro» sino como el título de alguien a quien se invoca en oración. También se hizo referencia a él en la tercera persona como «nuestro Señor» o «el Señor».

Por lo tanto, ¿qué significaba para Pablo la confesión «Jesús es Señor»? El uso del equivalente griego de «Señor» más de seis mil veces en la Septuaginta para representar el nombre divino, YHWH, debe con toda seguridad considerarse de importancia decisiva aquí. Como apoyo de este punto de vista conviene destacar los siguientes puntos:

(i) Pablo aplica a Cristo, sin —aparentemente— el menor indicio de que estuviera fuera de lugar, el vocablo «Señor» de los pasajes de la Septuaginta en que resulta perfectamente claro que el Señor a quien se alude es Dios mismo (por ejemplo, 10.13; 1 Ts. 5.2; 2 Ts. 2.2).

(ii) En Filipenses 2.9 describe el título «Señor» como «el nombre que está por sobre todo nombre», lo cual difícilmente pueda significar otra cosa que el nombre peculiar de Dios mismo.

(iii) Aparentemente no ve nada objetable en la invocación de Cristo en la oración (las dos palabras arameas en 1 Co. 16.22 probablemente se deban entender, como hemos visto, como una oración; y Pablo aprueba que se invoque el nombre de Cristo el Señor —véase 10.12-14 y 1 Corintios 1.2— aunque «invocar» es un término técnico relacionado con la oración); pero, para un judío, orar a alguien que no fuese el único Dios verdadero era una acción totalmente aborrecible.

(iv) Asocia a Cristo con Dios repetidas veces en formas que implican nada menos que una comunidad de naturaleza entre ellos. Así, sin ningún sentido de incongruencia, puede mencionar juntos a «Dios nuestro Padre» y al «Señor Jesucristo» como la fuente de la gracia y la paz (1.7; 1 Co. 1.3; 2 Co. 1.2), y puede hablar indistintamente del amor de Dios y del amor de Cristo (por ejemplo, 8.35 y 39).

Entendemos que, para Pablo, la confesión de que Jesús es Señor significaba el reconocimiento de que Jesús comparte el nombre y la naturaleza, la santidad, la autoridad, el poder, la majestad y la eternidad del solo y único Dios verdadero. Y cuando, como es el caso frecuentemente, se une al título «Señor» un pronombre personal en genitivo, se expresa adicionalmente el concepto de que él es el dueño de los que lo reconocen, como también el hecho de que ellos tienen conciencia de que pertenecen a él, o sea que evidencian un sentido de entrega y lealtad personal a él, de confianza en él.

La formulación de lo que constituye el contenido de la confesión exterior (pero también, por supuesto, de la fe interior, ya que es impensable que la boca confiese algo distinto de lo que cree el corazón) en función del hecho de que Jesús es Señor ha proporcionado una necesaria clarificación de la formulación siguiente en función de la resurrección; ha puesto en claro que su resurrección no fue un mero acto de resucitar a un cadáver solamente para que volviera a morir, sino el sello irrevocable y decisivo colocado por Dios sobre la obra de aquel que fuera crucificado como el eterno Señor. Ahora la formulación de lo que es el contenido de la fe interior en función de la resurrección deja aclarado que el Señor a quien los cristianos confiesan no es ninguna figura mitológica o simbólica como los «muchos señores» (1 Co. 8.5) familiares en el mundo pagano, sino aquel que vivió una vida humana verdadera, murió una muerte vergonzosa bajo Poncio Pilato y fue levantado por Dios una vez para siempre. La elección de la resurrección para su mención aquí resulta significativa. Indica que para Pablo la creencia de que Dios ha levantado a Jesús de los muertos es la creencia distintiva y decisiva para los cristianos. Es, justamente, el «artículo por el cual la iglesia se mantiene firme o cae»; porque «si Cristo no ha sido resucitado, luego nuestra predicación es vana y vuestra fe también es vana» (1 Co. 15.14).

La promesa «serás salvo» se refiere a la futura salvación definitiva (véase el comentario sobre 1.16 y sobre 5.9 y 10), la herencia de la vida eterna; pero la futura salvación definitiva refleja su gloria hacia atrás, o sea hacia el presente, para los que la esperan con confianza, y que ahora mismo están «siendo salvados» (1 Co. 1.18).

10. Porque con el corazón se cree para justificación, y con la boca se hace confesión para salvación sirve de apoyo al vínculo que en el versículo anterior se establece entre el «en tu boca» y el «en tu corazón» de Deuteronomio 30.14 con la confesión y la fe, respectivamente. Pero aquí se abandona el orden del v. 9, que fue dictado por el del pasaje deuteronómico, a favor del orden natural, y se menciona la fe antes que la confesión. La distinción entre «justificación» y «salvación» en este versículo (contrástese el simple «serás salvo» del v. 9 como respuesta tanto a «confesar» como a «creer») no es sustancial, por cuanto ambos términos se refieren al mismo resultado final.

11. Porque la escritura dice: «Todo el que cree en él se salvará de ser avergonzado» aparece como apoyo para el v. 10, donde Pablo entiende «se salvará de ser avergonzado» como equivalente a «será justificado», «será salvo». «Todo» es el agregado de Pablo que hace explícito y recalca el marco universal de la declaración general del texto de la Septuaginta, que es el aspecto del que se va a ocupar en los vv. 12-13. Acerca de la cita tomada de Isaías 28.16 véase el comentario sobre 9.33, donde Pablo claramente entiende que «él» se refiere a Cristo.

Los vv. **12-13** consisten en tres oraciones, cada una de las cuales explica o apoya la que le antecede (por ello la triple repetición de «Porque»). Con **Porque no hay diferencia entre el judío y el griego** compárese 3.22. En 3.22 lo que se afirma es que, dado que todos son pecadores, tanto los gentiles como los judíos por igual *sólo* pueden ser justificados por medio de la fe. Aquí (en vista del contenido de los vv. 11, 12b y 13) lo que se afirma es más bien el aspecto *positivo* de que la promesa que acompaña a la fe se aplica igualmente a judíos y a gentiles. Esta promesa, que abarca a todos los hombres sin distinción, fue invariablemente el sentido profundo de esa ley que estaba en los labios y en los corazones de los judíos. Por otra parte, aun cuando tienen que aprender la humillante lección de que la justicia para con Dios no les pertenece por derecho de descendencia o de mérito, a ellos también alcanza la promesa de que podrán compartir esa justicia por medio de la fe. **Porque el mismo Señor es *Señor* de todos.** En 3.29 lo que se afirmaba era que Dios es Dios de los gentiles tanto como de los judíos. Aquí, al afirmar que el Señor es Señor de todos, Pablo se refiere a Jesús, el «Señor» del v. 9. **siendo rico para con todos los que le invocan.** El significado de esta cláusula debe ser que Cristo es rico para beneficio de todos los que le invocan, es decir, que les da liberalmente de sus riquezas (podemos pensar en su abundancia de bondad, favor, amor, gloria, etc.). Nótese el persistente énfasis de la idea de universalidad en los vv. 11-13: «Todo [el que]», «no hay diferencia», «de todos», «para con todos», «Todo [el que]» (y compárese el «para todo aquel [que]» del v. 4). El uso del verbo traducido como «invocar» en relación con la idea de invocar a un dios en oración era algo perfectamente aceptado en el griego pagano. En la Septuaginta aparece frecuentemente con referencia a la idea de invocar a Dios en oración, e incluso puede usarse en forma absoluta en el sentido de «orar». En el Nuevo Testamento se usa varias veces tocante a la invocación de Dios Padre, pero con más frecuencia en alusión al Cristo exaltado. El v. 13 confirma que esta palabra tiene aquí su uso técnico de «invocar en oración». El hecho de que Pablo pueda aceptar la idea de orar al Cristo exaltado sin la menor repugnancia constituye, a la luz de los dos primeros mandamientos del Decálogo, la aclaración decisiva de la significación que le asignaba al título «Señor» aplicado a Cristo. **porque «Todo el que invoca el nombre del Señor será salvo»** cierra el parágrafo con una cita escritural tomada de Joel 2.32, en la que Pablo aplica a la invocación del Cristo exaltado lo que en su contexto veterotestamentario era una promesa de que en el período crítico previo al «día grande y terrible del Señor» todo el que invocare el nombre del Señor, es decir Yahvéh, será salvo. Aquí el «Todo [el que]» (a diferencia del que aparece en el v. 11) forma parte de la cita.

14-15a. ¿Como podrían invocar a aquel en el cual no han creído? Y ¿cómo podrían creer en aquel a quien no han oído? Y ¿cómo podrían oír sin un predicador? Y ¿cómo podría la gente predicar a menos que haya sido enviada? Tenemos aquí cuatro preguntas que tienen estructura paralela y forman una cadena lógica. Los verbos en tercera persona del plural de las tres primeras preguntas se entienden a veces como indefinidos («¿Cómo pueden, entonces, los hombres invocar...»); pero en vista del argumento de la sección 9.30-10.21 en conjunto, resulta más natural suponer que el sujeto de estos versículos es el mismo que el de los verbos en tercera persona del plural que encontramos en 9.32 y 10.2-3, o sea, los judíos. A esta altura le interesa a Pablo mostrar que en realidad los judíos han tenido amplias oportunidades para invocar el nombre del Señor en el sentido de los vv. 12 y 13, y por consiguiente no tienen excusa. El que en forma invariable la ley que tenían constantemente en sus labios señalaba el camino a Cristo, el que en forma constante Cristo había constituido su significado más profundo, no formaba en sí mismo esa amplia y plena oportunidad. La plenitud de oportunidades no las tuvieron hasta que el mensaje de que las promesas ya han sido efectivamente cumplidas les fue realmente declarado por mensajeros verdaderamente comisionados para este fin por Dios mismo. Pablo manifiesta lo que quiere decir preguntando si esta plenitud de oportunidades realmente la han tenido los judíos, mediante esta serie de preguntas relacionadas, contestándolas luego de modo afirmativo en el v. 15b. La serie de preguntas no enuncia el interrogante esencial en forma directa, sino que más bien indica la imposibilidad de que los judíos invocasen a Cristo a menos que se hayan cumplido ciertos requisitos previos. Su esencia puede sintetizarse en las cuatro declaraciones siguientes: Sólo pueden invocar a Cristo en el sentido de los vv. 12 y 13, si ya han creído en él; sólo pueden creer en él, si lo han oído (hablándoles por medio del mensaje acerca de él); sólo lo pueden oír, si alguien proclama el mensaje; el mensaje sólo se puede proclamar, si Dios comisiona a alguien para que lo proclame. Lo que quiere decir la cuarta pregunta es que la verdadera predicación cristiana, por medio de la cual Cristo mismo habla, no es algo que los hombres puedan lograr mediante su propia iniciativa; sólo puede llevarse a cabo cuando los hombres que lo predican han sido autorizados y comisionados por Dios. Resulta ilustrativo comparar lo que se dice en relación con la autoridad profética en Jeremías 14.14; 23.21; 27.15. Véase más en el comentario sobre «apóstol por el llamado *de Dios*» en 1.1.

15b. *Pertinente es aquí el testimonio de* **la escritura** *que* **dice: «¡Cuán hermosos son los pies de aquellos que traen buenas noticias de cosas buenas!»** La cita de Isaías 52.7, lejos de ser simplemente ornamental (como a veces se la ha considerado) constituye un paso esencial de la argumentación, sirviendo como afirmación del hecho de que las dos primeras condiciones (es decir, las últimas dos mencionadas en los vv. 14-15a) se han cumplido. Pablo no se refiere directamente a su propio ministerio apostólico, o a la predicación de otros evangelistas cristianos, sino que, apelando a Isaías 52.7, se refiere a él indirectamente, y al mismo tiempo ofrece el testimonio escritural de su verdadera significación. Si la predicación apostólica es realmente el cumplimiento de la profecía, luego es atestiguada como predicación verdadera, y esto tiene que significar que los predicadores han sido debidamente autorizados y comisionados.

16. Pero no todos obedecieron las buenas noticias. Porque Isaías dice: «Señor, ¿quién ha creído nuestro mensaje?» La primera mitad de este versículo se entiende mejor como continuación del pensamiento del v. 15: lo que ha estado faltando ha sido el sometimiento al mensaje (vale decir, la fe) por parte de los oyentes. La segunda mitad constituye así la confirmación escritural de la primera: el no creer ha sido predicho por el profeta. Este versículo es una declaración de que, por lo que concierne a algunos de los judíos, la cuarta condición (la final), vale decir, la que se menciona primero en el v. 14, que debían creer en aquel al cual han oído, no se ha cumplido. No han creído en Cristo. El «no todos» de Pablo constituye una afirmación deliberada y exageradamente modesta semejante al «algunos» de 3.3. En cuanto al uso de «obedecer» como equivalente a «creer» compárese 1.5. Obedecer el evangelio es creerlo y creer en aquel que es su contenido; y creer en el evangelio y creer en Cristo implica obedecer el evangelio y obedecer a Cristo.

17. Se da a entender que la fe viene del oír, y el oír se da por la palabra de Cristo. Este versículo ha preocupado a los comentaristas y ha sido interpretado de diferentes maneras. La explicación más satisfactoria, a nuestro entender, sigue los siguientes lineamientos. En los vv. 15b-16 Pablo salteó la tercera condición (a saber, el oír). Esto se debió, probablemente, por un lado, a un deseo de contraponer directamente al cumplimiento por parte de Dios (de Cristo) de las dos primeras condiciones básicas (la comisión de los mensajeros y el que Cristo hablase por medio de ellos), el hecho liso y llano de la desobediencia de Israel, que es el problema del cual se ocupan los capítulos 9 al 11 en conjunto, y, por otro lado, al criterio de que, como va a ampliar el tratamiento del asunto de la tercera condición (va a introducir el concepto del conocer como una especie de subdivisión del oír), resultaría más conveniente ubicarla al final. Pero tiene que volver a la tercera condición, y el v. 17 lleva a cabo la transición de la cita veterotestamentaria en el v. 16b al tema del oír de Israel. La cita se refiere a creer un mensaje. El acto de creer un mensaje comprende una fase intermedia entre la emisión del mensaje y la acción de creer en él: el que sea oído. En el v. 17, entonces, Pablo explica lo que está implícito en su cita, aplicándolo al asunto en cuestión. La fe resulta de oír el mensaje, y el oír el mensaje se produce por medio de la palabra de Cristo (por medio del mensaje de Cristo dado a conocer por boca de sus mensajeros). Esto corrobora lo que se dijo en los vv. 14-15a, pero no se trata de una simple repetición ociosa, ya que en ella el oír se convierte en el pivote que lleva naturalmente al v. 18.

18. Mas yo digo, ¿acaso no oyeron? Por cierto que sí: «Su voz ha salido por toda la tierra. Y sus palabras hasta los fines del mundo habitado». En lugar de afirmar directamente que con toda seguridad los judíos tienen que haber oído la predicación del evangelio, Pablo cita (aunque sin ninguna indicación explícita de que está citando) parte de Salmo 19.4 según la Septuaginta, aplicando a la misión cristiana lo que se dijo de la glorificación de Dios por el orden natural. Es muy improbable que el uso paulino de esta cita signifique que piensa que la predicación a todas las naciones (Mr. 13.10) ha sido completada. El mismo hecho de que tiene la esperanza de realizar un viaje misionero a España (15.24, 28) demuestra lo contrario. Es probable que todo lo que quería aseverar era que el mensaje ha sido proclamado públicamente en todo el mundo —el hecho significativo es que ha sido ampliamente predicado a los gentiles (compárese el v. 19s.)— y por consiguiente no se puede suponer que no ha sido oído por la generalidad de los judíos.

19-21. Se plantea ahora un interrogante complementario (el conocer no figuraba como eslabón en la cadena de los vv. 14-15a) en forma paralela al v. 18a, y la respuesta viene por medio de tres citas veterotestamentarias. **Pero yo digo, ¿estaba Israel sin conocimiento?** El uso de «Israel», el nombre que expresa el hecho de la elección de los judíos (compárese lo que se dijo sobre los «israelitas» en 9.4), ofrece la respuesta correspondiente. No se puede argumentar ignorancia como excusa. Pero corresponde notar que Pablo no está retirando lo que ha dicho en los vv. 2-3. La verdad es que en un sentido conocen y en otro sentido no conocen. Ellos han sido los receptores de la revelación especial que Dios hizo de sí mismo, y no obstante no han entendido. Compárese Marcos 4.12 («...que viendo puedan ver, y no percibir, y oyendo puedan oír, y no entender...»). La ignorancia que es culpable los ha caracterizado; pero a la ignorancia que podría constituir una excusa no pueden echar mano.

Primero Moisés dice: «Usaré una nación que no es ninguna nación para haceros celosos, y a una nación necia para haceros enojar». La primera cita veterotestamentaria es de Deuteronomio 32.21. En su contexto en el cántico de Moisés, las palabras constituyen una advertencia del castigo de Dios a su pueblo Israel por su infidelidad: que lo hayan provocado a celos e ira al ir tras dioses que no son dioses, que son vanidades, hará que él los castigue provocando en ellos celos y enojo por medio de pueblos que no son pueblos, que son naciones necias (las diversas naciones gentiles que Dios usa como sus instrumentos en el curso de la historia). Pablo entiende que las palabras se aplican a la misión gentil. Pues si han podido conocer los gentiles, que en relación con el conocimiento de Dios son, comparados con Israel, pueblos que en realidad no son pueblos, naciones necias, entonces no puede suponerse que Israel no ha conocido. Rasgo notable de la argumentación es el que, en lugar de apelar directamente al curso de la misión gentil en la que él mismo había desempeñado un papel tan importante, Pablo se mantiene firmemente dentro del marco veterotestamentario. Discernimiento acertado es el que ve una conexión entre el hecho —tan lleno de significación evangélica— de que Pablo establece la culpabilidad de Israel de tal manera que no se llega a poner en tela de juicio su elección, sino que se la confirma, y la constancia con que atiende al Antiguo Testamento en todo este capítulo.

La segunda cita proviene de la primera parte de Isaías 65.1: **E Isaías tiene el valor de decir: «Me dejé ser encontrado por los que no me estaban buscando, me hice manifiesto a quienes no estaban preguntando por mí».** En su contexto en Isaías, Isaías 65.1ss. probablemente se ha de entender (aunque se discute esto) como la respuesta de Dios a la oración de su pueblo de 63.7-64.12. El sentido de los vv. 1 y 2 es que Dios, en su gracia y paciencia, se ha hecho accesible a su pueblo, y en forma constante ha procurado recibirlos para que tuviesen comunión con él, a pesar de su rebeldía. Pero Pablo (como lo indican sus palabras explicativas al comienzo del v. 21) ve un contraste entre los vv. 1 y 2, y aplica el primero a los gentiles y solamente el segundo a Israel. Tal como Pablo usa la cita de Isaías 65.1, ésta es paralela a la cita en el v. 19, y sirve para confirmar que Israel tiene que haber conocido, dado que Dios ha sido encontrado por los gentiles que no lo estaban buscando.

La tercera cita también proviene de Isaías 65, pero del v. 2. **Pero con respecto a Israel dice: «Todo el día entero estiré mis manos a un pueblo desobediente y contradictorio».** El acto de extender las manos constituye aquí un gesto que equivale a dar una bienvenida y amistad. Esta última cita confirma incidentalmente que Israel ha conocido, pero cumple una doble función especial: (i) vuelve la mirada hacia lo que ya se ha dicho en relación con la desobediencia de Israel y lo recoge en una sola declaración abarcadora, la que, al dejar en claro que esa desobediencia es, justamente, el rechazo de la invariable gracia de Dios, destaca su tremenda enormidad; (ii) extiende la mirada hacia lo que se va a decir en cuanto a la esperanza de Israel, pintando gráficamente la invariable paciencia de esa gracia divina contra la cual Israel ha pecado continuamente.

4. Dios no ha desechado a su pueblo

11.1-36

El tema de toda la sección se enuncia categóricamente en el v. 2a: «Dios no ha desechado a su pueblo al cual conoció de antemano». El que incluso en la actualidad la desobediencia de Israel no esté completa (existe «un remanente según la elección de la gracia», judíos que creen en Cristo) constituye el tema principal de la primera sección (vv. 1-10), mientras que la segunda (vv. 11-24) ofrece la seguridad de que la exclusión de la mayoría de los judíos no va a durar para siempre. La tercera sección (vv. 25-32) ofrece una perspectiva del misterio del plan divino de misericordia relativo a los judíos tanto como a los gentiles. Finalmente los vv. 33-36 concluyen tanto esta sección como toda la división principal VI con una expresión de maravillada adoración y alabanza.

(i) El remanente según la elección de la gracia

11.1-10

[1]**Pregunto, entonces, ¿ha desechado Dios a su pueblo? ¡Dios no lo permita! Porque yo mismo soy israelita, de la simiente de Abraham, de la tribu de Benjamín.** [2]**Dios no ha desechado a su pueblo al cual conoció de antemano. O ¿no sabéis lo que dice la escritura en *la sección sobre* Elías, cómo ruega a Dios contra Israel?** [3]**«Señor, han matado a tus profetas, han destruido tus altares, y**

sólo yo he quedado y buscan mi vida.» ⁴Pero, ¿qué le dice la respuesta divina? «Me he dejado siete mil hombres que no han doblado sus rodillas a Baal.» ⁵Así, pues, en el tiempo presente también ha habido un remanente según la elección de la gracia. ⁶Pero si *es* por gracia, luego no *es* sobre la base de las obras; porque, si lo fuera, la gracia ya no sería gracia. ⁷¿Qué, pues? Lo que Israel está buscando no lo ha obtenido, pero los elegidos lo han obtenido. Y los demás fueron endurecidos, ⁸como está escrito: «Dios les dio espíritu de entorpecimiento, ojos ciegos y oídos sordos, hasta este mismo día». ⁹Y David dice: «Que su mesa se convierta en acechanza y trampa y piedra de tropiezo y retribución para ellos; ¹⁰que sus ojos se oscurezcan de modo que no puedan ver, y encorva tú su espalda continuamente».

Para apoyar su rotunda negación de la posibilidad de que Dios haya desechado a su pueblo Israel, Pablo cita el hecho de que él mismo es judío (difícilmente hubiera elegido Dios a un judío para que fuera su apóstol especial a los gentiles, si hubiese desechado a su pueblo, los judíos). Por cierto que Dios no ha quebrantado su promesa de no desecharlos, de lo cual da testimonio el Antiguo Testamento. En los vv. 2b-4 Pablo pasa a apelar a la historia de Elías, y a los misteriosos «siete mil hombres» de la respuesta que le dio Dios. Estos siete mil, de los cuales no tenía conocimiento el profeta, constituían (según la aplicación de los vv. 5s.) «un remanente según la elección de la gracia», y ahora en la época en que escribe el apóstol esa minoría de judíos que realmente cree en Cristo también constituye el remanente. Además, el hecho mismo de que se trate de un remanente según la elección de la *gracia*, y por consiguiente no un remanente que subsiste por sus propios merecimientos, hace que su existencia colme de promesa al resto de la nación, prenda del invariable interés de Dios en «los demás», que por cierto han sido endurecidos mediante un endurecimiento divino como el que menciona la Escritura.

1. Pregunto, entonces, ¿ha desechado Dios a su pueblo? El hecho de que se acaba de confirmar que Israel realmente había oído y conocido, y que por consiguiente no tiene excusa, plantea la cuestión de si la conclusión que se ha de sacar de la empecinada desobediencia de Israel es que Dios ha desechado a su pueblo. Pero los términos en los cuales se expresa el interrogante presuponen la respuesta negativa que ha de recibir, por cuanto son claramente reminiscentes de pasajes veterotestamentarios que declaran categóricamente que Dios no va a desechar a su pueblo (1 S. 12.22: «Porque el Señor no abandonará [en la Septuaginta: «desechará»] a su pueblo por razón de su gran nombre; por cuanto ha placido al Señor haceros un pueblo para sí mismo»; Sal. 94.14: «Porque el Señor no desechará a su pueblo, ni tampoco abandonará su herencia»). El interrogante equivale por consiguiente a preguntar: «¿Ha quebrantado Dios su explícita promesa de no desechar a su pueblo?». Podemos decir, entonces, que el primer fundamento del **¡Dios no lo permita!** que sigue es un fundamento que, aunque no expresado, está implícito en el lenguaje empleado: la Sagrada Escritura testifica que Dios no va a desechar a su pueblo.

Porque yo mismo soy israelita, de la simiente de Abraham, de la tribu de Benjamín es el segundo fundamento (el primero que se propone explícitamente como tal) de la negación expresada por el «¡Dios no lo permita!» de Pablo. Es probable que lo que quiere expresar Pablo sea que el hecho de que él, un judío (y un judío que se ha opuesto ferozmente al evangelio), sea el apóstol elegido por Dios para ir a los gentiles, es una indicación segura de que Dios no ha desechado a su pueblo. En su persona, la vocación misionera de Israel está por fin siendo cumplida, e Israel está siendo activamente asociada con la obra del Cristo resucitado. Esta es una prueba más convincente de que Dios no ha desechado a su pueblo que el simple hecho de que un judío cualquiera haya llegado a creer.

Los vv. **2-4** comienzan con una negación solemne y explícita, tanto más categórica por el hecho de que ella se expresa en las palabras mismas de la pregunta correspondiente: **Dios no ha desechado a su pueblo.** Este es el tema del capítulo 11. La significación del agregado de **al cual conoció de antemano** ha sido asunto de discusión. A veces se lo ha entendido con sentido restrictivo, como limitación de la referencia de «su pueblo» a aquellos miembros del pueblo de Israel que son objeto de una elección secreta por parte de Dios. Mas, a pesar del hecho de que los vv. 4-7 efectivamente proceden a diferenciar entre un remanente elegido y el resto del pueblo, esta interpretación resulta de lo más improbable; porque casi no corresponde negar que en el v. 1 (compárese 10.21) «su pueblo» se refiere a Israel en conjunto, y es antinatural darle un sentido distinto en el v. 2. Entendemos, por lo tanto, que la cláusula relativa se refiere a la elección general del pueblo en su conjunto, y que indica un fundamento adicional para negar que Dios haya desechado a su pueblo. El hecho de que Dios lo conocía de antemano (es decir, que deliberadamente lo unió consigo mismo con amor y fidelidad) excluye la posibilidad de que lo desechara.

El pasaje pasa a apelar a la historia de Elías: **O ¿no sabéis lo que dice la escritura en *la sección sobre* Elías, cómo ruega a Dios contra Israel? «Señor, han matado a tus profetas, han destruido tus altares, y sólo yo he quedado y buscan mi vida.» Pero, ¿qué le dice la respuesta divina? «Me he dejado siete mil hombres que no han doblado sus rodillas a Baal.»** Las palabras que Pablo pone en labios de Elías corresponden a 1

Reyes 19.10 y 14, cuya esencia reproducen en forma abreviada. Es probable que Pablo haya recurrido a la memoria. El contenido de la respuesta divina se basa en 1 Reyes 19.18. El número 7.000, que aparece, como efectivamente ocurre, no en una declaración que pretende ofrecer información histórica incidental, sino en un pronunciamiento divino solemne y misterioso, difícilmente deba entenderse ni en 1 Reyes ni aquí como un mero reflejo de una estimación tradicional del número real de los que se mantuvieron fieles en esa época de apostasía nacional. Más bien se ha de entender a la luz de la especial significación que en la Biblia y en el judaísmo corresponde al número siete y a los múltiplos de siete, como símbolo de lo completo, la perfección. La declaración de Dios de que está preservando para sí mismo siete mil hombres en Israel equivale a una declaración de su fidelidad a su propósito de salvación para su pueblo, de que ese propósito proseguirá en forma invariable y sin traba hasta su meta final.

Los vv. **5-6** indican la pertinencia del relato de Elías en relación con la cuestión de si Dios ha desechado a su pueblo, destacando en particular la significación de la respuesta divina citada en el v. 4. **Así, pues, en el tiempo presente también ha habido un remanente según la elección de la gracia. Pero si *es* por gracia, luego no *es* sobre la base de las obras; porque, si lo fuera, la gracia ya no sería gracia.** En la época de Elías había un remanente, pero el fundamento de su existencia lo constituía la iniciativa de la gracia divina, la elección efectuada por Dios en su gracia, y no el mérito humano. Fue Dios, por su propia decisión y para el cumplimiento de sus propios fines, quien hizo que el remanente se mantuviese firme; por esa misma razón su existencia estaba llena de promesa para el resto de la nación. La existencia de un remanente, cuya fidelidad fuera su propio logro meritorio, no hubiese tenido ninguna significación particularmente esperanzada para la mayoría infiel. En cambio, justamente debido a que dicho remanente fue preservado de conformidad con la elección de la gracia, y no sobre la base de las obras, su existencia se erigía como prenda del incesante interés de Dios en la nación, como también del hecho de que se ocupaba de cuidarla; señal, también, de la fidelidad de Dios para con la elección de Israel en su conjunto (si bien corresponde notar que no hay, por cierto, ninguna intención en el relato de Elías de eludir la realidad del castigo del pecado de Israel por Dios. De hecho la parte principal de la respuesta divina en 1 Reyes 19.15-18 se ocupa de esto). Con esta significación de «me he dejado» (v. 4), dilucidado por «según la elección de la gracia» y «no sobre la base de las obras», concuerda el número 7.000, dado que sugiere un remanente que no constituye un número cerrado sino abierto, y por consiguiente elocuente en cuanto a promesas para el pueblo en conjunto (compárese Mt. 18.22, donde lo que significa «Hasta setenta veces siete» es que el perdón del hermano no tiene que reconocer límites). Lo que Pablo quiere significar es que el remanente de la época actual, es decir, la compañía de judíos que han creído en Cristo, es un remanente similar, cuya existencia no se basa, tampoco, en merecimientos humanos (él mismo había sido aprehendido por Cristo en medio de su feroz oposición al evangelio), sino en la elección hecha por Dios en su gracia, y por consiguiente también prenda de la invariable elección de Israel en conjunto.

7-10. ¿Qué, pues? ofrece una conclusión general sobre la base de lo que se ha dicho en los vv. 1-6. **Lo que Israel está buscando no lo ha obtenido** repite en palabras diferentes lo que se dijo en 9.31. **pero los elegidos lo han obtenido** reúne el contenido positivo de los vv. 4-6, mientras que **Y los demás fueron endurecidos** resume, e interpreta, el elemento negativo. Con «fueron endurecidos» compárese «endurece» en 9.18 (aunque se usa una palabra griega distinta). No se debe eludir la forma pasiva explicando que significa «se endurecieron a sí mismos», interpretación errónea que puede fácilmente conducir a una actitud dura y poco fraternal para con los judíos por parte de los cristianos. Más bien hay que reconocer aquí un endurecimiento divino; pero, como lo aclara perfectamente el contexto, este endurecimiento no constituye la última palabra de Dios con respecto a las personas involucradas. Resulta importante entender aquí «pero los elegidos lo han obtenido» y «Y los demás fueron endurecidos» en forma conjunta, y que ambas frases limitan e interpretan mutuamente su significado. Porque la primera frase se refiere a la promesa que también concierne a «los demás», mientras que la segunda se relaciona con el juicio del cual los propios elegidos no están, por cierto, exceptuados. La afirmación de que «Y los demás fueron endurecidos» debería recordarnos que los elegidos, por lo que hace a sus logros y merecimientos humanos, están sujetos a la condenación divina, y que el hecho de que hayan «obtenido» se debe exclusivamente a la gracia. Por otra parte, la afirmación «pero los elegidos lo han obtenido» debería hacernos comprender el carácter provisional del endurecimiento de aquellos otros. También podemos destacar otro aspecto: los vv. 11ss. van a demostrar que ese endurecimiento de los otros pertenece igualmente a la historia de la salvación, en que lleva a la salvación de los gentiles, lo que a su vez despierta los celos de aquellos otros.

como está escrito: «Dios les dio espíritu de entorpecimiento, ojos ciegos y oídos sordos, hasta este mismo día». La primera de las dos citas veterotestamentarias que sirven para apoyar y dilucidar la afirmación de que los demás fueron endurecidos proviene básicamente de Deuteronomio 29.4. La frase «espíritu de sueño» aparece en la Septuaginta en Isaías 29.10. Tanto allí como aquí denota indudablemente un estado de insensibilidad espiritual. Debe compararse también Isaías 6.9-10. Corresponde tener presente que en el contexto de este versículo en Deuteronomio se manifiesta el espíritu de la gracia, que habla de la bondad de Dios para con su pueblo, mientras que en Isaías 29 no hace falta leer muchos versículos a partir de la referencia al «espíritu de profundo sueño» para encontrar afirmaciones que sugieren marcadamente que el endurecimiento divino no constituye la última palabra de Dios para su pueblo rebelde. Más aún, no cabe duda de que Pablo quiere que estos pasajes veterotestamentarios se entiendan a la luz del Antiguo Testamento en conjunto. La frase «hasta este mismo día» indica la permanencia de un nombre o situación, o del resultado de un acontecimiento. Es posible que, además de su connotación de permanencia hasta el presente, Pablo haya visto en ella también una sugestión de un límite impuesto a este endurecimiento divino (la idea de «hasta, pero no más allá»), lo cual concordaría adecuadamente con el tenor de los vv. 11ss.

Y David dice: «Que su mesa se convierta en acechanza y trampa y piedra de tropiezo y retribución para ellos; que sus ojos se oscurezcan de modo que no puedan ver, y encorva tú su espalda continuamente». La segunda de las dos citas veterotestamentarias de estos versículos proviene del Salmo 69.22-23. Se trata de un salmo muy utilizado en la iglesia primitiva como testimonio del ministerio de Cristo, y especialmente de su pasión. Aquí Pablo aplica a la mayoría incrédula de Israel palabras que originalmente constituían la imprecación del salmista contra sus perseguidores, pero que, cuando se entiende el salmo en sentido mesiánico, se refieren naturalmente a los que se oponían a Cristo.

El sentido general de la primera oración es, indudablemente, un deseo de que aun las cosas buenas de que disfrutan estos enemigos resulten ser causa de desastre para ellos. Las imágenes originales se han explicado de diversas formas: por ejemplo, con referencia a la piel o la tela, que los nómadas extendían sobre el suelo, y sobre la que colocaban los elementos para el festejo, pero que podía enredarse en los pies de los participantes, en caso de que se levantaran súbitamente en momentos de peligro; o con referencia a las viandas envenenadas destinadas a algún individuo en particular, pero que quienes las han preparado son forzados a ingerir. Con respecto al uso paulino de las palabras, probablemente convenga suponer que entendía, simplemente, que de un modo general sugerían el endurecimiento divino, antes que atribuirle a él alguna interpretación de los detalles semejante a las que sugieren Sanday y Headlam («De modo que a los judíos esa Ley y esas Escrituras en las cuales confiaban han de constituir la causa misma de su caída y la trampa o red de cazar en la que son tomados») o Barrett («Su mesa es su mesa de comunión: la unidad y la interrelación creada por la ley y tan altamente valorada en el judaísmo no eran más que una ilusión, por cuanto constituían una unión en el pecado (iii.20), no en la justicia»).

En la última oración casi no se puede decidir con seguridad la significación precisa de la imagen de la espalda encorvada (ya sea en el Salmo 69.23 según la Septuaginta o en su uso paulino). Podría tratarse, por ejemplo, de la idea de estar encorvado bajo el abrumador peso de la esclavitud, estar sometido a una pesada carga, estar encogido de miedo, estar agobiado por el dolor, estar demasiado débil para mantenerse erguido, o inclinado hacia la tierra debido a la ceguera o a la mala vista. El uso de la segunda persona del singular («encorva tú»), dirigido a Dios, concuerda con lo que se dijo sobre la forma pasiva «fueron endurecidos» en el v. 7: la acción de Dios, dirigida por su propósito de misericordia de conformidad con su sabiduría, se ha de reconocer en la actual incredulidad empecinada de la mayoría de los compatriotas judíos de Pablo. Lo que significa el «continuamente» es que, mientras dure la acción negativa de Dios, no ha de ser intermitente ni incierta, sino sostenida y firme. La versión «para siempre» (Moffatt, Weymouth, Barrett, VRV2,3, BA) es tanto etimológicamente errónea como también contraria a todo el tenor del contexto, que es justamente que Dios no ha desechado a su pueblo.

(ii) El rechazo de la mayor parte de Israel no es para siempre

11.11-24

[11]Pregunto, pues, ¿han tropezado como para caer *irrevocablemente*? ¡Dios no lo permita! Mas por su transgresión la salvación *ha llegado* a los gentiles, con el fin de provocarles celos. [12]Pero si su transgresión significa riquezas para el mundo y su derrota riquezas para los gentiles, ¡cuánto más significará su plenitud! [13]Mas es a vosotros gentiles a quienes hablo. Contrariamente a lo que os sentiríais inclinados a pensar, en tanto que soy apóstol de los gentiles glorifico mi ministerio [14]en la esperanza de hacer celosos a mis parientes y así salvar a algunos de ellos. [15]Porque si su rechazo significa la reconciliación del mundo, ¿qué significará su aceptación sino vida de los muertos? [16]Y si la torta de las primicias es santa, también lo es *toda* la mezcla; y si la raíz es santa, también lo son las ramas. [17]Pero si algunas de las ramas han sido cortadas y tú, olivo silvestre, has sido injertado entre ellas y hecho partícipe de la raíz, vale decir la grosura, del olivo, [18]no triunfes sobre las ramas. Pero si triunfas sobre ellas, *recuerda que* no eres tú que llevas la raíz sino la raíz *que te lleva* a ti. [19]Dirás entonces:

«Ramas fueron cortadas a fin de que yo fuera injertado». [20]Cierto: fueron cortadas por su incredulidad y tú te mantienes por tu fe. No seas altivo, sino teme. [21]Porque si Dios no ha disculpado a las ramas naturales, tampoco te disculpará a ti. [22]Considera, pues, la bondad y la severidad de Dios: para aquellos que han caído hay severidad, pero para ti la bondad de Dios, si permaneces en su bondad; porque de otro modo tú también serás cortado. [23]Pero ellos, si no se mantienen en su incredulidad, serán injertados; porque Dios puede volver a injertarlos. [24]Porque si tú fuiste cortado de tu olivo silvestre nativo e injertado en el olivo cultivado al que por naturaleza no pertenecías, ¡cuánto más éstas que son ramas naturales serán injertadas en su propio olivo!

La exclusión de la gran mayoría de los judíos no es permanente. Es la ocasión para el ingreso de los gentiles, lo cual, a su vez, ha de tener el efecto de despertar a los judíos incrédulos a la comprensión de lo que se están perdiendo, y de este modo llevarlos al arrepentimiento. Pablo espera que el éxito mismo de su propia misión a los gentiles contribuya de esta forma a salvar a algunos de sus compatriotas. Además, si la actual exclusión de la mayoría de los judíos significa un beneficio tan rico para los gentiles, ¿qué gloria acompañará su restauración final? Mientras tanto, la existencia de esos judíos que ya creen en Cristo sirve para santificar a la mayoría incrédula. Lo que dice Pablo en esta sección, y también en la siguiente, está dirigido especialmente a los gentiles entre los cristianos de Roma (compárese el v. 13a). Claramente le interesa al apóstol advertirles contra la adopción de una actitud anticristiana de superioridad contra los judíos incrédulos. Parecería más probable que sea para lograr una redacción directa y vigorosa que se emplea la segunda persona en los vv. 17-24 (en los que Pablo se dirige a cada cristiano gentil individualmente), antes que entender que se trata de un uso colectivo. La imagen del olivo en estos versículos ha creado problemas a muchos comentaristas; pero no caben dudas en cuanto al significado que Pablo quiere expresar. La contemplación de la situación en relación con los judíos incrédulos no debería llevar al cristiano gentil a una posición altanera sino a temer por sí mismo. Debería comprender que Dios puede restaurar a los judíos incrédulos, y que efectivamente así lo hará.

11 Pregunto, pues, ¿han tropezado como para caer *irrevocablemente*? ¡Dios no lo permita! Mas por su transgresión la salvación *ha llegado* a los gentiles, con el fin de provocarles celos. Contrariamente a la conclusión a la que la complacencia de los cristianos gentiles podría inducirlos a llegar, la incredulidad de la mayoría de los judíos no es una ruina espiritual de la cual no sea posible recuperarse. Por cierto que se trata de una caída trágica, pero no una caída tal que excluya para siempre la esperanza de ser levantado nuevamente. Debido al rechazo del evangelio por parte de los judíos, los gentiles han recibido la salvación. Generalmente se entiende que Pablo se refería al hecho de que el rechazo del mensaje por los judíos llevó a los mensajeros a volverse hacia los gentiles (compárense Hch. 8.1ss.; 13.45-48; 18.6; 28.24-28), y por cierto que es posible que haya tenido presente este pensamiento. Pero el v. 15a sugiere que es muy probable que haya tenido en mente otra cosa: el rechazo de la misma persona de Jesús por los judíos y el hecho de que lo entregaron a los gentiles constituían elementos vitales en el proceso que condujo a su muerte y, por ende, a la reconciliación del mundo con Dios (compárese 5.10), incluidos los gentiles y los judíos por igual. La última cláusula indica la intención divina. La llegada de la salvación a los gentiles, como resultado del rechazo de su Mesías por Israel, tiene como fin provocar celos en Israel, de conformidad con las palabras de Deuteronomio 32.21 ya citadas en 10.19. Cuando Israel, el pueblo al cual Dios ha hecho pueblo propio y peculiar, su posesión especial, vea que son otros los receptores de la misericordia y la bondad de su Dios, comenzará a comprender lo que se está perdiendo y a desear esa salvación que ha rechazado. Ese endurecimiento del cual hablaba el v. 7 tiene, por tanto, como fin último la salvación de aquellos que han sido endurecidos.

12. Pero si su transgresión significa riquezas para el mundo y su derrota riquezas para los gentiles, ¡cuánto más significará su plenitud! El v. 11 podría dar la impresión de que la única importancia de la salvación de los gentiles consiste en que al provocar celos a los judíos incrédulos obra la salvación de ellos mismos. El v. 12 restablece el equilibrio mediante el realce de la magnitud de los beneficios que resultan para los gentiles, primero de la incredulidad de la mayor parte de Israel, y luego, y mucho más, de su conversión final. Se sabe que la palabra griega traducida como «derrota» aparece en sólo dos lugares más: Isaías 31.8 en la Septuaginta y 1 Corintios 6.7. En en ambos casos puede traducirse «derrota», que es justamente el significado que se esperaría que tuviese, dado que se deriva de un verbo que puede significar «ser menos», «ser más débil (que alguien)», «ser derrotado». Este significado encuadra muy bien en el contexto: su desobediencia es, por cierto, su derrota espiritual y moral. La costumbre de explicar esta palabra aquí con el significado de «disminución» o «cortedad», con el objeto de obtener un contraste neto con «plenitud», tiene mucha antigüedad y se sostiene bastante en la actualidad, pero no cabe duda de que tendría que ser abandonada. Hay tanta razón para esperar un vocablo paralelo en significado a «transgresión» como la que hay para esperar una palabra antitética de «plenitud». Con respecto a «su plenitud», es natural entender que se trata de una referencia a la conversión de Israel en conjunto (compárese «su aceptación» en el v. 15 y «así toda Israel será salva» en el v. 26); pero el término «su» ofrece dificultad. Si «plenitud» significa aquí «número pleno y completo», parecería natural, a primera vista, pensar que «su» se refiere a todo el pueblo de Israel. En ese caso, tendríamos que suponer un cambio de referencia entre el primer «su» y el último en este versículo. Pero quizás se debería preferir una solución diferente: entender que Pablo no está pensando en que la totalidad del pueblo alcanzará su plena fuerza numérica mediante el restablecimiento de la mayoría temporariamente perdida, sino en que la mayoría incrédula alcanza su plena fuerza numérica (es decir, la plena fuerza de Israel en conjunto, que es la única fuerza plena pertinente que podría interesarle a un judío leal) al ser reunida nuevamente con la minoría creyente por su propia conversión (es decir, la de la mayoría).

13a. Mas es a vosotros gentiles a quienes hablo no es el comienzo de un párrafo nuevo, porque el pensamiento que se expresa en los vv. 11-12 continúa en los vv. 15ss. Más bien se trata de que Pablo recuerda a esta altura que lo que acaba de decir en los vv. 11-12 debería ser considerado particularmente por los cristianos gentiles, y por ello inserta los vv. 13-14 a modo de paréntesis, y luego procede a ocuparse de los cristianos gentiles específicamente hasta el v. 32. Ni esta oración ni ninguna otra cosa de esta sección indican si los cristianos gentiles formaban la mayoría o sólo una minoría en la iglesia romana de esa época. Todo lo que se ve con claridad por este pasaje es que aquí se alude en forma específica al elemento gentil de la iglesia.

13b-14. Contrariamente a lo que os sentiríais inclinados a pensar, en tanto que soy apóstol de los gentiles glorifico mi ministerio en la esperanza de hacer celosos a mis parientes y así salvar a algunos de ellos. Sería natural que los cristianos gentiles supusiesen que al volverse a los gentiles Pablo estaba dando la espalda a los judíos incrédulos. Pero era justamente lo contrario: sus mismas labores como apóstol de los gentiles tienen significatividad para Israel, promueven el bien de Israel. Pablo honra y reverencia su ministerio a los gentiles, y así lo cumple con todo el poder y la devoción de que es capaz, con la esperanza —aunque no deberíamos, por supuesto, sacar la conclusión de que éste es su único ni tampoco su principal motivo— de que su éxito provoque a celos a los judíos, y de este modo logre la conversión de algunos de ellos.

15. Porque si su rechazo significa la reconciliación del mundo, ¿qué significará su aceptación sino vida de los muertos? Esto explica cómo es que Pablo puede, no sólo como cristiano judío sino precisamente en su capacidad de apóstol de los gentiles, sentirse particularmente motivado por el deseo de provocar a celos a su propia parentela, ya que afirma que para todos (incluidos los gentiles) la restauración de Israel va a traer aparejada una inefable bendición. Por «su rechazo» debe entenderse su temporario abandono por Dios, lo que aquí, al parecer, se toma como idéntico a su rechazo del Mesías, más que como consecuencia del mismo. Este rechazo, así entendido, condujo directamente a su muerte a manos de los gentiles, y por ello a la reconciliación objetiva del mundo con Dios. Por «su aceptación» se quiere decir la aceptación final por Dios de lo que es en la actualidad la Israel incrédula. La frase «vida de los muertos» que aparece aquí se ha explicado de diversas formas: la interpretación más probable es que denote la resurrección final misma, y que lo que quiere decir Pablo es que la restauración de la masa de Israel puede significar nada menos que la consumación final de todas las cosas. Si bien este versículo tiene el efecto, por lo tanto, y por una parte, de prohibir toda expectativa optimista en cuanto a esta aceptación final y completa dentro del curso de la historia misionera de la iglesia (¡y cuánto más la necedad de buscarla en el florecimiento de algún movimiento nacionalista judío!), tiene también, por otra parte, el efecto de unir en forma indisoluble, para todos los gentiles fieles, la esperanza del retorno final de la sinagoga y la esperanza del cumplimiento final de su propia existencia en la iglesia, como asimismo el de hacer de la conversión individual del judío una indicación particularmente elocuente de esa gloria de la cual incluso la iglesia misma tiene hasta aquí sólo un anticipo.

16. Y si la torta de las primicias es santa, también lo es *toda* **la mezcla; y si la raíz es santa, también lo son las ramas** proporciona la confirmación de lo que claramente se ha expresado en forma implícita: la Israel incrédula también tiene un futuro. Al mismo tiempo, mediante su uso de las imágenes de la raíz y las ramas, prepara el camino para los vv. 17-24. La primera mitad del versículo alude claramente al ofrecimiento de una torta de las primicias de la masa según aconseja Números 15.17-21. El Antiguo Testamento no dice en ninguna parte que esta ofrenda santifica el resto de la masa, pero una comparación de Levítico 19.23-25, según el cual los frutos de los árboles se han de considerar como «incircuncisos» hasta que se haya hecho una ofrenda a Dios con ellos, sugiere que resultaría perfectamente natural que el judío pensase que la ofrenda de la torta de las primicias habría de purificar el resto de su masa. De las diversas sugestiones que se han hecho con respecto a la aplicación de la figura de la torta de las primicias por parte de Pablo, la más probable a nuestro entender es la de que tiene en mente a los cristianos judíos, y que está pensando que ellos sirven para santificar a la mayoría incrédula de Israel. Esto concordaría con las implicancias de lo que se dice acerca del remanente en la primera sección de este capítulo (especialmente los vv. 4 y 5). En la última parte del versículo, mientras algunos consideran que «la raíz» se refiere a Cristo y otros consideran que se refiere a los cristianos judíos, existe un acuerdo muy amplio entre los comentaristas en el sentido de que se trata de una referencia a los patriarcas, y este parecer tiene el apoyo del v. 28. Esto no quiere decir que después de todo Pablo quiera establecer, a pesar de lo que ha dicho en los capítulos 2-4, un derecho humano ante Dios, o que ahora afirme, a pesar de lo que ha dicho en 9.6b-29, que todo judío tiene que cumplir un papel positivo en relación con el desenvolvimiento de los propósitos de Dios en la historia, sino simplemente que Dios es fiel a su propia promesa (compárese 3.3s.). Los patriarcas constituyen una raíz santa, no por algún valor innato o mérito propio, sino en virtud de la elección hecha por Dios en su gracia. Pero los cristianos gentiles han de recordar que esa santidad de los padres, que resulta de la elección hecha por Dios en su gracia, se extiende más allá de ellos mismos, hasta alcanzar a toda la raza humana.

17-18a es el comienzo de un pasaje (vv. 17-24) que con frecuencia ha sido criticado sobre la base de que en la práctica actual, se injertan vástagos de árboles cultivados en árboles silvestres, y no a la inversa. Según muchos, Pablo, hombre de ciudad, es culpable en este caso de un error elemental. Otros han procurado defenderlo acudiendo a obras técnicas antiguas, que demuestran que la práctica de injertar un vástago de olivo silvestre en un árbol cultivado improductivo con el fin de revigorizarlo se conocía en tiempos primitivos, como también a indicios de esta práctica en algunos países en tiempos modernos. Pero todavía nos queda la referencia de Pablo al volver a injertar las ramas cortadas (vv. 23-24), cosa que en la práctica corriente difícilmente pueda darse. Otros han apelado a la frase del v. 24, que aquí hemos traducido como «al que por naturaleza no pertenecías» pero que literalmente significa «contrario a la naturaleza», como indicación de que Pablo sabía que el procedimiento que estaba describiendo era contrario a la práctica corriente. Viene más al caso señalar que aquí no se está valiendo de una metáfora como evidencia (en la forma en que Jesús, por ejemplo, apela a la conducta del dueño de la oveja en Lucas 15.3-7) ni como ornamento literario, sino simplemente como un medio para expresar lo que quiere decir, lo cual no resultaba muy fácil de expresar clara y sucintamente sin recurrir a una metáfora. (Se debe notar que ya se ha referido a «raíz» y a «ramas» en el v. 16, y que en los vv. 20-23 se combinan libremente lo metafórico y lo no metafórico.) En este uso de la metáfora —y por cierto que se trata de un uso perfectamente legítimo de ella— la verosimilitud de los detalles metafóricos no tiene importancia. Lo importante es que el significado que quiere expresar el autor quede claro. Y por lo que hace a este caso no cabe ninguna duda.

Pero si algunas de las ramas han sido cortadas y tú, olivo silvestre, has sido injertado entre ellas y hecho partícipe de la raíz, vale decir la grosura, del olivo, no triunfes sobre las ramas. Aquí, como en 3.3, «algunas» constituye una subestimación intencional. Se usa la segunda persona del singular (las palabras se dirigen al cristiano gentil individual en Roma más bien que al grupo en conjunto) con el fin de lograr una apelación directa y vigorosa. Por «entre ellas» debe entenderse «entre las ramas restantes»: la referencia a «ellas» no puede ser a aquellas ramas que se acaban de mencionar, que son las que han sido cortadas. Pablo sabe que se corre el peligro de que los cristianos gentiles se sientan inclinados a despreciar a los judíos. El que «las ramas» del v. 18a quiera decir solamente los judíos incrédulos o los judíos en general, tanto incrédulos como creyentes, no está claro. Es muy probable que Pablo esté considerando la posibilidad (¿o la existencia real?) de un sentimiento antisemita en el seno de la iglesia romana, que refleja la antipatía y el desprecio que eran comunes en el mundo romano de la época con respecto a los judíos.

18b. Pero si triunfas sobre ellas, *recuerda que* **no eres tú que llevas la raíz sino la raíz** *que te lleva* **a ti.** Por más que los cristianos gentiles se jacten ante los que constituyen las ramas naturales, no es posible modificar el hecho de que ellos disfrutan de bendiciones espirituales porque han sido agregados al tronco de Israel.

19-21. Dirás entonces: «Ramas fueron cortadas a fin de que yo fuera injertado». Estas palabras delatan el egotismo pagado de sí mismo que expresa el desprecio de los cristianos gentiles. **Cierto** admite la verdad de lo que se acaba de poner en boca de los cristianos gentiles. Pero **fueron cortadas por su incredulidad y tú te mantienes por tu fe** destaca el hecho de que simplemente se establece un contraste entre la incredulidad y la fe: queda totalmente excluido el concepto del mérito. El cristiano gentil que entiende esto entenderá la justicia del doble mandamiento que sigue: **No seas altivo, sino teme.** Para apoyar el mandamiento anterior Pablo agrega: **Porque si Dios no ha disculpado a las ramas naturales, tampoco te disculpará a ti.**

22. Considera, pues, la bondad y la severidad de Dios: para aquellos que han caído hay severidad, pero para ti la bondad de Dios, si permaneces en su bondad; porque de otro modo tú también serás cortado. En el injerto de los gentiles y la separación de los judíos incrédulos se han de reconocer la bondad y la severidad de Dios, siendo ambas cosas expresión de su amor santo y fiel.

23. Pero ellos, si no se mantienen en su incredulidad, serán injertados; porque Dios puede volver a injertarlos. Los cristianos gentiles no deben suponer que, una vez que los judíos incrédulos han sido desechados, éstos ya no pueden ser restaurados jamás, sino que tienen que aprender a tener en cuenta la libertad y la omnipotencia de Dios.

El v. **24** agrega, para apoyar lo que se acaba de decir, una apelación directa al cristiano gentil individual en Roma. **Porque si tú fuiste cortado de tu olivo silvestre nativo e injertado en el olivo cultivado al que por naturaleza no pertenecías, ¡cuánto más éstas que son ramas naturales serán injertadas en su propio olivo!** Si el cristiano gentil puede creer que Dios realmente lo ha injertado en ese tronco santo, al que por naturaleza no pertenece, ¡con cuánta mayor facilidad tendría que poder creer que Dios puede y quiere aquello que es menos maravilloso: restaurar a su propio tronco original a los judíos incrédulos, cuando se arrepientan y crean!

(iii) El misterio del misericordioso plan de Dios

11.25-32

[25]**Porque, a fin de que no fueseis sabios en vuestros propios ojos, quiero que conozcáis este misterio, hermanos, que el endurecimiento ha afectado a parte de Israel *y que durará* hasta que llegue la plenitud de los gentiles,** [26]**y así todo Israel será salvo, como está escrito: «De Sion saldrá el Libertador, él alejará de Jacob las iniquidades.** [27]**Y éste es el pacto que haré con ellos, cuando les retire sus pecados.»** [28]**Por lo que hace *al progreso del* evangelio son enemigos por causa de vosotros, pero en lo que hace a la elección son amados por causa de los padres;** [29]**porque los dones y el llamado de Dios son irrevocables.** [30]**Porque así como vosotros una vez fuisteis desobedientes a Dios pero ahora habéis recibido misericordia por la desobediencia de ellos,** [31]**así también éstos ahora han sido desobedientes con el fin de que ellos también ahora reciban misericordia por la misericordia demostrada hacia vosotros.** [32]**Porque Dios ha aprisionado a todos los hombres en desobediencia, con el fin de que tenga misericordia de todos los hombres.**

Pablo procede a impartir un «misterio», con el fin de que los gentiles entre los cristianos de Roma, a quienes se está dirigiendo en especial, no sean sabios en sus propios ojos. La esencia está en los vv. 25b-26a, y tiene que ver con tres etapas consecutivas del cumplimiento del plan divino de salvación: primero, la incredulidad de la mayor parte de Israel (la forma en que se hace referencia a ella indica que dicha incredulidad no es simplemente cuestión de desobediencia humana, sino que comprende un endurecimiento divino), luego el completamiento del ingreso de los gentiles, y finalmente la salvación de «todo Israel». El orden de la salvación así descripto marca significativamente una inversión del orden en el cual se predican las buenas noticias según 1.16 («tanto para el judío primero como para el griego»). Los vv. 26b y 27 ofrecen confirmación escritural de «así todo Israel será salvo»: el énfasis en el perdón de los pecados en la cita veterotestamentaria compuesta es llamativo. Los siguientes cinco versículos destacan las implicancias de los vv. 25-27, y los sintetizan con evocativa concisión. Primero, con unos cuantos trazos rápidos, los vv. 28 y 29 pintan a Israel sometido a la ira de Dios por el bien de los gentiles, mas invariablemente amado por Dios de conformidad con la elección por causa de los patriarcas, por cuanto Dios es fiel. Luego sigue la cuidadosamente equilibrada oración de los vv. 30s., con su marco temporal, y la osada conclusión del v. 32. En ellas la desobediencia humana se relaciona en forma firme y decisiva con la misericordia de Dios, que todo lo abarca. Puede decirse que la sección reúne lo esencial de todo el argumento de 9.1-11.24.

25-26a. Porque, a fin de que no fueseis sabios en vuestros propios ojos, quiero que conozcáis este misterio, hermanos, que el endurecimiento ha afectado a parte de Israel *y que durará* **hasta que llegue la plenitud de los gentiles, y así todo Israel será salvo.** Pablo quiere que los cristianos gentiles de Roma conozcan el misterio que está a punto de declarar, porque es la solemne confirmación de lo que acaba de decir, y que al mismo tiempo se extiende más allá de todo lo que ya ha dicho. El apóstol piensa que, si conocen este misterio, se verán menos expuestos a sucumbir a la tentación de engreírse tocante a su supuesta sabiduría superior. La palabra griega traducida como «misterio» es la palabra de la cual se deriva el término en castellano. Mientras que en el griego pagano, cuando se usa en contexto religioso, denota algo revelado a los iniciados y no así a los no iniciados, en el Nuevo Testamento denota, característicamente, lo que, si bien ha estado anteriormente oculto, ya ha sido revelado por Dios y se ha de proclamar abiertamente, a fin de que todos aquellos cuyos oídos y corazones son abiertos por Dios puedan oírlo y entender. Pero también se usa para denotar una revelación especial (nótese su uso en asociación con «profecía» en 1 Co. 13.2; compárese también Ef. 3.3), y piensan muchos que aquí Pablo está impartiendo una nueva revelación especial que él mismo ha recibido. Esto es posible; pero se debe notar que no dice que lo que está impartiendo sea una revelación nueva, o que sea algo que le ha sido revelado especialmente a él. Se puede sostener que el contenido de este misterio se ha de discernir en el Antiguo Testamento visto a la luz de los acontecimientos evangélicos. De todos modos, el misterio es algo conocible sólo porque Dios lo ha revelado.

Las palabras que siguen al vocablo «que» indican el contenido del misterio. Resulta claro que se destaca la última cláusula, «y así todo Israel será salvo», por el hecho de que ella sola tiene el apoyo de la cita veterotestamentaria en los vv. 26b-27. Pero se obtienen interpretaciones más bien diferentes del misterio, según dónde, en la primera y segunda cláusulas («el endurecimiento ha afectado a parte de Israel *y que durará* hasta que llegue la plenitud de los gentiles»), se entienda que recae el énfasis especial, dado el caso de que se dé dicho énfasis. Así, es posible entender que el énfasis recae sobre «el endurecimiento», y por ello suponer que lo que se quiere destacar es que la incredulidad de Israel no es sólo cuestión de desobediencia humana, sino que se debe al endurecimiento divino. Esta constituiría una razón poderosa para sostener que los cristianos gentiles no deben acariciar sentimientos de superioridad. Puede entenderse de otro modo que el énfasis recae sobre «parte de»: sólo parte de Israel, no la totalidad, es incrédula. O, también, se puede entender que «hasta que llegue la plenitud de los gentiles» es la frase que recibe el énfasis especial: el endurecimiento de Israel durará hasta que llegue la plenitud de los gentiles, y es, en realidad, para beneficio de los gentiles, lo cual constituiría una buena razón para que los cristianos gentiles no se sientan superiores; o, alternativamente, se podría querer destacar el que sólo durará hasta que llegue la plenitud de los gentiles, es decir, que tiene una limitación temporal y que por lo tanto los gentiles no deben envanecerse con la idea de que los judíos incrédulos han sido desechados para siempre. Pero parecería más probable que las tres cláusulas se han de interpretar simplemente como indicación de tres etapas sucesivas en el plan divino de la salvación, y que es un error tratar de encontrar un énfasis especial en alguna palabra o frase en particular, aparte de reconocer que la última cláusula constituye la parte culminante del todo.

Con respecto a esta última cláusula es preciso mencionar tres cosas. Primero, el «así» es enfático: será en las circunstancias que se den cuando se hayan cumplido las primeras dos etapas, y sólo entonces, que «todo Israel será salvo». Segundo, la explicación más probable de «todo Israel» es que significa la nación Israel en conjunto, aunque no necesariamente incluido cada uno de sus miembros individuales. Tercero, entendemos que «será salvo» se refiere a una restauración de la nación de Israel ante Dios al final de la historia, o sea un acontecimiento escatológico en el sentido estricto. (¿Podría ser que esta mitad del versículo y Mt. 10.23b arrojen luz mutuamente sobre sus respectivos significados? ¿Podría la aseveración de que «No habréis recorrido las ciudades de Israel, hasta que el Hijo del hombre haya venido» significar —ya sea que se acepte o rechace su autenticidad como dicho de Jesús— que la conversión de «todo Israel» no se logrará antes de la parusía?) Es lógico esperar que la cita veterotestamentaria que sigue arroje alguna medida de luz sobre el significado de la frase «será salvo» en el pensamiento de Pablo.

26b-27. como está escrito: «De Sion saldrá el Libertador, él alejará de Jacob las iniquidades. Y éste es el pacto que haré con ellos, cuando

les retire sus pecados.» La cita es compuesta y representa casi textualmente la versión de la Septuaginta de Isaías 59.20-21a, seguida de una cláusula de Isaías 27.9. La referencia original de Isaías 59.20 podría ser a Dios mismo, aunque existen algunos indicios rabínicos de que llegó a interpretarse como referencia al Mesías, y es probable que así la entendía Pablo. Probablemente entendía la venida como la parusía, y probablemente interpretaba «Sion» como indicación del cielo o del santuario celestial. Las palabras «él alejará de Jacob las iniquidades» (aquí la Septuaginta difiere considerablemente del hebreo) indican la naturaleza de la liberación que logrará dicho Libertador: eliminará la impiedad de la nación de Israel. Esta caracterización de la obra del Mesías ofrece un notable contraste con la expectativa judía de un mesías político. En Isaías 59.21 «este» anticipa el contenido del pacto tal como aparece en la última parte del versículo. El efecto de la sustitución de una cláusula de Isaías 27.9 en la Septuaginta por la última parte del versículo tiene por objeto destacar nítidamente el hecho de que la esencia del nuevo pacto que Dios va a establecer con Israel es el perdón de sus pecados en su gracia. Esta cita compuesta deja en claro, por lo tanto, la naturaleza de la liberación indicada por «será salvo» del v. 26a mediante la inflexible concentración en el perdón divino y en su necesidad por parte de Israel. Destruye las egocéntricas esperanzas de Israel de invocar derechos ante Dios, de colocar a Dios en situación de verse obligado ante ellos por sus méritos, dejando en claro que la salvación final de la nación es cuestión del perdón de sus pecados por pura misericordia de su Dios. También se debe notar que aquí no hay indicio que sirva para alentar esperanza alguna, en los contemporáneos judíos de Pablo, en cuanto al restablecimiento de un estado nacional independiente y poderoso, ni, incidentalmente, nada que pueda interpretarse razonablemente como respaldo escritural de la moderna nación-estado de Israel.

28. Por lo que hace *al progreso del* evangelio son enemigos por causa de vosotros, pero en lo que hace a la elección son amados por causa de los padres consiste en dos afirmaciones paralelas que contrastan. El hecho de que no se equiparan entre sí resulta claro tanto por el contenido de la última afirmación, como por el hecho de que ésta es la única que recibe apoyo del versículo siguiente: de hecho, el agregado de la última afirmación limita la validez de la primera. Bajo «*el progreso del* evangelio» se incluye, indudablemente, el cumplimiento, en el ministerio, en la pasión y en la resurrección de Jesús, de los acontecimientos que constituyen la base del mensaje evangélico, la subsiguiente predicación por la iglesia, la aceptación o el rechazo del mensaje por los hombres. En relación con todos estos aspectos, el Israel incrédulo ha sido desobediente, y por lo tanto se ha visto sometido a la ira de Dios. El paralelismo cuidadosamente elaborado entre las dos partes del versículo nos obliga a tomar «enemigos» en su sentido pasivo en correspondencia con «amados». Lo que quiere decir «por causa de vosotros» es que el sometimiento de Israel a la hostilidad divina debido a su desobediencia, su temporario rechazo por Dios, fue algo que, en la providencia divina, tenía en todo momento por objeto el beneficio de los gentiles. Pero todo el tiempo en que sean «enemigos» son también —y esto es lo permanente, mientras que lo otro es temporario—, con respecto a la elección divina, los «amados» de Dios. La elección a que se alude aquí es, desde luego, la elección del pueblo en conjunto (compárese el v. 2), no esa elección que hace distinciones dentro de Israel (compárense los vv. 5 y 7). Mientras que «por causa de» en la primera parte del versículo («por causa de vosotros») se usa en el sentido de «con miras al beneficio de», en la última parte se usa en el sentido de «en razón de». El significado de Pablo en «amados por causa de los padres» es que Israel es amado porque Dios es fiel a su propio amor, ese amor que en su libertad soberana prodigó a los padres únicamente sobre la base de su propio amor, que no reconoce otra causa alguna fuera de sí mismo (compárese Dt. 7.7s.).

29. porque los dones y el llamado de Dios son irrevocables se agrega como apoyo del v. 28b. Si bien muchas de las cosas que están comprendidas en la existencia de este pueblo en particular, como pueblo especial de Dios, pueden describirse en forma igualmente acertada como dones otorgados por Dios en su gracia o como parte de su llamado para ellos, tal vez aquí deberíamos entender por «dones» los preciosos privilegios del pueblo judío vistos como dones divinos inmerecidos, y por «llamado», el llamado divino a ser el pueblo especial de Dios, a ocupar un lugar especial ante él, y por ello a realizar una tarea especial y cumplir una función especial en la historia. En el original la palabra traducido como «irrevocables» aparece primero en la oración con el fin de darle realce especial. Acerca del sentido general podemos comparar 3.3s.; 15.8. La base de la seguridad de Pablo de que los judíos siguen siendo amados por Dios, a pesar de encontrarse bajo su ira debido a su incredulidad y oposición al evangelio, es la fidelidad de Dios, esa fidelidad, inmutabilidad, confiabilidad, sin la cual Dios no sería el Dios justo que en realidad es.

30-31. Porque así como vosotros una vez fuisteis desobedientes a Dios pero ahora habéis recibido misericordia por la desobediencia de ellos, así también éstos ahora han sido desobedientes con el fin de que ellos también ahora reciban misericordia por la misericordia demostrada hacia vosotros. Estos versículos constituyen una oración meticulosamente armada que explica (de allí el «Porque» inicial) los vv. 28-29. Las correspondencias entre ellos podrían organizarse de la siguiente manera:

v. 30	v. 31
vosotros	*éstos*
una vez	*ahora (el primer «ahora» del v. 31)*
fuisteis desobedientes a Dios	*han sido desobedientes*
ahora	*ahora (el segundo «ahora» del v. 31)*
habéis recibido misericordia	*misericordia*
por la desobediencia de ellos	*por la misericordia demostrada*
	hacia vosotros

Con respecto al reconocimiento de estas correspondencias hay amplio acuerdo entre intérpretes recientes. Pero la cuestión de si el dativo griego traducido «por la misericordia demostrada hacia vosotros», que en el original en realidad precede a «con el fin de que», (i) debería relacionarse con «éstos ahora han sido desobedientes» o (ii) con «ellos también ahora reciban misericordia» es algo que se debate desde hace mucho tiempo, y que se sigue debatiendo. Hay desacuerdo, también, acerca del sentido tanto de este dativo como de «por la desobediencia de ellos».

Quienes aceptan la primera explicación interpretan la primera cláusula del v. 31 de diversas maneras, según la forma en que entiendan el dativo que hemos traducido «por la misericordia demostrada hacia vosotros»: por ejemplo: «así también éstos ahora han sido desobedientes como resultado de la misericordia demostrada hacia vosotros»; «así ahora, cuando vosotros recibís misericordia, éstos han resultado ser desobedientes». Sin embargo, si se acepta la segunda explicación, es posible adoptar la traducción que se ofrece al comienzo de esta nota, y lo que significa «por la misericordia demostrada hacia vosotros» probablemente sea: (a) que los judíos van a recibir misericordia por medio de la misericordia que ha sido demostrada hacia los gentiles, o (b) que van a recibir misericordia de la misma clase de misericordia que han recibido los gentiles.

El hecho de que la segunda explicación exige que se tome como parte de la cláusula final una frase que precede a la conjunción final traducido como «con el fin de que» se considera a veces como objeción decisiva contra ella; pero esta objeción no puede aceptarse, ya que colocar una palabra o frase de este modo delante de la palabra que constituye el comienzo natural de la cláusula a la cual pertenece tiene antecedentes en otras partes, tanto del Nuevo Testamento como del griego clásico. Una consideración importante contra la primera explicación y a favor de la segunda se refiere a la correspondencia entre los dos versículos. Dado que hay un equilibrio tan cuidado entre seis elementos del v. 30 y seis elementos del v. 31, como se ha evidenciado más arriba, nos parece altamente significativo que, según la segunda explicación, la distribución de los seis elementos entre las dos cláusulas del v. 31 equivale exactamente a la de los seis elementos correspondientes entre las dos cláusulas del v. 30 (en ambos versículos tres y tres), mientras que, según la primera explicación, el equilibrio se destruye (en el v. 30 tres y tres, pero en el v. 31 cuatro y dos). Una consideración adicional que nos parece favorecer decididamente la segunda explicación es su consonancia con el v. 11. En vista del paralelismo cuidadosamente estructurado entre los vv. 30 y 31, parecería extremadamente probable que «por la desobediencia de ellos» y «por la misericordia demostrada hacia vosotros» fueron concebidos para evidenciar sentidos estrechamente correspondientes. Si se acepta la segunda explicación, y si se interpreta la última frase de conformidad con la posibilidad (a) indicada arriba, luego a las dos frases se les puede dar significados estrictamente paralelos, ambos confirmados por lo que se dice en el v. 11. La frase «por la desobediencia de ellos» significará «mediante, o por medio de, la desobediencia de ellos» (la desobediencia de los judíos ha sido el medio por el cual los gentiles han recibido misericordia: compárese «por su transgresión la salvación *ha venido* a los gentiles»); y la frase «por la misericordia demostrada hacia vosotros» (la misericordia demostrada hacia los gentiles ha de ser el medio por el cual los judíos llegarán a darse cuenta de lo que se están perdiendo y por ello también el medio por el cual finalmente recibirán misericordia; compárese «con el fin de provocarles celos»).

Es preciso destacar dos puntos adicionales con relación a estos dos versículos. El primero es que «con el fin de que» se ha de entender como referencia al propósito divino. Detrás de la desobediencia actual de la mayoría de los judíos se ha de discernir el propósito misericordioso de Dios. El segundo es que el segundo «ahora» del v. 31 se ha de entender como temporal, pero no como evidencia (como lo han considerado algunos) de que Pablo estaba seguro de que el fin del mundo había de ocurrir en un plazo muy corto. La verdad es, en realidad, que Pablo ve el tiempo que comienza con los acontecimientos evangélicos, y que se extiende hasta la parusía, como una unidad. Se trata del «ahora» de los últimos días, la época del fin.

32. Porque Dios ha aprisionado a todos los hombres en desobediencia, con el fin de que tenga misericordia de todos los hombres. Este versículo proporciona una explicación necesaria de los vv. 30-31, y al mismo tiempo sirve para unificar y concluir la argumentación de los capítulos 9 a 11 en conjunto. Retoma los dos temas principales de los dos últimos versículos, los temas de la desobediencia humana y de la misericordia divina, y los relaciona entre sí en función de la acción divina («Dios ha aprisionado ... con el fin de que tenga misericordia...»). Pero estos dos temas recorren los tres capítulos, y el pensamiento que se refleja aquí en el uso del término «aprisionar», el énfasis sobre la acción soberana de Dios, y el contraste entre el todo y la parte, que se presupone aquí por el doble uso de «todos», también han sido temáticos en estos capítulos. Con seguridad que aquí el «aprisionar» de Pablo, teniendo en cuenta 1.24, 26, 28; 9.18; 11.7, 25, se debe entender como referencia al ordenamiento providencial de Dios, que —al permitir que los hombres ejerciten su libertad y, también, al implantar ese endurecimiento judicial al que aluden pasajes tales como 11.7b— da como resultado que los hombres estén aprisionados por su propia desobediencia, de modo tal que no tienen posibilidad alguna de escapar, salvo en la medida en que la misericordia de Dios los libere.

Con respecto al doble «todos los hombres», dado que el primero parecería denotar todos sin excepción, parecería natural suponer que el significado del segundo es el mismo. Pero es preciso notar que, mientras la primera parte del versículo constituye una afirmación de un hecho, la segunda es una afirmación de un propósito. Parecería prudente resistir tanto la tentación de tratar de basar en este versículo (o en este versículo junto con otros versículos como 5.18 y 1 Ti. 2.4) un dogma de universalismo, como también la tentación de considerar las solemnes y urgentes advertencias, que el Nuevo Testamento ciertamente ofrece en abundancia, como clara justificación para proclamar la certidumbre de la exclusión final de algunos del alcance de la misericordia de Dios.

(iv) Conclusión de esta división principal

11.33-36

[33]¡Oh la profundidad de las riquezas y la sabiduría y el conocimiento de Dios! ¡Qué inescrutables son sus juicios e incomprensibles sus caminos! [34]«Porque, ¿quién ha conocido la mente del Señor? O, ¿quién ha sido su consejero? [35]O, ¿quién se ha anticipado a él en dar, de modo que reciba de él un pago ganado?» [36]Porque de él y por él y a él son todas las cosas: a él sea la gloria por siempre. Amén.

Los vv. 33-36 concluyen no sólo la sección 4 sino también la división principal VI en conjunto. Constituyen una elocuente expresión de maravilla y adoración ante el misterio de los caminos de Dios, ante la majestad de su misericordia y sabiduría. Para Pablo, por lo menos, la resuelta contemplación del misterio de la elección divina no puede llevar al desaliento o el fatalismo, sino que más bien debe conducir a la expresión de un himno de asombrada alabanza, porque, para él, la elección es asunto de la libertad y la fidelidad del misericordioso Dios. Está claro que no resulta inapropiado llamar a estos versículos un himno. Su carácter poético es evidente. El que este himno haya sido compuesto por Pablo como conclusión para esta división de su epístola es mucho más probable que la sugestión de que se estaba valiendo de un himno que ya existía; pero al componerlo ha tomado libremente de varias fuentes, del Antiguo Testamento, tal vez también de la apocalíptica extrabíblica, del judaísmo helenístico, del estoicismo, a través del judaísmo helenístico, y del lenguaje del culto cristiano.

33. **¡Oh la profundidad de las riquezas y la sabiduría y el conocimiento de Dios!** Acerca del uso metafórico de «profundidad» compárese 1 Corintios 2.10: el pensamiento que se expresa es de profundidad e inmensidad. Sobre la idea de las riquezas de Dios compárense 2.4; 9.23; y también 10.12. En vista de estos pasajes, si bien es posible que Pablo tuviese en mente aquí los infinitos recursos divinos en general, es probable, más bien, que estuviera pensando acerca de la abundancia de la misericordia y bondad de Dios (compárense los vv. 31 y 32). La sabiduría está asociada con las riquezas en la doxología al Cordero en Apocalipsis 5.12, y la sabiduría y el conocimiento se asocian naturalmente (compárese Col. 2.3). Por «sabiduría» quizá se quiera significar especialmente la sabiduría que informa los propósitos de Dios y el cumplimiento de los mismos (compárense 1 Co. 1.21, 24; Ef. 3.10); por «conocimiento» quizá especialmente el amor electivo de Dios y la amorosa preocupación y cuidado que éste involucra (compárese el uso de «conocer» en 1 Co. 8.3; Gá. 4.9; 2 Ti. 2.19; también 1 Co. 13.12, donde en el original se usa un verbo compuesto, y el uso de «conocer» en el Antiguo Testamento en, por ejemplo, Sal. 1.6; 31.7; Os. 5.3; 13.5; Am. 3.2).

¡Qué inescrutables son sus juicios e incomprensibles sus caminos! dirige la atención al carácter misterioso de los juicios de Dios (el cumplimiento de sus juicios) y a los caminos que sigue en el cumplimiento de sus propósitos. Como los juicios y caminos del Dios misericordioso, no se conforman a los conceptos previos de los hombres, aun de los hombres creyentes, y frustran los intentos humanos de controlarlos. Tenemos que reconocerlos desde abajo; no contamos con un punto de visión ventajoso desde el cual podamos mirar hacia abajo y contemplarlos desde arriba.

34-35. **«Porque, ¿quién ha conocido la mente del Señor? O, ¿quién ha sido su consejero? O, ¿quién se ha anticipado a él en dar, de modo que reciba de él un pago ganado?»** Las dos primeras preguntas son citas de Isaías 40.13 (que también se cita en 1 Co. 2.16) en la Septuaginta. La tercera pregunta no se ha de encontrar en la Septuaginta (excepto como una variante de Is. 40.14, casi seguro un agregado derivado de este pasaje en Romanos), pero se acerca mucho a la forma hebrea de Job 41.11a. El propósito de esta tercera pregunta es el de subrayar la imposibilidad de que un hombre pueda hacer deudor suyo a Dios. Las tres preguntas expresan la sabiduría trascendente y la autosuficiencia de Dios.

36. Porque de él y por él y a él son todas las cosas probablemente refleje un préstamo judaico helenístico de fuentes estoicas, que a su vez reflejan la influencia de la filosofía griega primitiva. Pero el sentido de la fórmula usada por Pablo está muy lejos del panteísmo del uso estoico de un lenguaje similar. El apóstol afirma que Dios, el Dios que ha actuado redentoramente en Jesucristo, es el Creador, el Sustentador y Gobernante, y la Meta, de todas las cosas.

La discusión de los capítulos 9-11 llega a su conclusión natural y adecuada en una doxología: **a él sea la gloria por siempre. Amén.**

Por cierto que Pablo no ha proporcionado claras respuestas a las desconcertantes preguntas que surgen en relación con los temas de estos tres capítulos. Por cierto no ha eliminado todas las dificultades. Pero, si lo hemos seguido a lo largo de estos capítulos con atenta seriedad y mente receptiva, bien podremos sentir que nos ha proporcionado lo suficiente como para hacer que podamos repetir el «amén» de su doxología con la gozosa confianza de que el profundo misterio que nos rodea no constituye ni un misterio fantasmal incoherente, ni un tenebroso misterio de arbitraria omnipotencia, sino un misterio que jamás resultará ser otra cosa que el misterio de ese Dios que es enteramente bueno, misericordioso y fiel.

VII. La obediencia a la cual son llamados quienes son justos por la fe

12.1-15.13

Los primeros once capítulos de Romanos ya han indicado muy claramente que la vida que se le promete al hombre que es justo por la fe tiene que ser una vida de obediencia a Dios. Implícito ya en los capítulos 1-5, el tema se vuelve explícito en el capítulo 6. Quienes saben que Dios en su gracia ha decidido verlos como si hubieran muerto al pecado difícilmente puedan seguir viviendo en él con complacencia. Constituye una inescapable implicancia de su bautismo el que, lejos de permitir que el pecado reine sobre ellos como el amo indiscutible de su vida, tienen que rebelarse —y pueden rebelarse— contra el tirano usurpador, y presentarse ante aquél al cual por derecho pertenecen. Han sido reclamados en forma decisiva para la obediencia a Dios, para la santificación. Mientras la tensión, con toda su verdadera angustia, en la que se ve envuelto el cristiano, y de la que no puede evadirse en esta vida, recibió realce en el capítulo 7, con notable realismo y sinceridad, reconociéndose con honestidad la fuerza del dominio que ejerce el pecado sobre el creyente, Pablo podía, no obstante, afirmar confiadamente, en el capítulo 8, que se ha efectuado una liberación. La concesión del Espíritu significa la libertad para comenzar a cumplir la justa exigencia de la ley de Dios, para comenzar a obedecer a Dios. Además, todo lo que se necesita decir acerca de la obediencia cristiana se dijo en principio en 8.15 («habéis recibido el Espíritu de adopción, por cuya habilitación clamamos 'Abba, Padre'»); porque hacer referencia al Dios verdadero usando el nombre de «Padre», con entendimiento, seriedad y sinceridad es, por cierto, todo lo que se exige de nosotros. Porque llamarle «Padre» con verdadero entendimiento, seriedad y sinceridad, requiere necesariamente procurar ser, pensar, hablar y hacer empeñosamente aquello que le resulta agradable a él, y evitar todo aquello que le resulta desagradable. Mas, dado que esta obediencia en pensamiento y en actitud, en palabra y en hechos, se ha de lograr en las difíciles y peligrosas situaciones concretas de la existencia humana, por creyentes que están, todos por igual, lejos de ser plenamente comprensivos, plenamente serios, plenamente sinceros, Pablo —después de haber procurado llevar, en los capítulos 9-11, a los cristianos de Roma a una percepción más profunda de la realidad y el misterio de la misericordia de Dios— procede en 12.1-15.13 a efectuar una exhortación tanto práctica como particular.

Se acepta ampliamente que en esta división de la epístola Pablo se valió en forma considerable de materiales tradicionales de diversas clases. De tiempo en tiempo hemos de notar sus probables fuentes. Pero lo que nos va a ocupar principalmente será la significación que tiene dicho material en su contexto en Romanos.

1. Se enuncia el tema de esta división principal de la epístola

12.1-2

Estos dos versículos desempeñan el papel de introducción para el resto de la división principal 12.1-15.13, cuyo tema dan a conocer.

¹**Os exhorto, pues, hermanos, por las misericordias de Dios a presentaros como sacrificio vivo, santo y agradable a Dios, que es vuestra adoración racional.** ²**Y dejad de permitir que seáis conformados a esta era, sino seguid dejando que seáis transformados por la renovación de vuestra mente, a fin de que comprobéis cuál es la voluntad de Dios, aquello que es bueno y agradable y perfecto.**

1. Os exhorto, pues, hermanos, por las misericordias de Dios. Apoyado como lo está por la expresión «por las misericordias de Dios», que vuelve la mirada hacia aquello sobre lo cual venía escribiendo Pablo, el «pues» probablemente tiene su plena fuerza e indica que lo que se está a punto de expresar se basa en lo que ya se ha dicho, o se sigue de ello. La obediencia del cristiano es su respuesta a lo que Dios ha hecho por él y por todos los hombres en Jesucristo. Su motivo básico es la gratitud por la bondad de Dios expresada en Cristo. Esto significa que todo esfuerzo moral cristiano verdadero es teocéntrico, teniendo su origen no en un deseo humanístico de destacar el yo mediante el logro de alguna superioridad moral, ni en la ilusoria esperanza del legalista de poner a Dios bajo obligación para con él, sino simplemente en la acción divina de la gracia. La elección de «Agradecimiento» como encabezamiento de la tercera división del Catecismo de Heidelberg que trata de la obediencia cristiana, y el comentario de J. A. Bengel sobre este versículo, «El cristiano ... entiende su responsabilidad a partir de la bondad del Dios misericordioso», reflejan una percepción acertada de la significación del presente versículo.

Las palabras «por las misericordias de Dios» indican el fundamento en que apoya Pablo su apelación. El uso del plural probablemente se deba a la influencia de la Septuaginta, que en forma regular traduce el vocablo hebreo que significa «conmiseración», que es un sustantivo plural, por un plural griego, y en castellano puede ser preferible un singular (compárense BJ y TA, por ejemplo). Pablo está pensando en la misericordia divina como aquello que orienta todos los propósitos y actos de Dios en relación con su creación, o sea la misericordia que ha sido revelada en Cristo, antes que en una cantidad de diferentes manifestaciones de ella. Uno se podría preguntar, debido a la prominencia especial de varios vocablos griegos relacionados con la misericordia en los capítulos 9-11, si esta frase, y también el «pues», se refieren particularmente a estos capítulos; pero, como toda la sección de 1.18-11.36 se ocupa de la acción del Dios misericordioso, y palabras como «gracia», «bondad», «longanimidad» y «amor» aparecen en los primeros ocho capítulos, aun cuando las palabras que aluden a la «misericordia» y la «conmiseración» pueden estar ausentes, es más probable que Pablo consideraba que su exhortación estaba basada en todo el curso de lo que ha dicho hasta aquí en la epístola.

El verbo griego traducido como «exhortar» puede cubrir una gama de significados desde «implorar» o «encarecer» hasta «invitar» y «solicitar». También puede significar «consolar». Pero el sentido neotestamentario más característico es «exhortar», como se usa el término para denotar la anhelante apelación, basada en el evangelio, a quienes ya son cristianos, a vivir consecuentemente con el evangelio que han recibido. Cuando se usa en este sentido, como término técnico para la exhortación cristiana, expresa urgencia y seriedad pero también la nota de autoridad: el autorizado llamamiento a la obediencia emitido en el nombre del evangelio.

a presentaros. Es muy probable que la palabra griega se use en este caso como término cúltico técnico, con el sentido de «ofrecer (un sacrificio)», aun cuando nunca se usa así en otras partes en la Biblia griega. Esto explicaría la omisión de «a Dios», que de otro modo parecería requerirse asociado al verbo, ya sea además de «agradable», o en su lugar. «Presentaros» es literalmente presentar «vuestro cuerpo», vosotros mismos en la totalidad de vuestra vida concreta. El cristiano ha de presentarse en su vida toda a Dios **como sacrificio.** Siendo ya pertenencia de Dios por derecho de creación y por derecho de redención, todavía tiene que llegar a pertenecer a

Dios en virtud de su propia entrega de sí mismo en libertad. Y esta entrega, desde luego, tiene que renovarse vez tras vez.

vivo, santo y agradable a Dios. En algunas versiones, a diferencia del original, se traduce de forma que se da énfasis especial al vocablo «vivo», logrando la impresión de que se trata de algo que está vivo (efecto que algunas versiones inglesas logran colocando la palabra «vivo» delante del sustantivo y las restantes después), y que los otros dos epítetos hubiesen sido agregados a último momento. Compárense, por ejemplo, BJ, BC. Esto ha alentado en algunos lectores la tendencia a suponer que lo que quiere decir «vivo» o «viviente» aquí es que, a diferencia de una víctima animal, este sacrificio no tiene que ser muerto. Pero esta difundida explicación de «vivo» nos parece bastante improbable. Por una parte, parecería ser una cuestión demasiado obvia como para que se la tenga que mencionar; por otra, las víctimas animales siempre estaban vivas cuando se las iba a sacrificar. Empero, cuando se reconoce que los tres epítetos están en un mismo nivel, resulta más natural entender «vivo» en un sentido más parecido a los otros dos adjetivos. Entendemos que Pablo quiere decir que el cristiano libremente ofrecido por sí mismo a Dios tiene que estar vivo en un sentido teológico profundo, viviendo en «novedad de vida» (6.4). Entre las otras numerosas veces que aparece «vivir» y «vida» en Romanos podemos hacer referencia, por ejemplo, a 1.17; 5.17; 6.10, 11, 13, 22; 8.6, 10, 13.

Cuando describe el sacrificio como «santo», Pablo indudablemente llama la atención primeramente al hecho de que el cristiano que está siendo ofrecido a Dios pertenece ahora a Dios, en lugar de pertenecerse a sí mismo. Mas, si bien el significado básico de «santo» es apartado para Dios, perteneciente a Dios, también adquiere un contenido ético debido al carácter de Dios. Dado que se trata del Dios que se ha revelado a sí mismo, el pertenecer a él obliga al cristiano a esforzarse por ser y hacer lo que concuerda con su carácter. El otro epíteto, «agradable a Dios», designa el sacrificio como un sacrificio adecuado y verdadero, un sacrificio como el que Dios desea y acepta.

que es vuestra adoración racional se entiende mejor como referido a toda la frase «a presentaros como sacrificio vivo, santo y agradable a Dios». El constantemente repetido ofrecimiento de nosotros mismos en todo nuestro vivir concreto como sacrificio a Dios es el verdadero acto de adoración. Si bien esto indudablemente tiene que significar que la verdadera adoración debe incluir la totalidad de la vida del cristiano de día en día, y que ninguna adoración cúltica puede resultarle aceptable a Dios si no va acompañada de la obediencia en la vida (compárense pasajes veterotestamentarios tales como Isaías 1.10-17; 58.1-11; Amós 5.21-24), resultaría injustificable argumentar sobre la base de esto que no hay cabida para una adoración cúltica cristiana como tal. Toda vez que dicho culto, en el sentido más estricto, se practique siempre como parte de un culto más amplio que abarque la totalidad de la vida del cristiano, y no se tome como algo aceptable a Dios aparte de la obediencia en el diario vivir, no hay nada aquí que le niegue lugar en la vida de los fieles. Lo que está diciendo aquí Pablo es, en efecto, perfectamente consecuente con el parecer de que la adoración cúltica tendría que constituir el punto central de todo ese culto más amplio que es la constantemente repetida entrega de sí mismo que hace el cristiano en obediencia en el curso de su vida diaria.

El adjetivo griego (derivado del sustantivo que puede significar tanto «razón» como «palabra») que hemos traducido como «racional» era un término muy usado por los filósofos a partir de finales del siglo IV. Pertenecía también a la terminología del misticismo antiguo. Se usaba en el judaísmo helenístico, aunque no aparece en la Septuaginta. Ultimamente se ha favorecido con frecuencia el vocablo «espiritual» como traducción del término en este caso, y se ha sostenido el punto de vista de que lo que Pablo quería destacar era que el ofrecimiento de sí mismo como sacrificio constituía un culto espiritual en el sentido de ser interior, por oposición a ritos externos. Pero con seguridad que es mucho más probable que lo que quería decir era que se trataba de un culto racional, consecuente con una adecuada comprensión de la verdad del evangelio; por ende un culto o adoración reflexiva, inteligente. El ofrecimiento de uno mismo es el ofrecimiento de todo su ser en el curso del vivir concreto, cuestión no sólo de pensamientos, sentimientos y aspiraciones íntimos, sino también de palabras y actos externos, de obediencia en el curso de la vida. Este es el tipo de culto que puede con propiedad llamarse «racional», porque es el tipo de culto que el conocimiento verdadero del evangelio exige y hace posible.

2. Y dejad de permitir que seáis conformados a esta era, sino seguid dejando que seáis transformados por la renovación de vuestra mente. Muchos intérpretes han sostenido que se ha de discernir una distinción significativa aquí entre los verbos griegos traducidos como «conformar» y «transformar», refiriéndose el primero —se argumenta— a la forma exterior únicamente, indicando por consiguiente algo externo y superficial, y refiriéndose el segundo al ser interior, indicando por consiguiente una transfomación profunda. Pero las dificultades que acosan a este parecer son tales que resultaría muy poco sabio aceptarlo. Traduciendo los imperativos presentes pasivos de la segunda persona del plural (en el primer caso precedido por una partícula negativa) mediante «dejad de permitir que seáis conformados» y «seguid dejando que seáis transformados», respectivamente, hemos procurado destacar tanto el sentido de los imperativos pasivos como también, en cada caso, la significación del uso del imperativo presente. Los cristianos viven aún en «esta era». Pero, si entienden lo que Dios ha hecho por ellos en Cristo, saben que pertenecen, en virtud de la misericordiosa decisión de Dios, a su nuevo orden, y por lo tanto no pueden conformarse con seguir permitiéndose ser continuamente marcados de nuevo con el sello de esta era que va pasando. Sobre la base del evangelio, a la luz de «las misericordias de Dios», no hay más que una posibilidad que realmente les queda, y es la de resistir este proceso de ser continuamente moldeados y formados según el patrón de esta presente era, con sus convenciones y sus normas de valor. Las buenas noticias, de las que el imperativo «dejad de permitir que seáis conformados» da testimonio, son la de que ya no son más víctimas impotentes de fuerzas tiránicas, sino que pueden resistir esta presión que viene tanto de fuera como de dentro, porque la misericordiosa acción de Dios en Cristo ha provisto la base para la resistencia. En la situación en que se encuentra por el evangelio, el cristiano tiene la posibilidad de resistir (aparte de que debe, y —mediante el auxilio del Espíritu Santo— puede hacerlo) las presiones para que se acomode o conforme a esta era. Este mandamiento es algo que necesita oír vez tras vez. Debe siempre constituir una gran proporción del contenido de la exhortación cristiana, mientras la iglesia sea «militante aquí en la tierra». Porque las presiones de conformarse están siempre presentes, y son siempre fuertes e insidiosas, de modo que con frecuencia el cristiano cede en forma inconsciente. Lo que implica el tiempo verbal presente (que lo que se está prohibiendo es algo que está realmente ocurriendo) es siempre cierto. El cristiano siempre tiene que confesar que en una medida penosamente grande su vida se conforma a esta era. En lugar de seguir alegre y placenteramente dejándose ser marcado nuevamente, y dejándose moldear por la moda de este mundo, ahora ha de ceder a una presión diferente, a la dirección del Espíritu de Dios. Ha de dejarse ser transformado continuamente, remoldeado, rehecho, de manera que su vida aquí y ahora exhiba cada vez más claramente las señales y las prendas del venidero orden divino, ese orden que ya, en Cristo, se ha hecho presente. Es **por la renovación de vuestra mente** que se efectúa esta transformación. Toda la vida del hombre se transforma, en la medida en que el Espíritu Santo renueva la mente caída, soltando las ataduras de su egocentrismo, de modo que comienza a pensar en forma realmente objetiva, en lugar de hacerlo en forma egocéntrica.

a fin de que comprobéis cuál es la voluntad de Dios, aquello que es bueno y agradable y perfecto concluye los dos versículos introductorios con una indicación de propósito. El verbo traducido como «comprobar» puede significar ya sea «comprobar», «probar», o «aprobar (como resultado de haber probado)». Aquí, seguido como está por una pregunta indirecta, resulta mejor entenderlo en el primer sentido, si bien Pablo, por supuesto, quiere significar que el discernimiento de la voluntad de Dios será seguido por la obediente aceptación de ella. Esta cláusula final, por una parte, supone que la mente, lejos de ser un elemento no caído de la naturaleza humana, necesita ser renovada si ha de poder reconocer y abrazar la voluntad de Dios (es por lo tanto una advertencia contra la ilusión de que la conciencia, como tal, y aparte de su renovación por el Espíritu, y de su instrucción por la disciplina del evangelio, constituye una guía enteramente confiable para la conducta moral); por otra parte, indica la dignidad del cristiano individual llamado como lo está a ejercitar una libertad responsable, y constituye la refutación decisiva de todo sacerdotalismo descarado que intentase reducir al laico cristiano a una especie de ciudadanía de segunda clase en la iglesia. Saber que Dios tiene la intención de que el cristiano común sea transformado de tal forma por la renovación de su mente como para que sea capaz él mismo, a la luz del evangelio y en el seno de la comunión de los fieles, de «[comprobar] cuál es la voluntad de Dios, aquello que es bueno y agradable y perfecto», es saber que no debemos intentar imponernos a nuestros hermanos en la fe.

El agregado de las palabras «aquello que es bueno y agradable y perfecto» podría parecer más bien innecesario a primera vista. Pero el agregado de «aquello que es bueno» puede haberse originado ante el conocimiento de que entre los cristianos de Roma podría haber quienes se sentían inclinados a valorar los dones carismáticos más espectaculares en forma más favorable que el fruto ético del Espíritu, como también aquellos que se sentían molestos por las restricciones morales, y eran dados a confundir licencia con libertad del Espíritu. Para aquellos cuyo trasfondo era el paganismo gentil, la tentación de considerar la religión cristiana en función de una comunión mística no ética debe haber sido fuerte. La advertencia de que Dios desea lo moralmente bueno sería beneficiosa para tales personas. Quizá la explicación más probable del agregado paulino de «agradable (a Dios)» aquí sea que con el fin de contrarrestar cualquier tendencia hacia un misticismo no ético, habiendo definido la voluntad de Dios como «aquello que es bueno», sentía que se hacía necesario prevenir también contra una posible interpretación equivocada de lo que se entiende por lo bueno. Mediante «agradable», el apóstol subraya el hecho de que lo bueno a que aquí se alude no es lo bueno en sentido antropocéntrico, sino lo bueno tal como lo determina la revelación de la voluntad de Dios, cuestión de obediencia a los mandamientos de Dios. Sobre «perfecto», el mejor comentario es Marcos 12.30s. (compárense Dt. 6.5; Lv. 19.18): «amarás al Señor tu Dios con todo tu corazón, y con toda tu alma, y con toda tu mente, y con todas tus fuerzas ... Amarás a tu prójimo como a ti mismo». La voluntad de Dios, aquello que Dios requiere de nosotros, es perfecta, completa, absoluta; porque él nos reclama *enteramente* para sí y para nuestros prójimos. Así, el último de los tres términos interpreta los otros dos; porque deja aclarado que «la voluntad de Dios» no es algo que se pueda manejar y lograr, como se imaginó erróneamente el joven rico («Maestro, todas estas cosas he observado desde mi juventud»), sino la demanda absoluta de Dios, que sólo Cristo ha cumplido. Es esta demanda absoluta de Dios, por la cual nos reclama enteramente para sí y para nuestros prójimos, la que quienes están siendo transformados por la renovación de sus mentes reconocen y abrazan gustosamente cuando les sale al encuentro en todas las circunstancias concretas de su vida, y a la que se reconocen totalmente entregados, aunque en esta vida nunca puedan cumplirla acabadamente.

2. El creyente como miembro de la congregación en sus relaciones con los demás miembros

12.3-8

Esta primera sección de exhortación ética especial está dirigida a los miembros de la comunidad cristiana como receptores de diversos dones. Cada uno ha de estimarse sobriamente en relación con los demás miembros a la luz del evangelio, y ha de entregarse con entusiasmo al servicio especial para el cual el don que ha recibido de Dios constituye su vocación divina.

³Porque en virtud de la gracia que me ha sido dada pido a cada uno de vosotros que no piense de sí mismo más altamente de lo que debería pensar, sino que piense de sí mismo de tal modo que piense sobriamente, cada cual según la medida de fe que Dios le ha impartido. ⁴Porque así como en un solo cuerpo tenemos muchos miembros pero todos los miembros no tienen la misma función, ⁵así nosotros, aunque somos muchos, somos un cuerpo en Cristo, e individualmente miembros unos de otros. ⁶Mas, teniendo dones que difieren según la gracia que nos ha sido dada, si *tenemos el don de* la profecía, *luego profeticemos* de conformidad con la regla de fe, ⁷o, si *el don del* servicio práctico, *ejercitémoslo* en servicio práctico, o, si uno es maestro, *que ejercite su don* en la enseñanza, ⁸o, si uno es exhortador, *que ejercite su don* en exhortar; *que aquel* que distribuye *ejercite su don* sin motivación ulterior, *aquel* que preside *el suyo* con diligencia, *aquel* que muestra misericordia *el suyo* con alegría.

3. Porque en virtud de la gracia que me ha sido dada pido a cada uno de vosotros. Cuando Pablo comienza su exhortación particular está consciente de que está extrayendo las implicancias y las aplicaciones detalladas de lo que ya ha expuesto en principio en los vv. 1-2. Procede a emitir un solemne mandamiento en virtud de la gracia, el inmerecido favor, que le ha sido mostrado por Dios: está pensando, indudablemente, de modo particular en el inmerecido favor que Dios le ha mostrado al llamarlo a ser apóstol. Y este mandamiento está dirigido a cada miembro en particular; se trata, además, de una frase sumamente enfática.

Lo que dice el mandamiento es **que no piense de sí mismo más altamente de lo que debería pensar, sino que piense de sí mismo de tal modo que piense sobriamente, cada cual según la medida de fe que Dios le ha impartido.** Lo desconcertante aquí es la frase «medida de fe». La palabra griega traducida «medida» puede tener una diversidad de significados. También puede tenerlos la palabra traducida «fe». Además —para aumentar las dificultades— el genitivo («de fe») podría ser un genitivo partitivo o bien un genitivo de aposición. Es obvio que es posible hacer un número considerable de combinaciones diversas, por lo menos teóricamente. Aquí es suficiente que indiquemos las dos interpretaciones que más se favorecen, y que expliquemos por qué pensamos que ambas deben rechazarse a favor de una tercera. Las dos interpretaciones son: (i) «medida (en el sentido de cantidad medida) de fe (en el sentido de la fe especial que obra milagros y a que se hace referencia en, por ejemplo, 1 Co. 12.9; 13.2)»; (ii) «medida (en el sentido de cantidad medida) de fe (en su sentido paulino más característico de fe básica o confianza en Dios)». Estas dos interpretaciones consideran que el genitivo es partitivo. Pero la interpretación (i) está expuesta a la objeción de que aquí Pablo se está dirigiendo explícitamente a todos los miembros de la comunidad cristiana en Roma, mientras que claramente consideraba que la fe especial que obra milagros era algo no poseído por todos los cristianos, sino sólo por algunos de ellos (compárese 1 Co. 12.8-11). Hay una objeción todavía más reveladora tanto contra (i) como contra (ii): se daría a entender que el cristiano tiene que pensar de sí mismo más altamente que lo que piensa del cristiano que tiene una cantidad menor de fe (según (i), del tipo especial que obra milagros; según (ii), del tipo cristiano básico) que la que tiene él. No cabe duda de que es extremadamente improbable que Pablo quisiera dar a entender esto, porque difícilmente sería consecuente con el propósito que surge de los vv. 4ss. de alentar a los cristianos de Roma a conducirse de tal manera que mantuviesen intacta la unidad fraternal. Una congregación cuyos miembros estaban calculando cuidadosamente su importancia relativa según la cantidad de fe (de cualquiera de los tipos mencionados) que poseían, tendría pocas posibilidades de ser feliz.

Mucho más aceptable, por cierto, es la interpretación que entiende «medida» en el sentido de un patrón o elemento para medir, «fe» en su sentido cristiano básico, y el genitivo como un genitivo de aposición. El sentido del versículo será, entonces, que cada miembro de la iglesia, en lugar de pensar de sí mismo más altamente de lo que debería, ha de pensar de sí mismo con sobriedad, midiéndose mediante el patrón que Dios le ha dado en su fe, vale decir, por un patrón que lo obliga a concentrar su atención en aquellas cosas en las que se encuentra justamente en el mismo nivel que los demás cristianos, más bien que en aquellas cosas en las que pudiera ser superior o inferior a ellos. Porque el patrón o nivel que Pablo tiene en mente no consiste, entendemos, en la mayor o menor fuerza relativa de la fe del cristiano de que se trate, sino en el simple hecho de la existencia de ella, es decir, en el hecho de la admisión de su dependencia de Jesucristo, y de su entrega a él. Cuando los cristianos se miden a sí mismos por sí solos (o comparándose con otros cristianos, o con sus vecinos paganos), evidencian su falta de entendimiento (compárese 2 Co. 10.12), y con seguridad que van a adquirir una opinión demasiado alta (o demasiado baja) de sí mismos; en cambio, cuando se miden por las normas que Dios les ha proporcionado en su fe, entonces adquieren —y sólo entonces— una estimación sobria y real de sí mismos como, al igual que los demás, pecadores revelados en su verdadera dimensión por el juicio de la cruz, y también como objetos de la inmerecida y triunfante misericordia de Dios en Jesucristo. Además, cuando volvemos la mirada hacia los vv. 1-2, que dan a conocer el tema de toda la división 12.1-15.13, ¿qué otra cosa significa la renovación de la mente sino el ser capacitados en forma aún más consecuente para medirse uno mismo, y medir todas las cosas, por el patrón que Dios le ha dado a uno en su propia fe, y de este modo estar cada vez más capacitado para «[comprobar] cuál es la voluntad de Dios, aquello que es bueno y agradable y perfecto»? La medida en que esta interpretación de «medida de fe» encaja en los versículos siguientes se verá en la exégesis que sigue.

Llegamos a la conclusión, entonces, de que «medida de fe» significa un patrón (mediante el cual medirse, estimarse uno mismo), a saber, (su) fe; pero al mismo tiempo nótese que esto no quiere decir que Pablo le esté pidiendo al creyente que se estime conforme a sus fluctuantes sentimientos subjetivos y a sus opiniones personales, sino que le está pidiendo que se estime a sí mismo según su relación (dada por Dios) con Cristo. Si bien es totalmente cierto que la fe cristiana constituye la respuesta (dada en la libertad que ha sido restituida por el don del Espíritu Santo) libre y personal del individuo a la acción de Dios en Cristo, siempre hay que tener presente que el factor más importante y, por cierto, el determinante y decisivo, de la fe no es el sujeto que cree sino aquel que es el objeto de ese creer; y estimarse a uno mismo según el patrón que consiste en la propia fe en Cristo es, en último análisis, reconocer que Cristo mismo, en el cual el juicio y la misericordia de Dios se revelan, es aquel ser por el cual el cristiano se ha de medir a sí mismo y a los demás.

4-5. Porque así como en un solo cuerpo tenemos muchos miembros pero todos los miembros no tienen la misma función, así nosotros, aunque somos muchos, somos un cuerpo en Cristo, e individualmente miembros unos de otros. Aquellos que se miden valiéndose del patrón que Dios les ha dado en su fe no dejarán de discernir que son un cuerpo; reconocerán que no existen para sí mismos sino que son miembros los unos de los otros, y que los otros cristianos, ya sea que sus dones sean más o menos llamativos que los suyos propios, son igualmente miembros de ese único cuerpo. La figura del cuerpo como unidad constituida por diversos miembros es una figura que aparece frecuentemente en la literatura primitiva. Dado que Pablo había dado expresión en una fecha más temprana a la idea de que los cristianos constituían el cuerpo de Cristo (1 Co. 12.27; compárese 1 Co. 6.15), es muy posible, desde luego, que esta idea del cuerpo de Cristo no estuviera ausente en los momentos en que estaba dictando este pasaje. Pero casi no conviene suponerlo, y menos suponer que los primeros lectores de la epístola en Roma hubieran captado una referencia al respecto, o que él mismo hubiera esperado que lo hicieran, teniendo en cuenta que no ha habido ninguna referencia en esta epístola al hecho de que los cristianos o la iglesia fuesen el cuerpo de Cristo (el uso de «cuerpo de Cristo» en 7.4 es muy diferente). Entendemos, por lo tanto, que lo que tenemos aquí es, fundamentalmente, un símil, a pesar de la forma del v. 5, y que lo que Pablo quiere expresar es simplemente que los cristianos, como los diversos miembros de un solo cuerpo, si bien difieren entre sí y tienen funciones diversas, todos se necesitan mutuamente y tienen la misma obligación de servirse mutuamente, por cuanto todos pertenecen a un mismo todo único. Hay un solo detalle que distingue la aplicación paulina de la figura del cuerpo y los miembros aquí en Romanos de su uso en la antigua literatura pagana, pero se trata de un detalle sumamente importante, desde luego. Las palabras «en Cristo» aquí en el v. 5 indican que la unidad de aquellos a quienes se dirige Pablo, a diferencia de la unidad de las diversas comunidades que los autores antiguos asemejan a un cuerpo, no es asunto de la naturaleza ni tampoco del ingenio humano, sino de la gracia de Dios. Aunque los cristianos de Roma puedan haber tenido algún otro tipo de unidad, la unidad a la cual está apelando Pablo es la unidad que tienen en virtud de lo que Dios ha hecho por ellos en Cristo.

6-8. Estos versículos indican el modo sobrio, natural y objetivo en que los cristianos que efectivamente se miden por el patrón que Dios les ha dado en su fe se han de entregar al cumplimiento de las tareas que les han sido asignadas por los dones que han recibido, utilizando sus dones individuales a pleno en el servicio de Dios y los demás, no dejándose distraer por inútiles cálculos de prioridad. **Mas, teniendo dones que difieren según la gracia que nos ha sido dada.** La palabra «don» se usa aquí para denotar un don o dotación especial otorgado por Dios a un creyente en particular para ser usado en su servicio y en el servicio de la iglesia y de los hombres en general. La enseñanza más extensa de Pablo acerca de tales dones se encuentra en 1 Corintios 12-14. El apóstol los relaciona estrechamente con el Espíritu, tanto que ocasionalmente usa el plural neutro del adjetivo griego que significa «espiritual» por sí solo para denotarlos (por ejemplo, en 1 Co. 14.1). Es el Espíritu Santo quien los arbitra. Al parecer Pablo pensaba que todo cristiano tenía por lo menos un don así (esto se da a entender aquí, por cuanto el sujeto de «teniendo» tiene que ser idéntico al sujeto de la oración anterior). Ni la lista que sigue ni la de 1 Corintios 12 se ha de considerar exhaustivas en absoluto. La amplia variedad de los dones se ampara en la misma gracia evidenciada para con todos; porque la gracia de Dios, su inmerecido amor en acción, si bien es una y la misma para todos, es libre y soberana, y es según esta libertad soberana de su gracia que él otorga diferentes dones a diferentes personas. Los dones son otorgados para el cumplimiento de diferentes funciones, y, según Pablo (compárese 1 Co. 12.31), difieren en valor, en importancia. Pero la recepción de un don mayor no lleva en sí ningún derecho de considerarse, o de ser considerado por otros, superior personalmente a otro cristiano que sólo ha recibido un don menor. Si bien los dones difieren en dignidad, la persona de los receptores tiene —por la medida de fe— igual dignidad, siendo por igual objeto del mismo juicio y la misma misericordia; el creyente, en la medida en que sea un creyente verdadero, no olvidará nunca que su don es un don gratuito de Dios, de ningún modo algo merecido por él.

si *tenemos el don de* la profecía, *luego profeticemos* de conformidad con la regla de fe. Pablo adopta la profecía como su primer ejemplo de un don. El elevado lugar que le asignó entre los dones espirituales se indica en 1 Corintios 14.1, 39. Si bien cualquier cristiano podría de tanto en tanto sentirse inspirado a profetizar, había algunos que se inspiraban con tanta frecuencia que se consideraba que *eran* profetas y que formaban un grupo identificable de personas. Entre ellos había algunas mujeres (Hch. 21.9). El profeta se distinguía del maestro por la inmediatez de su inspiración: sus palabras eran producto de una revelación particular. Podía tratarse de una predicción acerca del futuro de la comunidad o de un individuo, o un anuncio de algo que Dios quería que se hiciera. Característica de la profecía era que estaba dirigida a una situación particular concreta. Aunque el profeta dependía de revelaciones especiales, su mente —a diferencia de la del que hablaba en lenguas— participaba plenamente, y su mensaje estaba dirigido al intelecto de la iglesia. Mediante él la iglesia recibía instrucción, edificación, exhortación, consuelo o reproche. Pero Pablo reconocía la necesidad de que los mensajes proféticos fuesen recibidos con discriminación. Ofrece instrucciones en 1 Corintios 14.29 en el sentido de que, mientras los profetas profetizan, el resto de la iglesia tiene que «discernir»; y en 1 Corintios 12.10 el don de «discernimientos de espíritus» se menciona, significativamente, inmediatamente después del don de profecía. Porque existía la posibilidad de la falsa profecía; existía también la posibilidad de que la profecía verdadera fuese adulterada mediante agregados derivados de alguna fuente ajena a la inspiración del Espíritu Santo. De allí la necesidad, también, de exhortar a los profetas mismos a profetizar de conformidad con el patrón de la fe. Muchos comentaristas entienden por «fe» aquí una fe carismática especial: en realidad, algo difícilmente distinguible de la inspiración profética. Según este parecer, Pablo está advirtiendo a los profetas contra la tentación de agregar algo de su propia elaboración, la tentación, cuando llegan al límite de su inspiración, de seguir hablando. Según otros, «fe» se ha de entender en el sentido de «la fe», el cuerpo de doctrina aceptado. Pero la interpretación más simple y más satisfactoria (especialmente si nuestra explicación del v. 3 es correcta) es que «fe» denota aquí la fe cristiana básica: los profetas han de profetizar de conformidad con la regla que poseen en cuanto a su aprehensión de la gracia de Dios en Jesucristo, y de su respuesta a ella; deben tener cuidado de no decir (bajo la impresión de que están inspirados) nada que sea incompatible con su fe en Cristo.

o, si *el don del* **servicio práctico,** *ejercitémoslo* **en servicio práctico.** El sustantivo abstracto griego traducido como «servicio práctico» (VHA, por ejemplo, traduce «ministerio») y el verbo relacionado pueden tener, en el Nuevo Testamento, cuando se usan teológicamente, una connotación más amplia o más restringida. Por ello se usan, por una parte, en forma bastante general para denotar servicio rendido a Dios, a Cristo, a la iglesia (por ejemplo, para el ministerio de un apóstol en 11.13); se usan, por otra parte, en sentido específico con referencia al servicio práctico rendido a los que de algún modo son particularmente necesitados (por ejemplo, Mt. 25.44; Hch. 6.1, 2; Ro. 15.25). Según algunos comentaristas el sustantivo se usa aquí en su sentido general; pero un elemento tan general como el que éste parecería ser, no resultaría adecuado en una lista del tipo que tenemos aquí. Con seguridad que es preferible entenderlo en su sentido más restringido, para denotar una gama de actividades similares a la que se convirtió en la provincia del diácono. Lo que quiere decir el «*ejercitémoslo* en servicio práctico», como también las exhortaciones paralelas en el v. 7b y el v. 8a, es que se ha de usar el don espiritual que se ha recibido con el fin para el cual ha sido dado, entregándose entusiastamente al cumplimiento de la tarea para la cual la dotación particular que se ha recibido constituye la vocación divina, y no a insistir caprichosamente en tratar de rendir un servicio para el cual Dios no nos ha llamado.

o, si uno es maestro, *que ejercite su don* **en la enseñanza.** La distinción entre «maestro» y «profeta» es suficientemente clara. Mientras que el profeta de la iglesia primitiva recibía inspiración inmediata, el maestro basaba su enseñanza en las Escrituras veterotestamentarias, la tradición de Jesús y el material catequético disponible en la comunidad cristiana. En 1 Corintios 12.28 a los maestros se los menciona en tercer lugar en la lista (después de los apóstoles y los profetas). En Efesios 4.11 se los asocia estrechamente con los pastores (los dos sustantivos comparten el mismo artículo), dado que al parecer los maestros y los pastores constituían un solo grupo.

o, si uno es exhortador, *que ejercite su don* **en exhortar.** Si bien el propósito inmediato de la enseñanza era el de instruir, impartir información, explicar, el propósito inmediato de la exhortación era el de ayudar a los cristianos a vivir en la práctica su obediencia al evangelio. Se trataba de la aplicación pastoral del evangelio a la congregación individual, tanto a la congregación en conjunto como también a los miembros separadamente. Es natural que la misma persona haya cumplido con frecuencia ambas funciones en la iglesia primitiva; en la Iglesia moderna el ministro parroquial generalmente se ha encargado de cumplir ambas funciones.

que aquel **que distribuye** *ejercite su don* **sin motivación ulterior,** *aquel* **que preside** *el suyo* **con diligencia,** *aquel* **que muestra misericordia** *el suyo* **con alegría.** Es posible que «*aquel* que distribuye» denote la persona a quien se encarga la distribución de las limosnas de la iglesia, pero es más probable que se refiera al que distribuye en base a sus propias posesiones. Tomando como base la primera suposición, el don especial consistiría en la capacidad espiritual que hace que la persona de que se trata resulte adecuada para la tarea de dispensar la caridad de la iglesia, y lo que quiere expresar la frase «sin motivación ulterior» sería que las personas responsables de dispensar lo que la iglesia destina a los necesitados tienen que hacerlo fielmente sin fraude ni favor, o posiblemente sin buscar ambiciosamente algún cargo más alto en la iglesia. Según la segunda suposición, el don radicaría no solamente en la posesión de riquezas, lo que hace materialmente factible la distribución, sino en la capacidad espiritual de manifestar generosidad. Lo que quiere significar «sin motivación ulterior» sería la necesidad de excluir cosas tales como el deseo de ganar una reputación de generosidad y alentar al dador a dirigir su atención simplemente a la necesidad de la otra persona y su alivio. Se ha de notar que esta exhortación y las dos que siguen se ocupan del espíritu y el modo en el cual se deben ejercitar diversos dones.

Muchos han visto en *«aquel* que preside» una referencia a una persona que preside en general en todo lo que hace a la vida de la congregación. Empero, ya que «que preside» aparece aquí entre aquel «que distribuye» y aquel «que muestra misericordia», parecería más probable que se trate de una referencia a la persona que está a cargo de las obras de caridad de la iglesia (según esta perspectiva las tres últimas funciones mencionadas en el v. 8 están íntimamente relacionadas). Otra sugestión que se ha hecho, que también conectaría a la persona de referencia con las obras de caridad de la iglesia, es la de que el vocablo griego que hemos traducido «presidir» debería entenderse en este caso en su sentido de «apoyar», «socorrer» o «proteger» (un sustantivo relacionado se usaba para denotar al patrón de los extranjeros residentes en Atenas, y en 16.2 Pablo usa la forma femenina de dicho sustantivo en relación con Febe). En ese caso podríamos pensar en un miembro de la iglesia que, en virtud de su posición social, se encontraba en situación de ser, en nombre de la iglesia, amigo y protector de aquellos miembros de la comunidad que no podían defenderse solos, y que reconocían en su posición relativamente fuerte una vocación divina. Las palabras *«el suyo* con diligencia» no ofrecen problemas de interpretación, cualquiera sea la explicación que se adopte de la expresión *«aquel* que preside».

Con *«aquel* que muestra misericordia» probablemente se quiera decir la persona cuya función especial es, en nombre de la congregación, ocuparse de los enfermos, de aliviar a los pobres, o de cuidar a los ancianos y los inválidos. La suposición de que Pablo se refiere a los que (en nombre de la iglesia) tienen contacto directo y personal con los necesitados y afligidos recibe confirmación por medio de la expresión *«el suyo* con alegría», que viene después. Una predisposición particularmente alegre y agradable bien podría constituir indicación de la presencia de un don especial que señala a la persona para este servicio en particular; pero también es cierto que la jovialidad interior en el ministerio es algo que surgirá naturalmente en el que conoce el secreto de que en esas personas necesitadas y afligidas que ha sido llamado a cuidar el Señor mismo está presente (compárese con Mt. 25.31ss.); ha de reconocer en ellas el don que en su gracia Cristo le ha dado a él y a la congregación, en cuyo nombre ejerce su ministerio, don que le ofrece la oportunidad de amar y darle gracias a aquel que nunca puede ser amado suficientemente, y al cual no se pueden dar gracias suficientes. El hecho de que unos cuantos versículos más adelante encontremos un mandato de contribuir a las necesidades de los santos (v. 13) sugiere que aquí en el

v. 8 Pablo está pensando en el servicio que se extiende más allá de los límites de la confraternidad cristiana. Apenas hace falta agregar que la designación de determinadas personas en forma especial para mostrar misericordia de ningún modo significa que el resto de los miembros de una iglesia quedan libres de la obligación de mostrar misericordia personalmente en la medida en que puedan hacerlo; aquí Pablo habla de los que, teniendo una aptitud especial, son designados por la iglesia para dedicarse preferentemente a una tarea en su nombre.

Resulta aleccionador notar que de los siete dones mencionados en los vv. 6-8 no menos de cuatro («*el don del* servicio práctico», «*aquel* que distribuye», «*aquel* que preside» y «*aquel* que muestra misericordia») muy probablemente tengan que ver con la asistencia práctica a quienes de un modo u otro requieren, en forma especial, ayuda y compasión. Este hecho por sí solo es una indicación clara y elocuente de la importancia del lugar de la diaconía en la vida de la iglesia, tal como la entendía Pablo. Si esta tarea ocupaba un lugar tan destacado en el pensamiento y la actividad de la iglesia primitiva, a pesar de su pobreza, difícilmente pueda ocupar un lugar menos destacado en la vida de las iglesias relativamente opulentas de occidente en los últimos años del siglo XX, cuando más de la mitad de la población del mundo vive desnutrida, inadecuadamente provista de servicios médicos, y en muchos otros sentidos desvalida; cuando, al mismo tiempo, las facilidades de comunicación han transformado al mundo entero en una sola vecindad. En una época en la que en muchas iglesias se comienza a sentir y reconocer la necesidad de una renovación del diaconado, el estudio cuidadoso de estos versículos resulta particularmente provechoso; porque no solamente permiten vislumbrar interesantes aspectos de las tareas diaconales de la iglesia primitiva, sino que a la vez ofrecen vistazos proyectados hacia el futuro, sugiriendo diversas tareas que podría llevar a cabo un diaconado renovado y una iglesia completa, revigorizada en su comprensión de su responsabilidad diaconal por la existencia en su medio de ese diaconado renovado, e indicando claramente el espíritu verdaderamente cristiano en el cual deberían efectuarse.*

---

* Se pueden acudir a «World Council studies 2», *The Ministry of Deacons*, Ginebra, 1965; J. I. McCord y T. H. L. Parker, eds., *Service in Christ: essays presented to Karl Barth on his 80th birthday*, Londres, 1966.

3. Exhortación en torno a una serie de asuntos poco relacionados entre sí

12.9-21

Mientras que las diferentes instrucciones contenidas en los vv. 6-8 estaban dirigidas a los receptores de los diversos dones, respectivamente, las que siguen se aplican por igual a todos los miembros de la iglesia. Los diversos elementos de la exhortación, si bien derivan todos de lo que se dijo en los vv. 1-2, y si bien podrían más o menos fácilmente reunirse bajo algún encabezamiento general como «el amor en acción» o «las marcas del amor», en realidad están sólo levemente relacionados entre sí; y es un error buscar demasiado ansiosamente conexiones conceptuales precisas, o una verdadera secuencia lógica en estos versículos. Con el v. 14 la construcción cambia, y este cambio parece marcar una especie de nuevo comienzo. En los vv. 9-13 Pablo se ha ocupado, principalmente por lo menos, de las relaciones de los cristianos con sus hermanos en la fe. En los vv. 14-21, por lo menos fundamentalmente, se ocupa de las relaciones de los cristianos con los que están fuera de la iglesia.

[9]Que *vuestro* amor sea genuino. Aborreced lo que es malo, aferraos a lo que es bueno.[10]En *vuestro* amor por los hermanos mostraos unos a otros cariñosa bondad. Preferíos unos a otros en honor. [11]No seáis flojos en fervor. Estad radiantes con el Espíritu. Servid al Señor. [12]Regocijaos en esperanza. En aflicción aguantad. Perseverad en oración. [13]Ayudad a aliviar las necesidades de los santos. Buscad las oportunidades que se os presenten para ser hospitalarios.

[14]Bendecid a los que os persiguen; bendecid y no maldigáis. [15]Regocijaos con los que se regocijan, llorad con los que lloran. [16]Poneos de acuerdo unos con otros. No seáis altaneros sino asociaos libremente con los humildes. No os estiméis sabios a vosotros mismos. [17]No devolváis mal por mal a nadie. A la vista de todos los hombres tomad en cuenta todas aquellas cosas que sean buenas. [18]De ser posible, en cuanto dependa de vosotros, estad en paz con todos los hombres. [19]No os venguéis vosotros mismos, amados, sino dad lugar a la ira *de Dios*; porque está escrito: «La venganza me pertenece a mí, yo pagaré, dice el Señor». [20]Mas, si tu enemigo tiene

hambre, aliméntalo; si tiene sed, dale de beber; porque haciendo así amontonarás ascuas de fuego sobre su cabeza. [21]No seas vencido por el mal, sino vence el mal con el bien.

9. Que *vuestro* amor sea genuino. Hasta este punto en Romanos el sustantivo «amor» se ha usado sólo con referencia al amor divino (5.5, 8; 8.35, 39); ahora se usa para aludir al amor que el cristiano les debe a sus semejantes (compárese 13.8-10). Pablo no ofrece ninguna indicación clara de si, cuando usa el vocablo «amor» (griego: *agape*) aquí, está pensando en el amor para con otros cristianos solamente, o en el amor que abarca también a los que están fuera de la iglesia; empero, en vista del v. 10a, es más probable que esté pensando en el sentido más amplio, porque «En *vuestro* amor para con los hermanos mostraos unos a otros cariñosa bondad» tendría más sentido si el amor a que se hace referencia en el versículo anterior no sólo fuese lo mismo que el amor para con los hermanos (las cinco últimas palabras representan una sola en el griego: *filadelfia*), o sea el afecto íntimo que corresponde entre cristianos, sino un amor que todo lo abarca. Pablo exhorta a los cristianos de Roma a lograr que su amor sea «genuino», algo real, no algo fingido. El hecho de que Pablo usa dos veces el vocablo griego traducido aquí como «genuino» con referencia al amor (aquí y en 2 Co. 6.6) da a entender que tenía conciencia del peligro del engaño y —lo que es más serio todavía— el engaño con uno mismo, en relación con este asunto. El comentario de Calvino sobre este punto dice: «Es difícil expresar lo ingeniosos que son casi todos los hombres para fingir un amor que en realidad no poseen. No sólo engañan a otros, sino que se engañan a sí mismos, a la vez que se persuaden a sí mismos de que sienten un verdadero amor hacia aquellos a quienes no sólo tratan con negligencia, sino que, de hecho, también rechazan». Tiene vital importancia el reconocimiento de que el hombre que se ha convencido a sí mismo de que ama, cuando en realidad no es así, constituye un peligro mucho mayor, tanto para otros como para sí mismo, que el hombre que, sabiendo que no ama, aparenta amar.

Aborreced lo que es malo, aferraos a lo que es bueno. El hecho de que se trate de una expresión general no reduce en absoluto su valor. Por cierto que el intento de relacionar estos dos mandatos en forma particularmente íntima con el v. 9a mediante el recurso, por ejemplo, de interpretarlos con el significado de que el amor cristiano consiste en aborrecer el mal en la persona amada, y aferrarse únicamente al bien en ella, es un procedimiento erróneo. Lo que Pablo hace es insistir en que el cristiano tiene que comprometerse totalmente en su oposición a lo que sea moralmente malo, y en su apoyo a lo que sea moralmente bueno.

10. En *vuestro* amor por los hermanos mostraos unos a otros cariñosa bondad prescribe el tierno e íntimo afecto que se manifiesta entre miembros de la misma familia como apropiado para los miembros de la iglesia. El uso de «hermano» con referencia a los adherentes de la misma religión no era, en el mundo antiguo, algo peculiar de los cristianos, pero su uso entre ellos evidenciaba una cualidad especial y propia derivada del evangelio.

Preferíos unos a otros en honor parece ser, en líneas generales, la interpretación más probable de cuatro vocablos griegos que son susceptibles de otras dos interpretaciones: «anticipaos unos a otros en mostrar honor» y «sobrepasaos unos a otros en mostrar honor». Si nuestra interpretación (que es la de VRV2, BA, etc., y de muchos comentaristas) es correcta, la intención de Pablo difícilmente pueda ser la de que cada cristiano de Roma debía aparentar que su hermano en la fe fuera invariablemente mejor o más sabio que sí mismo. Esto sería ridículo. La clave para una explicación satisfactoria consiste en recordar que el evangelio ha revelado un hecho de trascendental importancia en conexión con el amor al prójimo, a saber, que el propio Hijo del hombre está misteriosamente presente en la otra persona en su necesidad humana. Con seguridad que es porque Cristo está presente para mí en mi hermano en la fe (como también en todos mis semejantes, por cierto) que debo honrarlo por encima de mí mismo. Esto no tiene nada que ver con la idea de aparentar.

11-12a. No seáis flojos en fervor. Estad radiantes con el Espíritu. La primera y segunda parte del versículo forman un par (compárense el v. 9b y c, el v. 10a y b, los vv. 11c y 12a, el v. 12b y c, el v. 13a y b). En vidas que están siendo transformadas por la renovación de la mente no hay lugar para la negligencia o la indolencia. En el otro miembro del par es posible entender el vocablo griego que hemos traducido mediante la palabra «Espíritu» como referencia al espíritu humano (tratándose de un mandamiento a ser ardoroso en espíritu), y algunos han interpretado así el significado paulino; pero un temperamento ardiente no es necesariamente, de ningún modo, algo bueno. Con seguridad que es mucho más probable que Pablo tenga en mente el fuego que inflama el Espíritu de Dios.

El par siguiente es **Servid al Señor. Regocijaos en esperanza.** La variante, que ofrece «tiempo» en lugar de «Señor», ha sido favorecida por una cantidad de entendidos modernos, por ser la lectura más difícil, y también porque «Servid al Señor» parece demasiado general como para encajar en esta serie. Pero la variante bien puede explicarse como un error accidental (las dos palabras griegas tienen cuatro letras en común); Pablo bien puede haber pensado que las palabras que acababa de usar («radiantes con el Espíritu») corrían el peligro de ser seriamente mal entendidas por parte de quienes tendían a considerar los éxtasis emocionantes y llamativos como la prueba más preciosa del Espíritu. De ser así, resultaba totalmente apropiado agregar inmediatamente un sobrio recordatorio de la verdadera naturaleza de este fervor originado en el Espíritu. La prueba verdadera de la presencia de este fuego del Espíritu no sería la emoción religiosa efervescente, sino una renovada energía y determinación en el servicio humilde y obediente del Señor Jesús. (Tal vez convendría decir, además, por lo menos entre paréntesis, que existen objeciones realmente serias a la sugestión de que Pablo pueda haber usado la frase griega «servid el tiempo» en sentido bueno, ya sea escatológico o de algún otro tipo.) El segundo miembro de este par (la división de los versículos oscurece la agrupación de los pares) requiere poca explicación. Sobre la correlación de gozo y esperanza, Romanos 5.2-5; 8.16-25 y 1 Pedro 1.3-9 ofrecen los comentarios necesarios.

12b-c. En aflicción aguantad. Perseverad en oración. De «esperanza» a «aguantad», la transición es muy natural para Pablo (compárense 5.2-4; 8.24s.; 1 Co. 13.7; 1 Ts. 1.3). La capacidad para aguantar es necesaria, porque un acompañamiento inevitable de la existencia del cristiano en este mundo es la aflicción, la tribulación (compárense, por ejemplo, Jn. 16.33; Hch. 14.22). Esta aflicción procede de la resistencia que el mundo hace a Cristo. El mundo lo odia: por consiguiente sus seguidores deben esperar que les ocurra lo mismo. Frente a esta aflicción el cristiano ha de aguantar, mantenerse firme, sabiendo que el desenlace final no es incierto. Esto no lo hará con sus propias fuerzas, sino con las fuerzas que Dios proporciona; porque es Dios quien es la fuente del aguante (compárese 15.5). Unido al «En aflicción aguantad» está el «Perseverad en oración». Angustiado por la presión desde afuera, por la aflicción de la implacable hostilidad del mundo, y siempre en peligro de sucumbir a la angustia interior, que es la consecuencia natural, el cristiano necesita, por cierto, tener acceso constante al recurso de la oración. Sólo en su confianza en «el Dios *que es la fuente* de la paciente perseverancia» (15.5) tiene esperanzas de poder resistir hasta el final. Pero es justamente esto —algo que es realmente vital y necesario si ha de aguantar— lo que se siente particularmente tentado a abandonar, ya sea por negligencia o desaliento o por la confianza que se tiene a sí mismo: por ello la gran frecuencia con la cual se usa en el Nuevo Testamento el verbo griego traducido aquí como «perseverar» en relación con la oración (Hch. 1.14; 2.42; 6.4; Col. 4.2; compárese con Ef. 6.18, y también con Lc. 18.1; 1 Ts. 5.17).

13. Ayudad a aliviar las necesidades de los santos. El cristiano que está siendo transformado por la renovación de la mente no dudará de su obligación de ayudar a aliviar la situación de sus hermanos en la fe. Pero el hecho de que —mientras en la época de Pablo una gran proporción de los integrantes de la comunidad cristiana deben de haber sido muy pobres— en la época actual los cristianos occidentales compartan en buena medida la opulencia de sus naciones, y en los países pobres los cristianos con frecuencia se encuentren entre los miembros menos pobres de sus comunidades, parecería indicar que no es preciso recalcar tanto hoy en día las necesidades especiales de los santos y en cambio sí destacar más la gran profundidad de la angustia humana, independientemente de si se trata de cristianos o no.

El segundo miembro del último par es **Buscad las oportunidades que se os presenten para ser hospitalarios.** En el primer siglo la necesidad de la hospitalidad cristiana para los creyentes individuales procedentes de otros lugares, si bien puede no haber constituido un problema tan grande y desesperante como se ha vuelto en nuestras ciudades occidentales modernas con su gran número de inmigrantes y obreros extranjeros de diversas clases, tiene que haber sido considerable, y esto sería particularmente cierto en lo que respecta a Roma. Además, ante la ausencia de edificios especiales para las iglesias, necesitaban mostrar hospitalidad para con la iglesia en conjunto en un lugar determinado para la realización de sus reuniones de culto y de otros tipos. Hay una insinuación de las posibilidades de desencanto, abuso y exasperación que dicha hospitalidad involucraba en 1 Pedro 4.9.

14. Bendecid a los que os persiguen; bendecid y no maldigáis parecería reflejar la influencia del dicho dominical tradicional, que encontramos en dos formas diferentes en Mateo 5.44 y Lucas 6.27s., y rastros del cual se han de discernir también, quizá, en 1 Corintios 4.12, y posiblemente en Santiago 3.9-12 y 1 Pedro 2.23. No sólo abstenernos de desear que experimenten daño quienes nos persiguen, sino desearles el bien y demostrar que este deseo no es mera apariencia al orar realmente para que la bendición de Dios los alcance: esto claramente contradice lo que nos resulta natural. Calvino comenta finamente: «Si bien no hay casi nadie que haya hecho tales adelantos en la ley del Señor que cumpla este precepto, nadie puede jactarse de ser hijo de Dios, o gloriarse del nombre de cristiano, que no se haya sometido parcialmente a este curso, y que no luche diariamente para resistir la voluntad de hacer lo opuesto».

15. Regocijaos con los que se regocijan, llorad con los que lloran se entiende con frecuencia como referencia a las relaciones de los cristianos entre sí; pero el versículo no contiene nada que nos prohíba suponer que Pablo está pensando igualmente, o incluso quizá más particularmente (en vista del v. 14), en las relaciones de los cristianos con los que están fuera de la iglesia. Es muy probable que el significado de Pablo sea que el cristiano ha de colocarse al lado de su prójimo (quienquiera sea), que ha de encontrar tiempo y lugar para él en aquellas experiencias en las cuales realmente se sienta él mismo, en su verdadero gozo humano y en su verdadero dolor humano, y esforzarse por estar tanto con él como de su lado, totalmente y sin reserva, mas sin entrar en componendas con el mal o compartiendo, ni siquiera aparentando compartir, los presupuestos de esta época que va pasando, así como Dios mismo está, en Cristo, tanto «con nosotros» (Mt. 1.23) como «por nosotros» (8.31) todos.

16. Poneos de acuerdo unos con otros. No se trata simplemente de una cuestión doméstica en el seno de la iglesia; porque ponerse de acuerdo entre ellos es algo que los cristianos le deben al mundo, por cuanto el hecho de que estén de acuerdo (o en desacuerdo) lo afecta (compárese Jn. 17.20-23). Los hombres —y esto incluye a los cristianos— pueden, desde luego, estar de acuerdo en el error y en el mal obrar. La unidad que Pablo reclama es la unidad o el acuerdo en la verdadera fe en Cristo y en la leal obediencia a él. Esta unidad de pensamiento tiene que ser genuina o no tiene ningún valor. No hay nada en estas palabras de Pablo para alentar la noción de que una unidad que consista simplemente en desacuerdo disimulado por la ambigüedad a fin de aparecer como unidad pueda en modo alguno beneficiar ya sea a la iglesia o al mundo, o que la tergiversación de cualquier tipo o el descuido tocante a la verdad puedan promover el amor cristiano o la gloria de Dios.

No seáis altaneros aparece aquí quizá porque la altanería resulta particularmente destructiva de la unidad de la iglesia, y constituye un impedimento sumamente efectivo para su misión en el mundo. **sino asociaos libremente con los humildes** se vincula en forma natural con la prohibición anterior. Pablo propone una asociación amistosa y natural, tanto con personas comunes que no se destacan particularmente, como con los parias sociales, libre de toda insinuación de superioridad o condescendencia (el «condescendiendo con los humildes» de VRV3 es una traducción lamentable debido al uso que tiene actualmente el término «condescender»). La actitud que propone, tan contraria a la naturaleza del hombre mundanal, les resulta natural a los que están siendo transformados por la renovación de la mente. Siempre es señal de la mundanalidad de la iglesia que sus «líderes» dejen de asociarse fácil y libremente con las personas humildes, tanto dentro como fuera de la iglesia, como lo hacen con los que son superiores socialmente, cuando, además, esas personas humildes no se sienten libres para hablar con ellos como de hombre a hombre.

No os estiméis sabios a vosotros mismos. En el original hay un juego de palabras que vincula esta oración con el resto del v. 16; pero es probable que Pablo haya insertado esta frase, reminiscente de Proverbios 3.7, a esta altura, porque comprendía que la actitud del cristiano que se siente seguro de sí mismo debido a su confianza en su propia sabiduría es particularmente destructiva de la armonía a la cual se acaba de referir.

17. No devolváis mal por mal a nadie. La gran semejanza entre esto y 1 Tesalonicenses 5.15 y 1 Pedro 3.9 sugiere que aquí tenemos la formulación fija de la tradición catequética (compárense Pr. 20.22; 24.29, y, para el espíritu general, Ex. 23.4s; 2 Cr. 28.8-15, y, desde luego, Mt. 5.38s, 44; Lc. 6.29, 35).

A la vista de todos los hombres tomad en cuenta todas aquellas cosas que sean buenas. Por cierto que esta es una interpretación del griego más probable que la traducción «que vuestra meta sea aquella que todos los hombres consideren honorable» (así NEB; compárense NBE: «Procurad la buena reputación entre la gente», o las versiones más ambiguas de, por ejemplo, VM, VHA), que relaciona la frase que hemos traducido como «a la vista de todos los hombres» íntimamente con la palabra que hemos vertido «aquellas cosas que sean buenas»; porque Pablo tenía plena conciencia del oscurecimiento de la mente de los hombres (compárese 1.21), y la incapacidad de ellos de reconocer y aprobar la voluntad de Dios a menos que sean renovados (compárese 12.2). No es probable que haya querido decir que la opinión común de los hombres ha de ser el árbitro de lo que es bueno. Lo que quiere decir es, más bien, que los cristianos han de tomar en cuenta, tener por meta, procurar, a la vista de todos los hombres, aquellas cosas que (aunque los hombres lo reconozcan o no) son buenas (a la vista de Dios).

18. De ser posible, en cuanto dependa de vosotros, estad en paz con todos los hombres. Compárese Mateo 5.9. Quienes son embajadores de la paz de Dios (compárese 2 Co. 5.18-20) por fuerza han de tener una disposición pacífica hacia todos los hombres. Pablo tiene cuidado, no obstante, de limitar su precepto con las palabras «de ser posible» y «en cuanto dependa de vosotros», indudablemente con el tipo de reserva que Calvino hace explícito: «No busquemos demasiado el favor de los demás y por ello nos congraciemos con todos los que odian a Cristo», y «esta bondad se convierta en adulación, de modo que por disfrutar de paz con los demás elogiemos sus pecados».

«19-21. Quizá porque comprendía que **No os venguéis vosotros mismos** constituía un pedido muy duro, incluso para los cristianos —aunque la idea de que la venganza debería evitarse no era extraña aun en el mundo pagano primitivo—, Pablo agregó el afectuoso **amados** a esta altura. **sino dad lugar a la ira de Dios; porque está escrito: «La venganza me pertenece a mí, yo pagaré, dice el Señor».** En lugar de vengarse ellos mismos tienen que dejar lugar a la ira de Dios. En apoyo de su mandamiento, Pablo cita la primera parte de Deuteronomio 32.35 (en una forma más próxima a la versión aramea que al griego o al hebreo). Ya en el Antiguo Testamento se prohíbe la venganza (por ejemplo, Lv. 19.18a; Pr. 20.22; 24.29; 2 Cr. 28.8-15). Para esta prohibición el judaísmo invocaba la misma razón que se ofrece aquí: la venganza es prerrogativa de Dios. Mas, mientras la influencia del Antiguo Testamento y del judaísmo es evidente en estos versículos, las palabras de Pablo deben, desde luego, entenderse a la luz de todo lo que ya se ha dicho en la epístola. En este contexto (compárese «todos los hombres» en el v. 17 y nuevamente en el v. 18) no se trata de una limitación a los integrantes de una misma comunidad religiosa: la prohibición de la venganza está desprovista de las limitaciones y restricciones que la acompañaban en el judaísmo, y tiene carácter universal en su aplicación. El «dar lugar a la ira» es hacer lugar para esa ira, «la única que es justa, y la única que es digna del nombre de ira» (Bengel), la ira de Dios, que fue revelada en toda su terrible plenitud en el Getsemaní y en el Gólgota como la ira del totalmente santo y amoroso Dios. El dejar lugar para esta ira equivale a reconocer que cada cual merece ser consumido por ella, pero que el propio Hijo de Dios la ha sufrido por cada uno de nosotros; por lo tanto equivale a dejar que la espada vengadora nos sea arrebatada de las manos. Si hemos de seguir viviendo por gracia, luego entonces no podemos hacer menos que dejar lugar a esta ira; proceder de otro modo sería dejar de vivir por gracia. El dar lugar a la ira es dejar la venganza a Dios, sabiendo que él es el Dios que hiere con el fin de sanar. Cuando tenemos presente lo que Dios ha hecho por nosotros «cuando éramos enemigos» (5.10), no podemos menos que esperar que finalmente su misericordia abrazará a los que ahora son nuestros enemigos.

Mas, si tu enemigo tiene hambre, aliméntalo; si tiene sed, dale de beber (la primera parte de la cita de Pr. 25.21-22a) tiene el efecto de agudizar lo que se acaba de decir: no basta con simplemente abstenerse de procurar infligir daño en respuesta al daño cometido contra nosotros; también tenemos que procurar hacer el bien al que nos ha dañado. Porque no hacer a nuestros enemigos el bien que necesitan, cuando está en nuestras manos hacerlo, es una especie de represalia indirecta. **porque haciendo así amontonarás ascuas de fuego sobre su cabeza** completa la cita. Algunos de los Padres griegos ven en «ascuas de fuego» una referencia al futuro castigo divino, y entienden que el pensamiento es que al hacer el bien al enemigo logramos que su castigo, en el caso de que no se arrepienta, sea mayor (aunque no es más que justo agregar —algo que quienes se refieren a esta interpretación a veces omiten agregar— que los mismos Padres dicen también que no hemos de hacer el bien a nuestro enemigo con esta intención). Pero Orígenes, Pelagio y Agustín, como también la mayoría de los comentaristas posteriores, prefieren considerar que la frase «ascuas de fuego» significa las ardientes punzadas de la vergüenza y la contrición. Está abundantemente claro que, por lo que se refiere al significado paulino, esta última interpretación es la que se ha de preferir; porque es congruente con el contexto en Romanos, mientras que la interpretación anterior es incompatible con dicho contexto. Por lo tanto, consideramos que el sentido del v. 20b es que, ocupándonos de este modo de la necesidad de nuestro enemigo, haremos nacer en él tal sentido interior de vergüenza que ella lo llevará a una verdadera contrición, y a dejar de ser nuestro enemigo y convertirse en amigo, o, por el contrario, si se niega a reconciliarse, su vergüenza quedará con él como el dolor de una conciencia mala.

No seas vencido por el mal, sino vence el mal con el bien. Tomar represalia es ser vencido tanto por el mal de nuestro enemigo como por el mal de nuestro propio corazón, que responde al mal del otro. En lugar de dejarse vencer por el mal, el cristiano ha de vencer el mal con el bien. Es de esperar, por cierto, que su victoria ha de incluir la transformación del perseguidor en amigo, pero esto no ha de ocurrir necesariamente. Aquel que en el sentido más pleno ha vencido al mundo (Jn. 16.33) no ha convertido aún el odio de todos sus perseguidores en amor. La victoria del cristiano sobre el mal consiste en su negativa de convertirse en partidario de la promoción del mal mediante el expediente de devolver mal por mal (y de este modo volverse él mismo como el malo que lo ha dañado), en aceptar el daño sin resentimiento, sin permitir que su amor se convierta en odio, o que se debilite siquiera. Aunque puede no lograr que el enemigo deje de serlo en el sentido de que sigue odiando, puede negarse a dejar que siga siendo enemigo en el sentido de ser odiado por él. Al proceder así estará compartiendo la victoria del evangelio sobre el mundo, y colocando señales que indican la realidad del amor de Dios para con los pecadores; vivirá como alguien que está siendo transformado por la renovación de la mente.

4. La obligación del creyente para con el estado

13.1-7

Con respecto a la relación de 13.1-7 con su contexto, se ha sostenido que hay una falta de conexión entre esta sección y su contexto inmediato; que interrumpe la continuidad que puede discernirse entre 12.21 y 13.8; que existen claras incongruencias entre esta sección y su contexto, entre las que se pueden mencionar en forma especial el contraste entre la aparente ausencia de toda reserva escatológica en esta sección y lo que se dice en 12.2 y 13.11-14, el carácter aparentemente no cristológico de esta sección, y el contraste entre el concepto del estado con su uso de la fuerza y el tema del amor en 12.9-21 y 13.8-10. No es de sorprender que los que con mayor fuerza sienten que la relación entre 13.1-7 y su contexto es problemática tienden a sentir la necesidad de postular ciertas circunstancias especiales en la comunidad cristiana de Roma que puedan haber llevado a Pablo a insertar esta sección. Pero a nosotros nos parece que las dificultades han sido exageradas. ¿Acaso no sería justo sugerir que en realidad habría resultado más bien sorprendente, si en una sección relativamente completa dedicada a la exhortación, como lo es 12.1-15.13, Pablo no hubiera tenido nada que decir sobre un tema que tiene que haber revestido gran importancia para los cristianos del primer siglo, así como para los cristianos de hoy? Además, no debemos aceptar la suposición de que este pasaje está vacío de contenido cristológico. Por supuesto que es cierto que no se menciona a Cristo para nada en estos siete versículos, y que las palabras que Pablo usa podrían haber sido usadas por un rabino o un filósofo; pero, ante la ausencia de pruebas claras en contrario, la presunción tendría que ser, indudablemente, que cuando Pablo usa la palabra «Dios», la usa en un sentido plenamente cristiano, y espera que así entiendan sus lectores. Por consiguiente, entendemos que Dios, de quien hablan estos versículos, es el Dios cuya autoridad y amor son uno con la autoridad (8.34) y el amor (8.39) de Jesucristo. Para Pablo, decir que las autoridades civiles son «ministros» y «servidores» de Dios equivale necesariamente a dar a entender que de algún modo están vinculadas con el propósito santo y misericordioso de Dios en Cristo, y que de algún modo contribuyen al mismo. Más todavía, si hemos de meternos plenamente en el significado paulino aquí, tenemos que entender estos versículos a la luz de la afirmación central de la fe de Pablo —que era también la de la iglesia primitiva—, la afirmación de que «Jesús es Señor». Es claro, por la forma (entre otras cosas) en que Pablo aplica a Cristo una cantidad de pasajes veterotestamentarios en los que «Señor» representa el nombre divino (véase (i), sobre 10.9), que al llamar a Cristo «Señor» le estaba adjudicando la autoridad y el señorío de Dios mismo. Pero, según las Escrituras, esa autoridad incluía autoridad sobre los reinos de los hombres (compárense, por ejemplo, Is. 10.5ss.; 45.1ss.; Dn. 4.17, 25, 32; 5.21). La comprensión cristológica del estado (en el sentido de que de algún modo está al servicio del propósito de Dios en Cristo, ubicado dentro de la esfera de su señorío) es algo que está, por lo tanto, implícito en esta pasaje.

Será conveniente hacer referencia a esta altura a la cuestión de si Pablo pensaba que las autoridades de este mundo habían sido realmente afectadas por la muerte, la resurrección y la ascensión de Cristo. Se ha sostenido que, mientras que Cristo era por cierto Señor de la historia, los acontecimientos mismos de su muerte, resurrección y ascensión no han alterado en modo alguno su señorío universal fuera de la iglesia, y que la victoria ya alcanzada por él es desconocida y no tiene ninguna consecuencia fuera de la iglesia. En cambio, si bien es cierto que exteriormente las autoridades civiles, como tales, evidentemente no han sido afectadas, sin embargo puede ser acertado decir que se ha efectuado un cambio objetivo en su situación. La emisión por una autoridad competente de una orden de arresto para alguien efectúa una modificación radical de su situación, aun cuando él y los que están vinculados a él no estén enterados de ello en ese momento, y por un tiempo puedan seguir actuando como si no hubiera ocurrido nada. Además, si bien es cierto que los gobiernos de este mundo estaban sujetos al control divino aun antes de la muerte, resurrección y ascensión de Cristo, y que actualmente no son más sumisos de lo que lo fueron antes, no obstante, el hecho de que los derechos de Dios sobre ellos, como también sobre todas las demás cosas, visibles e invisibles, se ha aseverado en forma decisiva y definitiva, significa que actualmente cumplen sus funciones bajo el juicio, la misericordia y la promesa de Dios de un modo que no ocurría antes.

[1]Que toda persona esté sujeta a las autoridades gubernamentales. Porque ninguna autoridad existe como tal que no sea designada por Dios, y las autoridades que hay han sido ordenadas por Dios. [2]De modo que el que se niega a sujetarse a la autoridad se está oponiendo al ordenamiento de Dios; y los que se oponen a tal ordenamiento acarrearán juicio sobre sí mismos. [3]Porque quienes se ocupan de gobernar no son *causa de* temor a la buena obra sino a la mala. ¿Deseas no temer a la autoridad? Haz lo que es bueno, y recibirás alabanza de ella; [4]porque es ministro de Dios para ti para bien. Pero, si haces el mal, teme; porque no es sin propósito que está armada con la espada; porque es ministro de Dios, agente de castigo para ira a aquel que obra el mal. [5]Por lo cual se hace necesario estar sujeto no simplemente en razón de la ira sino también en razón de la conciencia. [6]Porque es por esta razón que realmente pagáis tributo: porque precisamente cuando se ocupan con diligencia de esta cuestión, son servidores de Dios. [7]Rendid a todos aquello que es vuestra obligación rendirles: a aquel al cual debéis tributo, tributo; a aquel al cual debéis impuesto indirecto, impuesto indirecto; a aquel al cual debéis temor, temor; a aquel al cual debéis honor, honor.

1. Que toda persona esté sujeta a las autoridades gubernamentales. En el contexto «toda persona» es «todo cristiano (en Roma)». La frase es enfática. Ningún cristiano debe imaginar que está excluido de la obligación indicada. Está claro, y en esto hay acuerdo, de que por «autoridades» se debe entender autoridades civiles. Se ha sugerido que hay una referencia doble: a las autoridades civiles y también a los poderes angelicales, entendiéndose que estos últimos actúan desde atrás y por medio de las autoridades civiles (el vocablo griego traducido en este caso como «autoridad» se usa con referencia a poderes angelicales invisibles en 1 Co. 15.24; Ef. 1.21; 3.10; 6.12; Col. 1.16; 2.10, 15; 1 P. 3.22; en el primero y el último de estos versículos VRV2 tiene «autoridad», en los restantes «poder» o «potestad»). Pero, en general, parecería más probable entender que aquí al usar «autoridades», Pablo estaba pensando simplemente en las autoridades civiles como tales. La palabra griega que hemos traducido aquí como «gubernamentales» significa «superiores». El sentido que ofrece difícilmente pueda ser «superiores (a otras autoridades)», como si Pablo se estuviese refiriendo a grados más elevados de autoridad civil, sino «superiores (a los cristianos de Roma)», vale decir, que tienen autoridad sobre ellos.

Aquí, la expresión más interesante es «esté sujeta». Se trata, claramente, de una palabra clave en esta sección. Se supone a menudo que el verbo griego traducido «esté sujeta» significa «obedezca». Así Sanday y Headlam titularon esta sección «Sobre la obediencia a los gobernantes», y manifestaron, en su síntesis introductoria a ella, que «el poder civil ... debe ser obedecido. La obediencia al mismo es un deber cristiano...»; Barrett ha usado la frase «obediencia a los magistrados»; el Nuevo Testamento griego de las Sociedades Bíblicas Unidas (3ra. edición, 1975) ha encabezado esta sección «Obediencia a los gobernantes». Pero el verbo griego que se usa no es el verbo obvio usado para expresar el significado de «obedecer». En realidad hay tres verbos griegos más, todos los cuales aparecen en el Nuevo Testamento, que significan precisamente eso. Nos parece probable que Pablo haya elegido, deliberadamente, justamente el verbo en cuestión en este caso porque sentía que encuadraba mejor que los otros verbos en lo que quería expresar. Cuando aparece este verbo en Efesios 5.21 («sometiéndoos unos a otros en el temor de Cristo») el significado «obedecer» ha sido claramente excluido, porque aquí denota una obligación recíproca, y la obediencia no puede ser recíproca. Una comparación de este versículo con Romanos 12.10 («Preferíos unos a otros en honor») y Filipenses 2.3 («cada cual considerando al otro mejor que [o «superior a»] sí mismo») sugiere que lo que se quiere significar es el reconocimiento de que el hermano en la fe tiene mayor derecho sobre uno que el que uno tiene sobre sí mismo, y la conducta que surge de tal reconocimiento. Es casi seguro que en el presente versículo lo que Pablo pide no es una obediencia acrítica a toda orden que la autoridad civil decida dar, sino el reconocimiento de que hemos sido puestos por Dios bajo la autoridad y que, por lo tanto, ésta tiene más derecho sobre nosotros que el que tenemos nosotros sobre nosotros mismos, y una conducta responsable en relación con ella que resulta de dicho reconocimiento.

Pablo tiene en mente, desde luego, un estado autoritario, en el que la «sujeción» del cristiano a las autoridades se limita a respetarlas, obedecerlas en la medida en que dicha obediencia no entre en conflicto con las leyes de Dios, y desobedecerlas en forma seria y responsable cuando hay conflicto, pagándoles los impuestos directos e indirectos de buen grado, por cuanto ningún gobierno puede funcionar sin recursos, y —elemento sumamente importante que no se menciona aquí, pero que puede suplirse en base a 1 Timoteo 2— orando persistentemente por ellas. En un estado de esta naturaleza el cristiano tiene la obligación de hacer lo que esté a su alcance para su mantenimiento como estado justo; pero no se trata de que el ciudadano ordinario tenga un papel responsable en la tarea de gobernar.

La exposición acertada de las palabras de Pablo comprende, para el cristiano que vive en una democracia, su traducción de ellas en los términos de un orden político diferente. Un cristiano que se encuentra en esas circunstancias puede, y por lo tanto debe, hacer mucho más para el mantenimiento del estado como estado justo. Su «sujeción» ha de incluir el votar responsablemente en las elecciones parlamentarias, en el temor de Cristo y con amor para con su prójimo, y, dado que ese voto responsable sólo es posible sobre la base de un conocimiento adecuado, asegurar de estar tan plena y certeramente informado como sea posible acerca de las cuestiones políticas involucradas, y procurar incansablemente, en las formas constitucionalmente disponibles, apoyar los proyectos justos y oponerse a los proyectos injustos.*

Porque ninguna autoridad existe como tal que no sea designada por Dios expresa la razón del mandato que se acaba de dar. Expresa una verdad ya familiar para los judíos (compárense, por ejemplo, 2 S. 12.8; Jer. 27.5s.; Dn. 2.21, 37s.; 4.17, 25, 32; 5.21; Sabiduría 6.3): Dios levanta (y derriba) a los gobernantes, y nadie realmente ejerce autoridad gubernativa a menos que Dios lo haya levantado, aunque sea temporariamente.

y las autoridades que hay han sido ordenadas por Dios podría entenderse como una declaración general, el equivalente positivo de la oración precedente. Pero quizá sea más probable que se trate de una declaración particular acerca de las autoridades del momento, con las cuales tanto Pablo

---

* He procurado ocuparme en forma bastante detallada de las implicancias que para el cristiano, que vive en una democracia moderna, tiene lo que dice el Nuevo Testamento en relación con este tema en «The Christian's Political Responsibility according to the New Testament», *Scottish Journal of Theology* 15, 1962, pp. 176-192 (reimpreso en C. E. B. Cranfield, *The Service of God*, Londres, 1965, pp. 49-66; y ahora en *The Bible and Christian Life*, 1985, pp. 48-68).

como los cristianos romanos tenían que tratar: el emperador romano y sus representantes. Por pagano que fuera el gobierno imperial, debía ser reconocido como la autoridad divinamente señalada.

2. De modo que el que se niega a sujetarse a la autoridad se está oponiendo al ordenamiento de Dios; y los que se oponen a tal ordenamiento acarrearán juicio sobre sí mismos. Por cuanto la autoridad civil ha sido ordenada por Dios, el no rendirle la sujeción que le corresponde y, en lugar de ello, ubicarse en la oposición, es ser culpable de rebelión contra lo dispuesto por Dios. (Nótese que los verbos griegos traducidos como «estar sujeto» en los vv. 1 y 5 y «negarse a sujetarse» en el presente versículo, y el sustantivo traducido como «ordenamiento», son todos compuestos diferentes del mismo verbo simple o, en el último caso, de un sustantivo relacionado, mientras que «ordenado» representa el participio pasivo perfecto del verbo simple.) Es probable que el «juicio» a que se hace referencia aquí sea un juicio divino, y no simplemente la reacción de la autoridad civil.

3-4. Porque quienes se ocupan de gobernar no son *causa de* **temor a la buena obra sino a la mala. ¿Deseas no temer a la autoridad? Haz lo que es bueno, y recibirás alabanza de ella; porque es ministro de Dios para ti para bien. Pero, si haces el mal, teme; porque no es sin propósito que está armada con la espada; porque es ministro de Dios, agente de castigo para ira a aquel que obra el mal.** Estos dos versículos son desconcertantes. La dificultad radica en que Pablo parece no tomar en cuenta la posibilidad de que el gobierno sea injusto, y que castigue las obras buenas y alabe las malas. Parecería haber tres posibles explicaciones: (i) Pablo está tan atrapado por sus propias experiencias positivas con la autoridad romana, que olvida la posibilidad de que pudiera hacer algo injusto. Pero el mismo Pablo había tenido otras experiencias (véanse Hch. 16.22s., 37; 2 Co. 11.25ss.). ¿Y acaso podía olvidar que fue esta misma autoridad la que condenó y ejecutó a su Señor? (ii) Pablo, si bien plenamente consciente de esta posibilidad, está hablando aquí, como lo sugiere Calvino, sólo «del deber verdadero y natural del magistrado», del que, no obstante, «los que están en el poder a menudo se apartan». Pero resulta difícil ver cómo la presentación de un cuadro tan parcial podría considerarse compatible con un propósito pastoral serio. Más todavía, marcaría un llamativo contraste con el realismo de 8.35-39. (iii) Pablo quiere decir que consciente o inconscientemente, voluntaria o involuntariamente, de un modo o de otro, el poder alabará la obra buena y castigará la obra mala. La promesa del v. 3 es absoluta: el cristiano, en la medida en que obedece al evangelio, puede tener la seguridad de que el poder lo honrará. Incluso puede tener la intención de castigarlo, pero ese castigo al fin se convertirá en alabanza. Le podrá quitar la vida, pero al hacerlo no hará sino conferirle una corona de gloria. Por otra parte, si hace lo malo, tiene que castigarlo, aunque puede evidenciarse mediante honores vergonzosos o seguridad falsa. Esta tercera explicación, aunque reconocidamente difícil, parecería preferible a las otras dos.

Las dos cláusulas del v. 4 que comienzan con «porque es ministro de Dios», indican cuál es la base de la promesa en el v. 3 y la advertencia en el v. 4. La razón por la cual el gobernante no puede evitar alabar la obra buena y castigar la mala es que es (sea que lo sepa o no, sea que lo haga voluntaria o involuntariamente) servidor de Dios (compárese Is. 10.5-15). Los propósitos a los cuales en definitiva da cumplimiento no son, a pesar de todas las apariencias en contrario (¡y por cierto que no debemos, ni por un momento, negarlas o desestimarlas!), sus propios propósitos, sino los de Dios. La autoridad civil es «ministro de Dios» para el bien del creyente («a ti para el bien»). El gobernante lo encamina hacia «el bien» que Dios tiene reservado para él, hacia la salvación, si se trata de un gobernante justo, al prodigarle aliento para hacer el bien y desalentar cualquier tendencia a hacer el mal (algo que hasta el cristiano necesita en la medida en que todavía sea también incrédulo), frenando los peores excesos de la pecaminosidad de otros hombres, y dándoles razones egoístas para obrar con justicia; mientras que, si es injusto, no puede dejar de ayudar (porque los problemas que creará para el cristiano fiel serán problemas que, lejos de estorbar su salvación, en realidad contribuirán a ella), debido al predominio de Dios, y a pesar de las intenciones del gobernante. La autoridad civil es también servidora de Dios, en tanto que es «agente de castigo para ira a aquel que obra el mal», por cuyo medio se lleva a cabo una manifestación parcial, relativa y provisional de la ira de Dios contra el pecado. En relación con esto es más probable que la mención de la espada se deba entender, en nuestra opinión, con referencia a la posesión de poder militar por parte de la autoridad, que a disponer de la pena capital: advertencia en cuanto al hecho de que está en condiciones de sofocar la resistencia.

5. Por lo cual se hace necesario estar sujeto no simplemente en razón de la ira sino también en razón de la conciencia. Se sigue de lo que se ha dicho en los vv. 1b-4 que el cristiano tiene que estar sujeto no sólo por temor a la ira sino también por razones de conciencia. Ya hemos tenido ocasión de decir algo acerca del sustantivo griego traducido como «conciencia», en relación con 2.15 y 9.1. Aquí tal vez lo mejor será entender que significa simplemente «conocimiento». El conocimiento en cuestión sería el conocimiento de que el gobernante es, ya sea consciente o inconscientemente, voluntaria o involuntariamente, ministro de Dios. Mientras que el pagano cumple su obligación para con el estado (si lo hace) por temor al castigo, y tal vez también porque se da cuenta de que el estado es, en general, un beneficio para la sociedad, el cristiano tiene una razón adicional, y sumamente importante, para cumplir su obligación: su conocimiento del secreto de la relación en que se encuentra el estado para con Dios y Cristo.

6. Porque es por esta razón que realmente pagáis tributo. Los cristianos que estaban en Roma pagaban, desde luego, impuestos, y la verdadera base para hacerlo es el conocimiento del lugar de la autoridad civil en los propósitos divinos. **porque precisamente cuando se ocupan con diligencia de esta cuestión, son servidores de Dios** sirve para recordar que es como servidores de Dios, y por consiguiente como aquellos cuyas exigencias no deben ser negadas ni eludidas, que las autoridades exigen el pago de impuestos y derechos.

7. Rendid a todos aquello que es vuestra obligación rendirles: a aquel al cual debéis tributo, tributo; a aquel al cual debéis impuesto indirecto, impuesto indirecto; a aquel al cual debéis temor, temor; a aquel al cual debéis honor, honor resume la sección. Es sumamente probable que haya alguna conexión entre este versículo y el dicho atribuido a Jesús en Marcos 12.17 (compárense Mt. 22.21; Lc. 20.25). Resulta muy probable —aunque, desde luego, no absolutamente seguro— que aquí Pablo se hace eco conscientemente de un dicho dominical que le era conocido por la tradición. Común a este versículo y a Marcos 12.17 es el fuerte énfasis en el concepto de la obligación de pagar, o cancelar, lo que se debe.

Generalmente se da por sentado que «temor» en este versículo denota una mayor medida de respeto, y «honor» una medida menor, y que «aquel al cual debéis temor» se refiere al magistrado al cual corresponde la medida de mayor respeto. Si bien es posible —tal vez deberíamos decir incluso «probable»— que esta interpretación sea correcta, existen ciertas dificultades en torno a ella que cuando menos debemos mencionar.

(i) Pablo acaba de decir: «Porque quienes se ocupan de gobernar no son *causa de* temor a la buena obra sino a la mala. ¿Deseas no temer a la autoridad? Haz lo que es bueno ... Pero, si haces el mal, teme...». ¿Acaso no hay por lo menos una cierta incomodidad o aspereza en el hecho de que Pablo use «temor» en el sentido de «respeto» en una exhortación generalmente positiva dirigida a los cristianos de Roma con relación a su deber con respecto a las autoridades, tres versículos después de este uso sumamente enfático del sustantivo «temor» y el verbo «temer», con referencia a ese temor de las autoridades del que deben sentirse libres?

(ii) Si existe una real posibilidad de una relación entre este versículo y el dicho que tenemos en Marcos 12.17, luego parecería natural por lo menos plantear la cuestión de si quizá (como en el dicho) haya en este versículo una referencia a la deuda que se le debe a Dios. ¿Podría ser que Pablo no quisiera decir con «aquel al cual debéis temor» la autoridad humana sino Dios?

(iii) Una comparación con 1 Pedro 2.17, que probablemente también esté relacionado con el dicho al cual acabamos de referirnos, resulta muy sugestiva. Aquí, como en el dicho de Jesús, la deuda a Dios se menciona claramente, a la vez que la deuda al emperador, y hay una interesante semejanza de estructura entre el versículo de 1 Pedro y el presente versículo.

(iv) Es digno de notar que en 1 Pedro 2.17 la fraseología de Proverbios 24.21 ha sido modificada significativamente. Proverbios tiene «Hijo mío, teme tú al Señor y al rey»; pero en 1 Pedro se han usado dos verbos distintos, presumiblemente con el fin de evitar el uso del mismo verbo para denotar lo que se le debe al emperador y lo que se le debe a Dios. Dios ha de ser temido y el emperador honrado. La modificación, sea original en 1 Pedro o que ya haya sido hecha en la tradición catequética primitiva de la iglesia, sugiere que había en la Iglesia un sentimiento de que el «temor» era algo que se le debía a Dios y el «honor», más bien que el «temor», era apropiado para el emperador.

(v) Un análisis de las veces en que aparece el verbo «temer» y el sustantivo «temor» en el Nuevo Testamento confirma la sospecha de que el término no se usa característicamente con referencia a lo que se le debe a los gobernantes terrenales. En ninguna parte del Nuevo Testamento encontramos una exhortación general a «temer» a una autoridad civil, y, aparte del v. 3, que se relaciona con los malhechores, y el versículo que estamos considerando, el sustantivo «temor» no se usa en relación con los gobernantes.

Si bien probablemente se sentirá que la interpretación generalmente aceptada del v. 7 debería seguir aceptándose, la sugestión de que con «aquel al cual se debe temor» Pablo aludía a Dios, a nuestro entender, no se debería desechar.

5. La deuda de amor

13.8-10

Luego de ocuparse en 13.1-7 del cumplimiento de las responsabilidades políticas del cristiano, que, como lo expresa Calvino, «constituye una parte no despreciable del amor», Pablo procede a resumir su exhortación ética particular en el mandamiento de amor, que todo lo engloba.

⁸**No dejéis ninguna deuda para con nadie sin cancelar, excepto la deuda del amor de los unos para con los otros; porque el que ama al otro ha cumplido la ley.** ⁹**Porque «No cometerás adulterio», «No matarás», «No hurtarás», «No codiciarás», y cualquier otro mandamiento que haya, se resumen todos en esta palabra: «Amarás a tu prójimo como a ti mismo».** ¹⁰**El amor no le hace el mal al prójimo: el amor es por consiguiente el cumplimiento de la ley.**

8. No dejéis ninguna deuda para con nadie sin cancelar repite en forma negativa el mandato positivo del v. 7: «Rendid a todos aquello que es vuestra obligación rendirles». Proporciona así una adecuada transición con el parágrafo anterior. Los cristianos no deben dejar deudas impagas, ninguna obligación para con sus semejantes sin cumplir.

excepto la deuda del amor de los unos para con los otros. Dos cuestiones es preciso resolver aquí: la primera se refiere al significado de la expresión griega traducido como «excepto», y la segunda el alcance de «los unos para con los otros». Con respecto a la primera, se ha sostenido por algunos que la expresión debería traducirse en este caso «pero» (ocasionalmente tiene dicho significado: 14.14; Mt. 12.4; 1 Co. 7.17), y que todo el v. 8a significa «No debáis nada a ningún hombre, pero deberíais amaros unos a otros» (así Barrett). Pero esto exige que se agregue en la segunda mitad de la oración un verbo usado en la primera mitad, no sólo con un sentido distinto sino también en un modo verbal diferente; y, si bien el agregar el mismo verbo con sentido diferente podría aceptarse perfectamente como un juego de palabras (compárese 14.13, donde el mismo verbo se usa con sentidos diferentes en las dos partes del versículo), la combinación de cambio de sentido y cambio del modo verbal, donde no se repite el verbo, es tan burda como para resultar extremadamente improbable. Por lo tanto tomamos la expresión griega en su sentido corriente de «excepto», y entendemos que la idea no es, por cierto, que se trata de una deuda que no tenemos ninguna obligación de cumplir, sino que, a diferencia de aquellas deudas que podemos pagar y cancelar definitivamente, ésta es una deuda ilimitada que jamás podremos cumplir adecuadamente, ni siquiera en el momento presente y que, por más que nos esforcemos en cumplirla, no obstante sigue aumentando constantemente. Estaremos, de esta manera, siempre tratando por todos los medios de cumplirla y no obstante siempre debiéndola. Con respecto a la segunda cuestión, «los unos para con los otros» se ha entendido a veces como indicación de que el amor a que se hace referencia se limita a los hermanos en la fe. Pero es mucho más probable que, habiendo acabado de decir «No dejéis ninguna deuda para con nadie sin cancelar», Pablo haya querido decir «la deuda del amor de los unos para con los otros» en sentido muy amplio. Se entiende, naturalmente, que el negativo universal con el cual comienza la oración (es más enfático en el original griego que en nuestra traducción) controla la referencia a las palabras siguientes. No hay nadie que no esté incluido en «los unos para con los otros».

porque el que ama al otro ha cumplido la ley. Con toda seguridad que la sugerencia de que el griego debería entenderse con el significado de «porque el que ama ha cumplido la otra ley» debe rechazarse decididamente. No ha habido ninguna referencia clara a ninguna ley en las oraciones precedentes; la palabra «ley» no ha sido usada desde que apareció en 10.5. Explicar que por «la otra ley» Pablo quiere decir la ley veterotestamentaria por oposición a la ley civil de Roma sugerida por las primeras palabras de este versículo entendido en íntima conexión con los vv. 1-7 resulta, por cierto, inaceptablemente forzado. Pocas dudas caben de que debemos tomar «al otro» como el objeto de «ama». Tiene que significar no sólo «otro» (AV) o «algún otro a diferencia de uno mismo» (Barrett), sino «el otro», es decir, aquel que en un momento particular se enfrenta a él como su prójimo en el sentido neotestamentario. Por consiguiente alude a *todos* aquellos que de tiempo en tiempo lo ponen frente a la exigencia de servicio dada por Dios (compárese VRV3mg). Una persona no ha cumplido la ley por el mero hecho de que ama a *alguien* más, a *alguna* persona que no sea ella misma (desde luego que la mayoría de las personas logran hacer esto, si bien en forma más o menos inadecuada, por lo menos alguna vez en la vida). El artículo determinante delante de «otro» es importante: tiene efecto generalizador. El cumplimiento de la ley comprende no solamente el amar a alguien que no sea uno mismo, sino amar a *cada* persona que Dios pone delante de uno como su prójimo, por la circunstancia de ser alguien a quien uno *está en posición de* afectar para bien o para mal. El «prójimo» en el sentido neotestamentario no es alguien elegido arbitrariamente por nosotros, sino que nos es dado por Dios.

El «porque» inicial indica que lo que se dice constituye de algún modo una razón, o una explicación, para lo que se dice en el v. 8a. Dos interpretaciones posibles se ofrecen: (i) el v. 8b puede entenderse como afirmación de una razón para la expresión del amor de los unos para con los otros: hacerlo equivale a cumplir la ley. Es improbable que Pablo quisiese decir que algunas personas de hecho cumplen la ley en el sentido de obedecerla plenamente (porque esto sería contradictorio con lo que dice en otras partes de Romanos, por ejemplo en 3.20), sino simplemente que el tratar de amar es ubicarse en la dirección correcta para obedecer la ley. (ii) el v. 8b puede entenderse como explicación de la razón por la cual la deuda de amor jamás puede cumplirse acabadamente. Es evidente que no se la puede cumplir plenamente, porque, si hubiera personas que pudiesen amar a sus prójimos en el sentido más pleno, estarían haciendo lo que hemos visto que es una imposibilidad para hombres caídos: habrían cumplido perfectamente la ley. De estas interpretaciones la (ii) parecería preferible. Encuadra mejor en lo que parece ser el movimiento del pensamiento paulino, y, si se acepta, el uso del tiempo perfecto «ha cumplido» no ofrece ninguna dificultad.

9. Porque «No cometerás adulterio», «No matarás», «No hurtarás», «No codiciarás», y cualquier otro mandamiento que haya, se resumen todos en esta palabra: «Amarás a tu prójimo como a ti mismo». Para confirmar el contenido del v. 8b Pablo procede a indicar que los mandamientos de la «segunda tabla» del Decálogo se resumen todos en el mandamiento de amar al prójimo como a uno mismo (Lv. 19.18). Especifica sólo cuatro mandatos, indicando mediante la frase «y cualquier otro mandamiento que haya» que se limita a mencionar algunos casos. Mientras en Levítico 19.18 el prójimo es claramente el compatriota israelita, como lo indica la primera parte del versículo, para Jesús el término tenía alcance universal, como se ve por Lucas 10.25-37. No hay base adecuada para pensar que su alcance fuera menos amplio para Pablo que para Jesús. A veces se ha argumentado que el mandamiento de amar al prójimo como a uno mismo legitima, e incluso exige en realidad, el amor a uno mismo. La significación de «como a ti mismo» es más bien que Dios nos dirige su mandamiento a nosotros como hombres que somos, como pecadores que, de hecho, se aman a sí mismos, y como tales nos pide que amemos a nuestros prójimos. Esta forma del mandamiento indica que el amor para el prójimo que se nos exige es un amor que es totalmente real y sincero: tan real y sincero como el pecaminoso amor que nos prodigamos a nosotros mismos, de cuya realidad y sinceridad no cabe la menor duda.

10. La formulación negativa de **El amor no le hace el mal al prójimo** se debe a la forma negativa de los mandamientos a los que Pablo acaba de referir. Pero, como en los mandamientos mismos, así también está implícito aquí un contenido positivo. Es de todos modos un absurdo error despreciar la formulación negativa; porque siempre ha de ser necesario (además de la positiva) como criterio de prueba tocante a la realidad del amor. ¡Con cuánta frecuencia el amor cristiano sufre menosprecio por el hecho de que los que lo alaban a gritos y confían en que lo poseen, no obstante persisten en hacerle daño a sus prójimos!

el amor es por consiguiente el cumplimiento de la ley. Llegar a la conclusión de que podemos olvidar el Decálogo y todo el resto de la ley, y simplemente arreglarnos con el mandamiento del amor (o, como los que tienden a sacar esta conclusión probablemente querrían llamarlo, el principio del amor), estaría totalmente equivocado. Porque, si bien realmente necesitamos el resumen para evitar que perdamos de vista el bosque por mirar los árboles y que entendamos los mandamientos individuales de modo rígido, literal, pedante, sin imaginación y sin amor, del mismo modo necesitamos los mandamientos individuales, en los que la ley particulariza la obligación general de amar, para evitar que nos quedemos conformes con sentimientos vagos, y con frecuencia hipócritas, que —en nosotros mismos y a menudo también en otros— somos propensos a confundir con el amor cristiano.

6. Motivación escatológica de la obediencia cristiana

13.11-14

Pablo ya se ha referido al contexto escatológico en el cual se encuentra la obediencia cristiana en 12.2 («dejad de permitiros ser conformados a esta era, sino seguid dejándoos ser transformados por la renovación de vuestra mente»). En los capítulos 12 y 13 se lo da por entendido. Ahora, al final de la parte más general de su exhortación ética, Pablo retoma la referencia de 12.2, y hace explícita la motivación escatológica de la obediencia cristiana.

[11]Y esto, conociendo el tiempo, que ya es hora de que os despertéis del sueño; porque ahora la salvación está más cerca de nosotros que cuando nos hicimos creyentes. [12]La noche está muy avanzada, y el día está muy cerca. Hagamos pues a un lado las obras de las tinieblas, y vistámonos la armadura de la luz. [13]Caminemos honorablemente como en el día, no en parrandas y juergas de ebriedad, no en repetida promiscuidad y sensualidad, no en pleitos y envidia. [14]Sino vestíos del Señor Jesucristo, y dejad de hacer provisión para la carne para la satisfacción de sus lujurias.

11. Y esto sirve para presentar una referencia a la circunstancia adicional que destaca la fuerza de lo que se ha dicho. Esta circunstancia adicional es el hecho de que aquellos a los cuales se dirige Pablo están **conociendo el tiempo.** Deben esforzarse por hacer —y seguramente lo harán— las cosas que Pablo viene exhortando a sus lectores a que hagan (probablemente no deberíamos pensar simplemente en 13.8-10, sino en los capítulos 12 y 13 en conjunto), con mucho mayor ahínco, porque conocen la significación del tiempo. Acerca de esta apelación a la escatología como incentivo para el ahínco moral podemos comparar, por ejemplo, Filipenses 4.4-7; 1 Tesalonicenses 5.1-11, 23; Hebreos 10.24s.; Santiago 5.7-11; 1 Pedro 4.7-11, y también pasajes en los evangelios tales como Mateo 25.31-46; Marcos 13.33-37. Los lectores de Pablo conocen la significación del tiempo, porque, como creyentes en Cristo, ven el tiempo presente tanto a la luz de lo que él ha hecho como de lo que va a hacer.

que ya es hora de que os despertéis del sueño indica parte de la significación del tiempo presente. El sueño es una gráfica imagen de ese estado que se opone totalmente al de estar preparados para el futuro accionar divino. **porque ahora la salvación está más cerca de nosotros que cuando nos hicimos creyentes** apoya la afirmación precedente. Por cierto que estas palabras dan por sentado que Pablo esperaba de hecho que en un momento determinado ocurriera un acontecimiento divino, que sus tiempos verbales futuros no representaban una mera acomodación del lenguaje, que su escatología no era una escatología relacionada con un hecho intemporal. Implican que consideraba que el lapso que había transcurrido entre su propia conversión, como también la de sus lectores, y el momento de escribir tenía significación real en relación con la parusía: estaba mucho más cerca que antes. Mas, ¿quieren significar también que estaba seguro de que dicho lapso necesariamente habría de ser una apreciable fracción del intervalo total entre la ascensión y la parusía? ¿Acaso quieren decir, de hecho, que estaba seguro que la parusía habría de ocurrir, necesariamente, cuando más, dentro de unas cuantas décadas? A veces se supone que sí. Pero no hay nada en este versículo por sí solo —por el momento nos limitamos a este versículo— que nos obligue a aceptar tal supuesto. Está claro que, si la parusía realmente ha de ocurrir en un momento determinado, cada hora que vivamos tiene que ubicarnos una hora más cerca de ella, por lejos que todavía se encuentre. Más todavía, lo que quiere hacer este versículo es subrayar la urgencia de la necesidad de despertar del sueño: el tiempo oportuno para la fe y la obediencia, para Pablo y sus lectores, se había acortado en esa medida. Además, teniendo esto en mente, con seguridad que le resultaba más natural pensar no solamente en dicho lapso como una fracción del intervalo antes de la parusía, sino también pensar en él en relación con el curso ordinario de la vida humana. Por lo demás, se puede decir que la muy trascendente importancia del propio acontecimiento esperado otorga significación a cada momento y período de tiempo que pasa.

12. La noche está muy avanzada, y el día está muy cerca. Hagamos pues a un lado las obras de las tinieblas, y vistámonos la armadura de

la luz. Todo el versículo se caracteriza por el uso metafórico de «noche», «día», «tinieblas», «luz», vocablos para los que la referencia a despertar del sueño ha preparado el camino. Se trata de imágenes que aparecen repetidamente en la Biblia. Aquí «la noche» denota claramente la era presente (compárese 12.2), y «el día» la era venidera de la manifestación final e inequívoca del reino de Dios. Tenemos aquí una clara instancia de la insistencia neotestamentaria en la proximidad del fin. Podemos comparar 16.20 («pronto»); Marcos 13.29 = Mateo 24.33; Lucas 18.8a (como aparentemente lo entendía Lucas: compárese la última parte del versículo); Juan 16.16ss. (si, como es probable, el autor quería que se reconociese una doble referencia en «nuevamente un poco de tiempo, y me veréis»: tanto a la resurrección como a la parusía); 1 Corintios 7.29; Filipenses 4.5; Hebreos 10.25; Santiago 5.8s.; 1 Pedro 4.7; 1 Juan 2.18; Apocalipsis 22.20.

¿Cuál es el significado de esta insistencia en la proximidad del fin: esta «expectativa de la proximidad»? Es sabido que son muchos los entendidos que consideran que es perfectamente claro que la iglesia primitiva estaba convencida de que con toda seguridad el fin habría de ocurrir, cuando más, en unas pocas décadas, y que su convicción ha sido refutada por el hecho indiscutible del paso de mil novecientos años de historia. La verdadera explicación, creemos, es más bien que la iglesia primitiva estaba convencida de que el ministerio de Jesús había inaugurado los últimos días, la época del fin. Los acontecimientos supremos de la historia habían tenido lugar en el ministerio, la muerte, la resurrección y la ascensión del Mesías. Ya no era cuestión de que se agregase otro capítulo que pudiera de algún modo volver efectivamente sobre lo que ya se había escrito en ese capítulo final. Todo lo que la historia siguiente podía agregar, sea que durase pocos o muchos años, tendría que tener el carácter de un epílogo. Sólo podría ser algo agregado después de la conclusión del capítulo final, un intervalo proporcionado por la paciencia de Dios para dar a los hombres tiempo para oír el evangelio y tomar la decisión de fe. Por largo que fuese ese intervalo, en un sentido muy real tendría el carácter esencial de «tiempo breve», y su prolongación dependería exclusivamente de la paciencia de Dios. Tal expectativa de la proximidad no es lo mismo que certidumbre de que el fin necesariamente llegaría dentro, cuando más, de unas décadas. Al parecer algunos cristianos efectivamente lo entendieron erróneamente en este sentido (véanse Juan 21.23; 2 Pedro 3.3ss.); pero no hay —hasta donde pueda verse— absolutamente ninguna prueba concluyente de que la iglesia en conjunto alentara una confianza ilusoria semejante. Decir esto no es, desde luego, negar que la iglesia primitiva se ocupaba con absoluta seriedad de la *posibilidad* de que la parusía pudiese ocurrir muy pronto. Tampoco se puede negar que existe esta significativa diferencia entre la expectativa del apóstol Pablo y la de los cristianos de la actualidad: nosotros —a diferencia de él— *sabemos* que la parusía *no* ha ocurrido dentro de los primeros diecinueve siglos.

La verdadera significación de la expectativa de la proximidad expresada en la declaración de que «la noche está muy avanzada, y el día está muy cerca» es que el tiempo que queda es tiempo en el cual toda la obligación de los cristianos consiste en velar por la segunda venida de Cristo con la mente alerta, con la expectativa adecuada, con un adecuado sentido de urgencia, y con toda la necesaria dedicación activa y resuelta a las tareas de la fe, la obediencia y el amor que requieren. Aprehender en su verdadera dimensión esta brevedad del tiempo equivale a volverse hacia la dirección de la obediencia a la exhortación de 12.1-13.10; es por ello, indudablemente, que Pablo escribió en 13.11: «Y esto, conociendo el tiempo...».

En la exhortación de la última parte del versículo (como también en el versículo siguiente) Pablo usa la primera persona del plural, asociándose con aquellos a los que se dirige. Reconoce que también necesita que se le recuerde. El uso metafórico de «hagamos pues a un lado» y «vistámonos», que aparece con frecuencia en la enseñanza moral neotestamentaria, es muy obvio. Por «las obras de las tinieblas» Pablo quiere decir indudablemente las obras que pertenecen a la noche de esta era presente, y son características de ella, pero quizá también esté presente el pensamiento de que las cosas que va a mencionar en la última parte del v. 13 son las que comúnmente se encaran en la oscuridad, pero que hasta los paganos podrían eludir de practicar en plena luz. La sustitución de «armadura» por «obras» en la segunda cláusula refleja la conciencia que tenía Pablo de que la vida cristiana es necesariamente una lucha. El vocablo griego, usado en 6.13 en el sentido de instrumentos, aquí indudablemente tiene su sentido especial de armadura, incluyendo tanto las armas defensivas como las ofensivas. El significado de «la armadura de la luz» se aclarará en el v. 14, así como el de «las obras de las tinieblas» recibe aclaración en la lista en el v. 13.

13. Caminemos honorablemente como en el día. Las últimas cuatro palabras son desconcertantes. Se pueden entender de diversos modos: (i) con referencia a la relativa respetabilidad de lo que hacen los hombres a plena luz, por oposición a las parrandas y juergas de la noche; (ii) con referencia a la era venidera y con un «si» sobrentendido («como si en el día», «como si el día ya hubiese llegado»), entendiéndose que el día todavía no ha llegado; (iii) con referencia a la era venidera, entendiéndose el día como en algún sentido por lo menos ya presente para los cristianos; (iv) usándose «día», independientemente de su uso en el versículo anterior, como metáfora del estado de esclarecimiento y regeneración en el que se encuentra actualmente el cristiano, en contraste con la condición del paganismo. El hecho de que ellas requieren que se tome «día» en un sentido enteramente diferente del que se le da en el versículo anterior parecería resultar perjudicial en el caso de (i) y (iv), aunque (iv) recibe amplio apoyo. Mientras que la explicación (ii) encuadra mejor en el contexto («el día está cerca»), probablemente corresponda preferir la (iii), teniendo en cuenta que tiene más fuerza y en general concuerda mejor con la manera de exhortar de Pablo. El elemento de irrealidad en torno a la propuesta (ii) milita en contra de ella. No es costumbre de Pablo apelar a los cristianos a que se comporten como lo harían si algo fuese verdadero, cuando en realidad no lo es. Cuando en 6.11 exhorta a los cristianos de Roma a reconocer que están muertos en pecado mas vivos para Dios en Cristo, lo que quiere decir es que han de reconocerlo como la *verdad* que revela el evangelio, y no que han de fingir que lo es. Entendemos, por lo tanto, que aquí el significado paulino probablemente sea que tanto él como sus lectores deben caminar honorablemente como aquellos que, en Cristo, pertenecen ya al nuevo orden de Dios, cuyas vidas están ya iluminadas por el fulgor del día venidero.

no en parrandas y juergas de ebriedad, no en repetida promiscuidad y sensualidad, no en pleitos y envidia provee ejemplos de las obras de las tinieblas que se deben evitar. Hay tres pares de sustantivos en el original, y la relación entre los dos sustantivos en cada par es muy estrecha: cada par puede, en realidad, entenderse como sugestión de una idea compuesta (por ejemplo, parrandas de borrachos), antes que dos ideas independientes. En griego los sustantivos del primero y el segundo par están en plural, con la consiguiente sugerencia de repetición frecuente, y los del tercer par están en singular. Con frecuencia los pleitos y el altercado por envidias eran producto de las parrandas y juergas de borrachos. Con respecto a la conexión entre la ebriedad y las cosas que se mencionan en esta lista, comenta Crisóstomo (y sus palabras recuerdan —a quien por algunos meses durante la Segunda Guerra Mundial compartió responsabilidades pastorales en un gran campamento de pacientes afectados de enfermedades venéreas— conmovedoras escenas): «Porque nada alimenta tanto la lascivia, e inflama tanto la ira, como el beber excesivamente y la embriaguez», y vuelve más adelante al tema con la siguiente apelación: «Por lo tanto, os exhorto, huid de la fornicación y de su madre, la borrachera».

14. Sino vestíos del Señor Jesucristo interpreta la frase «vistámonos la armadura de la luz». Pablo ha usado la expresión «vestíos de Cristo» en conexión con el bautismo en Gálatas 3.27, y una comparación de este versículo con Romanos 6.2ss. aclara que, así como hemos considerado varios sentidos diferentes en los cuales se puede decir que el creyente muere con Cristo y resucita con Cristo, así también debemos distinguir diferentes sentidos en los cuales se puede decir que el creyente se viste de Cristo. Ya se ha vestido de Cristo al someterse al bautismo y al recibir, por medio del sacramento, la promesa de Dios de que —en lo que constituye el sentido fundamental— ya ha sido vestido de Cristo en virtud de la decisión divina de verlo en Cristo. Por ello en Gálatas 3.27 Pablo usa un indicativo. Pero aquí, en este versículo, usa el imperativo, por cuanto vestirse de Cristo tiene aquí un sentido moral (que responde al sentido (iii) en cuanto a nuestro morir y ser resucitados con él en nuestra nota sobre 6.2). Vestirnos del Señor Jesucristo significa aquí abrazar una y otra vez, con fe y confianza, con agradecida lealtad y obediencia, a aquel a quien ya pertenecemos.

y dejad de hacer provisión para la carne para la satisfacción de sus lujurias. Sobre el significado de «carne» en este caso compárense 7.18, 25; 8.3-9, 12s.. Significa la totalidad de nuestra naturaleza humana en su degradación. La lista de «las obras de la carne» en Gálatas 5.19ss. aclara que el término es más amplio en su alcance que lo que suele serlo el término «carne» en buena parte de la piedad occidental moderna, y abarca cosas tales como «contienda» y «envidia». Sería claramente ridículo que aquellos que ahora andan no según la carne sino según el Espíritu (8.4) hicieran provisión, en forma deliberada, para la satisfacción de los deseos de la carne.

7. Los «fuertes» y los «débiles»

14.1-15.13

No resulta nada fácil decidir exactamente cuál es el problema que ocupa a Pablo en esta sección, y se han sugerido diversas explicaciones. Tendremos que mencionar algunas de ellas, por lo menos, aquí.

(i) Con frecuencia se supone que las personas a las que se hace referencia con la expresión «débiles en la fe» o simplemente «débiles» tienen que ser legalistas que creen que van a lograr una posición de justicia delante de Dios por medio de sus propias obras, imaginando que el abstenerse de carne y vino, y la observancia de días especiales constituyen un derecho adquirido ante Dios: personas que no han aprendido todavía a aceptar la justificación como un don gratuito de Dios. Pero, si este fuera realmente el caso, con seguridad que Pablo no las hubiese considerado como creyentes genuinos, como claramente lo hace, y hubiera adoptado ante ellos una posición diferente de la que ha adoptado en esta sección, aun cuando se comprendería que adoptase una posición polémica menos vehemente que la de Gálatas, debido a que los «débiles» de esta sección evidentemente no son agresivos como lo eran los judaizantes de Gálatas.

(ii) Se ha sugerido que el desacuerdo entre los débiles y los fuertes de este pasaje gira en torno a la cuestión de las «cosas sacrificadas a los ídolos», de las que se ocupa Pablo en 1 Corintios 8 y 10. Es evidente que hay una cantidad impresionante de contactos entre la sección presente y esos dos capítulos. Más todavía, resulta fácil comprender por qué algunos cristianos, sabiendo que la carne que se compraba en las carnicerías de una ciudad pagana normalmente habría estado vinculada a sacrificios a alguna deidad pagana, habrían de decidir hacerse vegetarianos, como la única manera de estar seguros de que no estaban haciéndose cómplices de la idolatría. El abstenerse del vino (14.21) también se puede explicar siguiendo la misma línea, ya que se ofrecían libaciones de las primicias del vino. Pero la explicación de que esta sección se ocupa principalmente del problema de las «cosas sacrificadas a los ídolos» debería también ser rechazada, a nuestro juicio; porque, primero, es difícil de aceptar (en vista de su prominencia en 1 Corintios 8 y 10) que Pablo no hubiera usado ni una vez la palabra griega que alude a «sacrificios a los ídolos» en este pasaje, si hubiera tenido en mente este problema (y existen, más aun, otras indicaciones en 1 Corintios 8 y 10 de la naturaleza de la cuestión de que se trata, además del uso de dicha palabra); segundo, la mención de la observancia de días especiales difícilmente pueda incluirse en el marco de esta explicación; y, tercero, no hay indicación alguna en esta sección de que Pablo haya visto para nada algo malo en la práctica de los fuertes en sí misma, aparte de su efecto sobre los débiles, pero en 1 Corintios 10.20-22 hay una advertencia contra el peligro al que estaban expuestos los «sabios» de Corinto, la realidad del cual no tenía nada que ver con la presencia de hermanos débiles con sus escrúpulos. Si bien está claro que Pablo veía que la tensión entre los fuertes y los débiles, de la cual se ocupa en Romanos 14.1-15.13, comprendía las mismas cuestiones (vale decir la del respeto debido a la conciencia del hermano en la fe, y la de la obligación absoluta de abstenerse de insistir en ejercer la libertad que la propia fe le permite a uno, a riesgo de arruinar la fe del hermano en la fe) que surgieron por el tema de las «cosas sacrificadas a los ídolos» (de allí las estrechas semejanzas entre esta sección y 1 Corintios 8 y 10), parecería improbable que fuese el problema de las «cosas sacrificadas a los ídolos» lo que Pablo tenía en mente aquí en forma especial.

(iii) Se ha sugerido que la doble abstinencia fue una manifestación, en el seno del cristianismo primitivo, de ideas y prácticas que eran características de diversos movimientos religioso-filosóficos en la antigüedad, y que persistieron con notable vitalidad a lo largo de los siglos. Si tal fuera el origen del «vegetarianismo» de los débiles, el uso de expresiones tales como «ritualmente impuros» en 14.14 y «limpios» en 14.20 sería comprensible, ya que los adherentes a dichos movimientos consideraban como algo antinatural y contaminante la matanza de bestias vivas para alimento. Abstenerse del vino con el argumento de que era perjudicial para los usos más elevados y refinados de la razón humana y para la percepción de comunicaciones divinas era un concepto que estaba menos diseminado que el abstenerse de la carne, aunque no era extraño. Existe amplio apoyo para esta sugerencia en una u otra de sus posibles variantes. Una desventaja de ella es que una explicación plausible del tercer rasgo, la observancia de días especiales (14.5s.), no es posible siguiendo esta línea de argumentación, sino que se ha de buscar por otro lado.

(iv) Una posibilidad adicional es que la debilidad de los débiles consistía en una continua preocupación por la obediencia literal de la parte ceremonial de la ley veterotestamentaria, si bien una obediencia muy distinta de la de los judaizantes de Gálatas. Estos últimos eran legalistas que imaginaban que podían obligar a Dios mediante su obediencia, e insistían en el cumplimiento literal de la parte ceremonial de la ley, como algo necesario para la salvación. Con ese tipo de legalismo Pablo no podía transar. Pero la posibilidad que tenemos en mente aquí es la de que los débiles, mientras que no consideraban que estaban obteniendo crédito ante Dios por medio de su obediencia, ni estaban tratando deliberadamente de forzar a todos los demás cristianos a conformarse al modelo de ellos, sentían que, por lo que a ellos mismos se refería, no podían con limpia conciencia abandonar la observancia de requisitos de la ley tales como la distinción entre alimentos limpios e inmundos, el abstenerse de comer sangre, el guardar el día de reposo y otros días especiales.

A nuestro parecer no es posible decidir con absoluta certidumbre entre (iii) y (iv); pero consideramos que (iv) es la más probable. Como apoyo de ella podemos mencionar los siguientes puntos: (a) Concuerda perfectamente con 15.7-13, que sugiere enfáticamente que la división entre los débiles y los fuertes era también, por lo menos en buena medida, una división entre cristianos judíos y gentiles. (b) Concuerda perfectamente con el uso de «ritualmente impuro» en 14.14 y de «limpio» en 14.20. Especialmente sugestiva es una comparación de Marcos 7.19, que parecería insinuar que la cuestión de si los cristianos deberían observar la distinción entre comidas limpias e impuras seguía siendo todavía, o lo había sido muy recientemente, una cuestión viva en la iglesia para la cual escribía Marcos. No sería realmente sorprendente que los cristianos en una ciudad pagana, deseando estar seguros de evitar la carne que de un modo u otro era impura según la ley ritual veterotestamentaria, sencillamente decidieran abstenerse en forma total de comer carne. Había un notable precedente bíblico para seguir un curso semejante en Daniel 1.8, 12, 16. La afirmación de Barrett de que, en vista del hecho de que había una colonia judía grande en Roma, «se debe considerar que cualquiera que quisiera obtener carne adecuada podría hacerlo con toda seguridad» no toma en cuenta la posibilidad de que los cristianos judíos quizá no hayan podido confiar en la colaboración de sus connacionales incrédulos para satisfacer su necesidad (más todavía, el apremiante problema bien puede haberlo constituido la carne que sus hermanos fuertes podían ofrecerles). (c) Concuerda perfectamente con la mención de la observancia de días en 14.5s. (d) Concuerda con la implicancia de toda la sección de que los débiles en la fe se caracterizan también por una cierta debilidad de carácter, una inclinación a ceder a las presiones sociales, y a dejarse desviar del camino que su propia fe les ha trazado. La adhesión a los requisitos ceremoniales de la ley que presupone en los débiles la sugestión (iv) no es el empecinado legalismo farisaico de los judaizantes de Gálatas, sino un sentimiento, que, si bien cala muy hondo, es poco claro, y resulta difícil de defender con argumentos. (e) Concuerda también con lo que se dice acerca de la ruina espiritual a la que puede fácilmente arrastrar a los débiles; porque el tener una convicción profundamente arraigada, pero al mismo tiempo ser incapaz de esgrimir argumentos claros en su defensa, equivale a ser sumamente vulnerable por lo que hace a la integridad personal. (f) También concuerda perfectamente con la actitud compasiva de Pablo para con los débiles, y el hecho de que el punto principal de su exhortación está dirigido a los fuertes, a fin de persuadirlos a que se esfuercen por «agradar» a los débiles, y abstenerse de hacer cualquier cosa que pudiera «afligirles».

La mención de la abstinencia del vino (14.21) no se acomoda tan fácilmente en el marco proporcionado por la sugerencia (iv), como es el caso de las referencias a no comer carne y a observar días especiales. La ley veterotestamentaria no prohíbe en ninguna parte el consumo de vino, excepto para los sacerdotes en funciones (Lv. 10.9) y los nazareos (Nm. 6.2s.). Pero tal vez (como se argumenta en el comentario sobre 14.21) la referencia a abstenerse del vino se debería entender como algo hipotético, más que como indicación de una característica real de los débiles.

A nuestro entender, entonces, la explicación más probable de la naturaleza del desacuerdo entre los débiles y los fuertes, al que hace referencia esta sección, es que, mientras los fuertes habían reconocido que, ahora que

había llegado aquel que es la meta y esencia y el significado más profundo
de la ley veterotestamentaria, ya no era preciso obedecer literalmente su
parte ceremonial, los débiles sentían claramente que la obediencia literal de
la ley ceremonial debía seguir constituyendo parte integral de su respuesta
a la fe en Jesucristo, aun cuando su actitud era fundamentalmente diferente
de la de los judaizantes de Gálatas, en el sentido de que no pensaban en
colocar a Dios en situación de obligación para con ellos debido a sus intentos
de obedecer, sino sólo en expresar su fe.

¹**A aquel que es débil en la fe recibid,** *pero* **no con el fin de hacer
juicios sobre sus escrúpulos.** ²**Un hombre tiene fe para comer
cualquier comida, pero el que es débil come** *sólo* **legumbres.** ³**El
que come no desprecie al que no come, y el que no come no juzgue
al que come, porque Dios lo ha recibido.** ⁴**¿Quién eres tú que juzgas
al esclavo doméstico de Otro? Es su propio Señor cuya preocupación es que se mantenga en pie o caiga; y se mantendrá en pie,
porque su Señor tiene el poder de hacer que se mantenga en pie.**
⁵**Un hombre estima un día más que otro, otro hombre estima todos
los días** *iguales.* **Que cada cual esté persuadido en su propia mente.**
⁶**El que observa el día lo observa para el Señor. Y el que come come
para el Señor, porque da gracias a Dios; mientras el que se abstiene
de comer se abstiene para el Señor, y da gracias a Dios** *por su
comida sin carne.* ⁷**Porque ninguno de nosotros vive para sí, y nadie
muere para sí;** ⁸**porque, si vivimos, es para el Señor que vivimos,
y, si morimos, es para el Señor que morimos. Sea que vivamos,
pues, o muramos, es al Señor a quien pertenecemos.** ⁹**Por cuanto
fue para este fin que Cristo murió y vivió** *nuevamente,* **a saber,
para que llegara a ser Señor tanto de los muertos como de los vivos.**
¹⁰**Pero tú, ¿por qué juzgas a tu hermano? O tú en el otro lado, ¿por
qué desprecias a tu hermano? Porque todos estaremos delante del
tribunal de Dios.** ¹¹**Porque está escrito: «Como que vivo, dice el
Señor, a mí se doblará toda rodilla, y toda lengua aclamará a
Dios».** ¹²**Así [pues] cada uno de nosotros dará cuenta de sí mismo
[a Dios].**
¹³**Así que no nos juzguemos unos a otros más; sino decidid más
bien no poner una piedra de tropiezo u ocasión de caer al paso de
vuestro hermano.** ¹⁴**Yo sé y estoy persuadido en el Señor Jesús de
que nada es ritualmente impuro objetivamente; pero si un hombre
considera que algo es impuro, para él es impuro.** ¹⁵**Porque, si tu
hermano es afligido a causa de** *tu* **comida, tú ya no andas de
acuerdo con el amor. No destruyas con tu comida a aquel por el**

cual Cristo murió. ¹⁶De modo que no permitáis que vuestra cosa buena sea vilipendiada. ¹⁷Porque el reino de Dios no es comida y bebida, sino justicia y paz y gozo en el Espíritu Santo; ¹⁸porque aquel que en eso sirve a Cristo es agradable a Dios y merece la aprobación de los hombres. ¹⁹Así que entonces sigamos lo que hace a la paz y lo que hace a la mutua edificación.²⁰ No destruyas la obra de Dios por causa de una comida en particular. Todas las cosas de veras son limpias, pero para el hombre cuyo comer da por resultado la presencia de una piedra de tropiezo, esto (es decir, su comer) es malo. ²¹Buena cosa es abstenerse de comer carne o beber vino o *hacer* cualquier otra cosa por la cual tu hermano tropiece. ²²La fe que tú tienes guárdala para ti delante de Dios. Bienaventurado es el hombre que no se condena a sí mismo por lo que aprueba. ²³Pero aquel que está sujeto a dudas es condenado si come, porque no *lo hace* de fe: y todo lo que no es de fe es pecado. ¹Pero nosotros que somos fuertes tenemos la obligación de cargar con las debilidades de los débiles y no de agradarnos a nosotros mismos. ²Que cada uno de nosotros agrade a su prójimo por su bien con vistas a su edificación. ³Porque aun Cristo no se agradó a sí mismo; sino, como dice la escritura: «Los reproches de aquellos que te reprocharon a ti cayeron sobre mí». ⁴Porque todas las cosas que fueron registradas desde antiguo *en las escrituras* fueron registradas para nuestra instrucción, con el fin de que con paciente perseverancia y *fortalecidos* por el consuelo que las escrituras ofrecen nos aferremos a la esperanza. ⁵Que el Dios *que es la fuente* de la paciente perseverancia y del consuelo os conceda que estéis de acuerdo entre vosotros de conformidad con Cristo Jesús, ⁶con el que glorifiquéis al Dios y Padre de nuestro Señor Jesucristo con un corazón y una boca.

⁷Por lo cual recibíos unos a otros, porque Cristo también os recibió, para la gloria de Dios. ⁸Porque yo declaro que Cristo se ha hecho el ministro de la circuncisión por causa de la fidelidad de Dios, con el fin de establecer las promesas hechas a los padres, ⁹pero los gentiles glorifican a Dios por su misericordia, así como consta en la escritura: «Por lo cual te alabaré entre los gentiles y cantaré himnos a tu nombre»; ¹⁰y otra vez dice: «Regocijaos, vosotros los gentiles, juntamente con su pueblo»; ¹¹y otra vez: «Alabad al Señor, todos vosotros los gentiles, y que todos los pueblos le alaben». ¹²Y otra vez Isaías dice: «Allí estará el vástago de Isaí, y aquel que se levanta a gobernar a los gentiles: en él esperarán los gentiles».

¹³Que el Dios de la esperanza os colme de todo gozo y paz en el creer, de manera que abundéis en esperanza por el poder del Espíritu Santo.

1. A aquel que es débil en la fe. La debilidad «en la fe» a que se refiere este capítulo no es la debilidad en la fe cristiana básica, sino una debilidad en cuanto a la seguridad sobre si la fe permite a la persona hacer ciertas cosas. Es virtualmente seguro que el uso del término «débil», que encontramos aquí y en 1 Corintios 8, se originó con aquellos que estaban en desacuerdo con las personas así descriptas. Es improbable que los débiles se hayan referido a sí mismos como «los débiles (en la fe)». Pablo comparte la seguridad de los fuertes (así en 15.1 —«nosotros que somos fuertes»— se cuenta entre ellos), y así acepta y se vale de esa aplicación de los términos «fuerte» y «débil», con validez limitada cuando menos, mientras que desaprueba la insistencia poco fraternal de los «fuertes» en exteriorizar plenamente su libertad interior, sin tener en cuenta para nada los efectos sobre otros. **recibid** es el imperativo fundamental de este pasaje. Se dirige a la iglesia en conjunto (se usa la segunda persona del plural, y no se inserta ningún vocativo particularizante), por lo que se entiende que la comunidad cristiana de Roma en conjunto es fuerte y que los débiles constituyen una minoría: muy probablemente una minoría bastante pequeña. Deben aceptar a los débiles en la fe, recibirlos en la comunión, reconocerlos francamente y sin reservas como hermanos en Cristo. Con toda seguridad que este «recibid» ha de incluir tanto el reconocimiento oficial por la comunidad, como también la aceptación fraternal en las relaciones de todos los días. *pero no con el fin de hacer juicios sobre sus escrúpulos* introduce una limitación. Las últimas cinco palabras representan dos sustantivos plurales griegos, uno en acusativo, y otro en genitivo. Son susceptibles de una gran variedad de interpretaciones, como puede verse fácilmente por una comparación de diversas versiones del Nuevo Testamento. Esto es así porque ambos sustantivos pueden tener varios significados diferentes, y el genitivo se puede entender ya sea como objetivo o como adjetival. Pero el contexto parecería inclinar la balanza a favor de la idea de tomar el primer sustantivo en el sentido de «juzgar», «hacer juicio a», y esto requeriría que se entienda el genitivo como objetivo. En el contexto el significado más probable para el segundo sustantivo parecería ser «escrúpulo». No deben invalidar esa aceptación fraternal del hombre que es débil en la fe mediante el recurso de juzgarlo por sus escrúpulos.

2. Un hombre tiene fe para comer cualquier comida, pero el que es débil come *sólo* legumbres. El verbo griego que significa «creer», «tener fe», se usa aquí en un sentido que corresponde al uso especial del sustantivo relacionado en el v. 1, por lo tanto «tener la seguridad de que la fe que uno tiene le permite».

3. El que come no desprecie al que no come, y el que no come no juzgue al que come. La elección de «despreciar» y «juzgar» es significativa; porque en la situación que Pablo concibe, en la que los que comen (es decir, los que comen de todo) constituyen la mayoría, los que no comen (es decir, los que se abstienen de comer carne) una pequeña minoría, los que comen podrían despreciar a los que no comen considerando que no vale la pena tomarlos en serio, mientras que los que no comen se inclinarían a adoptar una actitud de censura para con los que comen. **porque Dios lo ha recibido** expresa la importante razón de por qué el que no come no debe juzgar al que come: Dios mismo ha recibido al que come, de modo que tiene comunión con él. El que un creyente pretenda juzgar al que Dios ha recibido de este modo claramente no puede estar bien. Justamente a esta altura (como también en el v. 4) Pablo dirige su exhortación a los débiles. En seguida se ocupará de echar todo el peso de su exhortación sobre los fuertes.

4. ¿Quién eres tú que juzgas al esclavo doméstico de Otro? Al que no come, que está juzgando a su hermano en la fe que sí come, se lo desafía a que considere quién es él mismo que así pretende juzgar a alguien que, como él mismo, es esclavo doméstico de Cristo (o de Dios) y, por consiguiente, responsable sólo ante él (así como para la ley humana corriente el esclavo doméstico debía responder a su propio amo exclusivamente). **Es su propio Señor cuya preocupación es que se mantenga en pie o caiga.** Con mucha frecuencia el griego que hemos traducido de este modo se toma en el sentido de que se trata de su propio Señor (y no su hermano en la fe) quien decide si se mantiene en pie o cae en el juicio de Dios (sea presente o futuro); pero las tres primeras palabras del griego más probablemente se expliquen como un dativo de ventaja o desventaja, como da por sentado nuestra traducción. A Cristo (o a Dios mismo) le preocupa, ya que está en juego su interés, la cuestión de si el cristiano fuerte se mantiene en la fe o se aleja de ella. **y se mantendrá en pie** es una confiada afirmación basada en la declaración precedente sobre la preocupación divina. **porque su Señor tiene el poder de hacer que se mantenga en pie** se agrega como confirmación de la promesa que se acaba de hacer: la certidumbre de la promesa no descansa en la capacidad del cristiano fuerte de mantenerse en pie, sino en la capacidad del Señor de hacer que se mantenga en pie.

5-6. Un hombre estima un día más que otro, otro hombre estima todos los días *iguales*. Pablo presenta otro ejemplo del desacuerdo entre los fuertes y los débiles. Lo más probable es que esto haya tenido que ver con la observancia de los días especiales de la ley ceremonial veterotestamentaria (posiblemente también con el cambio del día de reposo al día del Señor).

Que cada cual esté persuadido en su propia mente es una regla que se aplica igualmente a todos los miembros de la iglesia. En esta área de desacuerdo, en el que cristianos igualmente sinceros pueden sentirse constreñidos por su fe a adoptar, y a seguir en la práctica, decisiones opuestas, cada cual ha de procurar tener tranquilidad mental, usando sus propios poderes de razona-miento (poderes que, cuando menos, han comenzado a ser renovados por el evangelio) para formar su propio juicio en cuanto al curso de acción que la obediencia al evangelio le exige, con responsable independencia, no ignorando las opiniones de sus hermanos, ni tampoco evidenciando una indebida deferencia para con ellas. Este no es un mandato a cultivar una mente cerrada, que de ahí en más rechaza toda discusión, sino un mandato a resistir la tentación (a la cual aquellos a los cuales Pablo llama «débiles» indudablemente estaban particularmente expuestos) a solazarse en la indecisión y la vacilación, y a preocuparse tanto por contraponer vez tras vez los argumentos opuestos sobre asuntos que de todos modos no son esenciales, que pierde la capacidad para la acción valiente y resuelta. Es una advertencia a cada miembro —sea que su fe lo lleve a adoptar la práctica de los fuertes o la práctica de los débiles— que puede, y debe, liberarlo para una obediencia que sea (de conformidad con su propio modo particular de fe) firme, decisiva, resuelta, valiente, gozosa.

El que observa el día lo observa para el Señor. Es decir, lo observa con la intención y el deseo de servir al Señor al hacerlo. La lectura que agrega «y aquel que no observa el día, para el Señor no lo observa» (compárese, por ejemplo, VRV2) se debe indudablemente a un sentimiento natural de que hace falta un par de oraciones que se refieran al asunto de los días especiales para equilibrar el par de oraciones relacionadas con el comer y el no comer; pero la persona responsable del agregado no captó adecuadamente el pensamiento de Pablo, porque las dos oraciones positivas no se corresponden, ya que la primera se refiere a un cristiano débil, mientras que la segunda se refiere al fuerte. **Y el que come come para el Señor, porque da gracias a Dios.** Esta afirmación relativa al cristiano fuerte que come de todo está aparejada a la afirmación anterior acerca del cristiano débil que observa los días, con el fin de destacar el hecho de que ambos por igual hacen lo que hacen con la intención de servir al Señor. El que el cristiano fuerte así lo hace lo evidencia el hecho de que da gracias a Dios por lo que come. Lo que Pablo quiere dejar en claro aquí se ha logrado: pero pareciera que sentía que en lo que acababa de decir había dado a los fuertes una ventaja sobre los débiles, ya que sólo con respecto a los primeros había mencionado el dar gracias a Dios, y por ello, con el fin de restaurar el equilibrio, agregó: **mientras el que se abstiene de comer se abstiene para el Señor, y da gracias a Dios** *por su comida sin carne.*

7-9. Porque ninguno de nosotros vive para sí, y nadie muere para sí; porque, si vivimos, es para el Señor que vivimos, y, si morimos, es para el Señor que morimos. Es necesariamente cierto que tanto los débiles como los fuertes por igual, siguiendo sus diversos caminos, hacen lo que hacen como servicio al Señor, ya que ningún cristiano, sin excepción (la primera persona del plural aquí tiene que estar limitada a los cristianos), vive o muere «para sí», sin otro objetivo en vista que su propia gratificación; porque, de hecho, todos los cristianos viven «para el Señor», es decir, viven con el objeto de agradar a Cristo, procuran usar sus vidas en su servicio, y, cuando es cuestión de morir, lo glorifican encomendándose a su cuidado. **Sea que vivamos, pues, o muramos, es al Señor a quien pertenecemos** resume la verdad teológica subyacente. La razón que nos hace vivir y morir «para el Señor» es que pertenecemos a él tanto en la vida como en la muerte. Nuestro pertenecer a él se explica en la oración siguiente: **Por cuanto fue para este fin que Cristo murió y vivió *nuevamente*, a saber, para que llegara a ser Señor tanto de los muertos como de los vivos.** La intención de Pablo no es la de conectar el hecho de que Cristo sea el Señor de los muertos y el hecho de que sea Señor de los vivos con su propia muerte y resurrección, respectivamente. La muerte y la resurrección de Cristo no se han de separar de este modo: el hecho de que sea Señor de los muertos y que sea Señor de los vivos depende igualmente tanto de su muerte como de su resurrección.

10-12. Pablo retoma el pensamiento del v. 3 con las preguntas de tono reprobatorio: **Pero tú, ¿por qué juzgas a tu hermano? O tú en el otro lado, ¿por qué desprecias a tu hermano?** A la luz del hecho (sostenido en el v. 6 y apoyado por el ponderable argumento de los vv. 7-9) de que los fuertes y los débiles por igual siguen sus caminos diferentes con la intención de servir a Cristo, ¿cómo puede el cristiano débil pretender erigirse en juez de su hermano fuerte, o el cristiano fuerte atreverse a despreciar a su hermano débil?

Como poderoso factor disuasivo de toda tendencia de juzgar y de despreciar al hermano de esta manera Pablo agrega: **Porque todos estaremos delante del tribunal de Dios.** Apoya esta aseveración mediante una cita escritural (que, aparte de la fórmula inicial, procede de Is. 45.23): **Porque está escrito: «Como que vivo, dice el Señor, a mí se doblará toda rodilla, y toda lengua aclamará a Dios».** A esto se agrega una conclusión exhortativa que destaca el significado de la cita anterior: **Así [pues] cada uno de nosotros dará cuenta de sí mismo [a Dios].** Dado que algunos testigos importantes del texto omiten «a Dios», su originalidad está ligeramente en duda; pero la probabilidad intrínseca está fuertemente a su favor, porque, sin ella, la oración resulta insatisfactoria como conclusión de este párrafo. Cada elemento de la oración es importante. Cada uno de nosotros (es decir, cada cristiano individual) tendrá que rendir cuentas, por cierto: nadie será eximido. Tendrá que dar cuenta de sí mismo. Su hermano en la fe, que ahora puede estar muy dispuesto a meterse en sus cosas aunque no tenga ningún derecho a ello, no podrá responder por él en ese momento. Y tendrá que dar cuenta de sí mismo ante Dios, no ante los hombres.

13. Así que no nos juzguemos unos a otros más comienza el nuevo párrafo resumiendo sucintamente la exhortación del párrafo anterior. Se lo entiende mejor como si estuviera dirigido tanto a los fuertes como a los débiles por igual. **sino decidid más bien no poner una piedra de tropiezo u ocasión de caer al paso de vuestro hermano** está dirigido a los fuertes. En la segunda parte del versículo Pablo se vuelve hacia un aspecto nuevo del tema bajo discusión: el efecto que la propia conducta puede tener sobre el hermano: en particular, el efecto que puede tener sobre el débil el ejercicio, por parte del fuerte, de la libertad que posee. Es preciso reconocer la posibilidad de que aquí, y también en los v. 20s., Pablo esté en deuda con la tradición de la enseñanza de Jesús (compárense Mateo 18.6-7; Marcos 9.42; Lucas 17.1-2). (En el griego hay un juego de palabras, que VHA, por ejemplo, preserva —«juzguemos», «juzgad»— a costa de no destacar claramente el sentido que se quiere expresar.)

14. Yo sé y estoy persuadido en el Señor Jesús es notablemente enfático, y otorga gran peso a lo que sigue. Mediante las palabras «en el Señor Jesús» quizá Pablo haya querido decir simplemente que lo que estaba a punto de decir era fruto del discernimiento derivado de su comunión con el Cristo resucitado y exaltado o, en forma más general, que era consecuente con la revelación de Dios de sí mismo en Jesucristo en conjunto, vale decir, con el evangelio, o que su certidumbre en cuanto a su verdad descansaba en la autoridad del Cristo resucitado y exaltado; pero es evidente que no podemos descartar la posibilidad de que tuviese en mente alguna enseñanza específica del Jesús histórico (el uso aquí del nombre personal «Jesús» podría ser, como se ha sugerido, un indicador de la presencia de una referencia de esta naturaleza), y, desde luego, hay que considerar el aporte de Marcos 7.15-23 y Mateo 15.10-11, 15-20.

La verdad, cuya aceptación Pablo ha declarado con tanto énfasis, es la siguiente: **de que nada es ritualmente impuro objetivamente.** Pablo está pensando en los recursos del mundo creado que están disponibles para ser usados por los hombres. Lo que Pablo está tratando de explicar en la primera mitad de este versículo es esencialmente lo mismo que lo que se explicó en Marcos 7.15a. Está indicando que él mismo está de acuerdo sustancialmente con la posición de los fuertes, que el hecho de que la obra de Cristo ya ha sido efectuada ha transformado radicalmente la situación con respecto a la parte ceremonial de la ley veterotestamentaria: ahora ya no es obligatorio obedecerla literalmente (se la ha de obedecer creyendo en aquel de quien da testimonio, y entendiéndolo a él en la luz que ella arroja sobre su persona y obra). No obstante, mientras que para el creyente que ha captado esta verdad las comidas que la ley ceremonial había proclamado impuras ya no son así, hay otros creyentes que todavía no han entendido esto claramente. Para ellos, que no han recibido todavía esta libertad interior, el descuidar la obediencia literal a la ley ritual está mal. Las carnes, que habían sido prohibidas, aunque no impuras objetivamente, son subjetivamente impuras para ellos. Es la situación de ellos la que se indica mediante las palabras **pero si un hombre considera que algo es impuro, para él es impuro.**

15. Porque, si tu hermano es afligido a causa de *tu* comida, tú ya no andas de acuerdo con el amor no está conectado con el v. 14 (que constituye un paréntesis introducido con el fin de aclarar tanto la aceptación de Pablo del supuesto básico de los fuertes como, al mismo tiempo, el hecho de que hay una limitación importante a ese supuesto, que no debe olvidarse), sino con el v. 13b. Los de fe débil se sentirán gravemente heridos, la integridad de su fe (es decir, la fe en su sentido más profundo) y su obediencia será destruida, y su salvación correrá peligro, si es impulsado por la insistencia de su hermano fuerte en ejercitar su libertad, libertad que realmente tiene (el cristiano fuerte), de hacer algo para lo cual no posee todavía la libertad interior. Por lo tanto, el fuerte no estará actuando de conformidad con el amor cristiano si su hermano débil es seriamente herido de este modo como consecuencia de la comida que come él (el cristiano fuerte). Se debe notar que, una vez más, Pablo destaca la intensidad de su exhortación usando en este versículo la segunda persona del singular, como también en los vv. 20-22. **No destruyas con tu comida a aquel por el cual Cristo murió** recalca la verdad de que ocasionar la ruina del hermano en la fe por insistir en ejercitar exteriormente nuestra propia libertad interior con respecto a la ley ritual sería pisotear el sacrificio de Cristo.

16. De modo que no permitáis que vuestra cosa buena sea vilipendiada. Con respecto a esto corresponde dar respuesta a tres preguntas estrechamente relacionadas: (i) ¿Está dirigido este versículo solamente a los fuertes, o está dirigido tanto a los fuertes como a los débiles? (ii) ¿A qué se refiere «vuestra cosa buena»? (iii) ¿A quiénes tiene en mente Pablo como los que podrían hacer el vilipendio que menciona? De estas preguntas, la (ii) se viene debatiendo constantemente desde la época patrística, y las opiniones siguen divididas. Por una parte, con frecuencia se da la respuesta de que se trata de la libertad con respecto a las observancias ceremoniales. Por otra parte, a menudo se han hecho diversas sugestiones con respecto a una referencia más amplia, tales como la doctrina de Cristo en general, «el reino de Dios», «la salvación», «la fe». Si a (i) se responde con «tanto a los fuertes como a los débiles», entonces se resuelve la pregunta (ii) al mismo tiempo, y muy probablemente la (iii) también; porque, si el versículo está dirigido tanto a los fuertes como a los débiles, claramente «vuestra cosa buena» no puede referirse a la libertad interior disfrutada solamente por los fuertes, sino que debe referirse a algo común a ambas partes, y es casi seguro, si no lo es totalmente, que las personas en que Pablo estaba pensando, como capaces de ocuparse en vilipendiar o hablar mal, tienen que ser personas fuera de la iglesia. Sin embargo, si se da la respuesta «a los fuertes únicamente» a la pregunta (i), las preguntas (ii) y (iii) siguen abiertas a la discusión.

En vista de la intención de la exhortación en todo este pasaje, parecería mucho más probable que la respuesta a (i) sea «a los fuertes únicamente». Con respecto a (ii), con frecuencia se supone que, si sólo se trata de los fuertes, «vuestra cosa buena» tiene que denotar la libertad disfrutada por ellos. Pero, si bien es ciertamente posible la explicación de que aquí Pablo está advirtiendo a los fuertes que no deben hacer que la «cosa buena», que consiste en su libertad interior, sea reprochada por insistir de manera egoísta en ejercitarla abiertamente, dañando a sus hermanos débiles, nos inclinamos a pensar que es más probable que aquí esté advirtiendo a los fuertes acerca de un peligro aun más serio, el de atraer reproche sobre esa «cosa buena», que pertenece no sólo a ellos sino también a sus hermanos débiles, es decir, el evangelio mismo. La presencia entre los cristianos de un egoísmo capaz de correr voluntariamente el riesgo de ocasionar la ruina espiritual de un hermano débil (compárese el v. 15b) por causa de un plato de carne, con seguridad que obraría el descrédito no simplemente de la libertad de los fuertes sino también el del evangelio mismo. Con respecto a (iii), si el versículo está dirigido tanto a los fuertes como a los débiles, o si (como se ha argumentado arriba) está dirigido solamente a los fuertes pero «vuestra cosa buena» se refiere al evangelio, es sumamente probable que las personas a las cuales Pablo tenía en mente como posibles denigrantes sean personas que están fuera de la iglesia.

17. Porque el reino de Dios no es comida y bebida, sino justicia y paz y gozo en el Espíritu Santo. El versículo apela a la naturaleza del reino de Dios, como prueba de lo terriblemente absurdo de la disposición del cristiano fuerte para acarrear la ruina espiritual de su hermano débil por causa de algo tan trivial como el consumo de alguna comida en particular, y de esta manera hacer que el evangelio sea vilipendiado por los incrédulos. El reino de Dios (aquí Pablo está pensando en el reino en su realidad actual) no es cuestión de comida y bebida. No es nuestra insistencia en expresar nuestra libertad para comer comidas particulares lo que atestigua la presencia del reino de Dios (ni estamos peor, en absoluto, en relación al mismo por haber renunciado a la expresión de nuestra libertad por causa de nuestros hermanos): su presencia es atestiguada más bien por la presencia de «justicia y paz y gozo en el Espíritu Santo». Por «justicia» probablemente Pablo quiera decir la posición de justicia delante de Dios que es el don dado por él; por «paz», la condición de haber sido reconciliados con Dios; por «gozo en el Espíritu Santo», ese gozo que es la obra del Espíritu en el creyente y, por ello, enteramente distinto de cualquier otro gozo que sea meramente el resultado temporario de la satisfacción de los propios deseos egoístas. Donde estas cosas están realmente presentes en la vida de la iglesia, y se entienden como corresponde, allí se reconocerá claramente la perversidad y lo absurdo de destruir a un hermano por el afán de comer algo en particular.

18. porque aquel que en eso sirve a Cristo es agradable a Dios y merece la aprobación de los hombres se debe tomar estrechamente vinculado al v. 17, y con el sentido de recalcar lo que allí se dijo. Desconcertante es el «en eso». De las diversas explicaciones del mismo que se han ofrecido (por ejemplo, se ha explicado con el significado de «en el Espíritu Santo», «en esta forma», en el sentido de reconocer la verdad expresada en el v. 17 en general, «en este asunto») la más probable, a nuestro entender, es que se trata de una referencia a las tres cosas, justicia, paz, gozo en el Espíritu Santo, donde el singular «eso» («en eso» representa al griego «en esto») se usa porque las tres cosas se consideran como si formaran un todo único. El cristiano que sirve a Cristo en esta combinación de justicia, paz y gozo en el Espíritu Santo resulta agradable a Dios y, lejos de hacer que los hombres vilipendien el evangelio por su conducta egoísta, ha de merecer la aprobación de los hombres, aun cuando no siempre la reciba.

19. Así que entonces sigamos lo que hace a la paz y lo que hace a la mutua edificación es la conclusión práctica que se saca de lo que se acaba de decir. Aquí «paz» probablemente signifique paz entre los hermanos en la fe. Quizá debería entenderse que el agregado de «y lo que hace a la mutua edificación» sirve para completar y aclarar la significación que tiene «lo que hace a la paz» en este contexto, más bien que para introducir una referencia a otras cosas. Lo que se requiere es una búsqueda enteramente sincera de la forma de promover entre los hermanos una paz tan real (basada en la paz fundamental para con Dios, que Dios mismo ha establecido en Cristo) que se manifieste en mutua edificación. Hay un rico fondo bíblico en el uso paulino de la palabra «edificación». Aquí quizá sea suficiente decir que el pensamiento de Pablo parece ser que Dios mismo, sus apóstoles y otros ministros, como también todos los miembros de la iglesia, están dedicados tanto a la edificación de la iglesia como tal, como asimismo a la edificación, en fe y obediencia, de cada miembro individual. Cierto es que la edificación de la iglesia y la edificación de los miembros individuales constituyen dos aspectos del mismo proceso, pero éste proceso difícilmente pueda entenderse en su verdadera integridad, si uno de los aspectos recibe atención concentrada de modo tal que se pierde de vista el otro. En este versículo (compárese 1 Ts. 5.11) se ve claramente que, en tanto la edificación es una actividad humana, no se propone que ella se desarrolle en una sola dirección simplemente.

20. No destruyas la obra de Dios por causa de una comida *en particular*. En vista del contexto, es más probable que por «la obra de Dios» Pablo quiera decir la obra de Dios en el hermano débil, el hombre nuevo que se ha comenzado a formar, y no la iglesia que Dios está edificando. **Todas las cosas de veras son limpias** hace suyo lo que parecería ser un estribillo de los fuertes. Como en el caso de la expresión «nada es ritualmente impuro objetivamente» en el v. 14, tenemos que entender esto en sentido restringido, no como referencia a cosas tales como los pensamientos, los deseos y las acciones de los hombres, sino sólo en alusión a los recursos del mundo creado que están disponibles y son apropiados para el consumo humano. Primero Pablo acepta la verdad de esta cláusula, pero luego la limita mediante la oración que agrega. **pero para el hombre cuyo comer da por resultado la presencia de una piedra de tropiezo, esto (*es decir, su comer*) es malo** es una limitación que los fuertes son propensos a pasar por alto. «El hombre que come de modo que da por resultado la presencia de una piedra de tropiezo» se ha entendido a menudo como el cristiano débil que, sometido a la presión de sus hermanos fuertes que no comparten sus escrúpulos, come con mala conciencia, y esta interpretación sigue siendo favorecida por algunos. Mas, en vista del contexto en el cual Pablo dirige su exhortación principalmente a los fuertes, y especialmente en vista de lo que sigue, nos parece mejor tomar la referencia como dirigida al cristiano fuerte, que al insistir en comer su carne ocasiona tropiezos a su hermano débil.

21. Buena cosa es abstenerse de comer carne o beber vino o *hacer* cualquier otra cosa por la cual tu hermano tropiece constituye una declaración contundente que se recomienda como decididamente bueno, en contraste con el mal que se acaba de mencionar, el curso de acción generoso que está a disposición de los fuertes. El que Pablo escribiese aquí «abstenerse de comer carne» no sorprende en absoluto en vista del v. 2 y de lo que se ha dicho después del v. 2. El cristiano fuerte que «tiene fe para comer cualquier comida» tiene más espacio en el cual maniobrar que el cristiano débil que «come *sólo* legumbres». Tiene la libertad interior no sólo para comer carne sino también, e igualmente, para abstenerse de comerla. De modo que para él abstenerse por amor a su hermano débil es bueno desde luego. El que Pablo prosiga con las palabras «o beber vino» no es tan fácil de entender. Generalmente se lo toma como prueba concluyente de que los débiles, o por lo menos algunos de ellos, se abstienen del vino. Pero se ha de observar que, mientras que tanto la abstinencia de la carne como la observancia de días se mencionan cerca del comienzo de la sección, y de un modo que deja bien aclarado que estas son efectivamente prácticas de los débiles, la abstinencia del vino no se menciona hasta el final del capítulo 14, y entonces la referencia es a la abstinencia por parte de los fuertes, no —excepto indirectamente— a la abstinencia por parte de los débiles. Más todavía, «o beber vino» es el segundo de una serie de tres términos, el tercero de los cuales es muy indefinido y general. En vista de estos hechos, no debe descartarse la posibilidad de que el no beber vino se mencione simplemente como un ejemplo hipotético. Nos sentimos inclinados, por ello, a pensar que ésta es la explicación más probable de dichas palabras. La elección de abstinencia del vino como ejemplo puede haber sido sugerida, tal vez, por el uso en el v. 17 de la frase estereotipada «comida y bebida». El tercer término de la serie, «o *hacer* cualquier otra cosa por la cual tu hermano tropiece», sirve tanto para indicar la amplitud del alcance de la declaración, como también, al mismo tiempo, para subrayar la exigencia del amor cristiano, ya formulada en los vv. 13 y 15, de que se debe estar preparado para abandonar la expresión externa de la libertad interior que se ha recibido con relación a la clase de asuntos que Pablo tiene en mente en esta sección, toda vez que, al insistir en expresarla abiertamente, se correría el peligro de ocasionar la ruina espiritual de un hermano en la fe, al llevarlo a hacer algo para lo cual no ha recibido la necesaria libertad interior, y por ello no puede hacerlo sin violar su integridad personal como creyente.

22. La fe que tú tienes guárdala para ti delante de Dios. Es evidente que aquí «fe» se usa en su sentido especial de confianza de que la fe personal le permite a uno hacer algo en particular (véase explicación sobre los vv. 1 y 2). No es probable que Pablo exhortase a los cristianos a convertir su fe en un secreto, en el sentido esencial de la fe en Dios. Verse libre de la clase de escrúpulos que molestan a los débiles es en sí mismo un don precioso. Esta libertad interior no tiene que expresarse exteriormente con el fin de ser disfrutada: se la puede disfrutar en la propia vida interior, como un secreto conocido sólo por uno mismo y Dios. Además, si un hermano débil va a ser dañado porque uno dé expresión abierta a su libertad, entonces uno debe conformarse con la experiencia interior de ella, de la que Dios es el único testigo.

Bienaventurado es el hombre que no se condena a sí mismo por lo que aprueba es difícil, y ha sido explicado de diversas formas. Una posibilidad obvia, que ofrece una buena conexión con lo que precede, consiste en tomar la oración como declaración de la bienaventuranza del cristiano fuerte que, atento a las verdades que declaman los vv. 21 y 22a, evita juzgarse y condenarse a sí mismo (en el sentido de acarrearse el juicio

de Dios) por lo que aprueba (es decir, al permitirse insistir en el franco
ejercicio de su libertad, para ruina de su hermano débil). Pero parecería
preferible, en general, tomar las palabras como descripción del cristiano
fuerte que está verdaderamente poseído de una libertad interior para hacer
aquellas cosas que aprueba, y por lo tanto no perturbado por los escrúpulos
que afligen al cristiano débil. Va sin decir que el alcance de esta afirmación
(vale decir, la del v. 22b) está limitado a las cuestiones que están en discusión
entre los débiles y los fuertes y que se mencionan en esta sección. Por cierto
que no se ha de tomar como una declaración general de que los cristianos
que no tienen dudas acerca de lo correcto de su accionar son bienaven-
turados; porque esa sería simplemente una aseveración de la bienaventuranza de aquellos cristianos que tienen una conciencia insensitiva.

23. Pero aquel que está sujeto a dudas es condenado si come sigue en
forma natural a la oración anterior como acabamos de explicarla. El cristiano
débil, que no ha recibido esa libertad interior personal que posee su hermano
fuerte, y por ello tiene dudas acerca de lo correcto del accionar que se
propone, es contrastado aquí con el cristiano fuerte al cual (como se lo
describe en la oración anterior) no asaltan tales dudas. Y este cristiano débil
aparece condenado si come carne. **porque no** lo hace **de fe** indica por qué
es esto: es porque ha comido carne sin haber recibido la libertad interior para
hacerlo, sin tener plena confianza en que su fe (en el sentido neotestamentario básico de la palabra) se lo permite.

y todo lo que no es de fe es pecado. Esta oración se ha interpretado de
diversas maneras. Pero una exégesis sobria con seguridad que debe insistir
(i) en que la afirmación se refiere solamente a asuntos que se han considerado
en el capítulo 14, las cuestiones en discusión entre los débiles y los fuertes,
mientras que una declaración de aplicación universal sería totalmente inapropiada aquí (quebraría la continuidad entre 14.23a y 15.1); (ii) en que aquí
«fe» tiene que tener el mismo sentido especial que tiene en otras partes del
capítulo 14: confianza en que nuestra fe nos permite hacer algo en particular,
libertad interior con respecto a ese algo. Si se aceptan estos dos puntos,
entonces no puede haber cuestión de entender que Pablo esté enunciando
una doctrina general acerca de las obras hechas antes de la justificación, o
por los incrédulos. También corresponde decir que «pecado» se usa aquí de
manera diferente a aquella en la que Pablo generalmente lo usa. Aquí
describe la conducta del cristiano que hace una acción particular a pesar del
hecho de que no ha recibido la libertad interior para hacerlo, en contraste
con la conducta del cristiano que ha recibido la libertad para hacer lo que
está haciendo. Por lo tanto, se lo usa de modo *relativo*, mientras que Pablo
característicamente piensa en el pecado como un poder del cual incluso el

creyente más sincero nunca está, en esta vida, completamente libre (compárese, especialmente, 7.14-25).

Puede decirse que los vv. **1-3** resumen la exhortación de Pablo a los fuertes. **Pero nosotros que somos fuertes tenemos la obligación de cargar con las debilidades de los débiles.** El término «fuerte» se usa aquí por primera vez en esta sección; y la inferencia natural que se saca de «nosotros que somos fuertes» es la de que Pablo se incluye a sí mismo entre los tales. Bajo el evangelio, los fuertes, aquellos que, debido a la libertad interior que les ha sido dada, tienen mucho espacio en el cual maniobrar, tienen la obligación ineludible de ayudar a sobrellevar las flaquezas, las incapacidades, las perplejidades e impedimentos de sus hermanos que se ven obligados a vivir sin esa libertad interior que ellos mismos disfrutan. Su respuesta a esta obligación será una prueba de la realidad de su fe (en el sentido de la fe cristiana básica); porque lo que se requiere de ellos se opone totalmente a la tendencia de nuestra naturaleza humana caída. Esta tendencia —muy lejos de ser la de ayudar con sus cargas a los que son más débiles que uno— lleva a los fuertes a tratar de obligar a los débiles a echar sobre sus espaldas las cargas de los fuertes, además de las propias. Se puede dar por sentado que Pablo sigue pensando especialmente en el problema del que se ha venido ocupando en el capítulo 14, aunque habría que considerar la posibilidad de que ya en 15.1 esté comenzando a ampliar el alcance de su exhortación, con el fin de no seguir limitado exclusivamente a este problema. **y no de agradarnos a nosotros mismos** sirve para aclarar lo que se acaba de decir. Esta ayuda para llevar la carga de las flaquezas que agobian a los débiles ha de comprender el no agradarnos a nosotros mismos, es decir, el no agradarnos a nosotros mismos sin tomar en cuenta los efectos que el hecho de que nos agrademos a nosotros mismos podría tener sobre otros. Lo que Pablo está prohibiendo en particular es que los cristianos fuertes se agraden a sí mismos al insistir en ejercitar abierta y plenamente esa libertad interior que les ha sido dada, cuando al hacerlo podrían dañar la fe del hermano débil.

Que cada uno de nosotros agrade a su prójimo expresa la cuestión en forma positiva. Todo cristiano fuerte tiene que aprender a agradar a su prójimo en lugar de agradarse a sí mismo a pesar de los intereses de su prójimo. Ha de ser considerado, ha de tomar en cuenta debidamente la posición en que se encuentra su hermano. Compárese el uso de «agradar» en 1 Corintios 10.33. Mas, por cuanto no todo intento de agradar a nuestros semejantes es necesariamente bueno, Pablo agrega la necesaria limitación de que sea **por su bien con vistas a su edificación.** Es muy posible que el prójimo esté dispuesto a ser complacido mediante halagos y mediante la condonación de su mal proceder; pero el agradar al prójimo que aquí se recomienda tiene en cuenta su verdadero bien, su salvación, está dirigido a su edificación, no es un mero agradar al hombre, sino que tiene en cuenta a Dios.

Porque aun Cristo no se agradó a sí mismo. Pablo apela al ejemplo de Cristo. La afirmación de que «no se agradó a sí mismo» resume con elocuente discreción tanto el significado de la encarnación como el carácter de la vida terrenal de Cristo. **sino, como dice la escritura: «Los reproches de aquellos que te reprocharon a ti cayeron sobre mí».** Con frecuencia la gente se sorprende de que, en lugar de ofrecer un ejemplo, o varios, del relato de la vida terrenal de Cristo, Pablo se limitara a citar el Antiguo Testamento. Pero aquí el uso que hace Pablo del Antiguo Testamento es comprensible, cuando se reconoce cuán importante era para él que Jesucristo fuese tanto el verdadero significado como la esencia del Antiguo Testamento, y cuán importante fue para la iglesia primitiva en general recibir la seguridad de que el escándalo de la pasión constituía un elemento esencial en el plan eterno de Dios, de lo cual las Escrituras dan testimonio. La cita es del Salmo 69.9. En el salmo es el justo que sufre quien habla, y el pronombre de segunda persona del singular se refiere a Dios: los reproches dirigidos contra Dios han caído sobre este justo que sufre. Como en el salmo, así en este versículo de Romanos (a pesar de algunas opiniones en contrario), «ti» debe referirse a Dios. Pablo piensa en Cristo como si se estuviese dirigiendo a Dios, diciendo que los reproches con los cuales los hombres reprochaban a Dios han caído sobre él (Cristo). El propósito de la cita es indicar los extremos a los cuales llegó Cristo en lugar de complacerse a sí mismo. Si él, por causa de los hombres, estaba dispuesto a llevar, como uno de los elementos de sus sufrimientos, la concentración del odio a Dios de todos los hombres, toda su vana, insensata y despectiva insolencia para con Dios, ¡cuán absurdamente ingratos seríamos nosotros, si no pudiéramos renunciar a la gratificación propia en un asunto tan poco importante como el ejercicio de nuestra libertad con relación a lo que comemos, o a la observación de días especiales, por amor a nuestros hermanos, por los cuales Cristo tanto sufrió!

4. Porque todas las cosas que fueron registradas desde antiguo *en las escrituras* fueron registradas para nuestra instrucción, con el fin de que con paciente perseverancia y *fortalecidos* por el consuelo que las escrituras ofrecen nos aferremos a la esperanza justifica el uso, para fines exhortativos, del pasaje veterotestamentario que se acaba de citar, entendido cristológicamente. El pensamiento general de la primera mitad del versículo puede ser comparado con 4.23-24. La segunda mitad destaca lo que Pablo ve como el objetivo de esta instrucción, que los cristianos se mantengan firmes en su esperanza. A primera vista podría parecer más bien sorprendente que Pablo eligiese la esperanza como aquello que debía mencionar justamente aquí; pero, en vista de la importancia de la esperanza en Romanos (véanse 4.18; 5.2, 4s.; 8.17-30; 12.12; 15.12s.; también 13.11-14) y en el resto del Nuevo Testamento, en realidad no resulta sorprendente. Hablar de que los cristianos se aferren a su esperanza es, en realidad, un modo muy apropiado de indicar que siguen viviendo como cristianos.

5-6 es una oración con una expresión de deseos. Compárese esto con los vv. 13 y 33; 1 Tesalonicences 5.23; 2 Tesalonicenses 3.5, 16a; 2 Timoteo 1.16, 18; Hebreos 13.20-21. Si bien formalmente es un deseo y no una plegaria (ya que no está dirigida directamente a Dios), se asemeja mucho a una plegaria. **Que el Dios** *que es la fuente* **de la paciente perseverancia y del consuelo os conceda que estéis de acuerdo entre vosotros de conformidad con Cristo Jesús.** De aquí en adelante, en el resto de la sección, Pablo se dirige a todos los cristianos de Roma por igual y conjuntamente. No es fácil decidir si en este contexto el acuerdo a que se alude ha de incluir un acuerdo en lo tocante a esas cuestiones acerca de las cuales los débiles y los fuertes siguen estando sinceramente en desacuerdo. A primera vista, la ventaja parecería residir en el punto de vista positivo, y que, en razón de 14.14a y el «nosotros que somos fuertes» de 15.1, el deseo de Pablo debe ser seguramente —aunque su sensibilidad le impide expresarlo sin ambigüedad— que los débiles se puedan convencer plenamente de la corrección de la posición de los fuertes. Pero todo el desarrollo del tema en toda la sección por cierto que habla claramente en contra de este punto de vista. Además, el que se hayan agregado en este versículo las palabras «de conformidad con Cristo Jesús» sugiere que Pablo no ha pretendido decidir ya en su propia mente el contenido exacto del acuerdo que anhela que se dé, sino que es lo suficientemente humilde como para dejar esa decisión a Cristo el Señor. Un acuerdo entre los cristianos de Roma, que sea de conformidad con la voluntad de Cristo Jesús, es motivo de deseos y de oración; y esto puede o no incluir identidad de convicción sobre los asuntos en discusión entre los débiles y los fuertes, pero con seguridad ha de significar una sincera determinación común de procurar obedecer al Señor Jesucristo, junto con el respeto y la armonía mutuos, dignos de hermanos en la fe.

con el fin de que glorifiquéis al Dios y Padre de nuestro Señor Jesucristo con un corazón y una boca indica la meta del deseado acuerdo. Esa alabanza conjunta a Dios hará imposible el desprecio y el juzgamiento mencionados en 14.3, y esa crueldad que puede hacer voluntariamente que un hermano sufra angustia (14.15), y puede destruir la obra de Dios (14.20) por un mero plato de comida.

7. Por lo cual presenta el párrafo final de la sección. La conclusión que han de sacar los cristianos de Roma de lo que se ha dicho en 14.1-15.6 se resume en el siguiente mandamiento: **recibíos unos a otros, porque Cristo también os recibió, para la gloria de Dios.** Para el significado de «recibir», como se usa aquí, véase el comentario sobre 14.1; pero, en tanto que allí la iglesia en conjunto se contrasta con el individuo que es «débil en la fe», aquí se considera que la iglesia está compuesta de dos grupos, los fuertes y los débiles. Ambos grupos han de reconocerse y aceptarse mutuamente con sinceridad y sin reserva. La razón de que deban proceder así es que Cristo los ha aceptado. (La variante «os», que tiene mucho apoyo, probablemente deba preferirse —así Nestle[26]— antes que «nos», que puede explicarse entendiendo que refleja el uso cúltico: «os» es más preciso.) El que se acepten mutuamente ha de redundar en la gloria de Dios. Seguimos a VRV2 al conectar la frase «para la gloria de Dios» con «recibíos unos a otros» antes que con la cláusula acerca de Cristo, sobre la base de que esto encuadra mucho mejor en el contexto.

Los vv. **8-12** proporcionan apoyo adicional para el mandamiento del v. 7. Esa es, entendemos, la razón del **Porque** mediante el cual estos versículos se conectan con lo que los precede. **yo declaro** introduce una solemne declaración doctrinal. **que Cristo se ha hecho el ministro de la circuncisión por causa de la fidelidad de Dios, con el fin de establecer las promesas hechas a los padres** es la primera parte, y la menos difícil, de lo que Pablo declara. Cristo se ha hecho siervo del pueblo judío (aquí «circuncisión» denota al pueblo judío, como en 3.30 y en una de las dos veces en que aparece en 4.12), puesto que era judío por nacimiento, de la simiente de David según la carne. Vivió casi toda su vida dentro de los límites de Palestina, limitando su ministerio personal casi exclusivamente a los judíos. Fue, en su vida terrenal y muerte expiatoria, el Mesías de Israel, lo que sigue siendo, como Señor exaltado. Esto fue, y sigue siendo, con el fin de que la fidelidad de Dios a su pacto fuese honrada, y que Cristo cumpliese las promesas hechas a los patriarcas. Se ha de notar que, en esta primera parte de su solemne declaración doctrinal, Pablo ha subrayado todavía una vez más la prioridad y los privilegios especiales de los judíos, y que hay una significación especial en el hecho de que haya hecho esto en el contexto que nos ocupa, dado que la mayoría, si no todos, los débiles habrán sido judíos, y un buen número de los fuertes habrán sido gentiles. Tal vez fuera un aliento adicional para que los fuertes evidenciaran su consideración.

pero los gentiles glorifican a Dios por su misericordia representa una cláusula griega que ha dado mucho trabajo a los intérpretes, y se ha explicado de diversos modos. La traducción que acabamos de ofrecer es por lejos, según nuestro parecer, el modo más natural de entender el griego. Se ha sugerido muy plausiblemente que, en los vv. 8-9a, Pablo ha dejado sin expresar dos pensamientos que en realidad tenía en mente. En primer lugar, esperaba que los cristianos judíos de Roma reconociesen (sin que él tuviera que señalarlo explícitamente) que lo dicho en el v. 8 implicaba que ellos particularmente, por sobre todos los demás, debían glorificar a Dios por su fidelidad. En segundo lugar, ha omitido el pensamiento paralelo al del v. 8: que Cristo ha llamado a los gentiles por causa de la misericordia de Dios, con el fin de manifestar su bondad. En lugar de ello, indica simplemente que los gentiles glorifican a Dios por su misericordia, o sea la acción actual que es el resultado de que han reconocido la implicancia de esta verdad que Pablo ha omitido expresar.

así como consta en la escritura: «Por lo cual te alabaré entre los gentiles y cantaré himnos a tu nombre». La primera de la serie de cuatro citas veterotestamentarias sustentadoras corresponde al Salmo 18.49. A veces se supone que la serie de citas tiene como fin simplemente apoyar al v. 9a; mas, en vista de la estrecha conexión entre los vv. 8 y 9a, parecería más probable que tenga como objeto apoyar la totalidad del contenido de los vv. 8-9a, y que Pablo vio prefigurada en las cuatro citas en conjunto la combinación de judíos y gentiles en la comunidad de los creyentes. Pablo tomó la primera cita como palabras del rey judío David, dichas en su propio nombre (se trata de un salmo atribuido a David) o como prefiguración de su propia misión como el apóstol judío de los gentiles, o (y esto probablemente sea lo más acertado) como dicho mesiánico, es decir, como promesa de la proclamación de la alabanza de Dios por el Mesías de los judíos, hablando por boca de sus evangelistas. Con seguridad Pablo tiene que haber visto apoyo en esta palabra-salmo, no sólo para el v. 9a sino también para el v. 8. **y otra vez dice: «Regocijaos, vosotros los gentiles, juntamente con su pueblo».** La cita de Deuteronomio 32.43, como llamado expreso a los gentiles para que se regocijen juntamente con el propio pueblo de Dios, puede considerarse claramente como apoyo de la declaración de los vv. 8-9a en conjunto, y del mandamiento del v. 7. **y otra vez: «Alabad al Señor, todos vosotros los gentiles, y que todos los pueblos le alaben».** La tercera cita sustentadora (Sal. 117.1), con su repetición de «todos», recalca el hecho de que ningún pueblo ha de ser excluido de esta alabanza común ofrecida a Dios. **Y otra vez Isaías dice: «Allí estará el vástago de Isaí, y aquel que se levanta a gobernar a los gentiles: en él esperarán los gentiles».** La última cita proviene de Isaías 11.10. El vocablo que hemos traducido como «vástago» significa corrientemente «raíz», pero en Isaías 11.10, tanto dicho vocablo como el término hebreo que traduce, probablemente denoten un brote que sale de la raíz, un vástago. En la cita de la promesa de que los gentiles esperarán al Mesías de los judíos en el futuro vástago de Isaí, promesa que ahora ya se está cumpliendo en la vida de los cristianos gentiles de Roma, hay una apelación implícita a los fuertes (muchos de ellos cristianos gentiles) para que reciban (compárese el v. 7) a aquellos hermanos débiles (la mayoría, si no todos, cristianos judíos), y a que les muestren consideración, acordándoles un honor especial por causa de su Pariente, el Mesías de los judíos, quien es la única esperanza verdadera de los gentiles.

13. Que el Dios de la esperanza os colme de todo gozo y paz en el creer, de manera que abundéis en esperanza por el poder del Espíritu Santo. Esta oración-deseo concluye la sección. Su cumplimiento conllevaría, como lo indica Barth, el éxito de toda la exhortación de esta sección y, por cierto, desde 12.1 en adelante. Tiene verdadero sentido la inclusión de la frase «en el creer», porque sirve para calificar las palabras «gozo» y «paz». Hay clases de gozo y paz que por cierto Pablo no desea para los cristianos de Roma: lo que sí desea es todo el gozo y la paz que resultan de la verdadera fe en Cristo. La doble referencia a la esperanza en este versículo es particularmente significativa. Característica esencial del creyente, como lo ha mostrado muy claramente esta epístola, la esperanza también es, tal vez, esa característica que en todos los períodos ha distinguido de modo más destacado al cristiano auténtico de sus vecinos paganos. La última frase, «por el poder del Espíritu Santo», indica el hecho de que la existencia de esta esperanza en los hombres no es una posibilidad humana, sino creación del Espíritu de Dios. Compárese el capítulo 8, en el que Pablo ha demostrado que una vida caracterizada por la esperanza se debe, también, al hecho de que la vida prometida a los que son justos por la fe es una vida caracterizada por el hecho de que el Espíritu Santo mora en ella.

VIII. Conclusión de la epístola

15.14-16.27

En 15.14-29, Pablo retoma el tema del que se ocupó en 1.8-16a: su interés en los cristianos de Roma y su intención de visitarlos. Recalca su confianza en la madurez cristiana de ellos, a fin de impedir una posible interpretación errónea de la osadía de la que era consciente de haber hecho gala en parte de su carta. Sus palabras de explicación en el v. 15 llevan naturalmente a algunas afirmaciones en los vv. 16-21 acerca de su ministerio como apóstol de los gentiles. Las demandas que le ha hecho este ministerio, como él lo ha entendido, hasta ahora le han impedido visitar Roma (v. 22). La oración inconclusa que forma los vv. 23 y 24a contiene la primera mención de España en la epístola, y del propósito de Pablo de ir allá. La última parte del v. 24 da a conocer su esperanza de visitar por fin, de paso, a los cristianos que están en Roma y, habiendo disfrutado de su comunión por un tiempo, ser asistido por ellos en el cumplimiento de sus planes con respecto a España. Pero antes de visitarlos, tiene que ir a Jerusalén en conexión con la colecta que las iglesias de Macedonia y Acaya han hecho a beneficio de los pobres de la iglesia de Jerusalén (vv. 25-29). Los vv. 30-33 consisten en su pedido de las sinceras oraciones de los cristianos romanos por él y por el éxito de su visita a Jerusalén, e incluyen una oración-deseo en relación con los cristianos de Roma.

Sobre la cuestión de la relación del capítulo 16 con el resto de la epístola, el lector puede acudir a las tres primeras páginas de la Introducción.

Los primeros dos versículos del capítulo 16 constituyen la recomendación que Pablo hace a favor de Febe, la portadora de su carta. Los vv. 3-15 constituyen una serie de saludos a individuos identificados por nombre, y a otros cristianos, anónimos, asociados con algunos de los primeros en la vida de la iglesia, como también a dos grupos más de cristianos fácilmente identificables (vv. 10b y 11b). El v. 16 manda a los cristianos romanos a saludarse unos a otros con un beso santo, y les asegura que todas las iglesias de Cristo les mandan sus saludos.

En los vv. 17-20a tenemos una pieza de aconsejamiento pastoral, que les advierte que deben estar en guardia contra maestros falsos aparentemente aceptables, y que les alienta a seguir viviendo a la altura de la buena reputación que tienen. El v. 20b es el acostumbrado saludo final de Pablo, escrito por su propio puño. Va seguido por una posdata que consiste en saludos de personas que están con Pablo, incluso (v. 22) los de Tercio, cuya mano ha sido la que en realidad ha escrito la carta. Los vv. 25-27, aunque es (creemos) poco probable que sean paulinos, forman (cuando se analiza correctamente el griego) un apéndice consistente en una doxología que no encaja mal en la epístola.

[14]Mas, en cuanto a mí, yo también estoy persuadido, mis hermanos, con respecto a vosotros, que vosotros mismos estáis llenos de honestidad, siendo llenos de todo conocimiento, capaces también de amonestaros unos a otros. [15]Pero en parte *de mi carta* os he escrito más bien osadamente, como poniéndoos nuevamente en recordación a causa de la gracia que me ha sido dada por Dios [16]para ser ministro de Cristo Jesús a los gentiles, sirviendo al mensaje de las buenas noticias de Dios con servicio santo, con el fin de que la ofrenda que consiste en los gentiles sea aceptable, habiendo sido santificada por el Espíritu Santo. [17]Este gloriarme, pues, lo tengo en Cristo Jesús con respecto a lo que pertenece a Dios; [18]porque no me voy a atrever a hablar de ninguna de las cosas que Cristo no ha obrado por medio de mí para lograr la obediencia de los gentiles, por palabra y hecho, [19]en el poder de señales y maravillas, en el poder del Espíritu, de modo que desde Jerusalén y dando la vuelta hasta Ilírico he completado el mensaje de las buenas noticias de Cristo. [20]Pero me propuse con sincero empeño predicar de tal modo las buenas noticias, no donde Cristo ya había sido nombrado, a fin de no edificar sobre el fundamento de otro hombre, [21]sino, como está escrito: «Aquellos a quienes no ha sido anunciado acerca de él, verán, y aquellos que no han oído, entenderán». [22]Por lo cual también he sido impedido estas muchas veces de ir a vosotros. [23]Pero ahora, ya no teniendo lugar en estas regiones y habiendo durante suficientes años deseado ir a vosotros [24]cuando vaya a España (porque espero veros cuando pase y ser enviado por vosotros en mi viaje allá, habiendo tenido primero en alguna medida mi parte de vuestra compañía); [25]pero ahora voy a Jerusalén a ministrar a los santos. [26]Porque Macedonia y Acaya han resuelto hacer una contribución para los pobres entre los santos de Jerusalén. [27]Han resuelto hacer esto, y, más aún, están obligados para con ellos; porque, si los gentiles han participado de sus cosas buenas espirituales, entonces están obligados a rendirles

servicio en las cosas necesarias para su bienestar corporal. ²⁸Así que, cuando haya completado esta tarea y haya sellado para ellos este fruto, me encaminaré a España pasando por vuestra *ciudad.* ²⁹Y yo sé que, cuando efectivamente vaya a vosotros, iré con la plenitud de la bendición de Cristo.

³⁰Os exhorto [, hermanos,] por nuestro Señor Jesucristo y por el amor del Espíritu a que os unáis conmigo en oraciones por mí a Dios, ³¹para que sea librado de los desobedientes en Judea y que mi ministerio en Jerusalén sea aceptable a los santos, ³²para que, si es la voluntad de Dios, mi ida a vosotros sea cuestión de gozo y que encuentre pleno refrigerio en vuestra comunión.

³³Que el Dios de paz sea con todos vosotros. Amén.

¹Os recomiendo a Febe, nuestra hermana que es [también] diaconisa de la iglesia en Cencrea, ²para que le deis una bienvenida en el Señor que sea digna de los santos, y la asistáis en cualquier asunto en el que necesite vuestra ayuda; porque ella misma ha sido una fuente de asistencia a muchos, yo mismo incluido.

³Saludad a Prisca y a Aquila, mis colaboradores en Cristo Jesús, ⁴quienes se jugaron la vida para salvar mi vida y a quienes no sólo yo sino todas las iglesias de los gentiles estamos agradecidos, ⁵y a la iglesia en casa de ellos. Saludad a mi amado Epeneto, quien constituye las primicias de Asia para Cristo. ⁶Saludad a María, quien trabajó mucho por vosotros. ⁷Saludad a Andrónico y a Junia, mis parientes y compañeros de prisión, quienes son destacados entre los apóstoles y quienes además estaban en Cristo antes que yo. ⁸Saludad a Ampliato, mi amado en el Señor. ⁹Saludad a Urbano, nuestro colaborador en Cristo, y a mi amado Estaquis. ¹⁰Saludad a Apeles quien ha sido aprobado en Cristo. Saludad a los *hermanos* entre los miembros de la casa de Aristóbulo. ¹¹Saludad a Herodión, mi pariente. Saludad a aquellos de la casa de Narciso que están en el Señor. ¹²Saludad a Trifena y a Trifosa, quienes trabajan en el Señor. Saludad a Pérsida la amada, quien ha trabajado mucho en el Señor. ¹³Saludad a Rufo, el elegido en el Señor, y a su madre que es también una madre para mí. ¹⁴Saludad a Asíncrito, a Flegonte, a Hermes, a Patrobas, a Hermas, y a los hermanos que están con ellos. ¹⁵Saludad a Filólogo y a Julia, a Nereo y a su hermana, y a Olimpas, y a todos los santos que están con ellos. ¹⁶Saludaos unos a otros con un beso santo. Todas las iglesias de Cristo os saludan.

¹⁷Os exhorto, hermanos, a señalar a aquellos que causan divisiones y ocasiones de tropiezo en oposición a la enseñanza que habéis

aprendido. Evitadlos; [18]porque tales personas sirven no a nuestro Señor Cristo sino a su propio vientre, y engañan el corazón de los simples, mediante su altisonante plausibilidad. [19]Porque vuestra obediencia es conocida por todos, y por esto me regocijo por vosotros. Pero quiero que seáis sabios para aquello que es bueno, pero que seáis guardados puros de lo que es malo. [20]Y el Dios de paz pronto aplastará a Satanás bajo vuestros pies. La gracia de nuestro Señor Jesús sea con vosotros.

[21]Timoteo, mi colaborador, os saluda, y *también lo hacen* Lucio y Jasón y Sosípater, mis parientes. [22]Yo, Tercio, que he escrito esta carta, os saludo en el Señor. [23]Gayo, mi hospedador (y, más aún, de toda la iglesia), os saluda. Erasto, el tesorero de la ciudad, y el hermano Cuarto os saludan.

[25]A aquel que es capaz de confirmaros de conformidad con mi evangelio y la proclamación de Jesucristo, *que es* según la revelación del misterio que ha sido escondido en silencio por siglos desde antes de la creación, [26]mas ahora ha sido manifestado y, de conformidad con el mandamiento del Dios eterno, ha sido aclarado por medio de las escrituras proféticas con el propósito de obtener la obediencia de fe entre todos los gentiles, [27]al único sabio Dios, por medio de Jesucristo, a él sea la gloria por siempre jamás. Amén.

14. Mas, en cuanto a mí, yo también estoy persuadido, mis hermanos, con respecto a vosotros, que vosotros mismos estáis llenos de honestidad, siendo llenos de todo conocimiento, capaces también de amonestaros unos a otros se considera con frecuencia como un intento de lisonjear. Pero resulta difícil creer que Pablo pueda haber pensado que los cristianos de Roma, si no estaban ya favorablemente dispuestos hacia él después de leer o escuchar catorce capítulos y medio de su epístola, podrían ser conquistados a esta altura mediante unas palabras halagadoras. Parecería más probable que haya sentido que, al dirigir la exhortación particular de 12.1-15.13 a una iglesia que él mismo no había fundado, y que hasta el momento ni siquiera había visitado, se había tomado una libertad (compárese lo que se dice sobre el versículo que sigue), con referencia a la cual, si bien, en vista de su comisión como apóstol de los gentiles, no hacía falta ninguna disculpa, correspondería dar alguna explicación. Nada de lo que había dicho en 12.1-15.13 tenía la intención de poner en tela de juicio la adultez espiritual de los cristianos de Roma. Pablo reconocía —algo que los ministros con demasiada frecuencia han tendido a olvidar— que es cortés suponer que los hermanos en la fe son moderadamente maduros mientras no se hayan dado

muestras concretas de su inmadurez. Lo que encontramos aquí es la cortesía cristiana, no halagos. Las palabras «en cuanto a mí, yo también» enfatizan el compromiso personal de Pablo con la convicción expresada, y «vosotros mismos» subraya su reconocimiento de la adultez de los cristianos romanos como tales. Es tanto su derecho como su deber esperar que sean francos en su trato, y que hayan captado con firmeza la verdad del evangelio, y que de este modo sean capaces de amonestarse unos a otros.

15-16. Pero en parte *de mi carta* os he escrito más bien osadamente. En la anterior división principal de la carta (12.1-15.13), por cierto que Pablo se ha tomado cierta libertad, en tanto que ha dirigido una exhortación bastante directa a una iglesia que él mismo no ha fundado y ni siquiera visitado. Las palabras **como poniéndoos nuevamente en recordación** expresan el pensamiento de que en su exhortación ha venido apelando al conocimiento ya poseído por los cristianos romanos. **a causa de la gracia que me ha sido dada por Dios para ser ministro de Cristo Jesús a los gentiles, sirviendo al mensaje de las buenas noticias de Dios con servicio santo** indica la base de la autoridad de Pablo para poner a los cristianos romanos en recordación. Es el hecho de que ha recibido una comisión de Dios, que es enteramente un don de la gracia de Dios, algo que de ningún modo ha merecido.

Importante para el entendimiento de la naturaleza de esta comisión, como la ve Pablo, es el vocablo griego traducido aquí como «ministro». Se usa en 13.6 en relación con las autoridades civiles. El que en el presente pasaje tenga algún sentido sacro o cúltico lo sugiere concretamente la frase «sirviendo ... con servicio santo», y más de una expresión en la última parte del v. 16. Pero no se sigue de esto que sea necesario sostener la perspectiva generalmente aceptada de que Pablo está pensando en sí mismo como si estuviera ejerciendo un ministerio sacerdotal. El hecho de que el verbo y el sustantivo abstracto, que están relacionados etimológicamente con el sustantivo personal griego usado aquí, si bien con bastante frecuencia se usan en la Septuaginta con referencia a los sacerdotes, se usen en forma particularmente frecuente en conexión con los levitas, sugiere la posibilidad de que Pablo estuviera pensando en sí mismo como si cumpliese la función de un levita antes que la de un sacerdote. La frase dependiente «de Cristo Jesús» sería, de hecho, sorprendente, si «ministro» se usara en el sentido de «sacerdote»: mucho más natural en ese caso sería «de Dios». En cambio, si Pablo usó la palabra traducida «ministro» con la intención de significar al levita que auxiliaba al sacerdote, entonces el genitivo «de Cristo Jesús» no ofrece dificultad alguna: la comisión de Pablo sería la de ser ayudante del sacerdote Jesucristo, cumpliendo un ministerio enteramente subordinado y auxiliar al de él. En nuestra opinión, es sumamente probable que deba aceptarse esta explicación de «ministro». Las palabras que siguen a «Cristo Jesús» indican la actividad que involucra el ministerio de Pablo. Está dirigido a los gentiles y se trata de «servicio santo» en torno al mensaje evangélico.

con el fin de que la ofrenda que consiste en los gentiles sea aceptable, habiendo sido santificada por el Espíritu Santo indica el propósito divino por detrás de la comisión. Como el propósito del debido cumplimiento por los levitas de su papel subordinado y auxiliar en el culto era el de ocuparse de que los sacrificios ofrecidos por los sacerdotes fuesen aceptables a Dios, así la predicación del evangelio a los gentiles hecha por Pablo es un servicio subordinado y auxiliar con respecto al servicio sacerdotal de Cristo, consistente en ofrecerlos a Dios como sacrificio. La predicación del evangelio es un servicio necesario si ese sacrificio ha de ser realmente agradable a Dios, incluyendo en sí mismo la respuesta voluntaria e inteligente de su gratitud por todo lo que Dios ha hecho por ellos en Cristo. «Santificada por el Espíritu Santo» completa el significado de «aceptable». El sacrificio ofrecido a Dios por Cristo, que Pablo tiene en mente aquí, consiste en los cristianos gentiles que han sido santificados por el don del Espíritu.

17. Este gloriarme, pues, lo tengo en Cristo Jesús con respecto a lo que pertenece a Dios. Pablo está aseverando que el gloriarse que se ha permitido en el v. 16 es un gloriarse legítimo, ya que se trata de un gloriarse en los resultados de su misión no vistos como sus propios logros (haberlos entendido así hubiese sido realmente gloriarse en el hombre), sino como las obras de Cristo en obediencia a la voluntad de Dios.

18-19a. porque no me voy a atrever a hablar de ninguna de las cosas que Cristo no ha obrado por medio de mí para lograr la obediencia de los gentiles, por palabra y hecho, en el poder de señales y maravillas, en el poder del Espíritu explica cómo es que el gloriarse del v. 16 es realmente, como lo ha sostenido el v. 17, un gloriarse «en Cristo Jesús con respecto a lo que pertenece a Dios». Es así porque Pablo no tiene la intención de pretender referirse a nada que no sea lo que Cristo ha obrado por medio de él. Lo que Pablo ha hecho como ministro de Cristo Jesús no ha sido solamente un servicio subordinado, subsidiario de la propia obra sacerdotal de Cristo, sino que ha sido también algo que en realidad Cristo mismo ha efectuado, obrando por medio de su ministro. Es probable que aquí «palabra» incluya palabras habladas y escritas, y «hecho» cosas hechas y sufridas, la conducta en general, mientras que las dos frases siguientes caracterizan el ministerio de Pablo como lo confirman poderosamente los milagros colaterales, también llevado a cabo, en su conjunto, en el poder del Espíritu Santo.

19b. de modo que desde Jerusalén y dando la vuelta hasta Ilírico he completado el mensaje de las buenas noticias de Cristo. Es probable que el sentido de «de modo que» sea que el progreso del evangelio aquí descripto sea el resultado de la obra de Cristo por medio de Pablo a que se hace referencia en los vv. 18-19a. A Jerusalén probablemente se la mencione como el punto inicial de la misión cristiana en general, y en un sentido real como la base espiritual de Pablo mismo, como también la de la misión cristiana a los judíos (compárense los vv. 25-31, especialmente el v. 27). No implica que Pablo realizara una actividad de evangelización en Jerusalén. La palabra traducida como «dando la vuelta» puede entenderse como referencia al hecho de que la zona abarcada en su predicación podría describirse como un gran arco. El que «hasta» se use en forma inclusiva o exclusiva no está claro. «Ilírico» podría denotar una parte de la provincia de Macedonia habitada por gente de raza ilírica, aunque sería más natural tomarlo como alusión a la provincia romana de Ilírico. En ninguna otra parte se nos dice que Pablo haya llegado «hasta Ilírico» en ninguno de los sentidos en que podría entenderse la frase; pero no es nada imposible que llegara al límite de la provincia de Ilírico, o que la cruzara (en caso de que hubiese seguido la Vía Egnatia hasta su extremo occidental en Dirraquio —Durazzo o Durrës— se hubiera encontrado suficientemente cerca del límite como para poder decir sin mayor exageración que había llegado «hasta [la provincia de] Ilírico»; porque Lissus —Lesh—, que se encontraba en ella, estaba sólo a unos 65 kilómetros de distancia). Para acercarse o entrar en alguna parte de Macedonia que pudiera denominarse como ilírica no hubiera tenido necesidad de ir tan lejos. El período de tiempo indicado por las últimas palabras del v. 1 y la primera parte del v. 2 de Hechos 20 bien puede haber sido lo suficientemente prolongado como para permitir un viaje así. Está claro que la función de la frase era la de indicar el límite noroeste de la región cubierta por Pablo.

Todavía tenemos que considerar las palabras «he completado el mensaje de las buenas noticias de Cristo». Ultimamente ha recibido bastante apoyo el punto de vista de que el significado paulino es que ha completado, por lo que hace a la región indicada, toda la predicación del evangelio que corresponde hacer antes de la parusía (compárese Mr. 13.10). Esta explicación encaja bien, desde luego, en el difundido supuesto de que se trate de un «resultado seguro» de la erudición neotestamentaria moderna el que la iglesia primitiva estaba segura de que el fin habría de ocurrir en pocos años; pero parecería que Pablo ha dado él mismo en los dos versículos siguientes una clave bastante clara para su significado, y, en vista del contenido de los mismos, entendemos que su afirmación de que ha completado el evangelio de Cristo es una afirmación de haber llevado a cabo esa predicación pionera del mismo, que consideraba que debía desempeñar como su misión apostólica particular

20-21. Pero me propuse con sincero empeño predicar de tal modo las buenas noticias, no donde Cristo ya había sido nombrado, a fin de no edificar sobre el fundamento de otro hombre, sino, como está escrito: «Aquellos a quienes no ha sido anunciado acerca de él, verán y aquellos que no han oído, entenderán». Lo anterior limita la afirmación hecha en el v. 19b: la declaración de Pablo de que ha completado el evangelio en la región mencionada no se debe tomar en sentido absoluto, sino en relación con lo que él entiende que constituye su función particular en el servicio del evangelio: ser predicador pionero. La fuente decisiva de su afán no es evitar posibles rivalidades, ni tampoco abarcar un área lo más amplia posible, sino su comprensión de la naturaleza de la comisión especial que Dios le ha encomendado, confirmación de la cual ve en las palabras escriturales que está por citar. Lo más probable es que la forma pasiva del verbo «nombrar» haya sido usada aquí con algún sentido solemne tal como «ser nombrado en la adoración» o «ser reconocido y confesado» o «ser proclamado (como Señor)», antes que simplemente en el sentido de «ser conocido».

Algunos han pensado que hay inconsecuencia entre el v. 20 y la intención de Pablo de visitar Roma. Se ha sugerido que la interrupción de la oración al final del v. 24 puede ser resultado de su turbación al tomar conciencia de ello. Que haya inconsecuencia entre este versículo y la proposición de Pablo de visitar Roma, sólo puede sostenerse suponiendo que Pablo entendiese la comisión especial que creía que Dios le había confiado, de un modo singularmente rígido, legalista y poco imaginativo, muy alejado de todo lo que sabemos acerca de él. Además, de todos modos, los vv. 20ss. no enuncian una regla absoluta que debe ser seguida sin tomar en cuenta todas las demás consideraciones, sino declaran el propio deseo y esfuerzo de Pablo, afirmado en su entendimiento del encargo especial que le había hecho Dios, de actuar como misionero pionero, antes que como el que edifica sobre fundamentos ya colocados por otro. No hay sugerencia alguna aquí de que se sintiera bajo alguna obligación absoluta de abstenerse de visitar jamás una iglesia que hubiese sido fundada por alguna otra persona. Después de todo Roma era un caso muy especial.

La cita veterotestamentaria es de Isaías 52.15 (Pablo sigue casi textualmente a la Septuaginta, que destaca con más claridad que el texto hebreo la referencia al Siervo de Dios). Pablo ve las palabras del profeta como una promesa, que incluso ya se está cumpliendo mediante la difusión del conocimiento de Cristo, el verdadero Siervo de Yahvéh, hacia aquellos que no han oído acerca de él, producto de su propia misión.

22. Por lo cual también he sido impedido estas muchas veces de ir a vosotros. En 1.13 no se dio ninguna indicación acerca de cual era el impedimento. Aquí se dice que lo que ha impedido que Pablo cumpliese su propósito de visitar Roma hasta el momento han sido las demandas de sus labores misioneras. El «Por lo cual» se toma con más naturalidad como referencia a la actividad misionera descripta en el v. 19b (al que los vv. 20s. servían, a nuestro entender, de necesaria limitación) que como referencia al principio (manifestado en los vv. 20s.) de no predicar donde Cristo ya ha sido nombrado.

23-24a. La oración que comienza con **Pero ahora** queda incompleta, y no hay ningún verbo principal que exprese lo que Pablo está a punto de hacer.

ya no teniendo lugar en estas regiones se debe entender indudablemente en estrecha conexión con el v. 19b, y, si estábamos en lo cierto en nuestra interpretación de ese medio versículo, aquí el significado de Pablo es simplemente que su presencia ya no es requerida en las regiones en las cuales ha trabajado hasta ese momento, por cuanto en ellas la obra pionera de la evangelización que es su tarea específica ya ha sido cumplida. Los que consideran que «cumplido el mensaje de las buenas noticias» denota el haber completado la predicación que se tiene que llevar a cabo antes de la parusía, se inclinan, naturalmente, por una explicación acorde de dichas palabras. Pero por cierto que decir, como lo hace Barrett, que «Dado que el extremo oriental del Mediterráneo ha sido trabajado, y Pablo ya 'no tenía más campo en estas partes', quedaban para la obra misionera la costa norte del Africa (desde Alejandría hasta la provincia de Africa), la Galia, y España», es atribuir a Pablo una noción que es totalmente improbable que pueda haber alentado. Tal vez podría haber cierta plausibilidad superficial en sostener que la iglesia primitiva pensaba que debía cumplirse simplemente una predicación simbólica a todas las naciones antes de la parusía; pero, una vez que empezamos a hablar en función de listas de países que faltan evangelizar, difícilmente pueda eludirse la obligación de preguntar acerca de la probable amplitud del conocimiento geográfico de Pablo. Es imposible pensar que no tuviera presente la existencia de territorios que figuraban prominentemente en el Antiguo Testamento. El mismo usa en otra parte el nombre «escita». Es casi inconcebible que un ciudadano romano inteligente de la época de Pablo pudiese ignorar la existencia de Partia o de la Bretaña, cuya parte sur había sido conquistada por las tropas de Claudio pocos años antes de que se escribiera la epístola, o de la Germania, donde un ejército romano había sido destruido durante el reinado de Augusto, y de la cual el hijo adoptivo del emperador Tiberio había tomado su apellido de «Germánico». Una persona que había viajado tanto como Pablo, y que se había mezclado con gente de toda clase, seguramente habría oído hablar de la India (que es frecuentemente mencionada por autores griegos y latinos) y otras tierras distantes, cuyos productos llegaban a Roma (resulta interesante que la palabra griega traducida «seda» en Ap. 18.12 proviene de un antiguo nombre de los chinos). La noción de que Pablo pensaba, cuando dictó los vv. 19b a 23a, que había completado toda la predicación a los gentiles requerida antes de la parusía, por lo que hace a oriente, y que él mismo esperaba poder ocuparse de occidente, debe abandonarse con toda seguridad.

y habiendo durante suficientes años deseado ir a vosotros cuando vaya a España. Esta es la primera mención de la intención de Pablo de ir a España (no la mencionó en 1.8-16a). La única referencia adicional a España en el Nuevo Testamento se encuentra en el v. 28, aparte del «allí» más adelante en el v. 24. No es seguro que Pablo haya llegado a España en algún momento (por lo que hace a la interpretación de Romanos, la cuestión no reviste, en realidad, gran importancia: lo que es pertinente es simplemente que en el momento de escribirla esperaba poder visitar España); pero 1 Clemente 5.7 parecería constituir una prueba bastante fuerte a favor del parecer de que sí fue, ya que «los límites del occidente» difícilmente puedan referirse a algún otro lugar que no sea España, en un documento escrito en Roma, y resulta difícil creer que no hubiera información concreta fácilmente disponible acerca del fin de la vida de Pablo, en la iglesia romana, en la última década del primer siglo, cuando seguramente todavía vivían personas que lo habían conocido.

No puede resultar extraño que Pablo haya decidido embarcarse en la evangelización de España. Muchos siglos antes de Cristo, los fenicios de Tiro habían colonizado Cádiz. Posteriormente colonos foceos se asentaron en España, y éstos fueron seguidos por colonos procedentes de su propia colonia de Marsella. Más tarde todavía (en el siglo III a.C.) Cartago había conquistado grandes territorios en España, y se había fundado Nueva Cartago (Cartagena). Hacia fines del siglo III a.C. los cartaginenses habían sido echados por Escipión Africano, y Roma había poseído territorio en España a partir de ese momento. No obstante, no fue sino hasta la época de Augusto que toda la península ibérica fue subyugada por los romanos y organizada en tres provincias. Para la época de Pablo, buena parte de España estaba totalmente «romanizada», si bien algunas partes (particularmente en el noroeste) eran mucho menos civilizadas. Es probable que para esta época ya había asentamientos judíos, y es muy posible que Pablo haya alentado la esperanza de que esas colonias judías sirvieran para darle entrada.

24b. (porque espero veros cuando pase y ser enviado por vosotros en mi viaje allá, habiendo tenido primero en alguna medida mi parte de vuestra compañía) es una explicación parentética de lo sustancial de la oración incompleta precedente. Pablo espera visitar a los cristianos romanos en el curso de su viaje a España y recibir de ellos ayuda activa para poder llevar a cabo su proyectada misión. Exactamente cuánta ayuda y cuánto apoyo para su misión española Pablo esperaba recibir de los cristianos de Roma, es algo que no podemos determinar; pero parecería sumamente probable que esperaba bastante más que una mera despedida acompañada por oraciones y buenos deseos. Es muy probable que haya esperado, por ejemplo, que algunos cristianos romanos con conocimiento de España fueran comisionados para acompañarlo en su viaje. La última cláusula indica su deseo de disfrutar, antes de ser despedido por ellos al iniciar sus viajes, cuando menos de alguna medida de comunicación con ellos, aun cuando no pudiera ser tanta como la que él querría tener con ellos.

25. pero ahora voy a Jerusalén a ministrar a los santos. Antes de que Pablo pueda dirigir sus pasos hacia Roma, tiene que ir a Jerusalén (compárense Hch. 19.21; 20.3, 16; etc.) con la colecta que las iglesias gentiles han efectuado a beneficio de los pobres entre los cristianos jerosolimitanos. Con respecto a la palabra griega traducida aquí como «ministrar», véase el comentario sobre 12.7 («servicio práctico»). En Hechos 11.27-30 y 12.25 se menciona una colecta anterior para la iglesia de Jerusalén. Sobre la colecta a la cual se refiere el presente versículo, compárense Hechos 24.17; 1 Corintios 16.1-4; 2 Corintios 8-9, y también Gálatas 2.10a. El resto de este capítulo, y los pasajes citados arriba de 1 y 2 Corintios, dejan en claro que Pablo asignaba gran importancia a esta colecta. Es indudable que pensaba que ella podía contribuir a la causa de la unidad entre la parte gentil y la parte judía de la iglesia (compárense los vv. 27 y 31b), y que, al mismo tiempo, era una respuesta apropiada a la necesidad humana por parte de los cristianos en posición de responder de ese modo, un acto de amor fraternal. Pero el «recurso político» de Barrett resulta erróneo, incluso como descripción parcial del mismo. Es cierto que «tenía por objeto desempeñar un papel vital entre los acontecimientos de los últimos días» (Barrett) en el sentido de que toda acción que sea realmente un acto de amor cristiano cumple una parte vital en la historia (como la ve Dios) de ese período (largo o corto), que ha sido determinado por el hecho de que comenzó con la encarnación y ha de terminar con la parusía (compárese 13.12); pero no hay razón valedera, hasta donde podamos ver nosotros, para pensar que sea como lo entiende dicho autor, si se considera que el fin es indicar que Pablo esperaba confiadamente que su colecta estuviese entre los acontecimientos de los últimos años previos a la parusía.

26. Porque Macedonia y Acaya han resuelto hacer una contribución para los pobres entre los santos de Jerusalén explica el versículo anterior. El uso de «resolver» indica que la ofrenda era resultado de una decisión adoptada libre y responsablemente por las iglesias correspondientes. No hace falta ver ninguna inconsecuencia entre este énfasis y las evidencias de 1 Corintios 16.1-4 y 2 Corintios 8-9, de que Pablo mismo promovió decidida y vigorosamente la colecta; porque la decisión del cristiano de hacer lo que es correcto no deja de ser su propia decisión personal y libre, porque la fiel exhortación de otro cristiano lo haya ayudado a reconocer su deber, y lo haya alentado a cumplirlo. La sugestión de que en realidad la colecta era una imposición exigida a las iglesias paulinas por las autoridades de la iglesia de Jerusalén, que Pablo se ha propuesto deliberadamente minimizar este aspecto, y que buscaba hacer aparecer la ofrenda de sus iglesias como un regalo de amor puramente voluntario, es algo que encontramos poco convincente.

27. Han resuelto hacer esto subraya la libertad e independencia de la decisión de las iglesias de Macedonia y Acaya. Pero luego otro aspecto de la cuestión, que también es importante, surge con **y, más aún, están obligados para con ellos.** Las iglesias gentiles tienen una deuda para con estas iglesias pobres, porque tienen una deuda para con la iglesia de Jerusalén en general, del modo en que el versículo siguiente aclara: **porque, si los gentiles han participado de sus cosas buenas espirituales, entonces están obligados a rendirles servicio en las cosas necesarias para su bienestar corporal.** Dado que los cristianos gentiles han recibido tanto el mensaje del evangelio como toda la tradición de las obras y palabras de Jesús, como asimismo todas las bendiciones espirituales que les han sido alcanzadas por la misión gentil, a través de la mediación de la iglesia jerosolimitana original, está claro que ellos están obligados a aportar la ayuda material que esté a su alcance para los particularmente necesitados entre los miembros de la iglesia de Jerusalén, aun cuando ese auxilio material jamás pudiera compensar la deuda.

28. Así que, cuando haya completado esta tarea y haya sellado para ellos este fruto, me encaminaré a España pasando por vuestra *ciudad* resume la enunciación de los planes de Pablo. Casi no hay dudas de que el «fruto» a que se alude se ha de identificar con el total de la colecta. El uso paulino de «sellar» aquí se ha explicado de diferentes modos. Lo más probable es que se trate de una referencia a la confirmación (ya sea mediante el acto de hacer entrega o por palabras pronunciadas) de la significación de la colecta como prenda del amor y la gratitud de las iglesias gentiles hacia la de Jerusalén, o como el fruto de las bendiciones espirituales que han sido mediadas por la iglesia de Jerusalén para los gentiles.

29. Y yo sé que, cuando efectivamente vaya a vosotros, iré con la plenitud de la bendición de Cristo expresa la firme confianza de Pablo en que, cuando por fin logre visitar a los cristianos de Roma, irá con la segura bendición de Cristo.

30-32. Os exhorto[, hermanos,] es el comienzo de un nuevo párrafo, en el que Pablo expresa su deseo de que los cristianos romanos oren por él. **por nuestro Señor Jesucristo y por el amor del Espíritu** indica la autoridad invocada y la base de la apelación en el urgente pedido de Pablo. La frase «el amor del Espíritu» significa «el amor que el Espíritu obra», ese amor entre cristianos que es efecto de la morada del Espíritu Santo en ellos. **a que os unáis conmigo en oraciones por mí a Dios** probablemente ofrece el sentido del original. La insistencia de algunos intérpretes en que la idea de luchar está contenida en el verbo griego que se usa, no lo confirma el uso griego. La sugerencia de que Pablo tenía en mente Génesis 32.22-32 parecería improbable en vista del hecho de que en el pasaje de la Septuaginta se usan dos verbos muy diferentes, que no tienen conexión con el verbo que se usa aquí, en los vv. 24, 25 y 28. Lo que Pablo les está encareciendo que hagan es simplemente orar por él y con él, no de modo indiferente o casual, sino con ahínco, urgencia y persistencia.

Bien sabe Pablo que es objeto de fiera hostilidad de parte de los judíos incrédulos, y que una concentración especial de dicha hostilidad había de esperarse en Judea, y particularmente en la misma Jerusalén. Por ello, **para que sea librado de los desobedientes en Judea.** La cláusula **y que mi ministerio en Jerusalén sea aceptable a los santos** se considera por algunos como prueba de serias tensiones entre Pablo y la iglesia de Jerusalén. Alguna tensión por cierto había; pero cualquiera que haya tenido alguna experiencia, no únicamente en organizar una colecta de dinero en alguna iglesia para fines caritativos, sino también en la tarea concreta de destinarla para los que padecen necesidad, sabrá muy bien que el hecho de que resulte aceptable no es una conclusión necesaria, y estará más dispuesto a reconocer en estas palabras una prueba de la sensibilidad espiritual y humana de Pablo, como también de que estaba libre de toda satisfacción egoísta, como para sacar de ellas cualquier conclusión segura acerca de tensiones entre la iglesia de Jerusalén y Pablo.

para que, si es la voluntad de Dios, mi ida a vosotros sea cuestión de gozo y que encuentre pleno refrigerio en vuestra comunión expresa la esperanza más distante, que el cumplimiento de la doble plegaria indicada en el v. 31 hará posible de realización. Tanto el que sea librado de peligros que lo acechan del lado de los judíos incrédulos, como también la paz mental resultante de una verdadera aceptación fraternal de los dones de las iglesias gentiles por la iglesia de Jerusalén, son necesarios para Pablo, si su visita a Roma ha de estar realmente llena de gozo y si ha de encontrar pleno refrigerio allí en la comunión cristiana.

33. Que el Dios de paz sea con todos vosotros. Amén. Un deseo-plegaria concluye esta parte de la división final. Aquí «paz» probablemente signifique la suma de todas las reales bendiciones, incluyendo la salvación final. Al llamar a Dios «el Dios de paz», Pablo lo caracteriza como la Fuente y el Dador de todas las bendiciones verdaderas, el Dios que no sólo está dispuesto a ayudar y salvar hasta lo último, sino que tiene el poder necesario para hacerlo. El sentido surge claramente en la paráfrasis de Hebreos 13.20s. que hace P. Doddridge («Padre de paz, y Dios de amor»), mediante las palabras «Reconocemos tu poder para salvar».

1-2. Os recomiendo a Febe empieza la recomendación de la mujer que era, podemos suponer, la portadora de la carta. Por el nombre se puede inferir que se trataba de una cristiana de origen gentil, porque hubiera sido difícil que una mujer judía tuviese un nombre derivado de la mitología pagana. Con ese nombre es muy posible que haya sido una mujer liberta. **nuestra hermana** indica que formaba parte de la comunidad cristiana. Pablo continúa: **que es [también] diaconisa de la iglesia en Cencrea.** Cencrea era el puerto oriental de Corinto. Si bien es posible que la palabra *diakonos* se debiera entender como una referencia muy general a su servicio en la congregación, resulta mucho más natural tomarla como referencia a un cargo concreto. Para nosotros resulta virtualmente seguro que a Febe se la describe como «diaconisa» (posiblemente precedida de «la») de la iglesia en cuestión, y que este caso del uso de *diakonos* se ha de clasificar juntamente con su uso en Filipenses 1.1 y 1 Timoteo 3.8 y 12. Además, si bien es cierto que las funciones de un *diakonos* no se indican expresamente en Filipenses 1.1 ni en 1 Timoteo 3.8ss., ni en los dos versículos que estamos considerando, no hay nada en ninguno de estos pasajes que no guarde consonancia con la inherente probabilidad de que un uso especializado de *diakonos* en tiempos neotestamentarios haya correspondido al uso especializado y claramente atestiguado del verbo relacionado y el sustantivo abstracto, referidos al servicio práctico de los necesitados. Hay ciertos rasgos, por ejemplo, de lo que se dice acerca de Febe en el v. 2b, que parecerían ofrecerle algún apoyo. (Compárese lo que se dijo sobre 12.7a y 8b.) Es interesante notar que ésta es la primera vez que la palabra «iglesia» aparece en Romanos.

para que le deis una bienvenida en el Señor que sea digna de los santos, y la asistáis en cualquier asunto en el que necesite vuestra ayuda. Pablo quiere que los cristianos de Roma reciban a Febe «en el Señor», es decir, como cristianos que reciban a otro cristiano, amado por amor al Señor, y que lealmente le ofrezcan toda asistencia que necesite. **porque ella misma ha sido una fuente de asistencia a muchos, yo mismo incluido** es una razón adicional para que la auxilien gustosamente. La elección del vocablo griego concreto que hemos vertido «una fuente de asistencia», tal vez podría sugerir que poseía alguna medida de riqueza e independencia.

3-5a. Saludad a Prisca y a Aquila es el primero de una serie de saludos que se extienden sin interrupción hasta el final del v. 15 (una lista tan larga de saludos, aunque sin paralelo en otra parte del Nuevo Testamento, tiene un sentido aceptable en conexión con los vv. 1s., por cuanto habría servido para darle a Febe una introducción inmediata a un gran número de individuos en la comunidad cristiana de Roma). Ambos se mencionan siempre juntos en el Nuevo Testamento; el nombre de la mujer aparece en su forma diminutiva de «Priscila» en Hechos, mientras que en las epístolas aparece «Prisca», que es la forma corriente. A Aquila se lo describe en Hechos 18.2 como «un cierto judío ... natural del Ponto». A menos que se puedan aducir razones fuertes para pensar de otro modo, se ha de considerar que lo más probable es que su mujer también era judía. Aparentemente, la pareja se había establecido en Roma, ya que su presencia en Corinto se explica como debida al edicto de Claudio, por el cual los judíos habían sido expulsados de Roma. Como Aquila era fabricante de tiendas de campaña igual que Pablo, además de ser cristiano, Pablo se instaló en la casa de ellos en Corinto. Cuando, después de dieciocho meses en Corinto, Pablo se encaminó a Siria, ellos lo acompañaron hasta Efeso. Fue desde Efeso que ellos enviaron sus saludos y los saludos de la iglesia «en su casa» (la de ellos) a la iglesia de Corinto (1 Co. 16.19). No debe sorprender en absoluto que Prisca y Aquila estuvieran de vuelta en Roma cuando se escribió la epístola, porque el edicto de Claudio había caducado, y los que habían sido expulsados probablemente no perdieron tiempo en regresar. El interesante hecho de que en el Nuevo Testamento el nombre de esta mujer en particular se coloque con más frecuencia delante del de su esposo, y no lo contrario, probablemente se explique en razón de que ella se convirtió antes que él, o que ella haya representado un papel más prominente en la vida y las actividades de la iglesia.

La descripción que hace Pablo de Prisca y Aquila como **mis colaboradores en Cristo Jesús** ilustra el énfasis en el trabajo, que es característico de sus listas de saludos (compárense los vv. 6, 9, 12a y b). Para Pablo, ser cristiano involucra la asignación de trabajo, participar activa y responsablemente en la obra del evangelio. Con emoción, Pablo agrega **quienes se jugaron la vida para salvar mi vida y a quienes no sólo yo sino todas las iglesias de los gentiles estamos agradecidos.** Puede haber sido durante los disturbios en Efeso, relatados en Hechos 19.23-40, que arriesgaron su vida para salvar la de Pablo, pero no podemos estar seguros.

Con **y a la iglesia en casa de ellos**, compárense 1 Corintios 16.19 (también con referencia a Prisca y Aquila); Colosenses 4.15; Filemón 2.

Gramaticalmente, la frase griega traducida «la iglesia en su casa» por cierto que podría significar la iglesia consistente simplemente en los miembros cristianos de la casa (donde «casa» denota no solamente la familia en nuestro sentido de la palabra «familia» sino también sus esclavos, empleados y otros dependientes); pero no se debe dudar que lo que quiere decir es más bien la comunidad de cristianos que regularmente se reunía en la casa de ellos, incluyendo, además de los miembros cristianos de la casa o *familia*, otros cristianos a quienes les resultaba conveniente reunirse para la adoración en dicha casa. Desde luego que no había edificios especialmente destinados a fines eclesiásticos en esa época.

5b. Saludad a mi amado Epeneto, quien constituye las primicias de Asia para Cristo. No se lo menciona en ninguna otra parte del Nuevo Testamento. Su nombre indica que posiblemente fuera gentil. Aparentemente fue el primer converso, o uno de los primeros conversos, de la provincia de Asia (compárese 1 Co. 16.15). La descripción que de él hace Pablo como «amado» no debe tomarse como sugerencia de que fuera más amado que aquellos a los que no se describe así. Pablo parece haber tratado de agregar alguna expresión de afectuosa recomendación a todos los individuos que menciona. Ha logrado mantener esta intención (aparte del v. 10b) hasta el final del v. 13; pero con el v. 14 se limita a mencionar los nombres.

6. Saludad a María, quien trabajó mucho por vosotros. En otras partes del Nuevo Testamento «María» representa ya sea la transliteración del hebreo «Miriam», o una forma helenizada de dicho nombre. En este caso es posible que el nombre sea romano, «María», la forma femenina de «Mario». Por lo tanto, resulta difícil determinar si la mujer a que se alude era una cristiana judía o una mujer gentil. Nótese nuevamente la referencia al trabajo.

7. Saludad a Andrónico y a Junia, mis parientes y compañeros de prisión, quienes son destacados entre los apóstoles y quienes además estaban en Cristo antes que yo. Es casi indudable que se debería acentuar la sexta palabra del versículo como el acusativo del nombre romano femenino común, Junia. La persistencia de la acentuación que la convierte en acusativo de un nombre masculino hipotético Junias (por ejemplo, en Nestle[26]) parece depender exclusivamente del prejuicio convencional y nada más (compárese la confiada aseveración de Lietzmann de que la posibilidad de que se tratase de un nombre de mujer queda descartada por el contexto). No parece haber ninguna prueba clara de que el supuesto nombre masculino jamás haya existido. Lo más probable es que Andrónico y Junia fuesen marido y mujer. Por «parientes» es casi seguro que Pablo quiso decir simplemente compatriotas judíos (compárense los vv. 11 y 21). No tenemos conocimiento de ningún caso en que Pablo, Andrónico y Junia estuviesen juntos en la prisión, aun cuando no es imposible que hubiera ocurrido (Pablo ya había estado «en prisiones» con más frecuencia que sus adversarios, según 2 Co. 11.23). Sin embargo, no resultaría antinatural que los llamase sus compañeros de prisión, si ellos, al igual que él, habían sido prisioneros por la causa de Cristo, aunque no hubiese sido junto con él.

Gramaticalmente es posible tomar la frase griega traducida como «entre los apóstoles» con el significado de «a los ojos de los apóstoles»: «apóstol» podría entonces tener su sentido más preciso. Pero es mucho más probable que la frase tenga el sentido «entre los apóstoles», que es la forma en que la tomaron los comentaristas patrísticos. Según esta interpretación a «los apóstoles» debe dársele un sentido más amplio, como denotación de aquellos misioneros itinerantes que eran reconocidos por las iglesias como un grupo concreto y distintivo entre los participantes de la obra de difundir el evangelio (compárense, por ejemplo, Hch. 14.4, 14; 1 Co. 12.28; Ef. 4.11; 1 Ts. 2.7). Que Pablo no sólo incluyese una mujer entre los apóstoles, sino que llegara a describirla, junto con Andrónico, como destacada entre ellos, constituye prueba sumamente significativa (juntamente con la importancia que le acuerda en este capítulo a Febe, Prisca, María, Trifena, Trifosa, Pérsida, la madre de Rufo, Julia y la hermana de Nereo) de la falsedad de la noción muy difundida, a la vez que obstinada y persistente, de que Pablo tenía un concepto bajo de las mujeres. En esto, la iglesia en general no ha prestado todavía la atención que corresponde. Las últimas palabras del versículo indican que Andrónico y Junia se convirtieron antes que Pablo.

Los vv. **8-15** contienen el resto de los saludos especiales de Pablo a individuos y grupos. **Saludad a Ampliato, mi amado en el Señor. Saludad a Urbano, nuestro colaborador en Cristo, y a mi amado Estaquis.** Los dos primeros son nombres de esclavos comunes; el tercero es un nombre griego raro, pero aparece en una inscripción como nombre de un esclavo de la casa imperial. Parecería haber una posibilidad real de que la primera de las dos personas que llevan el nombre Ampliato, que se conmemoran en una cámara sepulcral en la catacumba de Domitila, sea la persona aquí saludada por Pablo. **Saludad a Apeles quien ha sido probado en Cristo.** ¿Habrá sabido Pablo que en algún juicio en particular este hombre había dado pruebas de ser un cristiano fiel? ¿O quería simplemente variar sus expresiones encomiásticas? Porque cualquier cristiano verdadero de alguna madurez podía ser descripto de esta forma. **Saludad a los *hermanos* entre los miembros de la casa de Aristóbulo.** Es muy probable que este Aristóbulo fuese nieto de Herodes el Grande y hermano de Agripa I, que aparentemente vivía en Roma como ciudadano común y que era amigo del emperador Claudio. También puede ser que después de su muerte su casa se unió a la casa imperial, aunque conservando su identidad como grupo según la costumbre que correspondía en tales circunstancias. Pablo está saludando a los cristianos entre ellos. **Saludad a Herodión, mi pariente. Saludad a aquellos de la casa de Narciso que están en el Señor.** Tal vez hubiera cristianos entre los miembros de la casa del notorio Narciso, que había sido uno de los favoritos influyentes del emperador Claudio, pero que se había visto obligado a suicidarse poco después de la muerte del emperador. Esta casa probablemente pasó a pertenecer a Nerón. En el versículo que sigue se saluda a tres mujeres más, la primera y la segunda posiblemente eran hermanas gemelas, la tercera —a juzgar por su nombre— probablemente era esclava o liberta: **Saludad a Trifena y a Trifosa, quienes trabajan en el Señor. Saludad a Pérsida la amada, quien ha trabajado mucho en el Señor.** Con referencia a **Saludad a Rufo, el elegido en el Señor, y a su madre que es también una madre para mí** resulta natural preguntarse si el Rufo que se menciona es el mismo hombre que se menciona en Marcos 15.21, pasaje que parecería dar a entender que alguien de nombre Rufo era muy conocido entre aquellos a quienes escribía el evangelista. Pero es preciso admitir que se trata de un nombre común. Podemos suponer que en alguna ocasión, la madre de Rufo le había mostrado amistad a Pablo de un modo maternal, y que aquí Pablo reconoce agradecido el hecho. **Saludad a Asíncrito, a Flegonte, a Hermes, a Patrobas, a Hermas, y a los hermanos que están con ellos. Saludad a Filólogo y a Julia, a Nereo y a su hermana, y a Olimpas, y a todos los santos que están con ellos.** Aparentemente éstos son saludos a dos grupos distintos de cristianos, que se reúnen para fines relacionados con la vida de la iglesia. Compárese el v. 5a. Es probable que los cinco hombres mencionados en el primer saludo —a juzgar por sus nombres— hayan sido esclavos o libertos.

16. Saludaos unos a otros con un beso santo. Luego de completar sus saludos a individuos particulares, y a grupos asociados con algunos de ellos, Pablo hace a continuación un pedido general a los cristianos de Roma para que se saluden unos a otros con un beso santo. Compárense 1 Corintios 16.20; 2 Corintios 13.12; 1 Tesalonisenses 5.26; 1 Pedro 5.14. La referencia clara más antigua al beso como parte regular del culto de la iglesia se encuentra en Justino, *I Apol.* 65 (alrededor del 155 d.C.). Según ésta, el beso daba entre las oraciones intercesoras y el ofertorio. No es imposible que el precepto mismo de Pablo presuponga la probabilidad de que los cristianos de Roma ya estuvieran acostumbrados a intercambiar un beso como preparación para la celebración de la Santa Cena (la forma en que se da el precepto sugiere que no esperaba ocasionar ninguna sorpresa).

Al parecer **Todas las iglesias de Cristo os saludan** resultaría particularmente adecuado, dirigido a los cristianos de Roma, la capital imperial.

17-20a. Lo abrupto de la introducción de estos versículos a esta altura se ha exagerado grandemente, a nuestro juicio. No es cierto que interrumpen la serie de saludos; porque los saludos que siguen son de otra clase, no siendo en realidad saludos de Pablo sino mensajes de salutación de parte de los que están con él, y constituyen una posdata agregada después del autógrafo, que da testimonio de la legitimidad paulina de la carta (v. 20b). Tampoco es cierto que no hay nada en el contexto que explique la introducción de estos versículos a esta altura; porque la indicación de saludarse unos a otros con un beso santo contiene en sí misma una advertencia implícita contra aquellas cosas que son factibles de destruir la paz de la iglesia, y contra los besos impíos de los que se introducen en la comunión de la iglesia pero que, al mismo tiempo, se mantienen ajenos a ella en doctrina o en vida. Además, la mención de «Todas las iglesias» indica que mentalmente Pablo no estaba tan concentrado en los cristianos de Roma como para excluir de su mente a otras iglesias que le eran muy conocidas. Al comenzar a pensar en esas otras iglesias, no sería más que natural que recordase los problemas que las habían afligido, problemas de los cuales la comunidad cristiana de Roma difícilmente quedara eximida.

Os exhorto, hermanos, a señalar a aquellos que causan divisiones y ocasiones de tropiezo en oposición a la enseñanza que habéis aprendido. Aquí «señalar» significa «marcar (como para tener presente)». Contrástese su uso en Filipenses 3.17. Las palabras «en oposición a la enseñanza que habéis recibido» son importantes. Algunas veces, las divisiones tienen que ser ocasionadas por causa de la verdad (véase, por ejemplo, Gá. 1.8s.; y nótese que Jesús mismo fue causa de división; compárese, por ejemplo, Mateo 10.34-36). En ciertas circunstancias, la verdad misma constituye piedra de tropiezo (véanse, por ejemplo, 9.32b-33; Lucas 7.23). **Evitadlos** aclara y refuerza el vocablo «señalar». Los cristianos romanos no sólo han de señalar a tales personas en el sentido de reconocerlas debido al peligro que ofrecen: tienen que evitarlas claramente, alejarse de ellas.

porque tales personas sirven no a nuestro Señor Cristo sino a su propio vientre, y engañan el corazón de los simples, mediante su altisonante plausibilidad tiene claramente la intención de explicar por qué es que las personas a las que Pablo acababa de referirse constituyen un peligro tan serio. La primera parte declara que en realidad no son siervos de Cristo, aquel que es el Señor de Pablo y de los cristianos romanos, sino que, en lugar de servir al Señor, sirven a su propio vientre. Barrett entiende que la referencia se relaciona con «su preocupación por las leyes alimentarias»; pero, si bien esta interpretación viene de la iglesia primitiva, y tiene algunos sostenedores modernos, no parece ser muy probable. Si «vientre» se ha de tomar realmente en forma literal, una explicación mucho más natural, en vista de 14.15-21, sería por cierto la de que Pablo tiene en mente la egoísta insistencia de los «fuertes» de 14.1-15.13 sobre comer carne aun a costa de la ruina espiritual de sus hermanos «débiles» (véase, especialmente, 14.17s., donde a los fuertes se les recuerda que el reino de Dios no es cuestión de comer y beber, y su conducta egoísta y frívola se contrasta con el servicio adecuado para Cristo). Pero parecería más probable que la expresión «servir a su propio vientre» se usara aquí para denotar el servirse a sí mismos, ser esclavos voluntarios del propio egotismo, ese andar según la carne, y ese aceptar que la propia vida sea determinada por la carne, a que se refiere 8.4-5. En la segunda parte, Pablo dice que estas personas (quienesquiera que sean) engañan a los incautos con su modo atractivo de hablar.

¿Qué se puede decir, pues, acerca de la identidad de estas personas, contra las cuales se advierte? Algunos han supuesto que deben ser judaizantes, otros han visto en ellas una referencia a los antinomianos. Se podría pensar en los egoístas entre los «fuertes» de 14.1-15.13, o cavilar sobre si no sería posible que Pablo tuviese en mente personas de tendencias «gnostizantes», o personas que daban mucha importancia a su posesión del Espíritu y que tendían a valorar indebidamente los dones llamativos y emocionales, en detrimento de la caridad y la hermandad. Pero, por cierto, no debe descartarse la probabilidad de que hubiera en la iglesia primitiva, como las hay en la iglesia hoy en día, personas deseosas de provocar divisiones y de poner piedras de tropiezo en el camino para sus hermanos, no por convicciones teológicas o doctrinales sostenidas más o menos seriamente, sino simplemente debido a un deseo de gratificar su propia importancia. Nos parece bastante poco realista imaginar que se puede (sobre la base de los vv. 17 y 18, o de cualquier otra prueba aportada por la epístola) individualizar a un grupo particular de perturbadores (sea que se hallaba presente en la iglesia de Roma, o que por el momento constituía solamente un posible peligro externo) como las personas que Pablo tenía en mente. No podemos determinar con seguridad si Pablo estaba pensando en algún grupo particular de personas. Pero es muy posible que tuviese a más de un grupo en mente, o que pueda haber querido advertir de un modo muy general contra un peligro que sabía que siempre habría de amenazar a las iglesias, y que podía presentarse de maneras muy diferentes.

Porque vuestra obediencia es conocida por todos, y por esto me regocijo por vosotros apoya la exhortación del v. 17s.: los cristianos romanos tienen una reputación que tienen que mantener. **Pero quiero que seáis sabios para aquello que es bueno, pero que seáis guardados puros de lo que es malo** expresa el deseo de Pablo de que los cristianos romanos sean sabios para los fines de lo que es bueno, y por consiguiente, constantes en la obediencia (que acaba de mencionar), pero preservados en su integridad en contraste con lo que es malo y, por ello, protegidos del abordaje engañoso de aquellos sobre los cuales acaba de alertarlos. **Y el Dios de paz pronto aplastará a Satanás bajo vuestros pies** es una promesa de la consumación final (nos parece muy improbable que se trate de una referencia a las personas mencionadas en el v. 17s., consideradas como siervos de Satanás). Pero esto no quiere decir que deberíamos ver en «pronto» una prueba de que Pablo estaba seguro de que la parusía habría de ocurrir en el curso de —cuando más— unas cuantas décadas. (Sobre este importante asunto, véase los comentarios sobre 13.12; 15.19 y 23.)

20b. **La gracia de nuestro Señor Jesús sea con vosotros** es la autenticación autográfica de la carta de Pablo. Era costumbre que el remitente de una carta, cuando la laboriosa tarea de escribir el texto había sido cumplida por otra persona, agregase un saludo final de su propio puño y letra. Esto servía para autenticar la carta, como la firma lo hace hoy. El saludo final corriente era «Adiós». Tal como hacía Pablo con la fórmula epistolar inicial, así también transformaba el saludo final en vehículo de contenido específicamente cristiano y teológico. El saludo final paulino adquiere diversas formas, pero en todo saludo final en el corpus paulino aparece la palabra «gracia». Sobre el vocablo «gracia», véase el comentario de 1.7.

21-23 forman una posdata. **Timoteo, mi colaborador, os saluda, y** *también lo hacen* **Lucio y Jasón y Sosípater, mis parientes.** Cuatro amigos de Pablo que están con él mandan sus saludos a los cristianos de Roma. Datos sobre Timoteo, que por cierto se había hecho acreedor a la descripción de «colaborador», pueden verse en 1 Corintios 4.17; 16.10s.; 2 Corintios 1.1, 19; Filipenses 1.1; 2.19-24; Colosenses 1.1; 1 Tesalonicenses 1.1; 3.2, 6; 2 Tesalonicenses 1.1; Filemón 1; también Hechos 16.1-3; 17.14s.; 18.5; 19.22; 20.4s.; y, desde luego, 1 y 2 Timoteo. La única otra vez que aparece en el Nuevo Testamento el nombre «Lucio» es en Hechos 13.1; pero no es muy probable que el Lucio mencionado aquí sea el mismo que se menciona en Hechos. Algunos han identificado a este Lucio con Lucas (Col. 4.14; Flm. 24; 2 Ti. 4.11). Cierto es que el griego traducido como «Lucas» es un posible equivalente de «Lucio», y también que Hechos 20.5ss. da a entender que el autor de los pasajes de Hechos escritos en primera persona del plural estaba con Pablo en el momento correspondiente. Pero parecería imposible llegar a una decisión concreta tocante a esta sugestión. Jasón podría ser la misma persona que se menciona en Hechos 17.5-7, 9. Sosípater bien podría ser la misma persona indicada como Sópater en Hechos 20.4 (es muy factible que «Sópater» haya sido una forma abreviada de «Sosípater»).

Yo, Tercio, que he escrito esta carta, os saludo en el Señor. Sobre la parte representada por Tercio, véase la Introducción. Podría ser que Tercio tuviese alguna conexión con Roma, y que fuese conocido por algunos de los cristianos allí.

Gayo, mi hospedador (y, más aún, de toda la iglesia), os saluda. La conclusión natural que se obtiene de «mi hospedador» parecería ser la de que Pablo efectivamente se hospedaba con Gayo cuando escribía la carta. «Gayo» es un *praenomen* (vale decir, el primer nombre, o sea el nombre personal, a diferencia de los *gens* o nombres de clan y familia) romano extremadamente común. Se ha sugerido que ésta podría ser la misma persona que se designa como «Ticio Justo» en Hechos 18.7, y que recibió a Pablo y —esto es lo que probablemente se da a entender— también a los creyentes corintios en su casa, cuando fueron excluidos de la sinagoga vecina. El *praenomen* de Ticio Justo puede haber sido «Gayo». Pero lo único que se puede decir es que esta identificación es posible. Sea que se quiera decir que «toda la iglesia» significa que la iglesia local se reunía en su casa, o que daba hospitalidad a cualquier cristiano que pasaba por Corinto, la implicancia probablemente sería la de que era, cuando menos, bastante rico. **Erasto, el tesorero de la ciudad, y el hermano Cuarto os saludan** completa la posdata. Al parecer es imposible decidir con algún grado de certidumbre si este Erasto y el Erasto de Hechos 19.22 y 2 Timoteo 4.20 son la misma persona. Es interesante descubrir que un oficial tan encumbrado de una ciudad tan importante como Corinto haya sido miembro de la comunidad cristiana en esta fecha. En cuanto a Cuarto, nada se sabe de él aparte de esta mención. Por «hermano» (en griego es «el hermano» literalmente) seguramente se quiere decir simplemente «hermano en la fe».

Puede considerarse como cierto el hecho de que el v. 24 es secundario. Correctamente lo omiten BJ, VP y otras versiones modernas.

25-27. A aquel que es capaz de confirmaros de conformidad con mi evangelio y la proclamación de Jesucristo, *que es* **según la revelación del misterio que ha sido escondido en silencio por siglos desde antes de la creación, mas ahora ha sido manifestado y, de conformidad con el mandamiento del Dios eterno, ha sido aclarado por medio de las escrituras proféticas con el propósito de obtener la obediencia de fe entre todos los gentiles, al único sabio Dios, por medio de Jesucristo, a él sea la gloria por siempre jamás. Amén.** Si bien es cierto que estos versículos (sobre los cuales véase la Introducción) no forman parte de la carta de Pablo a los cristianos de Roma, conforman un apéndice doxológico bastante adecuado para ella. Se le atribuye gloria a aquel que puede confirmar a los lectores en su compromiso con el evangelio predicado por Pablo y los demás predicadores cristianos, es decir, la proclamación de Jesucristo. El material explicativo adicional que se introduce (en nuestra traducción) con *«que es»* y que sigue hasta el final del v. 26 caracteriza aún más el contenido de la proclamación. La predicación apostólica de Jesucristo es asunto de la revelación hecha por Dios del secreto que ha estado oculto en el silencio hace siglos, desde antes de la creación del universo, pero que ahora ha sido manifestado. Es sólo en la época presente del ministerio terrenal de Jesucristo, y en la incesante proclamación de él por parte de la iglesia, que el secreto de Dios se ha manifestado. El contraste indicado por el «mas» al comienzo del v. 26 es el contraste entre los siglos antes de la encarnación de Cristo y el período que comenzó con ella. En los acontecimientos evangélicos —la vida, muerte, resurrección y ascensión de Jesucristo— el misterio se manifestó en forma concluyente, pero hay una manifestación constante (totalmente dependiente de la manifestación en los acontecimientos evangélicos) en la incesante proclamación de esa manifestación que aconteció una vez para siempre.

Las palabras «y, de conformidad con el mandamiento del Dios eterno, ha sido aclarado por medio de las escrituras proféticas con el propósito de obtener la obediencia de fe entre todos los gentiles» forman un tercer miembro de la serie iniciada con «que ha sido escondido en silencio por siglos» y «mas ahora ha sido manifestado». La manifestación, que se ha efectuado en los acontecimientos evangélicos y su subsiguiente proclamación, y se contrasta con el carácter oculto del misterio en el pasado, es una manifestación que se entiende adecuadamente en su verdadera significación solamente a la luz de su prefiguración y testimonio veterotestamentarios. La manifestación del misterio se entiende realmente como el evangelio de Dios para toda la humanidad, cuando se la toma como el cumplimiento de las promesas hechas por Dios en la antigüedad (compárese 1.2), tal como es atestiguada, interpretada, aclarada, por el Antiguo Testamento (compárese, por ejemplo, 3.21; 9.33; 10.4-9, 11, 13). «de conformidad con el mandamiento del Dios eterno» indica que esta atestiguación y aclaración se han efectuado de conformidad con la voluntad y el designio de Dios; «para el propósito de obtener la obediencia de fe entre todos los gentiles» indica el propósito de Dios al ordenar las cosas de este modo.

En el v. 27 «a él» traduce el pronombre relativo masculino singular dativo, en griego. Esto ordinariamente nos daría el significado «a quien», y la referencia natural sería a Jesucristo, a quien se acaba de mencionar. Si esto fue lo que se quiso decir, el autor de la doxología habría pasado de una atribución de gloria a Dios a una atribución de gloria a Cristo. Hemos supuesto que es más probable que haya usado un pronombre relativo como equivalente a un demostrativo, con la intención de recoger los dativos precedentes: de allí nuestra traducción «a él», referida a Dios.

Indice de temas selectos

Abraham, 25, 77-92, 182, 197, 210, 214, 215, 216ss, 253

Acaya, xiii, xiv, 339, 350

Adán, 104-119, 147, 184

adopción, 175, 176ss, 188s, 195, 209, 217, 275

adopcionismo, 4, 6

adoración, 209, 278s, 356

Agar, 216s

amor, incluido el amor de Dios, el amor de Cristo, el amor del hombre a Dios, el amor del hombre a Cristo, el amor del hombre al hombre, 8s, 99s, 199, 201s, 219, 268, 291ss, 307ss

Ampliato, 355

Andrónico, 354, 355

ángeles, 201, 302

Antiguo Testamento, xii, 3s, 18, 19ss, 22s, 44 54s, 58, 60, 63ss, 66, 75, 80ss, 88, 100, 151, 184, 187s, 199, 203, 210, 219, 225, 229s, 233s, 241s, 248ss, 252ss, 261, 265ss, 271s, 334s, 337, 347s, 361

Apeles, 355

apóstol, apostolado, xiv, 1-3, 248 *Véase tamb.* Pablo, apostolado

Aquila, 353s

Aristóbulo, 355

Asíncrito, 356

bautismo, 121ss, 243, 275

beso, 356

celo para con Dios, 232, 237s

circuncisión, 41, 56ss, 84s, 336

Claudio, 347, 353, 355, 356

codicia, 151s

colecta, 339, 349ss

conciencia, 50ss, 207, 305s

Corinto, xiii, 352, 353, 360

creación, Creador, 31ss, 88, 181, 183ss, 194

creencia, *véase* fe

Cristo, 2, 203 *Véase tamb.* Jesucristo

Cuarto, 360

cuerpo, metáfora del, 285

David, 2, 4, 5ss, 60, 210, 337

«débiles», los, 316ss, 322ss

desobediencia, 114s, 204, 232ss, 248s, 264ss, 269s *Véase tamb.* incredulidad

diaconado, 287s, 289s, 352

Dios, amor de, 9, 96, 99s, 193s, 193s, 200ss, 204, 244s, 268, 272s; bondad de, 43s, 227, 262; como Creador, 31, 34, 88, 226; de paz, 352; eternidad de, 32; fidelidad de, 59, 268, 336; invisibilidad de, 31; ira de, 17s, 28ss, 44, 65, 73, 86, 102s, 226ss, 265, 297s; justicia de, *véase* justificación, misericordia de, 72s, 204, 215, 220ss, 228, 268ss, 276; paciencia, longanimidad de, 70, 226s, 234, 313; paternidad de, 9, 174, 176ss; poder de, 17ss, 32, 125, 193, 220, 227; propósito de, 69s, 103, 116s, 164, 168, 193s, 203-274; sabiduría de, 272

doxología, 210s, 272, 340

las doxologías, (16.25-27), xi, xii, xiii, 360

Efeso, xi, 353

elección, elegido, 194, 198, 205, 208, 214ss, 231ss, 251ss, 264ss, 271ss

Elías, 252

«en Cristo», 130, 206

Epeneto, 354

Erasto, 360

Esaú, 215, 218ss, 229

escatología, 17s, 42-52, 91, 111, 113, 120, 122, 128, 181ss, 201, 210, 264ss, 279s, 311ss

esclavitud, esclavo, 2, 130s, 133, 135ss, 149s

España, xv, 13, 15, 249, 339, 348

esperanza, 89, 96, 98ss, 180-195, 203s, 293, 334, 338 Véase tamb. escatología

Espíritu, 6s, 13, 59, 93, 99s, 119, 143s, 146, 149, 155, 157, 162ss, 173ss, 180ss, 280ss, 286, 293, 338

Espíritu Santo, véase Espíritu

Estado, el, 299ss

Estaquis, 355

estoicos, 36, 51, 272, 273

evangelio, 1, 3, 16, 18s, 25ss, 360s

expiación, véase Dios, ira de; Jesucristo, muerte de; justificación; reconciliación

Faraón, 215, 221s, 225, 228, 229

fe, 8, 12, 19s, 22s, 25ss, 45s, 59, 66ss, 70, 73ss, 77ss, 93ss, 128, 183s, 235s, 240ss, 246ss, 282ss, 286s, 322ss, 331ss Véase tamb. obediencia

Febe, xiii, 289, 339, 352s, 355

filial, carácter, 6, 175s, 181ss, 186s,

Filólogo, 356

Flegón, 356

«fuertes», los, 317ss, 322ss

Gayo, 360

gentiles, xiv, 8s, 14s, 18s, 27s, 40s, 42s, 45, 48s, 56, 63, 74ss, 87s, 207, 215, 229, 232, 234, 246s, 249, 250, 253, 258, 264ss, 281s, 336ss, 339, 342ss

gloria, glorificación, 17s, 32, 68, 98, 125, 180ss, 186ss, 194, 195, 209, 227ss, 335s

gloriarse (es decir, jactarse), 25, 52s, 54, 73-77, 79s, 98, 103s, 344

glosolalia, 190

gozo, regocijo, 98ss, 293, 295, 328s, 337, 338

gracia, 8ss, 81s, 98, 105, 112s, 117s, 120, 133, 134, 139s, 234, 242, 251ss, 282, 359

gracia, la (16.20(24)), xi, xii, xiii, 360

Hermas, 356

Hermes, 356

Herodión, 356

hijos de Dios, véase filial, carácter

idolatría, ídolos, 33s, 54, 185

Ilírico, 345

incredulidad, 59, 89s, 184, 204, 207, 216, 229, 264ss Véase tamb. desobediencia

ira de Dios, *véase* Dios, ira de
Isaac, 197, 210, 215, 216ss
Ismael, 215, 216ss, 219ss, 228s
Jacob, 210, 215, 219ss
jactancia, *véase* gloriarse
Jasón, 359
Jerusalén, 339, 345, 349ss
Jesucristo, amor de, 199, 202, 244s; como Señor, *véase* Señor; como Sumo sacerdote, 199, 343s; descendencia davídica de, 5, 203, 336; divinidad de, 7, 9, 210ss, 244s, 300; encarnación de, 5; exaltación de, 6, 199, 246s; Hijo de Dios, 4s, 6s, 167ss, 194, 197; humanidad de, 5s, 7, 167ss, 199, 241ss; Mesías, 2, 5, 210, 237, 336, 337s; muerte de, 69s, 92, 101, 103, 121, 123ss, 128s, 142, 197ss, 325, 334; nombre, 2, 122s; obediencia de, 114s, 240; objeto de la fe, 67, 284s; parusía de, 97s, 183, 189, 266s, 270, 312ss, 345s, 359; piedra de tropiezo, 236s; resurrección de, 5s, 91, 121, 125ss, 128, 172, 199, 245; Siervo del Señor, 92, 346; y Adán, 104-119 *Véase tamb.* «en Cristo»
José, 5
judaizantes, 318, 358
judíos, xiv, 15, 18s, 28, 35, 38-64, *passim*, 67s, 75s, 79, 82ss, 147s, 203ss, 231ss, 251ss, 336s
juicio, 40, 42ss, 46s, 64, 112, 272, 304, 322ss
Julia, 355, 356
Junia(s), 354s
juramentos, 12
justificación, justicia, 19ss, 25ss, 65ss, 73ss, 77ss, 93ss, 102s,

111ss, 119ss, 135, 172, 195, 231ss, 265ss, 329

ley, 40s, 48ss, 55ss, 64, 67, 73ss, 85s, 105, 110 116s, 133, 139ss, 144ss, 162ss, 173ss, 209, 233ss, 238ss, 309s, 318, 323s, 326s
libertad, 135s, 139ss, 164ss, 169, 186s, 327ss
Lucio, 359

llamado, llamar, 3, 9, 195, 268

macabeos, mártires, 200
Macedonia, xiv, 339, 345, 350
mandamiento, 146, 152ss, 241, 281s, 310s
mandamiento, el décimo, 150ss
Mandamientos, los Diez, 30, 54, 310s
María, 354, 355
Mesías, 2, 5, 266s *Véase tamb.* Jesucristo, Mesías
misterio, cultos de, 123, 126s
Moisés, 2, 110, 116, 152, 207s, 215, 220, 223, 225, 240, 250
muerte, 107ss, 117ss, 120ss, 140, 145s, 153ss, 159s, 164ss, 175, 201
mujeres, 355

Narciso, 356
Nereo, 355, 356
Nerón, 356

obediencia, 8, 55, 114ss, 134s, 169, 174, 194, 248, 275ss *Véase* fe
obras, 44ss, 64s, 67, 75, 77ss, 218, 235s, 240
Olimpas, 356
olivo, metáfora del, 262s

oración, 11s, 177, 189s, 207s, 244, 294, 339, 351
oración-deseo, 335, 338, 339, 352

Pablo, apostolado, xv, 1-3, 7s, 12, 14, 260s, 339, 342s
paternidad de Romanos, xiss
pacto, 55, 59, 209s, 266s, 336
Padrenuestro, el, 177
patriarcas, 210, 214, 262, 265, 336
Patrobas, 356
paz, 9s, 63, 94ss, 297, 329, 338, 352
pecado, 28ss, 36, 42s, 59ss, 68s, 70s, 83, 86, 105, 107ss, 119-133, 134-138, 145ss, 164ss, 228, 332s
Pedro, xiii
perdón, 71, 83 *Véase* justificación
Pérsida, 355, 356
poder de Dios, *véase* Dios, poder de
predestinación, 191ss, 205, 214s *Véase tamb.* elección
primera persona del singular en 7.7-25, 145, 147-150, 155, 157, 165
primicias, 188, 261s
Prisca, 353s, 355
profecía, profetas, 2, 3, 64, 248, 286s
promesas de Dios, 2, 3, 85ss, 181, 209s, 217, 233
propiciación, 69ss

Qumrán, textos de, 241

Rebeca, 217s
reconciliación, 9, 95ss, 103, 106, 259, 260s
redención, 68, 189
reino de Dios, 328
remanente, 230, 251ss
rescate, 68
resurrección de muertos, 122, 172s, 189 *Ver* Jesús, resurrección de

riquezas, de Cristo, de Dios, para los gentiles, 259s
Roma, xis, xivs, 339, 346
Roma, cristianos de, xi-xv, 1, 8, 11ss, 122, 260, 306s, 339s, 342s
Romanos, Epístola a los, análisis, xvii-xviii; autenticación 340, 359; composición, xiii; estructura, 17; fecha, xiii; paternidad, xis; propósito, xis, xvs; salutación, 1, 9; sobrescrito, xv, 1
Rufo, 355, 356
sacrificio, 69s, 167, 277s, 317, 344
salvación, 17ss, 102s, 189, 198, 208, 245, 258s, 264ss
santidad, 6s, 9, 278 *Véase tamb.* santificación
santificación, 6s, 119, 137, 194, 195
Sara, 88, 216ss
segunda persona del singular, 42, 164, 257, 258, 262s, 327
Shemá, el, 76, 209
Señor, 2, 7, 91, 243ss, 246s, 293s, 300s, 324s
Seol, 242
servicio de Dios, 12s, 134ss, 209s, 287s
Sosípater, 359

temor de Dios, 64, 307
Tercio, xiii, 85, 101, 340, 359
Timoteo, 359
transgresión, 41, 54, 86s, 110s, 114s
Trifena, 355, 356
Trifosa, 355, 356

Urbano, 355

vegetarianismo, 317ss, 330
vida, 22s, 93ss, 119ss, 139ss, 162ss, 172, 278